Christian Warrlich, Ellen Reinke (Hg.):
Auf Der Suche

»edition psychosozial«

Christian Warrlich, Ellen Reinke (Hg.):

Auf Der Suche

Psychoanalytische Betrachtungen zum AD(H)S

Psychosozial-Verlag

Bibliografische Information Der Deutschen Nationalbibliothek
Die Deutsche Nationalbibliothek verzeichnet diese Publikation in der Deutschen Nationalbibliografie; detaillierte bibliografische Daten sind im Internet über <http://dnb.d-nb.de> abrufbar.

Originalausgabe

E-Mail: info@psychosozial-verlag.de
www.psychosozial-verlag.de

Umschlagabbildung: »Zappelphilipp«, Motiv aus dem »Struwwelpeter«
Umschlaggestaltung nach Entwürfen des Ateliers Warminski, Büdingen.
Printed in Germany
ISBN 978-3-89806-568-9

Inhaltsverzeichnis

ADS – Auf der Suche. Einführung

Christian Warrlich

»Denn das ist eben die Eigenschaft
der wahren Aufmerksamkeit,
dass sie im Augenblick das Nichts
zu Allem macht.«
J. W. Goethe, Wilhelm Meisters Lehrjahre

»Aufmerksamkeit, mein Sohn,
ist, was ich dir empfehle;
bei dem, wobei du bist,
zu sein mit ganzer Seele.«
Friedrich Rückert, Gedichte

Kaum ein Krankheitsbild wie das des AD(H)S – Aufmerksamkeitsdefizit-(Hyperaktivitäts)-Syndrom – hat in den letzten Jahren solch kontroverse, teils glaubenskriegähnlich geführte Diskussionen provoziert, in den Laienmedien wie in der fachlichen und wissenschaftlichen Diskussion.

> »Man muss in der Medizingeschichte weit zurückgehen, um eine vergleichbar heftige Kontroverse wie die um Diagnostik und Therapie der Aufmerksamkeits-Defizit-Hyperaktivitäts-Störung (ADHS) zu finden. Parallelen gibt es [allenfalls] im 19. Jahrhundert bei den Auseinandersetzungen um die Impfprophylaxe oder bei den Schlachten um Nutzen und Nachteil der Homöopathie« (Seidler 2004)[1].

Wie ehedem lassen Charakter und Heftigkeit der Diskussion Grundsätzliches vermuten, prallen nicht nur heftige Affekte, sondern Welten – Welt-

1 [...] entsprechen Ergänzungen durch C. W.

Anschauungen – aufeinander, diametral unterschiedliche Auffassungen von Krankheit, des Verhältnisses von Körper und Geist, Kausalität, Determinismus und Finalität, Individuum, Familie und Gesellschaft.

Fasziniert von den Befunden bildgebender Verfahren und den unvorstellbaren Möglichkeiten ihrer elektronischen Datenverarbeitung können wir heute immer tiefer in das Gehirn schauen, Stoffwechselprozesse, Hirnaktivitäten visualisieren. Der Blick in das Gehirn, bis hin auf die Ebene von Überträgerstoffen revolutionierte unser Wissen und wurde eine Grundlage des Siegeszuges der Neurowissenschaften, die die derzeitige wissenschaftliche Diskussion prägen.

Die Befunde zum AD(H)S, die eine Störung des intracerebralen Stoffwechsels des Dopamins, als Transmitterstoff, dokumentieren, erscheinen hier beispielhaft. Auf ihnen basierend wurde die Hypothese einer somatischen Genese dieser Krankheitsentität begründet, wie konsekutiv deren pharmakologische Therapie, die in den letzten Jahrzehnten mit der Vermarktung der Substanz Methylphenidat – Ritalin® – und einiger Nachfolgerpräparate in ungeahntem Ausmaß zugenommen und ökonomische Relevanz gefunden hat.

Auch für andere psychische Krankheitsbilder wie etwa die Depression, wissen wir heute um die Bedeutung solcher neuronalen Transmitter- bzw. Überträgerstoffe, aus deren Stoffwechselstörungen wiederum auf eine körperliche Ursache geschlossen und eine vorrangig pharmakologische Therapie gefordert wird. Doch auffallender Weise erscheint der Diskurs darum von ganz anderer Art, von viel geringerer Heftigkeit.

Die vorherrschende Lehrmeinung und klinische Praxis scheint heute diesem Krankheitsmodell des AD(H)S zu folgen, dem Modell, dass die Erkrankung im Wesentlichen durch einen Stoffmangel, dem Dopamin, d.h. körperlich verursacht und vorrangig genetisch bedingt ist, dass sie durch Behebung des Mangels – durch ein Medikament – kuriert werden kann. Dieses »kausalgenetisch« orientierte »Mangel-Modell« imponiert durch seine bestechende Klarheit und Schlüssigkeit der Argumentation. Sie »wurde bestimmend für das, was in der klinischen Praxis, in Forschungseinrichtungen, in Pharmaunternehmen, in Universitäten, auf Kongressen und Schulungen, und nicht zuletzt in den Medien geschah« (Hüther/Bonney 2002, S. 23).

»Gegner« einer solchen monokausalen, kausalgenetischen Auffassung betonen jedoch, dass dieses Krankheitsverständnis relevante Befunde und Perspektiven vernachlässigt. Gerade auf dem Hintergrund heutiger Erkenntnisse, wie v.a. die der Hirnforschung, sei es unhaltbar und revisionsbedürftig geworden. Sie werden nicht müde auf die Komplexität dieser Krankheitsentität hinzuweisen, darauf, dass das AD(H)S lediglich einen Symptomenkomplex, vielfältiger Ätiologie, und kein umrissenes Krankheitsbild darstellt, dass das AD(H)S nur im Rahmen eines psychosozialen Kontextes verstanden werden kann. Sie verweisen darauf, dass das AD(H)S, wie seine Vorläuferdiagnosen Hyperkinetisches Syndrom oder MCD (Minimale cerebrale Dysfunktion), u.a., Sammelbecken kindlicher Auffälligkeiten unterschiedlichster Ursache ist.

Selbst offensichtliche Widersprüche der monokausalen, kausalgenetischen Argumentation erscheinen ihnen sthenisch ignoriert – fast einem AD(H)S-Kinde gleich, das, wie so oft, allen rationalen Erklärungsversuchen und Realitätskonfrontationen gegenüber wie unbeeindruckt bleibt. Die Heftigkeit des Diskurses entzieht sich dabei einer vordergründig rationalen Begründung.

Exemplarisch sei in diesem Zusammenhang der Diskurs um *die genetische Bedingtheit* des AD(H)S genannt, die in der vorherrschenden Lehrmeinung ganz im Vordergrund der Ätiologie steht. »Die genetischen Beiträge zu diesen Eigenschaften [des AD(H)S] werden routinemäßig zu den höchsten unter allen psychiatrischen Störungen gezählt (70–90% der Merkmalsvarianz in der Bevölkerung) und erreichen beinahe den genetischen Beitrag zur menschlichen Körpergröße«, so schreibt Barkley, Mentor der vorherrschenden AD(H)S-Forschung (Barkley et al. 2002). Wie erklärt sich aber, so stellt sich die Frage, damit das Unerklärliche, dass das AD(H)S in den letzten Jahrzehnten eine solch »unermessliche Karriere« erfahren hat?

Gerade die »unermessliche Karriere« widerspricht jeder primären monokausalen genetischen Bedingtheit, kehrt die Argumentation gerade zu um und lässt viel schlüssiger z.B. an den »Gedanken der erfahrungsabhängigen Entwicklung genetischer Anlagen« René Spitz' (Köhler 2000, S. 22) anknüpfen, die dieser in seiner Schrift »Angeboren oder erworben?« (Spitz 1971) entwickelte, damit das Konzept der »Ergänzungsreihe« S. Freuds weiter führend.

> »Es ist nicht leicht, die Wirksamkeit der konstitutionellen und der akzidentellen Faktoren in ihrem Verhältnis zueinander abzuschätzen. In der Theorie neigt man immer zur Überschätzung der ersteren; die therapeutische Praxis hebt die Bedeutsamkeit der letzteren hervor. Man sollte auf keinen Fall vergessen, dass zwischen den beiden ein Verhältnis von Kooperation und nicht von Ausschließung besteht. Das konstitutionelle Moment muss auf Erlebnisse warten, die es zur Geltung bringen, das akzidentelle bedarf einer Anlehnung an die Konstitution, um zur Wirkung zu kommen« (Freud GW V, S. 141).

Danach »gibt es nicht die Alternative »angeboren *oder* erworben«, sondern nur das Zusammenspiel von Angeborenem *und* Erworbenem« (Köhler 2000, S. 28). Das Genetische, Konstitutionelle, wird zu einem Vulnerabilitätsfaktor (z.B. Uexküll 1981; Mentzos 1995), einem somatischen Entgegenkommen

(Freud 1905), einem Risikofaktor (Amft et al. 2004) oder einer »besonderen Begabung« (Hüther 2001a), deren Entfaltung besonderer Bedingungen bedarf, als einem »Programm von Optionen« (Hüther 2001a, S. 72; Hüther/Bonney 2002, S. 225).

Die in einem klassischen Krankheitsverständnis postulierte primär genetische Bedingtheit des AD(H)S könnte hingegen auch einer Logik folgen, die die provokante Fantasie eines 17-jährigen, groß gewachsenen Patienten, Bruder eines Kindes mit AD(H)S-Diagnose, beschreibt:

> »Stellen Sie sich vor, es ergebe sich – aus welchen Gründen auch immer – die Realität, dass in unserer Kultur alle Türen nur noch eine Durchgangshöhe von 170 cm hätten – z.B. um Energie zu sparen oder wegen zunehmend gehäufter Unwetter, wie in manchen Ländern oder Kulturen, wo man ja auch die Hausöffnungen möglichst klein hält. Stellen Sie sich vor, wie viel Menschen unter den Konsequenzen zu leiden hätten – Haltungsschäden, Kopfverletzungen usw.? Für mich sind jedenfalls die Türen oft auch zu klein, renne immer wieder mit dem Kopf gegen die Wand, sobald ich nicht aufpasse.«

Ein provokantes Beispiel, vielleicht zu simplifizierend: aber es zeigt, dass auch hier die Genetik – die der menschlichen Körpergröße – ursächlich begründend herangezogen werden könnte, wenn die Rahmenbedingungen vernachlässigt werden – die Menschen sind schlicht zu groß! Wachstumshemmende Pharmaka könnten hier Abhilfe schaffen.

Um nochmals auf R. Spitz zurück zu kommen: Auch wenn seine Untersuchungen modernen methodischen Ansprüchen kaum mehr genügen, schlagen sie doch eine Brücke zu heutigen Erkenntnissen und erweisen sich seine Schriften als Fundgrube, z.B. wenn er schreibt:

> »Die Alternative ›angeboren oder erworben‹ bildet seit eh und je eine der strittigsten Fragen der Wissenschaft, vornehmlich auf dem Gebiet der Psychologie, aber auch auf dem Gebiet der Ethologie. Ein Streit der unverändert fortgeführt wird, und dies mit irrationaler Heftigkeit. Im Grunde genommen ist es ein ideologischer Streit. Heute zentriert sich [...] dieser Gegensatz auf die Frage nach dem, ›was erlernt‹, und dem, ›was ererbt‹ wird. Die religiöse oder politische Einstellung bestimmt, zu welcher der beiden Ansichten man sich bekennt, und der daraus resultierende Streit erregt viel Ärgernis« (Spitz 1971, S. 41).

Wenngleich zu einer Zeit geschrieben, als die Diagnose des AD(H)S noch gar nicht existierte, ließen sich diese Gedanken ohne Einschränkung auf den AD(H)S-Diskurs und unverändert auf den heutigen Diskurs »Angeboren versus erworben« beziehen. Sie rücken bereits die Subjektivität des Forschers und Wissenschaftlers ins Blickfeld und fokussieren seine innere Welt, die ebenso von eigenen »religiösen oder politischen« und anderen Einstellungen – v. a. auch unbewussten – geprägt wird, lebensgeschichtlich, auf dem Hintergrund eigener Beziehungserfahrungen erwachsen. Auch seine Erfahrungen »die er im Laufe seines Lebens gemacht hat, sind fest in seinem Gehirn verankert, sie bestimmen seine Erwartungen, sie lenken seine *Aufmerksamkeit* in eine ganz bestimmt Richtung, sie legen fest, wie er das, was er erlebt, bewertet und [...] reagiert« (Hüther 2001b, S. 69; kursiv C. W.).

Zu R. Spitz' Zeiten, noch ganz vom Glauben an das Ideal einer »objektiven Wissenschaft« geprägt, waren diese Gedanken, die die Subjektivität des Forschers und ihren Einfluss auf die Bedingungen seines Forschens zum Thema machten die Einzelner; heute sind sie Gegenstand einer breiten Debatte, zu der die Psychoanalyse einen wesentlichen Beitrag geleistet hat.

Der subjektive Faktor kann heute eigentlich nicht mehr geleugnet werden, genauso wenig wie in der Kontroverse »Angeboren versus Erworben« deren gegenseitige Bedingtheit, im Bereich von Verhaltensmerkmalen, im Sinne der »erfahrungsabhängigen Entwicklung genetischer Anlagen« (R. Spitz). Nach den Kontroversen um nativistische Theorien einerseits, die ganz die genetische Vorbestimmtheit des Menschen in den Vordergrund rücken, und die behavioristischen Milieutheorien andererseits, die in ihren extremen Positionen den Menschen als »tabula rasa«, »vollständig prägbar durch Umwelteinflüsse und Milieubedingungen, durch äußere Stimuli, Lernanregungen und Erfahrungsangebote« (Sommer 2003) verstehen, müssen wir heute von weiterentwickelten differenzierten Wechselwirkungsmodellen ausgehen, die vorgenannte letztlich monokausalen und eindimensionalen Erklärungsmodelle verunmöglichen.

Umso mehr irritiert es wiederum, wie im Rahmen des AD(H)S-Diskurses unerschütterlich die These einer primär genetisch bedingten Krankheitsätiologie wie ein Verdikt, ein Urteilsspruch – so soll es sein –, weiterhin proklamiert wird. Gerade in der AD(H)S-Diskussion fällt es in so besonderem Maße auf, dass scheinbar selbst eklatante Widersprüche geradezu skotomisiert werden, wie nicht wahrgenommen werden dürfen.

Folgt man jetzt der These, dass die Ursache ein Stoffwechselproblem, ein Mangel, sei, dann drängt sich unwillkürlich die Frage auf, ob dies primärer oder sekundärer Natur, absolut oder relativ ist? Ist der Mangel nicht schon Folge von etwas anderem, z. B. Ausdruck adaptiver Vorgänge, Anpassungsvorgänge von früher Kindheit an?

Mittlerweile kann nicht mehr bestritten werden, dass frühkindliche Beziehungs- und Bindungserfahrungen – auch schon intrauterin – die Hirnentwicklung, -dynamik und -aktivität, einschließlich ihrer morphologischen Strukturen, mit bedingen und prägen.

Ebenso wenig kann bestritten werden, dass Verlaufsbeobachtungen von früher Kindheit bis zum Erscheinungsbild der Symptomatik fehlen, die notwendig wären, um einen primären Mangel von adaptiven, sekundären Vorgängen überhaupt abgrenzen zu können – bestehende Untersuchungen sind letztlich Momentaufnahmen in das menschliche Hirn, die Rückschlüsse auf den prozesshaften Verlauf der Entwicklung und AD(H)S-Erkrankung einfach nicht zulassen.

Und auch hier irritiert: obgleich diese Mängel der Argumentation derart augenfällig sind, wird die »primäre Mangelhypothese« wiederum wie ein Verdikt proklamiert.

G. Hüther (Hüther/Bonney 2002), der diese sich aufdrängende, grundlegende Fragestellung als erster im Zusammenhang mit dem AD(H)S konsequent verfolgte, provozierte damit heftige Gegenreaktionen.

Psychosoziale Faktoren finden zwar heute auch bei Vertretern des vorherrschenden Krankheitsverständnisses mittlerweile Berücksichtigung, z.B. in Leitlinien (kritische Anmerkungen zum Problem der Leitlinien s.a. Buchholz 1999), als so genannte mitbedingende oder »verlaufsbestimmende Faktoren«, wie auch in den daraus abgeleiteten »multimodalen Therapiekonzepten«. Vor einer Überbetonung der psychosozialen Faktoren wird jedoch ebenso oft gewarnt, mit dem Hinweis der Gefahr der Psychologisierung, Verunsicherung der Betroffenen, unzulässiger Schuldzuweisung an die Eltern, Überbewertung der frühen Kindheitserfahrung, bis hin zur Disqualifizierung dieser als Resultat »wissenschaftlicher Teilwahrheiten«, »Irrtümer« und »Mythenbildung« (u.a. Höger et al. 2002). Und auch die klinische Praxis zeigt, dass multimodale Therapieansätze häufig nur noch nachrangig verfolgt werden, wenn erstmal eine medikamentöse Therapie begonnen wurde.

Es gehört zu den Kuriositäten der AD(H)S-Diskussion, dass renommierte AD(H)S-Forscher in einer »Gemeinsamen Erklärung internationaler Wissenschaftler« sich zu einer Stellungnahme ex cathedra hinreißen lassen, die den anders Forschenden und Meinenden an den Pranger stellt:

> »Wir, das unterzeichnende Konsortium internationaler Wissenschaftler, sind zutiefst besorgt über regelmäßig wiederkehrende Falschdarstellungen der Aufmerksamkeitsdefizit-/Hyperaktivitätsstörung (ADHS) [...].
>
> Die Veröffentlichung von Geschichten, nach denen ADHS eine fiktive Störung oder lediglich ein Konflikt zwischen den heutigen Huckleberry Finns und

> ihren Sorgeberechtigten sei, ist gleichbedeutend mit der Behauptung, die Erde sei flach, die Gesetze der Schwerkraft seien debattierbar, und die chemische Periodentabelle sei Betrug« (Barkley et al. 2002).

Das Irritierende ist nicht das Inhaltliche – denn in der Tat kann man das AD(H)S nicht allein als Fiktion auffassen – das Irritierende ist der Tenor der Argumentation.

Das Irritierende – als das Aufmerksamkeit Erregende – ist wie ein Kennzeichen des AD(H)S und seines Diskurses. Für den Analytiker jedoch ist das Irritierende Ausgangspunkt seiner Analyse, mögliche Manifestation einer unbewussten oder latenten Dynamik.

Die Suche nach dem »Sowohl-als-auch« in einer Welt des »Entweder-oder«

Die Forderungen nach dem Verstehen eines »verborgenen Sinns« (s.a. Reinke 1998), die Frage warum eine Krankheitsentität, wie das AD(H)S, gerade in einer Zeit wie der unsrigen in dem Maße auftreten kann, die Forderung, dass es um das Verstehen der Komplexität sich bedingender Faktoren, die einfache Lösungen verunmöglicht, gehen muss – und nicht um Schuldzuweisungen – wie auch die Frage nach der latenten Funktionalisierung eines Krankheitsbildes und der daraus abzuleitenden Konsequenzen, mutet in der Auseinandersetzung um das AD(H)S fast wie ein Tabu-Bruch an.

Betrachtet man die polarisierende, mit heftigen Affekten einhergehende Diskussion um das AD(H)S mit ihren auffällig argumentativen Redundanzen – von denen der vorliegende Band naturgemäß auch nicht verschont bleibt – so fällt auf, dass sich die Dynamik des Diskurses auf den verschiedenen Ebenen, auf der individuellen, interaktionellen der betroffenen Kinder und Eltern, den Familien und ihrem sozialen Kontext, den damit befassten professionellen Gruppen, den Wissenschaften usw. geradezu wiederholt.

Die Welt der betroffenen Familien erscheint allzu häufig, wie der öffentliche Diskurs, von einem lärmend kämpferischen Entweder-oder geprägt.

Eine betroffene Mutter drückte es folgendermaßen aus:

> »Der Tag entschied sich daran, ob ich aus der Schule zu hören bekam, was C. alles wieder angestellt hat, einem schon die Ohren klingelten, wenn das Telefon ging, oder ob nichts kam, das Telefon nicht klingelte. Dann war der Tag gerettet. Es gab nur ein Entweder-oder.«

Oder eine andere:

> »Wenn's mit A. gut läuft, läuft's auch in der Familie gut, wenn es mit A. nicht läuft, es Schwierigkeiten gibt – und das ist fast immer so – dann hängt auch sofort der Haussegen schief, kriegen mein Mann und ich Streit, gibt jeder dem anderen die Schuld, ... er sagt: du bist viel zu nachgiebig, viel zu inkonsequent. Ich sage: Du bist viel zu wenig da. Der Junge braucht dich.«

Es ist, als ob die Integrationsfähigkeit aller Betroffenen – die Integration scheinbar oder tatsächlich unvereinbarer Gegensätze, bzw. deren Akzeptanz – in besonderem Maße gefordert ist.

Die im Mittelpunkt des o.g. Krankheitsverständnisses stehenden Botenstoffe bekommen dabei geradezu metaphorische Bedeutung, die Schnittstelle symbolisierend, an der Psychisches mit Somatischen verbunden ist, oder aber jene Barriere markierend, die Psychischem wie Somatischem eigene Welten – Begriffswelten – zuweist, die nicht mit denen der jeweils anderen ohne weiteres verstehbar sind. Es drängt sich der Eindruck auf, als ob eine Verständigung nur mittels einer Übersetzung, aus einer dritten integrativen Perspektive, möglich ist, wie wir es im Umgang mit AD(H)S-Kindern leibhaftig erfahren können, die in einer Welt des »Entweder-oder« wie auf der Suche nach einer des »Sowohl-als-auch« erscheinen.

Die Suche nach »Aufmerksamkeit«

Zu Sigmund Freuds Zeiten war die Hysterie »die Erkrankung« seiner Zeit, galt ihr die ganze Aufmerksamkeit. Die Einführung der Psychoanalyse als Krankenbehandlung, mit der Fokussierung der menschlichen Sexualität und ihrer psychodynamischen Bedeutung, war eine Antwort darauf, damals von vielleicht ähnlicher Heftigkeit der Auseinandersetzung begleitet. Die Hysterie im Gewande der damaligen Zeit, im ursprünglichen Sinne, gibt es in unserem Sprach- und Kulturkreis nicht mehr. Durch sie haben wir aber unendlich viel über die menschliche Sexualität und v.a. das menschliche Fantasieleben erfahren – Freuds entscheidender Beitrag lag vielleicht weniger in seiner Betonung und Erforschung des menschlichen Sexuallebens als vielmehr der der menschlichen Fantasie und der der Sexualität in ihr.

Über das Fantasieerleben der so genannten AD(H)S-Kinder wissen wir erstaunlich wenig. Wer interessiert sich dafür? Folgt man der Analogie der Hysterie – und die Form des Diskurses drängt die Analogie auf – dann müsste dem AD(H)S bei einer angegebenen Prävalenz von bis zu 15% – je nach Autor und Diagnosekriterien – ein ebensolcher Charakter, einer Erkrankung »unserer Zeit«, zugewiesen werden.

Und so stellt sich die Frage, ob dem Phänomen der Aufmerksamkeit – im Gewande des AD(H)S –, nicht eine ähnliche Bedeutung zukommt, wie dem der Sexualität zu S. Freuds Zeiten, ob »der unerhörten Botschaft der Hysterie« (Israël 1976) nicht »die unerhörte Botschaft des AD(H)S« an die Seite zu stellen ist.

»Die Hysterikerin rüttelt an der bequemen Position eines Schon-Bescheid-Wissens und bringt alle gesicherte Kenntnis durcheinander. Sie zeigt, dass etwas zu erschaffen, zu erfinden und zu wünschen übrig bleibt« (Israël 1976, S. 9, zit. nach Hüls-Wissing 2002, S. 69). So schreibt Israël. Gilt dies nicht in ähnlichem Maße für das AD(H)S-Kind, das an der bequemen Position einfacher Erklärungsansätze – des »Schon-Bescheid-Wissens« – rüttelt und die Aufmerksamkeit nicht nur auf sich lenkt, sondern auf etwas, das zu erschaffen, zu finden und zu wünschen übrig bleibt? Es könnte uns analog der Hysterie auffordern, genauer hinzuschauen, der hysterischen Skotomisierung – des Nicht-Sehen-Wollens – zu widerstehen.

Auf die Bedeutsamkeit des Phänomens der Aufmerksamkeit und den gravierenden Bedeutungswandel, den dieses in der Moderne erfahren hat, verweist J. Crary in seinem Buch »Aufmerksamkeit – Wahrnehmung und moderne Kultur«. Er zeigt auf, wie

> »die westliche Moderne […] von Individuen verlangt, sich im Sinne eines Vermögens der ›Aufmerksamkeit‹ zu definieren und zu formen. […], dass unser Leben […] ein Ergebnis jener intensiven und tiefgehenden Umformungen der menschlichen Subjektivität ist, die in der westlichen Welt in den letzten hundertfünfzig Jahren stattgefunden hat. Es ist daher auch nicht von ungefähr, wenn jetzt, am Ende des zwanzigsten Jahrhunderts, eine gewaltige soziale Krise der subjektiven Desintegration unter anderem metaphorisch als ein Versagen der ›Aufmerksamkeit‹ diagnostiziert wird« (Crary 1999, S. 13).

So verstanden muss unsere Form von Aufmerksamkeit, das Vermögen, etwas Beliebiges zum Besonderen – das Nichts zu Allem – zu machen, auch als historisch konstruiert angesehen und seinerseits konstitutiv für die Entstehung des modernen Menschen verstanden werden, eines Menschen, der heute besonderen Anforderungen – und Herausforderungen – unterworfen ist – z.B. nach Aufrechterhaltung einer kohärenten Vorstellung von der Wirklichkeit, angesichts des wachsenden Bewusstseins von Virtualität, virtueller Welten.

Unter der Prämisse verwundert es also nicht, dass eine Störung der Aufmerksamkeit – sich manifestierend im Gewand des »Aufmerksamkeitsdefizit-Syndrom« – als Inszenierung gestörter Subjektivität auf der Bühne der Zeit in Erscheinung tritt und dass dies als Angriff auf ein modernes Grundvermögen ein lärmendes Echo findet. »Was kein Aufsehen [– keine Aufmerksamkeit –] zu erregen vermag, wird kaum noch wahrgenommen. Esse est percipi – Sein ist Wahrgenommenwerden« (Türcke 2002, S. 38f.), schreibt Chr. Türcke (In: »Die erregte Gesellschaft – Philosophie der Sensation«). Es könnte das innere existenzielle Motto dieser Kinder ausdrücken und ihrem Verhalten einen Sinn geben. Aufsehen und Aufmerksamkeit erregen sie in der Tat.

Das aktive Descartes'sche Philosophem »Ich denke, also bin ich« – cogito ergo sum – konvertiert ins passive »ich werde wahrgenommen, also bin ich«. In dem passiven Erleiden der Abhängigkeit – abhängig davon zu sein »wahrgenommen werden zu müssen, um zu sein« – verdeutlicht sich der Konflikt zwischen der Abhängigkeit der Kinder von ihren äußeren, aber v.a. auch ihren inneren Objekten, denen sie nicht entfliehen können, einerseits und ihren Autonomiewünschen, -bedürfnissen und Entwicklungsnotwendigkeiten andererseits. Im Kampf um die Aufmerksamkeit ist man sich nah und doch gleichzeitig fern. In der Symptomatik wird das passiv zu Erleidende wieder ins Aktive gekehrt und zu einer veränderten Illusion des Seins – ich bin aktiv, also bin ich.

Die Suche nach einem anderen Krankheitsverständnis

Und so wiederholt es sich auch im Diskurs. Im Genetischen ist das Krankheitsagens sozusagen externalisiert – auf etwas anderes, die Gene oder die Botenstoffe. Im passiven Erleiden der Abhängigkeit von Genen und Botenstoffen werden wir aktiv und korrigieren diese Fehler der Natur, z.B. mittels eines Medikaments. Wir erhalten uns damit die Illusion der Unabhängigkeit – die der menschlichen Fähigkeit die Natur zu beherrschen, deren Grenzen wir jedoch heute mehr denn je wahrnehmen müssten – angesichts erschöpfter Naturressourcen, Umweltveränderungen etc., von deren Folgen besonders die Generation unserer Kinder betroffen und abhängig sein wird. Geleugnet werden kann damit die existenzielle Abhängigkeit von jenem komplexen Bedingungs- und Beziehungsgefüge, das unser Leben bestimmt.

Dies verweist auch auf die Diskussion um einen Paradigmenwechsel innerhalb unseres »modernen« resp. mittlerweile klassischen und in Frage zu stellenden medizinischen Versorgungsmodells und Krankheitsverständnisses, die sich im AD(H)S-Diskurs fortschreibt.

> »Wichtige Voraussetzungen dieses speziellen Auffassungsmodells von Medizin lassen sich wie folgt formulieren: 1. Krankheit und Störung – auch psychische Störung – ist eine den normalen Lebensvollzug beeinträchtigende, in ihn einbrechende Veränderung: Durch sie wird der Mensch zum Leidenden [...]. 2. Den sichtbaren oder vom Patienten erlebbaren Krankheitsvorgängen liegen jeweils spezifische innere Veränderungen kausal wirksam zugrunde, d.h. die als Krankheit oder Störung zutage tretenden Erscheinungen haben für sich allein lediglich Symptomcharakter. Pathogenetisch maßgebend sind dahinter liegende Prozesse, seien diese – wie bei Infektionskrankheiten – in den Organismus eingedrungene Fremdorganismen oder seien sie durch körpereigene Fehlbildungen oder Fehlentwicklungen entstanden. 3. Aufgabe des Arztes ist es, die zugrunde liegenden Ursachen anhand der jeweils spezifischen Symptome zu erkennen und sie – nicht die Symptome – zu behandeln« (Schumacher 1985, S. 48f.).

Das vorherrschende Krankheitsverständnis des AD(H)S folgt eindeutig einem solchen klassischen, ontologischen des sog. »Medizin-Modells«.

> »In diese scheinbar fest gefügte Eratik des Medizinischen Modells sind nun [...] bemerkenswerte Einbrüche erfolgt. Nicht zufällig wurde – bezogen auf die Gesamtmedizin – die Psychiatrie zum Vorreiter. Die am deutlichsten formulierte Abkehr der Psychiatrie vom medizinischen Modell findet sich in Denkrichtungen, die als sog. ›Antipsychiatrie‹ zusammengefasst wurden. Hier ist seelische Krankheit nicht mehr einen Entität des Patienten oder am Patienten, sondern Ergebnis der Definition, der sozialen Ausgrenzung, Rollenzuweisung usw. durch die ihn umgebende Gesellschaft. [...] Auch wenn man diese Extremposition nicht teilt, so ist doch die Abwendung vom – man könnte sagen – ontologischen Krankheitsverstehen des herkömmlichen Medizin-Modells (die Krankheit als Seinseigenschaft am Patienten) unverkennbar. Weite Teile [...] der sog. Sozialpsychiatrischen Bewegung fassen seelische Krankheit oder Störung auf als Ausdruck gestörter Beziehungen in einem den Patienten übergreifenden Sozialgefüge. [...] Der Paradigmenwechsel liegt u.a. in der Wendung des Blickes von einer bisherigen Individualpathologie zu einer Pathologie des Umfeldes bzw. der hier herrschenden Beziehungen [...]« (S. 50f.).

Im Paradigma des Medizinischen Modells wird so »seelische Krankheit und Störung [...] als eine am Patienten vorfindbare, gesunderweise nicht dahin gehörende Eigenschaft« aufgefasst. Im Gegensatz hierzu versteht ein sozio-psychosomatisches »das Symptom nicht als Eigenschaft des oder am Patienten, sondern als dynamisch notwendige oder gar sinnvolle Bildung im Fließgleichgewicht eines so oder so beschaffenen Beziehungsgeschehen«, das mit den gegebenen Eigenschaften des Individuums in Beziehung tritt. Dabei entfällt »das Postulat einer spezifischen, symptombegründenden – meist biologisch gedachten, jedoch auch multifaktoriell vorstellbaren – Kausalität« (S. 52f.).

Innerhalb des medizinischen Systems war der Diskurs um die »Antipsychiatrie« ähnlich heftig, wie der um das AD(H)S und die bereits erwähnten »Auseinandersetzungen um die Impfprophylaxe oder bei den Schlachten um Nutzen und Nachteil der Homöopathie« (Seidler 2004). Sie alle rüttelten bzw. rütteln an alten Positionen.

Die »Paradigmenkrise« währt bereits Jahrzehnte, theoretische Positionen haben sich weiterentwickelt. Dennoch scheint sie auch dem AD(H)S-Diskurs wie eine Hintergrundsfolie zugrunde zu liegen und ihm einen Teil seiner Heftigkeit zu geben.

Mit der Paradigmenfrage einhergehend tritt auch die Frage und Funktion der Diagnostik, die sich jeweils paradigmatisch unterscheidet, und ihrer unbewussten Prozesse ins Blickfeld. Es

> »interessieren in besonderem Maße die *unbewussten Prozesse*, die im *Zusammenhang mit der Diagnosestellung* angestoßen werden bzw. die diesen Vorgang steuern oder doch mitbeeinflussen. […] Die unbewussten Reaktionen, wie z.B. Angstvermeidung, Schuldentlastung, Abspaltung von Kränkungen etc. werden andere sein, je nachdem im klassischen Paradigma […] oder in den interaktionalen Kategorien der Psychodynamik« (Schumacher 1985, S. 57).

Neben kollektiven unbewussten Prozessen und der Funktionalisierung von Diagnosen – die Diagnose als Eintrittspforte ins medizinische Versorgungssystem oder die Funktion der Diagnose im Hinblick auf die »Entstehung der Patientenkarriere«, »der Diagnose als sozialer Reaktion«, der Diagnose als »sozialem Wendepunkt in der Biografie eines Menschen« (S. 58) – sind jeweils spezifische unbewusste Prozesse der jeweiligen Haltungen in Betracht zu ziehen, die auch in der Thematik des AD(H)S lebendig werden.

Für ein klassisches Krankheitsverständnis wäre jene innere Dynamik zu berücksichtigen:

> »Diagnose verstanden als ›soziale Reaktion‹, wird eine Dreh- und Angelfunktion um Rahmen gesellschaftlicher Zuweisungs- und Ausgrenzungsprozesse zugeschrieben. Unter Aspekten unbewusster Einflussfaktoren zu nennen wäre als erstes die ›Abwehrdienlichkeit der psychiatrischen Diagnose‹. Indem Krankheit als Folge einer (letztlich somatisch gedachten) Fremdgesetzlichkeit angesehen wird, kann die Illusion einer grundsätzlich gesunden Identität aufrechterhalten werden. Therapeut und Patient stehen sich nicht als gesund und krank gegenüber, sie verbünden sich vielmehr gegen die fremde Kausalität« (S. 61).

Für eine psychodynamische Betrachtungsweise des AD(H)S wäre zu berücksichtigen:

> »Hinsichtlich der psychodynamischen Diagnose ist [...] eine Reihe augenfälliger Abwehrmechanismen erkennbar. Sie können dazu dienen, Leid und schwer erträgliche Zustände im Hier und Jetzt auf das zu verlagern, was früher in der pathogenen Kindheit von Bedeutung war. Sie wird unbewusst zum Bündnis zwischen Patient und Analytiker, um damit der gemeinsamen Ohnmacht gegenüber den Widrigkeiten und Unabänderlichkeiten der Gegenwart zu entgehen« (ebd.).

Das Verbindende beider Auffassungen ist die gemeinsame »Ohnmacht gegenüber den Widrigkeiten und Unabänderlichkeiten der Gegenwart«, nur ihre innere Verarbeitung geht unterschiedliche Wege. Die »Ohnmacht gegenüber den Widrigkeiten und Unabänderlichkeiten« – der Unerbittlichkeit der Realität – und der Wunsch dieser zu entgehen rückt damit in den Fokus.

Die Suche nach der Schuld und Schuldentlastung oder die Suche nach einem Umgang mit der Ohnmacht

Betrachten wir zentrale Widrigkeiten der Gegenwart – und damit der Zukunft – und die Art des Umgangs damit, dann müssen wir vielerorts einen ähnlichen Umgang der Erwachsenen, ob Erzieher, Politiker, Wissenschaftler u.a., damit konstatieren – ein Aufmerksamkeitsdefizit – wie wir ihn beim sog. AD(H)S-Kinde im Umgang mit seiner näheren Umwelt auch erleben und in ihm vielleicht bekämpfen.

Das Kind sagt typischerweise »das bin ich nicht gewesen, das haben die anderen gemacht«, oder »ich hab ja bloß ...«, »damit habe ich nichts zu tun«, »die anderen spinnen«, »das ist gar nicht so«. Das Kind blendet systematisch bestimmte Aspekte der Realität aus, dabei dies meist, als ausgesprochener Argumentationskünstler, fest glaubend und den Anderen, sein Gegenüber, damit verunsichernd. Im Umgang mit den Kindern ist es oft schwer, sich dadurch nicht irritieren zu lassen, seine Sicht der Dinge daneben zu stellen, sie nicht ausradieren zu lassen, dem zu wider- und zu verstehen – wie es z.B. die Drohung eines kleinen Patienten ausdrückt, der angesichts ihn überfordernder Realitätskonfrontation schrie: »ich radier dich aus«. Was natürlich auch seine Angst ausdrückte, selbst ausradiert zu werden, wenn die Realität ist, wie sie ist.

Der Kampf um die Ressourcen mit den einhergehenden Zerstörungen der

Umwelt, der Kampf um den »Fetisch Geld« (Hörisch 2001), einhergehend mit unvorstellbaren nationalen Überschuldungen, der Kampf um die Mangelware Arbeit in einer »beschleunigten Gesellschaft« (Glotz 2002), der Kampf der Geschlechter mit Auflösung der familiären Strukturen seien als einige brennende Probleme der Gegenwart benannt. All diesen Kämpfen wohnen Chancen wie Risiken inne. Sich ihrer Existenzialität jedoch emotional »wirklich« bewusst zu sein, hieße für das Individuum, existenzielle Angst und Gefühle der Ohnmacht aushalten zu müssen. Dieser Überforderung zu entrinnen, ist eine stetige Abwehrarbeit von Nöten. Nur sie kann diese permanenten Bedrohungen aus dem Bewusstsein fern halten. Wenn wir uns emotional wirklich bewusst werden, dass einer der wenigen sicheren zukünftigen Tatbestände der ist, dass die Kinder der Gegenwart, diese Hypotheken abzuzahlen haben werden, kämen wir in einen erheblichen Erklärungsnotstand ihnen gegenüber.

So wird vielleicht verständlicher, dass Schuld-Fragen so wenig gestellt werden dürfen – wer ist Schuld? Zumal sich hinter der Frage nach der Schuld oft die nach der Scham verbirgt: Wie konnte/können wir dies zulassen? (Sog. AD[H]S-Kindern wird oft die Frage gestellt: »Schämst du dich denn nicht! Wie konntest du dies oder jenes schon wieder tun.« Wobei die Antwort oft ein verlegenes und gleichzeitig provozierendes Grinsen ist)[2]. Antworte ich als Erwachsener, dass mir anderes wichtiger war, als das Wohl des Kindes – das eigene Streben, die eigene Lust, oder was auch immer – laufe ich Gefahr, dessen schuldig gesprochen zu werden und die Verantwortung aufgebürdet zu bekommen. Antworte ich »es lag nicht in meiner Macht, es zu ändern oder zu beeinflussen«, dann werde ich mit Gefühlen der Ohnmacht und Scham konfrontiert.

Diese Schuld-Scham-Diskussion lässt assoziativ in manchem an die der Nachkriegsjahrzehnte in Deutschland denken, die Fragen der »68er-Generation« an ihre in den Nationalsozialismus involvierten Eltern. Ihre Fragen könnten jetzt die ihrer Kinder und Kindeskinder werden.

Ein häufiger Mechanismus im Umgang mit der Schuld scheint zu sein: Indem wir die anderen exkulpieren – nicht sie sind schuld, sondern die Gene –, hoffen wir auch uns zu exkulpieren. »Die Schuld ist wie eine heiße Kartoffel, die hin- und her gereicht wird«, formuliert ein kleiner, in der Therapie fortgeschrittener, Patient treffend, »immer soll ich Schuld sein, das will ich nicht.«

---

2 Das »so genannte« AD(H)S-Kind soll darauf verweisen, dass es sich bei »dem AD(H)S-Kind« nicht um den Träger »eines« eng umrissenes Krankheitsbildes handelt, sondern um ein Kind mit einem Symptomenkomplexes vielfältiger Genese.

Das fehlende Schuldbewusstsein wird als ein häufiges Charakteristikum der sog. AD(H)S-Kinder beschrieben.

> »Eine typische Reaktion des Kindes ist ›aber ich habe doch gar nichts gemacht‹. Es sind immer die anderen gewesen, nie das Kind selbst. Eltern haben Kinder vor sich, die immer das Gefühl haben, es sind die anderen gewesen, die sich ganz schwer tun, die Schuld bei sich selbst zu suchen« (Dietz 2001, S. 2).

In einem ontologischen Krankheitsverständnis könnte man nun wiederum »davon ausgehen, dass die verzögerte moralische Entwicklung der Kinder mit AD(H)S im Zusammenhang mit der allgemeinen Entwicklungsverzögerung und dem Dopaminmangel in Frontalhirnbereich steht« (ebd.).

Die Mutter des o.g. kleinen Patienten stellt in der begleitenden Psychotherapie hingegen fest, dass »eigentlich die Schuld gar nicht das Problem ist, sondern die Verantwortung«, die Verantwortung tragen zu können, die sich aus der Anerkennung der Schuld ergibt.

In einem psychodynamischen Verständnis kann die Vermeidung der Schuldfrage auch als eine der Vermeidung der Übernahme von Verantwortung verstanden werden und damit der Möglichkeit der Reparation bzw. der Wiedergutmachung – eine Fähigkeit, die im psychoanalytischen Sinne eine Errungenschaft der so genannten »depressiven Position« ist, einer essenziellen menschlichen Entwicklungsaufgabe, wie sie Melanie Klein erstmalig beschrieben hat und von anderen, z.B. Winnicott, weiter ausgeführt wurde (Klein 1932; Winnicott 1994 u.a.). Die depressive Position beschreibt die Fähigkeit Schuld zu ertragen – und das ist für das Kind schwer –, die Fähigkeit, Verantwortung für das Getane übernehmen und wiedergutmachen zu können, um daraus schließlich eine »Fähigkeit zur Besorgnis« zu entwickeln.

> »Das Wort ›Besorgnis‹ (concern) wird verwendet, um auf positive Weise ein Phänomen zu bezeichnen, das auf negative Weise durch das Wort ›Schuldgefühl‹ (guilt) bezeichnet wird. Schuldgefühl ist Angst, verbunden mit dem Konzept der Ambivalenz und setzt einen Grad der Integration beim individuellen Ich voraus, der die Aufrechterhaltung einer Imago des guten Objekts zugleich mit der Vorstellung ihrer Zerstörung ermöglicht. Besorgnis setzt Integration und Wachstum voraus; sie steht positiv in Beziehung zum Verantwortungsgefühl des Individuums, besonders in Bezug auf Beziehungen, in die die Triebe eingegangen sind.
>
> Besorgnis bezeichnet den Umstand, dass das Individuum sich um etwas *bekümmert* oder dass ihm etwas *etwas ausmacht,* dass es Verantwortung fühlt und übernimmt« (Winnicott 1974, S. 93).

Indem das Kind sich dessen bewusster wird, dass seine eigenen »libidinösen und feindseligen Triebe nach dem gleichen Objekt [– primär der Mutter –] streben«, dass die gute Mutter und die versagende Mutter ein- und derselbe Mensch sind, werden Ängste erweckt, die Mutter infolge der eigenen destruktiven Impulse, wie sie jedem normalen kindlichen triebhaften Verlangen auch inne wohnen, zu zerstören und zu verlieren (Laplanche/Pontalis 1973, S. 114).

> »Die Ängste des Kindes sind von außerordentlicher Komplexität. Seine Sorge gilt einerseits einer Beziehung zwischen zwei Personen, dem Ich und der Mutter, der durch die triebhaften Anteile dieser Beziehung Schaden zugefügt werden könnte (Schuldgefühl); Besorgnis lösen aber auch die inneren Veränderungen aus, die mit *Erregungszuständen* und mit der Erfahrung der eigenen Wut oder des Hasses verbunden sind. [...] Es leuchtet ohne weiteres ein, dass diese *Entwicklung von der Rücksichtslosigkeit zu Anteilnahme und Besorgnis*, von der Ich-Abhängigkeit zu Ich-Beziehung, von der Präambivalenz zur Ambivalenz, von einer primären Dissoziation zwischen ruhigen und *erregten Zuständen* zur Integration dieser beiden Aspekte des Selbst ungeheure Wachstumsprozesse darstellen« (Winnicott 1974, S. 113; kursiv C. W.).

Gelingen diese Wachstumsprozesse, dann bedarf es meist auch nicht mehr der Symptomatik, der *Erregungszustände* oder der »Hyperaktivität als Suche und Abwehr psychischer Verarbeitung« (Staufenberg, s. u.).

Anders ausgedrückt, beinhaltet die depressive Position die Anerkennung der eigenen inneren destruktiven Kräfte, der eigenen Rücksichtslosigkeit, die Aufhebung der »Spaltung zwischen »gutem« und »bösem« Objekt« in einer dichotomen Welt des entweder Guten oder Bösen – im Ursprung eine paranoid-schizoide Welt, in der es nur Verfolger und Verfolgte, Täter und Opfer gibt – Gute oder Böse, Freund oder Feind, Gleichmeinende oder Andersdenkende.

Wie ließe sich diese individualpsychologische Dynamik und Betrachtungsweise auf eine sozialpsychologische übertragen?

Wohlwissend, dass analogisierende Vergleiche Vereinfachungen darstellen, drängt sich der Eindruck auf, dass die dem AD(H)S-Kind oft zugeschriebene Rücksichtslosigkeit, seine fehlende Einfühlung in den anderen, das fehlende Schuld- und Schamgefühl, sich auf der gesellschaftlichen Ebene bezüglich der genannten existenziellen Gegenwartsprobleme, die letztlich zu Lasten der Kinder gehen, ohne Rücksicht auf ihre Zukunftsoptionen, in mancher Hinsicht wiederholen und auf ein kollektives Aufmerksamkeitsdefizit verweisen, das sich im AD(H)S-Diskurs wiederum verdichtet. Stellt sich nicht auch hier die Frage nach einer kollektiven »Fähigkeit zur Besorgnis« in besonderem Maße?

Die Suche nach Sicherheit und »Einfachheit«

»Die Ängste des Kindes sind von außerordentlicher Komplexität« (ebd.), doch nicht nur die des Kindes. Die Anforderungen und die Komplexität einer modernen Gesellschaft überfordern die Angsttoleranz auch vieler Erwachsener, wie es die stetige Zunahme von Angsterkrankungen in der Gesellschaft verdeutlicht, wie mittlerweile vielfach beschrieben (u. a. Bassler/ Leidig 2005).

In diesem Sinne versteht A. Würker in seinem Beitrag dieses Bandes auch das AD(H)S auf dem Hintergrund einer individuell-familialen wie übergreifenderen sozialen Überforderungssituation.

Diesem Erleben der Komplexität einer modernen Gesellschaft mit den einhergehenden Bedrohungen durch die Gefühle der Überforderung und Ohnmacht kommt ein klassisch wissenschaftliches, kausalgenetisches Krankheitsverständnis, wie es »das Medizinmodell« (Schumacher 1985) anbietet, entgegen, indem es Komplexitätsreduktion verspricht – Komplexitätsreduktion als Merkmal eines solchen Wissenschaftsverständnisses. Indem es erklärt, in verstehbaren Kausalketten, mit zwangsläufig reduktionistischen Modellen die Realität – oder das, was sie dafür hält – begründet, reduziert es die Komplexität und vermittelt damit Sicherheit. Es lässt die Welt angesichts unüberschaubarer Kompliziertheit versteh-, handhabbarer und einfacher erscheinen.

Aber »Komplexität ist dabei mehr als Kompliziertheit. [...] ›Komplexität ist die *Einheit einer Vielheit*‹ (Luhmann 1997, S. 136) [...], der Relation von Elementen« (Buchholz 1999).

So verstanden, läuft die Komplexitätsreduktion eines klassischen Krankheits- und Wissenschaftsverständnisses jedoch Gefahr, die Relation von Elementen – die Beziehungen untereinander – aus dem Blick zu verlieren, die Summe der Teile für das Ganze zu halten, damit »ganze Realitäten« systematisch auszublenden.

Im Falle des AD(H)S wäre die Komplexität als die Einheit der Vielheit jener »Kontext- und Bedingungsfaktoren« (Würker s. u.) zu verstehen, die eine Vielheit von Relationen zu einander eingehen, die nur in einem komplexen Bedingungsgefüge zu verstehen sind und sich zwangsläufig einer monokausalen Betrachtungs- und Verstehensweise entziehen. Im AD(H)S-Diskurs geraten somit das Wissen um die Komplexität und ihr Erleben mit dem verstehbaren Bedürfnis nach einfachen, erklär- und überschaubaren Sichtweisen der Welt in Konflikt.

Dieser wohl allgemeinmenschliche Konflikt spiegelt sich im sog. AD(H)S-Kinde in besonderer Weise wider. Es liebt einfache, klare Regeln und Anweisungen. Es liebt klare, übersichtliche Situationen, in denen mit ihm meist gut auszukommen ist. Komplexe Zusammenhänge, wie z. B. auch langatmige, komplexe Erklärungsmodelle, u. a. dessen was es anrichtet und tut, hasst es. Komplexe Situationen, wie z. B. Viel-Personen-Situationen, überfordern es und eskalieren schnell.

Einen grundsätzlich anderen Weg des Umgangs mit der Komplexität und des Wunsches nach Einfachheit, Überschaubarkeit und Sicherheit als den soeben beschriebenen weist hingegen der der Metapher.

Die Metapher, als bildhafte Sprache, ihrerseits

> »reduziert Komplexität und führt zugleich, die Dimensionalität steigernd, durch Bildfelder aus anderen Wissenschaften und Erfahrungen neue Perspektiven und Lösungsmöglichkeiten ein. [...] Die Metapher hat eine multiple Referenzialität, sie spielt auf vieles an, bringt viele Seiten zum Klingen und wirft auf alles ein neues Licht. [...] Metaphern bieten sich dabei wegen ihrer komplexitätsreduzierenden Funktion an, das Neue und Unfassbare, das zu Große und anders nicht Beschreibbare durch Assimilation an bekannte Strukturen begreifbar zu machen; die Metapher reduziert Unsicherheit« (Buchholz 1996, S. 25f., s. a. 2003).

Dass die komplexitätsreduzierende und Sicherheit gebende Funktion der Metapher der sozialen Praxis und ihren genannten Merkmalen in mancher Hinsicht gerechter wird, erfahren wir im therapeutischen Bereich und dem der Prävention eindringlich, »weil die Metapher auf etwas verweist, was offenbar nicht anders [– noch nicht anders –] gesagt werden kann« (S. 30), wie wir es beim sog. AD(H)S-Kinde postuliert haben (s. o.). Im Umgang mit Kindern wie auch im therapeutischen Dialog erfahren wir immer wieder auf eindrückliche Weise, wie die Verständigung an Tiefe gewinnt, »wenn die Ebene der Bilder erreicht wird und hier beide Beteiligten anknüpfen« (ebd.) können.

Wenn z. B. eine Mutter ihrem 2 1/2-jährigen Sohn, der ein anderes gleichaltriges Kind attackiert hat, langatmig, intensiv auf ihn einredend, rational erklärt, wie und warum man dies nicht tut und welche Konsequenzen dies hat – ein keineswegs abwegiger Fall –, mag das ein Beispiel dafür sein, wie rationale Aufklärung die letzten Winkel der Kindheit erobert, aber zu einer Aufklärung wird, die das Kind überfordert. Das Kind kann sie nicht »verstehen«, sondern nur auf seine Art »erleben«, ein Erleben, das es aber noch nicht mitteilen kann – phylogenetisch analogisierend wäre das, wie wenn man einem Menschen der Frühzeit, die Gedanken der Aufklärung habe nahe bringen wollen.

An Bettelheims Schrift »Kinder brauchen Märchen« (1977) anknüpfend, könnten wir hier sagen, »Kinder brauchen Metaphern – eine bildhafte Sprache«, die ihnen verhilft, ihre inneren Seiten zum Klingen zu bringen, »das Neue und Unfassbare, das zu Große und anders nicht Beschreibbare durch Assimilation an bekannte Strukturen begreifbar zu machen« (s. o.), ihre innere Bilder- und Fantasienwelt entwicklungsgemäß zu strukturieren und übermäßig Angst erregende Unsicherheit zu reduzieren.

Die Metapher – verstanden als bildhafte Sprache – wird kein AD(H)S heilen, aber sie weist einen Weg, innere Strukturen zu schaffen, an denen es diesen Kindern oft mangelt.

Wenn man zudem bedenkt, dass auch »im Zentrum jedes wissenschaftlichen Paradigmas eine Metapher« (Buchholz 1996, 2003, S. 25) steht, gilt ihr weitere, besondere Aufmerksamkeit, denn sie zu erfassen und zu verstehen, könnte ein Weg sein, kommunikative Schranken, wie sie sich im AD(H)S-Diskurs exemplarisch dokumentieren, zu eröffnen. E. Reinke wird in ihrem Beitrag »AD(H)S als Metapher« (s. u.) darauf aus wissenschaftstheoretischer Sicht intensiver eingehen.

Die Suche nach Struktur

Ein Fallbeispiel: Der 8-jährige M., ein kräftiger, impulsiver Junge, im äußeren Erscheinungsbild ansonsten altersgemäß entwickelt, befindet sich in kinderanalytischer Behandlung. Im Erstkontakt beschrieb die Mutter M. als »ein richtiger Brecher, … mein ADI«. Mütterlicher Stolz klang dabei in den Ohren des Therapeuten mit, bevor danach die Fülle von M.'s »Missetaten«, die die Mutter förmlich ausschüttete, ihm – dem Therapeuten – die Ohren klingeln ließen. In einer Sitzung sitzt M. auf dem Boden des Behandlungszimmers und baut die Brio-Eisenbahn zusammen, schimpft und flucht, was für ein blödes Spielzeug der Therapeut habe, und genug sei es alles auch nicht. Erst fehlt eine links-abbiegende, dann eine rechts-abbiegende Weiche, dann ein gerades Kurz-Stück usw. Aber er bleibt im Spiel, kann sogar ein wenig stolz auf das sein, was er endlich mit Mühen und unter den Augen des zuschauenden Therapeuten, den er immer wieder beschimpfen muss, zusammen gebaut hat. Dann beginnt er mit den Waggons wie wahllos hin und her zu rangieren. Plötzlich hält er inne, es ist, als ob er das Spiel abbreche und innerlich versunken in einer anderen Welt sei. Nach einigen Sekunden, die dem Therapeuten wie eine kleine Ewigkeit anmuten, schaut M. diesen kurz an, um dann, wie zu jemand anderem, in einer anderen Welt befindlichen, zu sagen: »Scheiße, das ist wie auf einem Rangierbahnhof«.

Der Therapeut erinnert, wie die Mutter in einer der begleitenden Elternstunden, kurze Zeit zuvor, die Fantasie äußerte, dass sie sich in ihrem Zimmer, in dem »man über den Kinderzimmern thront«, wie in einem »Stellwerk« erlebe, von dem aus »man immer wieder die Weichen stellen muss«, wobei M. aber »trotzdem das macht, was er will, … immer auf dem falschen Gleis landet«.

Sicher wusste M. nichts von dieser gemeinsamen Fantasie mit seiner Mutter, die das Stellwerk besetzt hält und ihn wie die Waggons, hin und her verschiebt und er aus der Bodenperspektive, in der man sich »wie ein Wurm fühlt«, wie ein Spielball, der keinen Überblick darüber gewinnen kann, was mit einem passiert.

Die Metapher des Rangierbahnhofs und Stellwerks eröffnet einen Prozess, der neue Dimensionen der Verständigung eröffnet. Im Bild des Rangierbahnhofs verbinden sich mütterliche, väterliche und kindliche Welt. In der inneren Welt von Mutter und Sohn ist es mal die Mutter mal der Junge, die hilflos auf den Rangiergleisen hin und her geschoben werden, wie aus der Ferne, einer Marionette gleich, gesteuert. Für die Mutter sitzt M. im Stellwerk, wenn er sie mit seiner Problematik, »ganz im Griff hat, hin und her schiebt, wie es ihm beliebt« – wobei auch M. ein Gefühl dafür hat, wie er Macht über Mutter gewinnen kann. Für M. hingegen sitzt Mutter im Stellwerk, »wenn sie einen rumgängelt, aber man nicht weiß, was sie wirklich will«. Es kann deutlich werden, wie Mutter und Sohn in einer gemeinsamen Welt – Fantasiewelt – leben, eng verbunden, jedoch wie in einem Vexierbild wechselnd mal in einem Gefühl der Macht – als Stellwerkleiter, der die Fäden in der Hand hat – mal in einem Gefühl der Ohnmacht – als ein Waggon, der hin und her gestupst wird.

Vaters Welt ist in der Fantasie des Jungen die des Lokomotivführers, der draußen in der Welt herumfährt und die zusammengestellten Waggons abholen kommen wird, um sie im doppelten Sinne »zur Strecke zu bringen«. Auf ihn wartet M. alltäglich halb sehnsüchtig, halb ängstlich. Vater steht mit Mutter über Funk in Kontakt, er gibt ihr die Macht und gleichzeitig lässt er sie wie ihn – M. – immer wieder im Stich. Vater soll aus der Enge des Rangierbahnhofes, Synonym für die mütterlich-kindliche Welt, heraushelfen, »den Jungen auf den Weg bringen«, gleichzeitig muss er immer wieder als derjenige draußen vorgelassen werden, als derjenige, der die mütterlich-kindliche Welt stört und bedroht.

Auch wenn das Verständnis dieser Metapher offensichtlich einem traditionellen analytischen Deutungsmuster folgt, kann es ein Beispiel dafür sein, wie die Metapher – hier die des Rangierbahnhofs – dem Kind neue Perspektiven eröffnet, es auf den Weg bringt und seine destruktiv-aggressiven Fantasien, in denen die Waggons immer wieder in einander krachen und explodieren, zur Sprache und dann zur Strecke bringen verhilft.

M. wie Mutter können das Bild des Rangierbahnhofs und Stellwerkes als Teil ihrer inneren Welt erleben. Im oszillierenden Sich-Erleben mal als Waggon *und* mal als Stellwerkleiter – einem Blick mal von oben, mal von unten, mal aus der aktiven, mächtigen, mal aus der passiven, ohnmächtigen – entstehen neue Freiheitsgrade.

Vater wiederum kann in seinem Erleben des aus dem Bild Ausgeschlossenseins – er bemerkt: »mit solchen Bildern kann ich nichts anfangen, das ist nicht meine Welt« – Anschluss an den Bahnhof finden und die Familie kann die Waggons »auf die Reihe bringen«, was den »Dialog an Tiefe gewinnen« lässt.

Das Beispiel kann sicher noch manch andere Seite zum Klingen bringen, andere Perspektiven eröffnen, aber es zeigt, wie der beschriebene Prozess, »Dimensionalität steigernd, [...] das Neue [...] durch Assimilation an bekannte Strukturen begreifbar zu machen« (ebd.) verhilft. M. und seiner Familie wurden neue innere Bilder und Welten eröffnet.

In der Metapher dieses Beispiels verdichtet sich eine ganze innere Welt dieser Familie – die Familie als Rangierbahnhof, mit oder ohne Anschluss an das Netz. Im analytischen Prozess eröffneten sich ihr neue Sicht- und Erlebnisweisen.

Im AD(H)S-Diskurs, mit einem Verständnis des AD(H)S *auch* als Metapher – AD(H)S als Metapher –, verdichtet sich gleichermaßen eine ganze innere Welt, mit einer Fülle von Fragestellungen, die ihm seine Brisanz geben. Einige von ihnen klangen in den assoziativen Gedankengängen dieses Beitrags an. Viele Antworten stehen noch aus.

Die Suche nach möglichen Antworten

Entstanden ist der vorliegende Band aus einer Vortragsreihe des »DIALOG – Zentrum für Angewandte Psychoanalyse der Universität Bremen« und des »Psychoanalytischen Institut Bremen e. V.«, unter dem gleichnamigen Titel »ADS – Auf der Suche – psychoanalytische Betrachtungen zum AD(H)S«, ergänzt um weitere Manuskripte, die dem Thema verpflichtet sind (Dammann, Neeral und Ellesat).

Der Titel der Reihe resultierte vor allem aus der praktisch-therapeutischen Arbeit, in der das intensive »Auf der Suche-Sein« dieser Kinder, ihre Suche nach Struktur und Halt auffällt, wie auch ihr erlebbares Bemühen, etwas mitteilen zu wollen, was sprachlich nicht oder noch nicht mitteilbar ist – es sei denn über die Darstellung als Symptom – in der Hoffnung, Antworten im Gegenüber zu finden.

Aber nicht nur die Kinder erscheinen uns auf der Suche, sondern auch die Eltern, Familien und Menschen der jeweiligen sozialen Umwelt, wie all diejenigen Vertreter in Gesellschaft, Wissenschaft und Wirtschaft, die sich mit den Fragen, die das AD(H)S implizit stellt, beschäftigen.

Der vorliegende Band will einigen Suchbewegungen nachgehen und damit der Komplexität des AD(H)S als einer umfassenden Krankheitsentität das Wort reden, in dem Bemühen zu einer Integration der unterschiedlichen Ansätze beizutragen. Dabei werden die Beiträge immer wieder auf die spezifische Gestaltung des AD(H)S-Diskurses Bezug nehmen, um daraus ein Verständnis für seine innere Dynamik und Bedeutung zu entwickeln.

Der folgende Beitrag von E. Reinke widmet sich explizit dieser Thematik, der Analyse der inneren Diskurs-Dynamik, aus einer wissenschaftstheoretischen Sicht, als einer Analyse des »AD(H)S als Metapher«. Er beschäftigt sich mit den genannten Irritationen des AD(H)S-Diskurses, die die Grenzen rationaler Gesundheitsaufklärung verdeutlichen und verstehen lassen. Er beschäftigt sich mit der Frage, »was die Bedingungen und Möglichkeiten einer Verständigung auf diesem Gebiet sind, und welche Widerstände einer kommunikativen Verständigung im Wege stehen [...]«. E. Reinke zeigt auf, »dass die »Wahl« des eigenen wissenschaftstheoretischen Paradigmas von mehreren Parametern abhängig ist und nicht allein aufgrund rationaler Überzeugungen und explizit gemacht wissenschaftstheoretischer Grundannahmen getroffen wird«, sondern verwoben ist, »mit weiteren individuellen wie kollektiven Vorannahmen, die der Natur der Sache nach nur zum Teil der bewussten Reflexion zugänglich sind« (Reinke, s. u.).

Es folgt ein Beitrag von A. Würker, der in einer hermeneutischen Analyse das AD(H)S in seinen komplexen Zusammenhang gesellschaftlich-ökonomischer, kultureller, familialer und genetisch-hirnphysiologischer Kontext- und Bedingungsfaktoren stellt, in dem sich die Interaktion des AD(H)S-Kindes und seiner Erziehungspersonen entfaltet. Aus der Analyse der Kontext- und Bedingungsfaktoren sollen notwendige ökonomisch, gesellschaftlich-kulturelle und familienpolitische Veränderungen, sowie pädagogische und (psycho)-therapeutische Maßnahmen abgeleitet werden, während aufzuzeigen ist, dass eine medikamentöse Therapie nur die hirnphysiologischen Bedingungsfaktoren beeinflussen kann und einem engen Indikationsspektrum vorbehalten bleiben muss.

Das o. a. kleine Fallbeispiel des 8-jährigen M. sollte auch überleiten zum Beitrag von A. Staufenberg, in dem sie ebenfalls anhand eines konkreten Fallbeispieles einen psychoanalytischen Zugang zum AD(H)S und seine Klinik entwickelt. Wie der Titel es ankündigt, konzentriert sich das Verständnis auf den inneren Sinn der Symptomatik »Hyperaktivität als Suche und Abwehr psychischer Verarbeitung«. Ihr Metaphern-Beispiel aus der Therapie eines AD(H)S-Jungen, dem Bild des »Runterdrehens – dreh runter«, auf das ihr kleiner Patient sofort, intuitiv verstehend, anspricht, eröffnet einen erweiterten Zugang zum Verständnis des Kindes und dem therapeutischen Umgang.

Der Beitrag von T. Neraal ergänzt dies um einen familientherapeutischen und -dynamischen Zugang. Er beschreibt Beziehungsmodalitäten zwischen dem Kleinkind und den Eltern, die in der Entwicklung des Kindes zu dem Störungsbild AD(H)S führen können sowie dessen psychotherapeutischer Behandlung anhand des Beispieles eines 9-jährigen hyperaktiven Jungen und deren begleitenden Familientherapie.

In allen Fallbeispielen, wie in der Dynamik des AD(H)S auf der individualpsychologischen oder familiendynamischen Ebene mehrfach beschrieben, gerät immer wieder die Funktion des Vaters in den Mittelpunkt der Betrachtung. Daher folgt ein Beitrag von I. Seiffge-Krenke zum Thema »der strukturbildenden Funktion des Vaters«. Er will Perspektiven zum Verständnis der Rolle des Vaters in der Psychodynamik des AD(H)S eröffnen.

Die triangulierende und strukturbildende Funktion des Vaters kann jedoch – provozierend ausgedrückt – auch durch ein Medikament ersetzt werden. P. Ellesat zeigt in seinem Beitrag auf, wie die bezüglich Diagnostik und Therapie bekannten vorhandenen und beschriebenen Unsicherheiten sich auch in den Familien mit ADS-diagnostizierten Kindern, die Ritalin bekommen, wieder finden. Er geht vor allem der Funktionalisierung des Ritalins in den familiären Beziehung bzw. in der Familiendynamik nach, dabei verschiedenen Ebene in den Blick nehmend: den gesellschaftlichen Diskurs, die Ebene der Eltern, die der Kinder und Jugendlichen und die Ebene des Therapeuten (s. u.).

Fokussieren diese letztgenannten Beiträge vornehmlich eine individualpsychologische oder familiale Perspektive, so stellt der Beitrag von R. Haubl die AD(H)S-Thematik in einen übergeordneten gesellschaftlich-sozialpsychologischen Zusammenhang. Er stellt vertiefend die Frage nach den gesellschaftlichen Bedingungen, unter denen Krankheiten wie das AD(H)S Karriere machen, wie Interessen und Interessenkonflikte sich unerkannt oder unausgesprochen in Krankheitsdiagnosen niederschlagen, denn »jede Krankheitsdiagnose gibt die medizinische und soziokulturelle Einstellung einer bestimmten Epoche wieder – was freilich meist erst im historischen Rückblick erkennbar wird, da es während der Epoche in der Regel so scheint, als gäbe es keine Alternative« (Haubl s. u.).

Er zeigt auch auf wie der Hippokrates zugeschriebene und jedem Mediziner vertraute Satz »Vor die Therapie haben die Götter die Diagnose gestellt«

heute auf merkwürdige Art pervertiert wird. War ursprünglich damit gemeint, dass der Arzt vor einer Therapie eine gewissenhafte Diagnostik zu betreiben habe, um die richtige Diagnose zu stellen, aus der sich die geeignete Therapie ableitet, zeigt R. Haubl anhand von Beispielen aus der Medizingeschichte und dem des AD(H)S, auf welche Weise ökonomische Interessen und Interessenskonflikte die Entstehung von Diagnose und die Dynamik der Diagnosestellung in relevantem Maße mit beeinflussen, in Umkehrung des hippokratischen Satz, indem zu ge- und erfundenen Therapien geeignete Diagnose gesucht werden müssen.

G. Dammann greift die Gedanken auf und legt weitere Überlegungen dazu dar, »welche Gründe dazu geführt haben könnten, dass es in den vergangenen Jahren zu einem solchen »Boom« bei der Diagnosestellung, den man auch als Form einer Epidemie bezeichnen könnte, gekommen ist« (Dammann s.u.).

U. Schultz-Venrath schließlich wendet sich einem ganz anderen Fokus der AD(H)S-Thematik zu, dem AD(H)S im Erwachsenenalter.

> »Seltsam war es schon, dass sich über die vielen Jahrzehnte, in denen Kinder weltweit mit amphetaminähnlichen betäubungsmittelrezeptpflichtigen Medikamenten (Methylphenidat) behandelt wurden, kaum einer die Frage stellte, was aus dieser ›Störung‹ – dem ›disorder‹ – wird, wenn die Betroffenen das Erwachsenalter erreichen. […] Vielleicht ist es dieser fehlenden Wahrnehmung [– Aufmerksamkeit –] zu verdanken, dass das Pendel dann so vehement in die andere Richtung drehte und das Phänomen ›Aufmerksamkeitsdefizitstörung im Erwachsenenalter (ADD)‹ in den letzten Jahre in der Öffentlichkeit eine nahezu inflationäre Anwendung erfährt« (Weniger 2004).

U. Schultz-Venrath unterzieht dieses Phänomen einer weiterführenden kritischen Analyse, v.a. aber auch in Abgrenzung zu einem anderen gewichtigen klinischen Bild, dem der Borderline-Störung.

Den Abschluss bildet ein Beitrag von C. Benecke et al. Nach einer Darstellung der diagnostischen Kriterien für AD(H)S, der Befunde zur Komorbidität, diskutierter ätiologischer Modelle, und einer Darstellung des Konzepts der psychischen Struktur, das mit AD(H)S in Verbindung gebracht wird, werden Ergebnisse zweier Studien vorgestellt, die nahe legen, AD(H)S als eine strukturelle psychische Störung, insbesondere als eine Störung der Emotionsregulation und der Beziehungsgestaltung, zu betrachten, Befunde von beträchtlicher Relevanz.

In der Zusammenstellung der verschiedenen Beiträge, hervorgegangen aus Vorträgen, war eine gewisse Redundanz in einzelnen Aspekten nicht zu vermeiden. Sie erschien uns jedoch vertretbar, zumal auffallend ist, dass die AD(H)S-Thematik und -Literatur insgesamt von einer auffälligen Redundanz geprägt scheint.

Die Redundanz – so unsere These – mag dem Bedürfnis entsprechen, den »unerhörten Botschaften« des AD(H)S-Kindes Gehör zu verschaffen, hoffend und gleichzeitig wissend, dass die Effektivität dieses Weges sehr begrenzt ist. Es ist wiederum wie, so häufig, mit dem AD(H)S-Kinde selbst: Die Redundanz der Ermahnungen und rationalen Aufklärungen verändert wenig. Erst ein gemeinsames »erlebendes Verstehen« hat das Potenzial zu wirklicher Veränderung, »erst im Wieder*erleben* der beteiligten emotionalen Bedingungen, freilich im geregelten und geschützten Raum gegenseitiger Anerkennung« (Reinke s. u.), überwinden wir die kommunikativen Schranken zwischen dem individuellen betroffenen Kind und seiner sozialen Umwelt resp. seinen Beziehungspersonen, wie auch die zwischen den konkurrierenden Vertretern und Exponenten des ADHS-Diskurses. Denn: »Rationale Aufklärung allein genügt nicht« (ebd.).

Wir, die Herausgeber, hoffen, mit den Beiträgen und ihrer Zusammenstellung einige Anregungen geben zu können. Wir danken den Autoren für ihre Bereitschaft und Mühe, ihre Manuskripte einem breiteren Publikum zur Verfügung zu stellen. Wir danken auch den Kindern und Eltern, die in den anonymisierten Fallbeispielen zu Worte kommen und dafür ihre Zustimmung gegeben haben. Wir danken all denen, die mit ihren Diskussionsbeiträgen zu diesem Buch bzw. der Vortragsreihe zu den Gedanken, die diesem Buch zugrunde liegen, beigetragen haben.

Literatur

Amft, Hartmut; Gerspach, Manfred & Mattner, Dieter (2004): Kinder mit gestörter Aufmerksamkeit. Stuttgart (Kohlhammer).

Barkley, Russell et al. (2002): International Consenus Statement on ADHD 2002. www.adhs.ch oder www.user.gwdg.de. Auch in: European Child and Adolescent Psychiatry 11, 96–98.

Bassler, Markus; Leidig, Stefan (Hg.) (2005): Psychotherapie der Angsterkrankungen. Stuttgart (Thieme).

Bettelheim, Bruno (1977): Kinder brauchen Märchen. Stuttgart (Deutsche Verlags-Anstalt).

Bovensiepen, Gustav; Hopf, Hans & Molitor, Günter (Hg.) (2002):Unruhige und unaufmerksame Kinder – Psychoanalyse des hyperkinetischen Syndroms. Frankfurt a. M. (Brandes & Apsel).

Buchholz, Michael B. (1997): Krankheitstheorien und psychoanalytischer Prozess. In: Akademie für Psychoanalyse und Psychotherapie e. V. (1997): Psychoanalytiker nehmen Stellung, Heft 1, 83–96.

Buchholz, Michael B. (1999): Psychotherapie als Profession. Gießen (Psychosozial-Verlag).

Buchholz, Michael B. (2003): Metaphern der Kur. Gießen (Psychosozial-Verlag).

Crary, Jonathan (2002): Aufmerksamkeit – Wahrnehmung und moderne Kultur. Frankfurt a. M. (Suhrkamp).

Dietz, Dagmar (2001): Die Entwicklung des Gewissens bei Kindern mit ADHS. www.ads-hyperaktivitaet.de/ADHS/Gewissen/gewissen.html.

Freud, Sigmund (1905): Drei Abhandlungen zur Sexualtheorie. GW V (1924), S. 27–145.

Freud, Sigmund (1905): Bruchstück einer Hysterieanalyse. GW V (1924), S. 172–286.

Glotz, Peter (1999): Die beschleunigte Gesellschaft. Reinbek (Rowohlt).

Höger, Christoph et al. (2002): Es gibt Grund zur Sorgfalt, aber keinen Grund zur Sorge. www.ads-hyperaktivitaet.de

Hörisch, Jochen (2001): Der Sinn und die Sinne – eine Geschichte der Medien. Frankfurt a. M. (Eichborn).

Hopf, Hans (2000): Zur Psychoanalyse des hyperkinetischen Syndroms. Analytische Kinder- und Jugendlichenpsychotherapie 107, 279–307.

Hüls-Wissing, Anna (2002): Die »unerhörte Botschaft« der Madame Bovary. In: Reinke, E.; Warrlich, Chr. (Hg.) (2002): Psychoanalyse im Lebenslauf. psychosozial 90, 69–84.

Hüther, Gerald (2001a): Kritische Anmerkungen zu den bei ADHD-Kindern beobachteten neurobiologischen Veränderungen und den vermuteten Wirkungen von Psychostimulantien (Ritalin). Analytische Kinder- und Jugendlichenpsychotherapie 32, 471–486.

Hüther, Gerald (2001b): Psychoanalyse und Neurowissenschaften –die neurobiologische Verankerung von Erfahrung. In: Reinke, E.; Warrlich, Chr. (Hg.): »Psychoanalyse interdisziplinär«. psychosozial 86, 69–79.

Hüther, Gerald; Bonney, Helmut (2002): Neues vom Zappelphilipp – ADS: verstehen, vorbeugen und behandeln. Düsseldorf, Zürich (Patmos), 2005.

Israël, Lucien (1976): Die unerhörte Botschaft der Hysterie. München (Ernst Reinhard Verlag).

Klein, Melanie (1932): Die Psychoanalyse des Kindes. München 1971.

Köhler, Lotte (2000): Vorwort. In: Spitz, R. (1971): Angeboren oder erworben? Basel, Weinheim (Beltz-Verlag), 2000, S. 19–38.

Laplanche, Jean; Pontalis, Jean-Bertrand (1973): Das Vokabular der Psychoanalyse. Frankfurt a. M. (Suhrkamp).

Münchmeier, Richard (2000): Aufwachsen unter veränderten Bedingungen – zum Strukturwandel von Kindheit und Jugend. Praxis Kinderpsychologie und Kinderpsychiatrie 50, 119–134.

Reinke, Ellen (1998): Psychoanalyse – Erkenntnis – Methode. Überlegungen zum Wissenschaftsstatus und zur Lehre. psychosozial 72, 7–16.

Seidler, Eduard (2004): »Zappelphilipp« und ADHS. Von der Unart zur Krankheit. Deutsches Ärzteblatt 5, A239–243.

Schumacher, W. (1985): Psychodynamische versus psychiatrische Diagnose. Aspekte der unbewussten Bedeutung und Anwendung der Diagnose für Patienten und Therapeuten. Zs. Psa. Theorie u. Praxis 0, 47–63.

Sommer, Winfried (2003): Der Mensch als erziehungsfähiges und erziehungsbedürftiges Wesen. www.billes-gerhart.de.

Sontag, Susan (1977): Krankheit als Metapher – Aids und seine Metaphern. Frankfurt a. M. (Fischer), 2003.

Spitz, René A. (1971): Angeboren oder erworben? Weinheim und Basel (Beltz-Verlag), 2000.
Türcke, Christoph (2002): Die erregte Gesellschaft – Philosophie der Sensation. München (C. H. Beck).
Uexküll, Thure v. (1981): Lehrbuch der psychosomatischen Medizin. München, Wien, Baltimore (Urban & Schwarzenberg), 2. Aufl.
Weniger, Thomas (2004): Zwischen hilfreicher Diagnose und Stigma. Deutsches Ärzteblatt 39, 2597–2598.
Winnicott, Donald W. (1974): Reifungsprozesse und fördernde Umwelt. München (Kindler), 1984.
Winnicott, Donald W. (1994): Die menschliche Natur. Stuttgart (Klett-Cotta).

AD(H)S als Metapher – oder: Die Grenzen rationaler Gesundheitsaufklärung

Ellen Reinke

> »Die Willensfreiheit selbst ist bloß psychologisch, als das Vermögen, sein eigenes Wollen auch wollen zu können« (Ernst Bloch, 1962).

Vorbemerkung

In der Jahresreihe 2005 haben wir das Thema »ADS – Auf der Suche« ausgewählt und sehr unterschiedliche Gastreferenten dazu eingeladen, ihre Sicht auf das sog. Aufmerksamkeitsdefizitsyndrom – mit oder ohne Hyperaktivität – darzustellen. Dabei sind wir u.a. auch von der Überlegung ausgegangen, ein Forum für Referenten und Publikum zur Verfügung zu stellen, auf dem die kontroversen Ansichten zum AD(H)S dargestellt und eine Überwindung des Lagerdenkens in diesem Bereich angestrebt werden kann. Wir haben einige Beiträge aus dieser Reihe in diesen Sammelband aufgenommen und möchten nun in die Lektüre durch einige Überlegungen unsererseits einführen. Uns hat hier nicht die Frage bewegt, was AD(H)S ist oder nicht ist, sondern ob *Aufmerksamkeitsdefizitsyndrom* als Metapher gelesen werden kann, die Krankheit und Kontroverse meint; was die Bedingungen und Möglichkeiten einer Verständigung auf diesem Gebiet sind, und welche Widerstände einer kommunikativen Verständigung im Wege stehen. Dies hat uns zu Überlegungen bezüglich der Frage geführt, wie wir über den Gegenstand denken, und welche inneren Bilder dieses Denken begleiten. Ein fundamentaler Widerstand für Verständigung scheint uns zu sein, dass wir die Inhalte unseres Denkstoffs nicht als *Denk*stoff, sondern als Denk*stoff* misszuverstehen. Das heißt also unsere Neigung, daraus jeweils etwas Solides zu machen, nicht die Inhalte als fließende zu verstehen. Um solche Versteinerungen des Denkens, insbesondere des metaphorischen Denkens, soll es hier gehen, und um die Möglichkeit ihrer Verflüssigung. Diese Möglichkeit bezeichnen wir als Dialog in doppelter Perspektive: in der der Psychoanalyse anhand von Alfred Lorenzers Bestimmung des szenischen Verstehens (1970b), und im Sinne von Jürgen Habermas' Theorie des kommunikativen Handelns (1981) als Austausch dialogfähiger Argumente zwischen Subjekten, die sich wenigstens im Prinzip als kompetente Sprecher gegenseitig anerkennen.

Beide Seiten in der Kontroverse um das AD(H)S gehen von unterschiedlichen Perspektiven aus. Der Denkstoff des Neurobiologen ist dabei zweifellos das materielle Substrat unseres Denkens, das Gehirn. Dieses bekommt er jedoch nicht als solches in den methodisch bestimmten Blick, sondern so, wie er sich das Gehirn gedacht hat. Hier liegt eine Verwechslung mit dem gedachten Gehirn und dem existierenden Gehirn besonders nahe. Diese Verwechslung beruht darauf, die Art, wie wir uns das Gehirn denken, und die Modelle, die wir in Bezug auf das Gehirn entwickeln, für die Sache selbst zu halten. Wie wir unten weiter ausführen werden, handelt es sich hier um ein altes neurobiologisches Modell, dem ein neues entgegenzusetzen ist: Wir machen uns ein Bild des Gehirns mittels unserer Methoden, wir haben es nicht. Neuerdings machen wir uns dieses Bild auch mittels »bildgebender Verfahren«: Hier wird dem Forscher ein Bild gegeben, das er mittels seiner methodischen und instrumentellen Möglichkeiten erzeugt.

Der Denkstoff des Psychoanalytikers wiederum ist zweifellos die psychische Repräsentanz der realen, leibbestimmten Beziehungen der Subjekte (Reinke 1998). Diese Repräsentanzen haben eine Geschichte, so wie sich diese lebensgeschichtlich an diesen Beziehungen entwickelt haben. Die umgekehrte Gefahr besteht hier nun darin, diese Leibbestimmtheit als Bestimmung für psychische Repräsentanzen zu vergessen. Es resultiert dann nicht die methodologische Grundhaltung einer »Hermeneutik des *Leibes*« (Lorenzer), sondern die eines extremen Konstruktivismus als Intersubjektivismus oder Interaktionismus. Diese Position verkennt zwei Grundlagen der Freudschen Theorie des Geistes, auf die u.a. Richard Wollheim (1993) aus philosophischer Perspektive aufmerksam gemacht hat: erstes den strukturellen und zweitens den genetischen (lebensgeschichtlichen) Aspekt der Entwicklung von Repräsentanzen.

Unterschiedliche Vorannahmen

Aufgefallen ist uns, dass auf dem Gebiet der AD(H)S-Kontroverse sehr unterschiedliche Vorannahmen bezüglich der Genese und Bedeutung des Syndroms existieren und jeweils monopolistisch vertreten werden. Die eigenen Vorannahmen werden vehement verteidigt, als richtig oder wissenschaftlich oder sonst wie dem *Zweifel* enthoben bezeichnet. Große wissenschaftliche Fortschritte sind jedoch gerade durch Zweifler hervorgebracht worden, wie im Falle von Kopernikus und seinem Zweifel am vorherrschenden Weltbild oder von Freud und seinem Zweifel an der vorherrschenden engen Lokalisationstheorie des Gehirns, der gegenüber er eine Netzwerktheorie vertrat (Spitzer 1996, Roth 2001), bevor er von der Neuro- zur Psychoanalyse fortschritt. Was wir dem Zweifel entheben, wird jedoch zwangsläufig zu Orthodoxie. Wir ringen dann nicht mehr um Wahrheit, sondern glauben sie zu haben und verteidigen sie mit der Vehemenz von Glaubenskriegen. Vereinfacht gesagt geht die eine Seite von einem noch näher zu beschreibenden alten neurobiologisch-hirnorganischen, und dem dahinter stehenden szientistisch-messtheoretischen Erkenntnisideal aus. Die andere Seite geht von einem konstruktivistisch gewendeten beziehungstheoretischen Paradigma aus, das sich grundsätzlich auf das hermeneutische Erkenntnisideal bezieht.

Diese Vorannahmen scheinen sich zunächst einmal weder durch die Möglichkeit zu kommunikativem Austausch, noch durch rationale Aufklärung zu verändern. Sie kommen nicht aus dem So-Sein unserer Erkenntnisgegenstände, sondern aus unserem Denken, in welchem sie geworden sind, und zwar unter lebensgeschichtlichen wie kollektiven Bedingungen. Dieses Denken organisieren wir in jeweiligen wissenschaftstheoretischen Grundannahmen, die ebenfalls eine Geschichte, und zwar eine kollektive Geschichte haben, und unter denen wir als individuelle Subjekte die Wahl haben.

Die Wahl wissenschaftstheoretischer Grundannahmen als Ausdruck lebensgeschichtlich entstandener Vorannahmen

Es ist eine unserer Thesen, die wir in diesem Aufsatz darlegen wollen, dass die Wahl des eigenen wissenschaftstheoretischen Paradigmas von mehreren Parametern abhängig ist und nicht allein aufgrund rationaler Überzeugungen und explizit gemacht wissenschaftstheoretischer Grundannahmen getroffen wird. Vielmehr sehen wir als entscheidend dafür die Existenz mächtiger innerer Bilder an, die lebensgeschichtlich entstanden sind, sich im Rahmen kollektiver Grundannahmen organisieren und identitätsstiftende bzw. -stützende Anteile aufweisen (v. Greiff 1976). Die Wahl des eigenen Paradigmas sehen wir als verwoben an mit weiteren individuellen wie kollektiven Vorannahmen, die der Natur der Sache nach nur zum Teil der bewussten Reflexion zugänglich sind. Ein großer Teil bleibt unbewusst, sofern sie nicht in einem kommunikativen Diskurs zumindest prinzipiell zur Disposition gestellt werden können.

Es ist nach unserer These also der Charakter der kollektiv geschaffenen Unbewusstheit (Erdheim 1984), der die emotionale Brisanz in die Kontroverse bringt, weshalb wir glauben, dass ohne die Analyse dieser für das Selbstverständnis bedeutsamen inneren Bilder eine wirkliche kommunikative Verständigung nicht erreicht werden kann. So geht es uns also darum, die Brisanz nicht aus der Debatte herauszunehmen, sondern sie als Ausdruck berechtigter Abwehr von Angriffen auf Grundüberzeugungen zu verstehen, diese Grundüberzeugungen zu betrachten und ihre Bedeutung für das Selbstverständnis der Beteiligten zu analysieren. Man kann das auch vereinfacht so ausdrücken: Es geht darum zu erhellen, wann und unter welchem Bedingungen der Zweifel nicht mehr zugelassen werden kann und auf Gewissheiten beharrt werden muss.

Es ist gewiss eine Vereinfachung der Debatte, wenn wir dabei von ihren beiden Extrempolen ausgehen, an denen sich einerseits ein interaktionistisch zugespitztes Beziehungsparadigma, andererseits ein objektivistisch zugespitztes neurobiologisch-hirnorganisches Modell gegenüberstehen. Wir ignorieren damit nicht die durchaus auch vorhandenen integrativen und interdisziplinären Ansätze in der Praxis, wie auch in der wissenschaftlichen Diskussion. Wir möchten ja gerade der Frage nachgehen, warum diese es so schwer haben, sich auf breiter Front durchzusetzen. Hierzu skizzieren wir, welche Modelle sich in der Psychoanalyse einerseits, und in der Hirnforschung andererseits in den letzten fünfzig Jahren – jedenfalls im sog. *mainstream* – durchgesetzt haben. Als solche haben wir auf Seiten der Psychoanalyse das interaktionistische bzw. intersubjektivistische, auf Seiten der Hirnforschung das alte neurobiologisch-hirnorganische Modell identifiziert.

Interaktionistisches und objektivistisches Modell – Eine Kritik

Die Grundannahme der Einheit von Körper – Gehirn – Seele bei Freud

Sigmund Freud hat seine Psychologie eine *Tiefen*psychologie genannt, weil er erkannte, dass das Wesentliche unserer seelischen Prozesse unbewusst ist und die Forschung daher über die Grenze des Bewusstseins hinaus in die Tiefe gehen muss. Er erweitere damit das Modell des Menschen auf das gesamte Subjekt, d.h. seine bewussten wie unbewussten psychischen Repräsentanzen. Dabei identifizierte er zwei Arten des Unbewussten (Freud 1915):

einmal das auch der Bewusstseinspsychologie, Philosophie und Neurobiologie geläufige Unbewusste, das sich eben außerhalb des Raumes befindet, den wir uns zu Bewusstsein rufen können. Zu dieser Art des deskriptiven Unbewussten zählte Freud die Triebe, die nie Objekt des Bewusstseins werden können, als solche grundsätzlich unbewusst sind und entweder in der Vorstellung, die sie repräsentiert, oder als ein Affektzustand zum Vorschein kommen können. Des Weiteren das dynamisch Unbewusste. (Reinke 2001, 2002) Wenn am Triebe etwas unbewusst *geworden* ist, so präzisiert Freud, geht es nicht um diesen selbst, dem diese Qualität ja von vornherein eigentümlich ist. Es kann nur darum gehen, dass dessen Vorstellungsrepräsentanz oder Affektzustand unbewusst geworden ist, und zwar aufgrund der konfliktbedingten *Verdrängung* aus dem Bewusstsein (Freud 1915, S. 276). Freuds Theorie des Unbewussten handelt also von den Schicksalen der psychischen Repräsentanzen, Vorstellungen. Es geht hier um seelische Tätigkeit. Dabei betont Freud:

> »Es ist ein unerschütterliches Resultat der Forschung, dass die seelische Tätigkeit an die Funktion des Gehirns gebunden ist, wie an kein anderes Organ. Ein Stück weiter – es ist nicht bekannt, wie weit – führt die Entdeckung von der Ungleichwertigkeit der Gehirnteile und deren Sonderbeziehungen zu bestimmten Körperteilen und geistigen Tätigkeiten. Aber alle Versuche, von da aus eine Lokalisation der seelischen Vorgänge zu erraten, alle Bemühungen, die Vorstellung in Nervenzellen aufgespeichert zu denken und die Erregung auf Nervenfasern wandern zu lassen, sind gründlich gescheitert. Dasselbe Schicksal würde einer Lehre bevorstehen, die etwa den anatomischen Ort des Systems *Bw*, der bewussten Seelentätigkeit, in der Hirnrinde erkennen und die unbewussten Vorgänge in die subkortikalen Hirnpartien versetzen wollte. Es klafft hier eine Lücke, deren Auffüllung derzeit nicht möglich ist, auch nicht zu den Aufgaben der Psychologie gehört. Unsere psychische Topik hat *vorläufig* nichts mit der Anatomie zu tun; sie bezieht sich auf Regionen des seelischen Apparats, wo immer sie im Körper gelegen sein mögen, und nicht auf anatomische Örtlichkeiten« (ebd., S. 273)[1].

Dieses längere Zitat Freuds haben wir ausgewählt, um zu betonen, dass Freud sich seelische Tätigkeiten niemals ohne deren Bindung an das Gehirn und den Körper des Subjekts gedacht hat. Das ist also eine der Grundannahmen. Die Arbeit von Antonio Damasio (1994, 1999) hat uns diese Grundannahme einer im modernen Sinne (Roth 2001) monistischen Auffassung

1 Dieser Versuch im Rahmen einer *dynamischen Lokalisation* des Psychischen ist inzwischen von Mark Solms unternommen worden (Solms 1996; s.a. in: Kaplan-Solms/Solms 2000).

des Verhältnisses von Gehirn – Körper – Geist wieder vor Augen geführt. Das Entstehen dieser psychischen Repräsentanzen im Rahmen eines strukturierten Modells der Psyche stellte Freud sich als doppelten Prozess vor: 1. Im Rahmen der *Erfahrungen*, die die Subjekte von Anfang an mit ihrer Umwelt machen, und 2. im Rahmen von deren *Verarbeitung* auf der Basis seiner leiblichen und seelischen Bedürfnisse, und mittels eines psychischen Apparats, der funktionell-strukturelle Eigenschaften hat.

Bei der Genese dieses psychischen Apparats sensu Freud (Lorenzer 1972) spielen zwei Aspekte einen Rolle: die Natur des Kindes als noch nicht entwickeltes Subjekt, und die mit ihm in leibliche wie seelische Interaktion tretenden frühen Liebesobjekte, in der Regel die Mutter. Das Ich wäre damit nach Freud von Anfang an, d.h. von seiner Genese her, nicht nur ein *körperliches* (1923b, S. 253), sondern auch ein *soziales*, wie Freud an verschiedenen Stellen, z.B. bereits 1895 in »Entwurf einer Psychologie« dargelegt hat. Demnach ist dem sich entwickelnden Subjekt nicht von Anfang an gegeben, die Reizanflutung aus der Innen- wie der Außenwelt selbst zu strukturieren und zu hemmen, was ja später erst durch entsprechende Erfahrung zu einer der zentralen Aufgaben des Ichs werden kann. Das menschliche Subjekt ist zunächst eines der Möglichkeit nach, ist, als sprichwörtliche »physiologische Frühgeburt« (Portmann 1956) in dieser Beziehung zunächst hilflos, und damit auf Hilfe durch ein »hilfreiches Individuum« angewiesen, das hierfür zu einer »spezifischen Aktion« aufgerufen ist:

> »Wenn das hilfreiche Individuum die Arbeit der spezifischen Aktion [...] für das hilflose geleistet hat, so ist dieses durch reflektorische Einrichtungen imstande, die zur endogenen Reizaufhebung nötige Leistung in seinem Körperinnern ohne weiteres zu vollziehen. Das Ganze stellt dann ein *Befriedigungserlebnis* dar, welches die eingreifendsten Folgen für die Funktionsentwicklung des Individuums hat« (1985, S. 402).

Was Freud hier beschreibt, ist ein Modell, das die Entwicklung sowohl der körperlichen wie der psychischen Repräsentanzen in ihrer gegenseitigen Abhängigkeit begründet sieht. Der Mensch ist ihm damit von Anfang an ebenso leibliches wie soziales Subjekt. Während der ersten 50 Jahre der psychoanalytischen Theorieentwicklung stand, wie wir wissen, die Frage der Trieb*schicksale* und die des psychischen Apparats im Mittelpunkt der Forschung, während die Psychoanalyse sich erst mit der Entwicklung der sog. Objektbeziehungstheorie systematisch der zweiten Forschungsperspektive, seiner Entwicklung als soziales Subjekt, zugewandt hat.

Interaktionismus und Intersubjektivismus in der Psychoanalyse – oder deren Entstehen als Vorbedingung für eine Verleugnung der Leiblichkeit des Menschen

Dieser Perspektivenwechsel hatte weitreichende Folgen, je nachdem wie das Verhältnis zwischen der alten und der neuen Perspektive gedacht wurde: ob als Ergänzungs- oder als Ausschlussverhältnis. Aus der letzteren Denkfigur konnte der Eindruck entstehen, dass die Psychoanalyse das Subjekt *entweder* als triebbestimmtes *oder* als sozial bestimmtes Wesen sieht. Manche Formulierungen von Objektbeziehungstheoretikern konnten einem solchen Missverständnis auf Seiten der Protagonisten den Weg bereiten. So wird beispielsweise Michael Balints Satz häufig zitiert, wonach die Psychoanalyse sich von einer »Ein-Personen-Psychologie« (1949) zu einer »Zwei-Personen-Psychologie«, also einer Objektbeziehungstheorie, fortentwickelt habe. In der Sekundärliteratur findet man Balints von Rickman übernommenes Konzept (Balint 1949, S. 235) in der Regel ohne Beleg zitiert und außerdem völlig aus dem Zusammenhang gerissen, den Balint selbst herstellt. Das Verhältnis zwischen einer Ein- und einer Zwei-Personen-Psychologie stellt Balint selbst nämlich einerseits als Zusammenhang gleichwertiger *Forschungs- und Theoriebildungsperspektiven* dar, die sämtliche ihre Berechtigung besitzen. Etwas später (Balint 1968) stellt er die Zwei-Personen-Psychologie andererseits in den Kontext *klinisch-technischer Probleme* im Umgang mit Regression bei der Behandlung mit einem Patienten, der im Rahmen der psychoanalytischen Behandlung nicht nach »einigen oder wenigen Perioden der Regression oder des Neubeginns« (1968, S. 169) aus seiner primitiven Welt einer Zwei-Personen-Perspektive wieder auftaucht, sondern weiterhin die Befriedigung primitiver Bedürfnisse reklamiert. In dieser letzteren Perspektive, auf der Ebene klinischer Theorie also, so Balint, »erscheint die Regression als ein Phänomen, das zum Bereich der Zwei-Personen-Psychologie[2] gehört, also durch die Interaktion von Subjekt und Objekt, d.h. von Patient und Analytiker, bestimmt ist« (1968, S. 172). Was Balint damit im Grunde kritisiert, ist der theoretische und damit technisch sich auswirkende Fehler, die Konzepte der klassischen Freudschen Theorie – hier am Beispiel des Konzepts der Regression – umstandslos auf neue Herausforderungen in der Behandlung von Patientengruppen zu übertragen, für die sie im Rahmen des Junktims von Heilen und Forschen nicht entwickelt waren. Regression – wie übrigens auch Übertragung – bedeutet

2 Später präzisiert er: Zwei-Personen-Beziehung im Sinne des Konzepts der primären Liebe.

eben im Rahmen einer Grundstörung etwas anders als im Rahmen der Neurose[3].

Berücksichtigt man diesen Umstand *nicht* und nimmt Balints Konzept von der »Zwei-Personen-Psychologie« aus den genannten Kontexten, so konstruiert sich ein Widerspruch zwischen der Trieb- und Metatheorie einerseits und der Objektbeziehungstheorie andererseits. Mit der Folge, dass die Bedeutung der Interaktion, des Interpersonalen, verabsolutiert wird, und konsequenterweise die Berücksichtigung der Triebnatur des Menschen außer Betracht, ja in Misskredit gerät. So finden wir nicht überraschenderweise bei den Objektbeziehungstheoretikern eine Reihe von Spielarten, die die Trieb- und Metatheorie insgesamt für obsolet erklären – für ein zu überwindendes Missverständnis mechanistischer Theorien des 19. Jahrhunderts. Auf diesem Hintergrund konnte sich das interaktionistische und interpersonelle Paradigma in der Psychoanalyse entwickeln und für sich selbst Modernität beanspruchen. Scheinbar stringent leitet sich hieraus die Hypothese ab, dass alles, was interpersonell entstanden sei, auch interpersonell wieder aufgehoben werden könne, wobei die Widerständigkeit und Leiblichkeit des Subjekts negiert wird.

Alfred Lorenzers Subjektbildungstheorie und Alexander Mitscherlichs Theorie der Psychosomatik

Subjektbildung im Spannungsfeld zwischen Natur und Sozialität

Die zuvor genannten psychoanalytischen Positionen fallen nicht nur hinter die Erkenntnis Freuds zurück, dass Individualpsychologie und Sozialpsychologie sich gegenseitig bedingen, wie durch das folgende Zitat Freuds noch einmal belegt werden soll:

> »Die Individualpsychologie ist zwar auf den einzelnen Menschen eingestellt und verfolgt, auf welchen Wegen derselbe die Befriedigung seiner Triebregungen zu erreichen sucht, allein sie kommt dabei nur selten, unter bestimmten Ausnahmebedingungen, in die Lage, von der *Beziehung* [Hervorhebung E. R .] dieses Einzelnen zu anderen Individuen abzusehen. Im Seelenleben des Einzelnen kommt ganz regelmäßig der Andere als Vorbild, als Objekt, als Helfer und

3 Ein gutes Beispiel für die Notwendigkeit, theoretische Konzepte auf der klinischen Ebene in ihren jeweiligen Kontext zu stellen, bietet im Übrigen auch Otto Kernberg Klärung des Unterschieds von Übertragung in der Neurose und in der Persönlichkeitsstörung (s. u. a. Kernberg 1981).

als Gegner in Betracht, und die Individualpsychologie ist daher von Anfang an auch gleichzeitig Sozialpsychologie« (1921c, S. 73).

Sie klären auch in keiner Weise die Beziehung zwischen den Trieb- und den Objektschicksalen der Subjekte, die von Alfred Lorenzer in seiner Sozialisations- und Subjektbildungstheorie als die »zwei Seiten einer Medaille« (1972, S. 17), als *Interaktionsformen* bezeichnet wurden (s. a. Storck 2006). Ausgehend vom Erleben des Subjekts beschreibt Lorenzer diesen Bildungsprozess als zugleich leiblichen wie seelischen und stellt ihn in folgendes Bedingungsgefüge:

»1. Erlebnis wird determiniert gesehen von körperlich-materiellen Prozessen, die als Körperbedürfnisse, als ›Triebe‹, inhaltlich ins Erleben eingehen. Erleben gilt als triebbestimmt.
2. Solcherart triebbestimmtes Erleben ist nicht unabhängig von der Beziehung zu den ›Liebesobjekten‹. Triebbestimmtes Erleben ist zugleich Erfahrung von Interaktion, ist körperbestimmte Interaktion – womit eine Verbindung hergestellt wird, die im Triebbegriff selbst schon angelegt ist. Trieb ist e definitione: Körperbedürfnis ›in-Beziehung-zu‹ [einem Liebesobjekt, E. R.]. Erlebnis als körperbestimmte Interaktion realisiert sich in angebbaren szenischen Erfahrungen des Kindes, ist ein in der Realität verankerter Bildungsprozess. Erlebnis ist der Niederschlag real erfahrener körperbestimmter Interaktion.
3. Dieser Niederschlag real erfahrender körperbestimmter Interaktion ist nicht isoliert, sondern bildet den Sinnzusammenhang einer Lebensgeschichte, die als umfassende subjektive Totalität den Bedeutungsrahmen für das einzelne Erleben abgibt« (1972, S. 16f.).

»Trieb« ist – wie Lorenzer anknüpfend an Freud ausführt – also mitnichten eine »Natur«-Kategorie, sondern eine »Anforderung des Somatischen an das Psychische«. Aus der Perspektive der Objektschicksale – gegenläufig zu der der Triebschicksale gelesen – sind also Triebschicksale immer zugleich real entfaltete Objektbeziehungen. Dies jedoch nicht im Sinne einer »Zwei- oder n-Personen«-Psychologie, wie Balint von einigen Epigonen missverstanden werden konnte. Die sich im Beziehungsfeld *zwischen* Kind und primärer Bezugsperson konstituierende Interaktion wird nicht isoliert gedacht im Rahmen etwa eines zu kurz greifenden Familiarismus, Intersubjektivismus oder Kulturalismus. Lorenzer sieht vielmehr die infantilen Liebesobjekte als erwachsene Gesellschaftssubjekte, die sowohl ihre eigenen lebensgeschichtlichen Bildungen wie indirekt die gesellschaftlichen Bestimmungen in den Prozess des Erlebens einbringen.

Bezieht man diese Überlegungen einmal auf die Situation von Eltern mit sog. AD(H)S-Kindern, so erübrigt sich das Argument der meist mit unbewussten und bewussten Schuldgefühle einer familialen »Ursache« verbundene Familien-Schelte (family-bashing). Ihr wird damit der Boden entzogen. Stehen die Eltern demnach doch selbst im Widerspruch zwischen eigenen Bedürfnissen und gesellschaftlichen Bestimmungen, in meist unlösbaren Konflikten im Bezug auf die Vermittlung von individuellen, familialen Wünschen und den gesellschaftlichen Anforderungen und Bestimmungen, für die sie oft genug nur wenig befriedigende Lösungsansätze entwickeln können. In diesem Sinne ist die Freiheit der Subjekte eingeschränkt, ganz wie Bloch es zum Ausdruck gebracht hat, weshalb sein Satz als Motto für diese Überlegungen gewählt wurde.

Aus der Perspektive der Lorenzerschen Psychoanalyse betrachtet ist noch auf eine weitere Besonderheit hinzuweisen, die sich aus der impliziten oder expliziten Annahme eines interaktionistischen bzw. intersubjektiven Modells ergibt. In dem Versuch, den (angeblich) physiologischen oder biologistischen Grundtenor der Freudschen Psychoanalyse zu überwinden, geht dieses Modell nicht den Weg, das Verhältnis von Körper und Psyche neu zu reflektieren. Nach ihrer Grundannahme muss die Leiblichkeit des Menschen als terra incognita draußen bleiben, konstituiert in klassisch dualistischer Manier den Körper als einen zweiten Erkenntnisbereich ganz anderer Art, wie dies ja auch dem noch weitgehend herrschenden Verständnis entspricht. Von dieser Position aus ist es weder vorstellbar, dass beide Bereiche – der Naturwissenschaftliche des Körpers und der Geisteswissenschaftliche der Intersubjektivität – sich aneinander und aufgrund des gleichen Erlebens entwickeln, beide also *erlebnisabhängig* sind.

Psychosomatik

Ein im psychoanalytischen Sinne psychosomatisches Modell kommt in diesem Denken daher nicht in Betracht. Noch ist es vorstellbar, dass das von Mitscherlich einmal »leib-seelische Gesamtgestalt« (1958, S. 34) genannte Geschehen körperlichen und psychischen Erlebens auseinander brechen kann, so dass sich jeweils eine Art »Defektautonomie« ergibt: »Wo das leib-seelische Geschehen […] zerrissen ist, verläuft eine der definitiven Grenzen des psychologischen Zugangs zur Krankheit« (ebd., S. 27).

Die Anerkennung einer Grenze des psychologischen Zugangs – und sei es nur vorübergehend – ist jedoch im intersubjektiven oder interaktionistischen Modell nicht gegeben. Damit ist für das interaktionistische wie für das intersubjektive Modelldenken in der Psychotherapie, und eben auch in der Psychoanalyse die Gefahr gegeben, dass ein Denkverbot in Bezug auf die Bedeutung der Leiblichkeit des Patienten unhinterfragt bestehen bleibt. Nicht nur für den Verhaltenstherapeuten, sondern auch für den Psychoanalytiker wird unter diesen Umständen das Leiden des Patienten zu einer bloßen seelischen Bildung, ob nun aufgrund falsch gelernter Lektionen oder suboptimaler Interaktionen bzw. gestörter Intersubjektivität. Jeder Eingriff auf oder von medizinischer Seite ist unter diesen Umständen geeignet, als Angriff auf die eigenen Grundannahmen verstanden zu werden.

Chronifizierung

Selbstverständlich ist unter diesen Umständen auch nicht denkbar, dass durch das Zerreißen des leib-seelischen Geschehens besondere Bedingungen entstanden sind, die Mitscherlich unter dem Begriff der *Chronifizierung* behandelt (1967, S. 42–57). Chronifizierung tritt für Mitscherlich dann auf, wenn die Anpassungs- und Reaktionsmöglichkeiten der Subjekte nicht mehr einen genügend breiten Spielraum haben, innerhalb dessen ihnen noch eine Wahl des Verhaltens im Sinne eines befriedigenden *Selbsterlebens* möglich ist. Der Weg zur Chronifizierung führt für Mitscherlich in die Verdammung des Menschen zur *Einförmigkeit* und *Charaktermonotonie* (1963, S. 45). Mitscherlich hat diesen Prozess an einigen psychosomatischen Erkrankungen beschrieben, u.a. am Asthma, Ulcus, Migräne, und der Allergie. Nach seinem Modell entsteht die Einförmigkeit durch die andauernd erfahrene Hilflosigkeit, mit psychischen Mitteln eine seinen Bedürfnissen angemessene Veränderung seiner Situation herbeizuführen. Für Mitscherlich geht daher der Verselbständigung einer somatischen Krankheit immer das Scheitern psychischer Konfliktlösungsstrategien, das Scheitern geistiger Bewältigung, voraus. Beides, Charaktermonotonie und Einförmigkeit, bezeichnet er als Reaktionsbildungen.

> »Derart typische Reaktionsbildungen […] sind nach unserer Theorie die Vorbedingung für den Übergang vom alloplastischen zum autoplastischen Geschehen, von einem Verhalten, dessen Aktivität sich nicht mehr nach außen, auf Objekte draußen in der Welt, sondern auf das Objekt des eigenen Körpers, die eigene Körperfunktion richtet. Jede dieser charakterneurotischen, symptomneurotischen oder psychosomatischen Reaktionen ist eine spezifische Antwort auf ein kompliziertes Reizgeschehen, das heißt, eine belastende Erfahrung, deren Ansatzpunkte auf den gesamten psychischen Apparat verteilt sein können« (1967, S. 45).

Diese Reaktionsbildung wirkt auf den Organismus und/oder die Körperfunktionen wie ein beständiger Druck zur regressiven Anpassung, bis ihm diese eben nicht mehr möglich ist und das Geschehen in die Chronifizierung mündet. Die Chronifizierung findet sich demnach regelmäßig bei solchen Personen, »... bei denen zuvor bereits ein Versuch der psychischen Konfliktlösung stattgefunden hat – eine Konfliktlösung mit pathologischem Ausgang freilich« (1967, S. 47).

Dabei macht Mitscherlich eine wichtige Unterscheidung zwischen den Möglichkeiten des Erwachsenen und denen des Kindes, die unseres Erachtens im Rahmen der Diskussion zu AD(H)S noch nicht genügend Aufmerksamkeit gefunden haben: »So wie das reife Individuum libidinös und aggressiv sich viel nachhaltiger zur Geltung bringen kann als das Kind, so vermögen auch die pathologischen autoplastischen Einwirkungen der Aggression schwere, chronische und unter Umständen tödliche Folgen herbeizuführen« (1967, S. 47).

Alltagsweltliche Erscheinungen wie sie für die mit der Diagnose AD(H)S belegten Kinder typisch sind, also Anpassungsprobleme im Bereich von Aufmerksamkeit und Aktivität, hat Mitscherlich meines Wissens nicht untersucht. Allerdings findet sich in seinen Schriften eine Arbeit zur kindlichen Enuresis (1947). Dieses von ihm nicht als Symptom, sondern als Syndrom bezeichnete Krankheitsbild bzw. Leiden kann jedoch in seiner Häufigkeit und seinen Folgen für die soziale und emotionale Entwicklung des Kindes durchaus so weit zum Vergleich herangezogen werden, um daraus zu extrapolieren, wie im psychosomatischen Modell Mitscherlichs auch ein Zugang zu einem psychosomatischen Verständnis von AD(H)S gewonnen werden kann. So schreibt er:

> »Wie es störend [das Syndrom, E. R.] auf das Zusammenleben des Individuums mit seiner Umwelt wirkt, so ist es seinerseits bereits Merkmal einer gestörten Entwicklung. Und [...] so ist es gut, vorerst [...] nur festzustellen, dass es die ungenügende Erledigung einer sozialen Pflicht darstellt« (1947, S. 301).

Freilich rät er damit nicht, das Syndrom in seiner Komplexität herunterzuspielen, sondern betont, »dass man ein Leistungsversagen nicht unbehandelt lassen soll, das auf einer Störung der elementaren zwischenmenschlichen Beziehungen beruht« (ebd.). Es geht ihm lediglich darum, einer rein medizinischen-biologistischen Sichtweise ein psychosomatisches Modell der gesamten Person und ihrer materiellen wie persönlichen Umwelt entgegenzustellen.

Leib-seelische Gleichzeitigkeit

Für Mitscherlich wie für Lorenzer ist das Erlebnis prinzipiell Ausdruck einer leib-seelischen Gleichzeitigkeit: »Mehr noch: alle Gleichzeitigkeit des Körperlichen und des Seelischen ist unwillkürlich und unbewusst« (1967, S. 20). Damit kommt der Analyse unbewusster Zusammenhänge besonders unter präventiven Gesichtspunkten Beachtung zu. Der Königsweg der Psychoanalyse ist jedoch nicht, wie ein auch unter manchen Psychoanalytikern verbreitetes Missverständnis es will, die Deutung dieser Zusammenhänge, so wie der Analytiker meint, sie verstanden zu haben[4]. Bei der Art der Regression, wie Mitscherlich sie für chronische Entwicklungen und Balint sie im Sinne einer Grundstörung dargelegt haben, kann die Deutung gar nicht als solche verstanden werden, und ein deutender Zugang muss zunächst scheitern. Zu Recht fühlt sich das kranke Subjekt unverstanden. Das führt entweder zu Fruchtlosigkeit, zu Agieren seitens des Therapeuten, oder ergebnislosem Abbruch der Behandlung – und damit zu einer tendenziellen Retraumatisierung des Kindes, das nicht seine Verhaltensweisen erklärt oder gedeutet, sondern sein Bedürfnis verstanden – und das heißt: anerkannt – haben will. Hierzu muss die Not des Kindes in ihrer psychosomatischen und sozialen Bedingtheit und die aus allen diesen Bereichen stammenden Komponenten – eben auch die körperlichen – im Denken des Therapeuten eine Repräsentanz finden. Ist er aufgrund eigener unreflektierter und unbewusster Grundüberzeugungen hierzu nicht in der Lage, so wiederholt sich auch hier für das Kind die Erfahrung, dass es sich nach unfassbaren Mächten richten soll, die seinen Spielraum nicht berücksichtigen können.

Das objektivistische Modell oder das (alte) neurobiologisch-hirnorganische Paradigma in der Kritik

Das objektivistische Modell einer neurobiologisch-hirnorganischen Genese des AD(H)S-Syndroms hat eine lange Vorgeschichte. Diese soll hier nicht wiederholt werden, da sie andernorts genügend dokumentiert ist. Aus

4 Ein bedauerliches Beispiel für ein solches Missverständnis s. bei F. Dammasch: »AHDS – endlich hat das Kind einen Namen«. In: Leuzinger-Bohleber, Brandl, Hüther (Hg.) (2006): ADHS – Frühprävention statt Medikalisierung. Göttingen (Vandenhoeck & Ruprecht), S. 200, wobei Grenzensetzen zum Schutz des Kindes mit aggressivem Gegenagieren verwechselt wird und allein zum »Deuten« Zuflucht gesucht wird, bis die Situation so weit aus dem Ruder läuft, dass der Therapeut den Eltern zu einer kinderpsychiatrischen Abklärung rät, da er nun zu der Überzeugung gekommen ist, ein »wirkliches ›ADHS-Kind‹ im psychiatrisch definierten Sinne« vor sich zu haben (a.a.O., S. 210).

diesem Zusammenhang ist jedoch hervorzuheben, dass diverse Rückzugs- und Korrekturbewegungen zu beobachten sind, die jedoch bis in die jüngste Zeit nicht zu einer breiten Reflexionsbereitschaft der darin gemachten Grundannahmen geführt haben.

Gemeinsam mit dem interaktionistisch-intersubjektiven Modell ist diesem Paradigma die dualistische Auffassung des Verhältnisses von Körper und Geist als zwei miteinander nicht vergleichbaren, nicht im gleichen Universum angesiedelten Entitäten. In Mitscherlichs Begriff der Defektautonomie ausgedrückt, geht das alte neurobiologisch-hirnorganische Modell davon aus, dass es sich beim Gehirn um eine Entität handele, die von Anfang an für sich besteht in diesem Sinne eben auch defekt sein kann. Frühe Versuche einer Ätiologie des später AD(H)S genannten Syndroms formulieren folgerichtig die Hypothese eines Minimal Cerebral Dysfunction oder Minimal Brain Damage, eines Schadens an den Strukturen und / oder Funktionen des Gehirns als Ursache für das Syndrom. Gleichzeitig wird die Hypothese vorgebracht, dass dieser Schaden da sei, bzw. dem Modell entsprechend da sein muss, dass wir jedoch noch nicht genügend feine Untersuchungsinstrumente haben, um ihn nachzuweisen. Das nennt Ritsert ein Vertagungsargument (1996). Unter diesen Voraussetzungen konnte das »Störungsbild« als krankheitswertige Erscheinung in den Kataloge der Erkrankungen, ICD-10 und DSM-IV aufgenommen werden, wie Gerald Hüther es formuliert (2006, S. 223). Diese Konsequenz basiert jedoch nach seinen Ausführungen auf dem sog. alten neurobiologischen Modell, wie wir es oben skizziert haben. In diesem Modell war es nur konsequent, als Interventionsmöglichkeit auf eine bestimmte Klasse von Psychostimulantien zurückzugreifen, die sich parallel im ärztlich-praktischen Handeln bewährt hatten. Beide, altes neurobiologisches Modell und die Erkenntnisse aus der ärztlich-praktischen Erfahrung zusammen, führten zu einer breiten Forschung über die Wirkmechanismen dieser Stimulantien[5] im Gehirn. Auf diese Weise entstand eine weitere ätiologische Hypothese, wonach AD(H)S nicht nur mittels dieser kuriert werden könne, sondern eben auch die Verhältnisse des dopaminergen Stoffwechsels ursächlich für das Entstehen von AD(H)S seien.

Psychostimulantien erhöhen, was bekannt war, den Dopaminspiegel im Gehirn:

> »Wenn sich durch erhöhte Dopaminfreisetzung eine derartig dramatische Verbesserung der Symptomatik von hyperaktiven und/oder aufmerksamkeits-

5 Hüther nennt neben Methylphenidat (Ritalin) D-Amphetamin (Alderall) und Kokain (2006, S. 222).

gestörten Kindern erreichen lässt, so musste im Gehirn des Betreffenden eine unzureichende Dopaminsynthese oder -freisetzung für die Entstehung und Aufrechterhaltung des gestörten Verhaltens verantwortlich sein« (2006, S. 222).

Die Logik dieser Argumentation im Rahmen des alten neurobiologischen Modells scheint zwingend, zumindest für diejenigen, die schon von vornherein in diesem Modell denken. So kam weder eine Berücksichtigung neuerer pharmakologischer Forschung, noch neuerer Erkenntnisse entwicklungsneurobiologischer Art in den Aufmerksamkeitsbereich der Vertreter dieses Modells, oder wenn diese zur Kenntnis genommen wurden, so wurde über ihre Konsequenzen für das eigene Modelldenken nicht nachgedacht, hätte dieser Denkstoff doch grundsätzliche Zweifel daran wecken müssen. Ein solches Ansinnen kann jedoch nur im Rahmen eines Angriffs auf das eigene Selbstverständnis verstanden werden, so weit dieses unbewusst mit dem kanonisch gedachten Modell verbunden ist. Die Vertreter dieses Modells stehen ebenso wie die Anhänger der zuvor diskutierten intersubjektivistischen Spielart der Psychoanalyse unter der Macht der inneren Bilder, die sich sozusagen vor die Möglichkeit wie Notwendigkeit von Veränderung stellen.

Auf dem Weg zu einem neuen neurobiologischen Modell

Wie Hüther ausführt, führen gerade die neueren Erkenntnisse in der Dopaminforschung zu einem ganz anderen Modell: statt der Hypothese, dass die Stimulantien einen Dopamin*mangel* durch vermehrte Dopaminfreisetzung bei den betroffenen Subjekten beheben,

> »[...] muss nach diesen neueren Erkenntnissen von einer *Hemmung* [Hervorhebung E. R.] der impulsgetriggerten Dopaminfreisetzung nach oraler Einnahme von Amphetaminen, Methylphenidat oder Kokain ausgegangen werden. Das dopaminerge System von hyperkinetischen und aufmerksamkeitsgestörten Kindern und Jugendlichen würde so durch die orale Einnahme von Psychostimulantien gewissermaßen ›stillgelegt‹. Neue äußere Stimuli oder innere Impulse führen dann zwar noch zu einer Aktivierung der dopaminergen Neurone, an deren Fortsätzen in den distalen Zielgebieten wird jedoch kein Dopamin mehr freigesetzt« (2006, S. 224).

Nun könnte man im Sinne des alten neurobiologischen Modells argumentieren, dass man lediglich den Zuordnungsfehler zu korrigieren braucht – statt Dopaminmangel, der zu beheben sei, Dopaminhemmung – das Modell jedoch weiterhin unangetastet bleiben kann. Das Verhältnis zwischen Gehirnstoffwechsel und Verhalten bliebe weiterhin ein kausales: Verhalten ist Folge eines so und nicht anders gearteten Gehirns.

Dieses alte Modell wird jedoch von neuen neuroentwicklungsbiologischen Erkenntnissen in Frage gestellt. Die Aufmerksamkeit hat sich in der Forschung von der Genetik (d.h. der Hypothese von der Verwirklichung eines festliegenden genetischen Programms) weg auf die Erforschung der Verhältnisse bei der nachgeburtlichen Gehirnreifung und -entwicklung verlagert. Nach diesen Erkenntnissen handelt es sich bei dem genetischen Programm »um ein Programm von Optionen« (Hüther 2006, S. 225), das in Abhängigkeit von spezifischen Nutzungsbedingungen während der vor- und nachgeburtlichen Entwicklung zu sehen ist, die einen wesentlichen Anteil an den neurophysiologischen Ausprägungen und den neuromorphologischen Differenzierungsprozessen haben.

Zu den zentralen Annahmen des neuen neurobiologischen Modells gehört daher der Wechsel von einer Kausalitätshypothese zu einer Abhängigkeitshypothese, in der Regel formuliert in den Konzepten der Erfahrungsabhängigkeit (experience dependency of brain growth) und neuronalen Plastizität (brain plasticity). Damit gewinnt der Begriff der Umwelt einen doppelten Charakter, wie Hüther dies am Beispiel der Stressreaktion verschiedentlich dargelegt hat (1997, 2001). Umweltabhängigkeit bezieht sich nicht mehr nur auf die Freisetzung von Optionen im körperlichen Bereich, sondern darüber hinaus auf die Abhängigkeit der Gehirnentwicklung von den intimen und sozialen Beziehungen der Menschen untereinander. In letzterem Zusammenhang bezieht sich Hüther auf die psychoanalytische Persönlichkeits- und Entwicklungstheorie (u.a. 1997, S. 97f.) Freuds und Mahlers (1975), sowie auf deren gegenwärtige Weiterentwicklungen. Damit stellt er der im neuen neurobiologischen Modell entwickelten Grundannahme, es handle sich um ein Programm von Optionen, die komplementäre Annahme der Psychoanalyse zur Seite, dass die Entwicklung psychischer Repräsentanzen ein vor allem nachgeburtlicher Prozess ist, was von Margaret Mahler als »die psychische Geburt des Menschen« und von Lorenzer als Subjektbildung bezeichnet wurde.

Bei diesem Prozess spielen die Affekte bzw. Emotionen eine hervorragende Rolle. Die emotionale Erfahrung mit den primären Bezugspersonen, eingebettet in das praktische Handeln der Eltern, ist insofern eine wesentliche Voraussetzung für eine optimale Entwicklung, ja für Lernen überhaupt, als dessen Repräsentanz im neuronalen wie psychischen Bereich unter der Bedingung von sog. peak-affekt-Situationen, d.h. im Rahmen zwischenmenschlicher Situationen bei affektiver Hochstimmung, zu konzeptualisieren ist.

Was ist damit gemeint? Hüther zählt das menschliche Wesen zu den Generalisten unter den Lebewesen (s. programmöffnende Konstruktionen, 2001, S. 61ff.), die von veränderten Umweltangeboten im obigen doppelten Sinne nicht nur profitieren, sondern diese Veränderung für ihre Entwicklung grundsätzlich brauchen. Wo solche Erfahrungen nicht gemacht werden können, verkümmern nicht nur die neuronalen, sondern mit ihnen die psychischen Optionen und umgekehrt. Diese Erfahrungen müssen jedoch im Rahmen einer besonderen Gefühlslage entstehen, um zu dauerhaften Erinnerungsspuren zu führen. Sie müssen haften bleiben, technisch gesprochen den Übergang von Kurzzeitgedächtnis in das Langzeitgedächtnis finden, um dort am Aufbau stabiler neuronaler und psychischer Strukturen mitwirken zu können. Der Schlüssel zu diesem Übergang ist eine hohe und intensive gemeinsame Affektstimmung zwischen dem sich entwickelnden und seinem erwachsenen Hilfsobjekt. Das Lernen unter Bedingungen flacherer Affekte, wie es später in der Entwicklung von den Subjekten – vor allem in der Schule – erwartet wird, ist eine spätere Leistung des Subjekts, die die Erwachsenen gegenwärtig von den Kindern etwa ab dem 2. Lebensjahrsiebt erwarten. Ob und wie die Kinder diese Leistung erbringen können, ist davon abhängig, ob und wie weit zu Anfang des Lebens entsprechende Repräsentanzen gebildet werden konnten. Lebenslang trifft diese Anfangsbedingung der peak-affekt-Situationen jedoch zu, wenn in bedeutsamen Bereichen »umgelernt« werden muss, also wenn das Subjekt in eine Krise gerät.

Die ganz besondere Leistung der Meisterung einer tiefgreifenden Krise verweist uns wieder auf unsere Abhängigkeit von der emotionalen und physischen begleitenden Anwesenheit eines hilfreichen Anderen, wie dies im Alltag spontan geschieht oder im Rahmen von professionellen Angeboten – der Psychotherapie – der Fall ist. Handelt es sich bereits um eine Form der Chronifizierung, in den Worten von Mitscherlich um die Defektautonomie der Teile der leib-seelischen Einheit, so wird diese ganz besondere Leistung bei den besonders betroffenen Subjekten – im Falle des AD(H)S wäre das das syndromtragende Kind – in der Regel die anfängliche und durchaus vorübergehende medikamentöse Behandlung ebenso notwendig machen, wie den in der Regel länger dauernden psychologischen Zugang. Jedes Modell, das aus Gründen unexplizierter Vorannahmen auf den einen oder anderen Zugang glaubt verzichten zu können, muss sich entgegenhalten lassen, von den wirklichen Bedingungen der Subjekte zugunsten der einen oder anderen Orthodoxie abzusehen.

Diese Überlegungen werfen auch ein Licht auf die Frage, warum Psychotherapie, die nicht nur symptombeschränkte Ziele verfolgt, so lange Zeit in Anspruch nimmt. Auf diesen unter gegenwärtigen gesellschaftlichen Bedingungen recht unerwünschten Umstand ist u.a. der Bremer Neurobiologe und Philosoph Gerhard eingegangen (2001a, b). Roth postuliert einen Unterschied in Bezug auf die kortikalen und die subkortikalen-limbischen Netzwerke in Bezug auf die Veränderbarkeit ihrer synaptischen Kontakte. Demnach sind kortikale Netzwerke schnell veränderbar. Diese Netzwerke können sekundenschnell Informationen aufnehmen, abgleichen und damit bestehende Netzwerke verändern und neue schaffen. Die Psychotherapie kann ihr Korrelat nur auf der Ebene subkortikaler-limbischer Netzwerke finden, wenn bleibende Veränderungen ermöglicht werden sollen. Umverknüpfungen in letzteren Netzwerken gehen jedoch aus den bei Roth erläuterten Gründen wesentlich langsamer vor sich, wobei noch diskutiert wird, ob für sehr frühe Prägungen überhaupt eine solche angenommen werden kann. Entsprechend folgert Roth, dass Psychotherapien, wenn sie überhaupt wirken können, lange dauern und gegebenenfalls entsprechende Veränderungen eher in der Neubildung von alternativen Handlungsoptionen zu erwarten sind. Auf dieser Ebene jedenfalls genügt Einsicht im Sinne kognitiver Leistung nicht, vielmehr ist eine Situation des Neuerlebens im Rahmen bedeutungsvoller und starker emotionaler Beziehungen Voraussetzung für Veränderung. Psychotherapeutische Einwirkung auf subkortikale limbische Zentren ist jedenfalls aus psychoanalytischer Sicht als Einwirkung auf das dynamisch Unbewusste zu verstehen, wie Lorenzer es im Rahmen seiner Bestimmung der psychoanalytischen Operation als szenisches Verstehen dargelegt hat. In diesem Zusammenhang ist davon auszugehen, dass es zu einer vermehrten Ausschüttung bestimmter Neuromodulatoren und Neuropeptide kommt. Wie dies aus neurobiologischer Sicht in einer erfolgreichen Behandlung geschieht, ist allerdings nach Roth noch unbekannt. Gegenwärtig besteht Aussicht darauf, dass dies im Rahmen interdisziplinärer Forschung in Zukunft etwas erhellt werden könnte.

Bis hierher haben wir eine Skizze der Problemlage und ihrer fachspezifischen Hintergründe gegeben und jeweils die Kritik daran mit einer Darstellung der neuen Modelle verknüpft. Diese sind seit Jahrzehnten vorhanden, werden jedoch nicht auf breiter Basis rezipiert. Das gilt für die Psychoanalyse beispielsweise für die Subjektbildungstheorie von Alfred Lorenzer, für die Vertreter einer medikamentösen Therapie für das neue neurobiologische Modell.

Man kann also davon ausgehen, dass inzwischen genügend rationale Aufklärung in Bezug auf die Notwendigkeit erfolgt ist, alte Modelle der Verursachung von AD(H)S aufzugeben. Man kann ebenfalls davon ausgehen, dass sich bei den Psychoanalytikern herumgesprochen hat, dass der Mensch nicht nur eine Psyche, sondern auch ein Gehirn und einen Körper hat, die sich – ebenfalls nutzungsabhängig – gegenseitig entwickeln. Die Frage lautet damit weiter: Warum hält die Mehrzahl der Forscher und Praktiker trotz ausreichender rationaler Aufklärung an überholten Modellen fest?

Das Scheitern rationaler Aufklärungsbemühungen insbesondere im Gesundheitsbereich ist ein Thema, dem sich der Sozialpsychologe Klaus Horn bereits Mitte der 80er Jahre in zwei groß angelegten Forschungsprojekten zugewandt hat (Horn et al. 1983, 1984). Er untersucht dabei auf der Grundlage analytisch-sozialpsychologischer Methodologie die latenten Sinnstrukturen der Akteure. Ausgehend von dieser methodologischen Orientierung einer Analyse latenter Strukturen wollen wir deshalb hier einige der Bilder und Metaphern herausarbeiten, die in Bezug auf AD(H)S dem Erfolg rationaler Aufklärung entgegenstehen.

Grenzen rationaler Aufklärung

Alltagsweltliche und wissenschaftliche Ausgangslagen

Als wesentliche Variable bei der Problematik einer Verständigung über AD(H)S sehen wir entsprechend unseren Ausführungen den Umstand an, dass eine komplexe alltagsweltliche und wissenschaftliche Ausgangslage existiert, die wir im Rahmen eines jeweils bevorzugten Modelldenkens zu fassen suchen. Für die alltagsweltlichen und individuellen Situationen, die die Diagnose AD(H)S zusammenfassen soll, haben wir jedoch keinen eigentlichen Begriff, der sie bezeichnen soll. Wir haben nur Beschreibungsbegriffe davon, was wir mit Aufmerksamkeitsdefizit zum Ausdruck bringen wollen, und für diesen Fall schließlich eine diagnostische Einheit »Aufmerksamkeitsdefizitsyndrom« geschaffen.

Zusammen mit dieser Wahl der Bezeichnung ist der interessierende Gegenstand – das Bezeichnete – in einen medizinischen Kontext gestellt, zu einer *Krankheit* geworden. Das bleibt nicht ohne Folgen für das Selbstverständnis der Betroffenen und für die Vorstellungen der Behandler, wie eine solche Krankheit diagnostiziert und behandelt werden soll. AD(H)S ist die Version des Alltagsgeschehens Aufmerksamkeitsdefizit, die von der normativen Kraft des Medizinsystems geprägt wurde und damit auch von dessen organzentriertem, naturwissenschaftlichen Verständnis alter Art bestimmt wird.

Das wirkt sich bereits auf der Ebene der Diagnose aus, die nach objektivierbaren Leitlinien zu erfolgen hat. Diese diagnostischen Leitlinien finden sich nun im internationalen Klassifikationsmanual ICD-10 und sollen hier nicht wiederholt werden. Wie kommen sie aber zustande, sofern sie überhaupt lege artis durchgeführt werden? Bei der Diagnose werden gewöhnlich die Aussagen von Eltern, Lehrern, Kindergärtnerinnen und anderen Bezugspersonen bewertet, eine direkte Beobachtung des Kindes durch den Diagnostiker kommt hinzu. Damit fließen neben klassifikatorisch-wissenschaftlichen insbesondere auch alltagsweltliche Verständnisse in die Diagnose ein und verweben sich in dieser zum Kürzel AD(H)S, dem der Charakter einer Metapher zugesprochen werden muss. Auch bereits auf dieser Ebene der Verständigung zwischen Arzt und Patient sind also Alltags- und Fachsprache dergestalt verwoben, dass der Diagnostiker aus dem, was er mitgeteilt bekommt oder beobachtet, einen neuen Gegenstand schafft, ein krankheitswertiges Geschehen identifiziert.

Festhalten lässt sich also, dass unsere Sprache, und zwar sowohl die Alltags- wie die verschiedenen Fachsprachen, eine entscheidende Rolle dabei spielt, ob und wann wir ein Verhalten als krankheitswertig und damit therapiebedürftig einstufen. In diesem Zusammenhang spielen die verwendeten Begriffe eine Vermittlerrolle. Dabei verwenden wir mit dem Kürzel sowohl in der Alltags- wie in den Fachsprachen Begriffe im Sinne von Metaphern, weil wir das, was wir sagen wollen, nicht – d. h. nur dem Anschein nach – in einem Wort ausdrücken können.

Die Verwendung von Metaphern

Die Verwendung und Verknüpfung dieser Metaphern ist jedoch nichts zufälliges, sondern sie verweist bereits auf in sich konsistente Formen des Denkens, der Wahrnehmung und der Kommunikations- und Handlungsmuster. Das heißt, wir tragen die Metaphern nicht nur an die infragestehenden Sachverhalte heran, sondern sie sind unserem Denken und unserer Wahrnehmung von Alltagssituationen bereits vorgängig. Wir sind deshalb der Meinung, dass die Metaphern, die wir im Zusammenhang mit AD(H)S verwenden und damit das Metaphorische des Kürzels selbst, der Aufklärung, Analyse und Interpretation bedürfen.

Dabei gehen wir *nicht* davon aus, dass Selbstreflexion und kommunikative Aufklärung bezüglich unserer Metaphern dazu führen muss, dass wir uns von ihnen *befreien*, wie dies Susan Sontag in ihrem Essay »Krankheit als Metapher« (1977) vorgeschlagen hat. Wir sind vielmehr der Meinung, dass wir uns ihnen gegenüber nicht naiv verhalten können, da die »Macht der inneren Bilder« (Hüther 2004) unseren Wahrnehmungs- und Erkenntnisraum sowohl auf der Ebene individueller Subjekte wie auf der des alltäglichen und des wissenschaftlichen Diskurses bestimmt. Innere Bilder haben, wie uns die Psychoanalyse und die Entwicklungsneurobiologie sagen, jedoch eine Geschichte, die eng mit den Beziehungserfahrungen bzw. den neuroentwicklungsbiologischen Prozessen der Subjekte verbunden sind. Sie werden in beiden Gegenstandsbereichen als erfahrungsabhängig betrachtet und finden ihren Niederschlag in mentalen bzw. neuronalen (und Körper-) Repräsentanzen. Sie haben die Tendenz zu versteinern und übertragen diese Versteinerung auf die Handlungs- und Sprachkompetenzen der Subjekte, die sie systematisch einschränken.

Realität und Wirklichkeit

Das gilt analog auch für die weiter oben dargestellten theoretischen Modelle und die daraus abgeleiteten methodologischen Überlegungen, auf die wir uns bei der Erforschung des Gegenstandes beziehen. Wir entscheiden uns ja nicht zufällig – weder als individuelle Subjekte noch auf der Ebene kollektiver Subjektivität – für oder gegen ein theoretisches Modell oder methodologische Grundannahmen. Auf der Ebene der Subjekte spielen die lebensgeschichtlichen Erfahrungen dabei die größte Rolle, die zur Herausbildung unseres jeweiligen Welt- und Menschenbildes beigetragen haben.

Auf der kollektiven Ebene kommen epochale und gesellschaftliche Rahmenbedingungen direkt in den Entscheidungsprozess mit hinein, wie dies z.B. der Soziologe Jürgen Ritsert (1996) dargelegt hat. Im Zentrum steht das Verhältnis von gesellschaftswissenschaftlichen Theorien zur gesellschaftlichen Praxis.

Nach unserer Hypothese ist also die Wahl eines theoretischen Bezugsrahmens, einschließlich dessen methodologischer Begründung und praktischen Implikationen weder auf der Ebene der Individuen noch auf der kollektiver Subjektivität zufällig. Diese hat ebenfalls eine Entwicklungsgeschichte. Das trifft bereits auf die Entscheidung für oder gegen die theoretischen Modelle und methodologischen Begründungen der Psychoanalyse ebenso zu, wir für die der sog. »harten« der Naturwissenschaften. Diese Hypothese setzt die Anerkennung der Erkenntnis voraus, dass wir mit unseren menschlichen Erkenntnismethoden nicht die Realität an sich erkennen können, sondern mittels unserer jeweiligen methodologischen Perspektiven die Wirklichkeiten dieser an sich unerkennbaren Realität.

Der Neurowissenschaftler und Philosoph Gerhard Roth hat diesen Erkenntnisstand u.a. in seiner kleinen Schrift unter dem Titel »Realität und Wirklichkeit« (1996, S. 48–58) allgemeinverständlich dargelegt. Er führt zunächst aus, dass er von der Annahme einer bewusstseinsunabhängigen *Realität* ausgeht, die aus unserer Umwelt, unserem Körper und seinem

Gehirn besteht. Mit unseren Wissenschaften können wir zwar Umwelt, Körper und Gehirn (und natürlich auch Geist) erforschen, jedoch zählt dasjenige, was wir daraus an Erkenntnissen gewinnen, nicht zur realen Welt: »Alles, womit sich Wissenschaftler beschäftigen, und also auch Gehirne, ist Teil der phänomenalen Welt« (Roth 1996, S. 57), die Roth unsere *Wirklichkeit* nennt. Und weiter:

> »Die von den Neurobiologen untersuchten Gehirne können also nicht identisch sein mit denjenigen Gehirnen, welche die phänomenale Welt überhaupt erst hervorbringen. Diese *realen* Gehirne sind unzugänglich wie alle Realität. Dies klingt befremdlich, denn die meisten Menschen meinen, dass die Wissenschaft, zumal die Naturwissenschaft, irgendeinen besonderen Zugang zur Welt hätte, so ›wie sie wirklich ist‹. Aber auch die noch so exakt vorgehende Wissenschaft kann nichts anderes tun, als Beobachtungen und Forschungsdaten sinnlich wahrzunehmen und miteinander in Beziehung zu setzen. Dies geschieht immer im Rahmen der Möglichkeiten *menschlicher* Sinneswahrnehmungen und menschlichen Denkens. [...] Aus der Welt menschlicher Wahrnehmung können wir niemals heraustreten. Das beste, was wir als Wissenschaftler erreichen können, besteht darin, unsere individuellen Beobachtungen und Gedanken in Beziehung zu setzen mit denen anderer Individuen und so zu Aussagen zu kommen, die ein Maximum an Plausibilität und Konsistenz besitzen und von möglichst vielen Menschen geteilt werden. Ebenso gilt, dass alle Gedanken und Theorien über die bewusstseinsunabhängige Realität, also auch die hier vorgetragenen, Gedanken und Theorien *innerhalb der Wirklichkeit* sind« (ebd., S. 57f.).

Das reale Gehirn schafft uns nach diesem Erkenntnismodell eine phänomenale Welt, die Wirklichkeit, die dreigeteilt ist und wie gesagt aus Umwelt, Körper und seinem Gehirn besteht. »Innerhalb der Wirklichkeit entwickeln wir Hypothesen (›Realität‹) über den Aufbau der Realität und das Zustandekommen von Wirklichkeit. Inwieweit Realität und ›Realität‹ übereinstimmen, ist für uns grundsätzlich nicht herausfindbar« (ebd., S. 76).

Eine erste Schlussfolgerung aus dem bisher Dargelegten wäre demnach, anzuerkennen, dass wir in Bezug auf die kontroversen Diskussionen über das Verstehen und die Behandlung von AD(H)S uns *grundsätzlich innerhalb eines Diskurses über Wirklichkeiten* bewegen. Dies trifft für alle Perspektiven zu – für die naturwissenschaftliche ebenso wie für die geisteswissenschaftlichen, die ja jeweils unterschiedliche Gegenstände mit unterschiedlichen Methoden untersuchen.

Eine Anerkennung dieser Erkenntnisgrundlage wäre ein Schritt aus dem Reich der wechselseitigen Polemik und Verunglimpfung, hin zur Möglichkeit der Verständigung. Das würde uns über das gegenwärtige Niveau der Auseinandersetzung hinweghelfen, auf dem – zugespitzt – die geisteswissenschaftliche Seite der Psychotherapeuten der naturwissenschaftlichen und der neuwissenschaftlich orientierten Ärzte vorwirft, aus unseren Kindern Drogensüchtige zu machen, und als Gegenzug den Vorwurf hört, psychotherapeutische Behandlung sei im Falle von AD(H)S ein Kunstfehler. Beide Seiten sind wiederum daran interessiert, dass AD(H)S als Krankheit aufgefasst wird, und damit stehen sie im Gegensatz zu denjenigen Geisteswissenschaftlern, die eine gesellschaftliche und/oder multikausale Genese dieses alttagsweltlichen Phänomens favorisieren.

Wege der kommunikativen Verständigung: AD(H)S als Metapher

Die unterschiedlichen Einstellungen und Meinungen der Betroffenen wie der Fachleute können wir auch als Grundlage für die Emotionalisierung der kontroversen Diskussionen ansehen. Angsterregende Phänomene und Krankheitsdiagnosen und verheißungsvolle Therapievorschläge üben deshalb eine so magische Wirkung auf die einzelnen Subjekte und auch auf den gesellschaftlichen Diskurs über Krankheit aus, weil über die dahinter stehenden, meist nicht mitverhandelten inneren Bilder Unklarheit besteht. Bei der meist aus medizinischer Sicht noch angenommen Ursachenzuschreibung – Ungleichgewichte im Neurotransmitterhaushalt – werden dabei ganz andere Ängste transportiert, als bei der meist aus psychotherapeutischen Sicht favorisierten Ursachenzuschreibung – Beziehungs- und Entwicklungsstörung. Dies trifft besonders für Krankheiten zu, die das Zeug dazu haben, das Denken auf beiden Ebenen zu monopolisieren. Ganz besonders gilt es für Krankheitsbilder, deren Genese zwischen der Zuordnung zu psychischen bzw. organspezifischen Krankheitsbildern changiert. Hierzu gehört gerade die sog. Aufmerksamkeitsdefizitstörung – mit oder ohne Hyperaktivität – die AD(H)S. Sie hatte das Zeug dazu, zu einer Modediagnose zu avancieren und Spaltungsprozesse hervorzurufen. Erschwerend kommt hinzu, dass wir weiterhin am Modell einer »ursächlichen Behandlung« festhalten, statt »ursächliche Behandlung« selbst als metaphorische Sprache aufzufassen.

Konkretistisches Denken ist die Folge. Auf der einen Seite stehen dann diejenigen, die den Verheißungen des medikamentösen Therapievorschlags bedingungslos folgen und jene verteufeln, die den psycho-soziogenetischen Anteil am Krankheitsgeschehen betonen und damit eben auch psychologische Methoden als Therapievorschlag unterbreiten. Das umgekehrte Phänomen kann ebenfalls beobachtet werden. Die Vertreter beider Extrempositionen gehen jeweils von einem bloß monokausalen Modell der Krankheitsgenese aus.

Eher selten sind dementgegen Positionen, die eine psycho-sozio-somatische Krankheitsgenese postulieren. Sie vertreten damit ein multikausales Modell der Genese, das die Subjekte, ihren Körper und die sozialen Verhältnisse berücksichtigt. Es fällt auf den ersten Blick auf, dass hier *Komplexität* im Spiel ist, einfache Antworten somit nicht zu haben sind. Das wirkt sich zunächst einmal aus auf den Diagnoseprozess, der sich nicht auf die klinische Anschauung und ihre Subsumption unter die gängigen Klassifikationssysteme beschränken lässt. Es ist eher ein Prozess der Differentialdiagnose gefordert, was für AD(H)S – als Krankheit aufgefasst – heißt, dass es sich um ein Syndrom, nicht um ein Symptom handelt. Ein solcher Ansatz sperrt sich logischerweise dem dichotomischen Denken und er besitzt somit wenig Attraktivität für alle, die nach einfachen Antworten suchen.

Wir wollten mit diesem Beitrag zeigen, dass weniger die Kenntnis oder Nichtkenntnis wissenschaftlicher Forschung für die Überzeugungskraft eines Modells der Krankheitsgenese ausschlaggebend ist, als die Vorstellungen in den Köpfen der Subjekte über Krankheitsgenese im Allgemeinen und AD(H)S im besonderen. Diese Vorstellungen sind geprägt durch das metaphorische Denken in Bezug auf Krankheit, das durch die Rahmenbedingungen einer jeweiligen gesellschaftlichen Epoche bestimmt ist und damit den Subjekten zur Verfügung steht.

Wir möchten zum Abschluss noch skizzieren, was wir in diesem Zusammenhang mit Metapher bzw. metaphorischem Denken meinen. Die Verwendung einer Metapher ist Verwendung einer rhetorischen Figur, mittels der wir einen Zusammenhang, für den wir kein einfaches Wort haben – wie im Fall von »Tisch« – in einem übertragenen Sinne zum Ausdruck bringen. Das griechische μεταφοραὰ – Metapher – wird als Übertragung einer Eigenschaft der *Ähnlichkeit* gesehen, die zwischen der wörtlich bezeichneten und dem im übertragenen Sinne gemeinten besteht. Die Verwendung einer Metapher bedeutet so gesehen das Heranziehen einer angenommenen Ähnlichkeit, einer weiteren Perspektive, oder die Betrachtung von einer anderen Perspektive aus. Die Metapher soll uns helfen, eine Sache besser zu verstehen und der metaphorischen Rede kommt daher der Charakter eines Erkenntnisinstruments zu. Diese Überlegung begründet noch einmal, warum wir nicht meinen, wie Susan Sontag es tut, dass wir uns der Metaphern entledigen sollten. Im Gegenteil: wir gehen davon aus, dass Metaphern zu den wesentlichen Struktureinheiten unseres Denkens zählen. Wenn wir hier von Metaphern und metaphorischem Denken sprechen, meinen wir damit eine wesentliche Denkmöglichkeit und bewegen uns noch nicht im Rahmen einer konkreten Anwendung, wie sie beispielsweise von M. B. Buchholz (u.a. 1993) für die klinische Praxis angeregt wurde. Hierauf können wir in diesem Beitrag nicht eingehen. Wir ziehen es auch vor, im Gegensatz zu Buchholz auf der Grundlage der Lorenzerschen Theorie des szenischen Verstehens von Symbol, Desymbolisierung und Resymbolisierung zu sprechen. So stimmen wir auch eher im Ergebnis dem Ansatz von Soldt (2005) zu, wenn wir auch seiner weitgehend kognitions-linguistischen Begründung nicht folgen.

Die Linguisten weisen uns auch darauf hin, dass wir Metaphern als *Kommunikations-* und *Verständigungsangebote* verwenden, um einen bestimmten *Kontext* zu erklären. In Erweiterung zu diesem Verständnis von Kontext als Sprachkontext gehen wir mit Wollheim (1993) davon aus, dass unser Kommunikationspartner nicht nur eine Sprache, sondern auch eine Psyche besitzt. Die Verwendung von Metaphern in diesem Sinne – als sprach- und psychologisch kontextbezogene Kommunikation – geschieht an sich bereits als Aufforderung zur Verständigung: »Bei der Metapher geht es nicht um die Vermittlung von Informationen, sondern darum, den anderen zu animieren das, wovon die Rede ist, in einem neuen Licht zu sehen« (Wollheim 1993, S. 94ff.). Dieses Animieren, etwas in einem anderen Licht zu sehen, ist, wie Storck (2006) und Soldt (2005) am ästhetischen Erleben dargelegt haben, eine besondere Art des Verstehens, in dem der Umweg über ein gemeinsames Drittes gesucht und gefunden werden will. In ihrem Ansatz wird ausgehend vom begriffstheoretischen Modell Siegfried Zepfs und in Erweiterung des Lorenzerschen Ansatzes der voranschreitende Denkprozess beim Verstehen der Metapher emotionslogisch, also als entlang von Gefühlsqualitäten strukturiert, verstanden. So kann das Anregende der Metapher gut verstanden werden, da nicht nur sprachlogisch, sondern affektlogisch vorgegangen wird. Wenn die Eigenschaft der *Ähnlichkeit* bereits ein *Spannungsverhältnis* zwischen Metapherngebrauch und Sprachkontext generiert, so gilt das noch in höherem Maße für Metapherngebrauch und psychischen Kontext. Es ist sozusagen eine Aufforderung zur Interpretation und Handlungserklärung, setzt einen dialogischen Prozess in Gang. Dabei kommt der psychoanalytischen Erkenntnisperspektive besondere Bedeutung zu. Dies nach Wollheim in mehrfachem Sinne (1993, S. 96ff.) Sie erweitert bzw. vertieft erstens den Kreis des Erkennens (bzw. Selbsterkennens) der möglichen Gründe (*reasons*) auf Seiten der Subjekte um diejenigen, die eine besondere Bewusstseinqualität haben: Sie sind unbewusst, gehören damit der Tiefenpsychologie an. Über diese Vertiefung des klassischen Erklärungsmodells der Bewusstseinspsychologie (Reinke 2001, 2002) hinaus hat Freud zweitens postuliert, dass die

Handlungserklärung nicht auskommt ohne Rekurs auf und Kenntnis von Assoziationsketten, die die Handlungsgründe der Subjekte miteinander verknüpfen bzw. sie elaborieren und variieren. Drittens hat Freud besondere Handlungsgründe hervorgehoben, die existenziell sind, insofern sie mit zentralen Wünschen der Subjekte und deren Abwehr (der Abwehr von Angst) verknüpft sind. Wollheim erwähnt u.a. den Kastrationskonflikt, den ödipalen Konflikt. Schließlich und viertens rekurriert er auf Freuds ontogenetische Perspektive der Libidoentwicklung, seiner Kontextualisierung von Wünschen und Abwehr in Abhängigkeit von Phasen dieser Entwicklung, also der analen, oralen und phallischen Phase. Das Gesamt dieser Perspektiven nennt Wollheim psychologische Erklärung oder Kontextualisierung, die zur Sprachkontextualisierung hinzutreten muss, wenn die Handlungsgründe der Subjekte verstanden werden sollen. Wollheim hat dieses Modell u.a. am Beispiel des Kunstschaffens und Kunstverstehens exemplifiziert, und seinen Begriff von bildlichem Denken (*iconicity*) und metaphorischem Denken (*metaphor*) in dem skizzierten Freudschen Erkenntnismodell verankert. Und er beschreibt für jede dieser Perspektiven die spezifische Art des Scheiterns in der Praxis.

In der Praxis unseres Themas zeigt sich ebenfalls, dass die Verwendung von Metaphern zwar, wie oben skizziert, Spannungsverhältnisse schafft, was jedoch in der Regel nicht als Aufforderung zur Kommunikation, Interpretation verstanden wird, sondern als *Angriff* auf eine Überzeugung, oder die *Bestätigung* einer Überzeugung – ein unexpliziertes Vorverstehen also, das nicht kommunikativ verhandelt werden kann und darf. Der eigentümliche Spielraum, den das metaphorische Denken eröffnet, impliziert ja das Zulassen des *Zweifels* – sei es auch nur vorübergehend – an den eigenen Grundannahmen.

Das Zulassen des Zweifels stellt jedoch ganz besondere Anforderungen an die Subjekte, denen sie in vollem Umfang nur dann und soweit nachkommen können, wie ihre als Niederschlag lebenspraktischer Erfahrungen gebildeten, individuellen Vorstellungen ihnen auch symbolisch zur Verfügung stehen. In seiner Schrift »Sprachzerstörung und Rekonstruktion« (1970b) hat Lorenzer als Folge unbewussten und konflikthaften Geschehens unter dem Begriff der Desymbolisierung eine spezifische Operation an der Sprache beschrieben, die den Gesamtkomplex in eine bewusste und eine unbewusst gewordene Vorstellung aufgliedert.

Aber: Auch nachdem eine Vorstellung durch ihre Konflikthaftigkeit zum Teil unbewusst geworden ist, sprechen wir noch miteinander unter Verwendung der gleichen Worte, wir wissen jedoch – im Sinne von Bewusstsein –

nur noch zum Teil, was wir sagen. In diesem Sinne sprechen wir nicht mehr die gleiche Sprache. Ein Teil unseres Wissens ist verdrängt, oder wie Lorenzer es definiert: desymbolisiert worden, ohne seine dynamische Wirksamkeit zu verlieren. Hierauf ist eben auch die emotionale Dynamik einer Kontroverse zurückzuführen. Die Sprache ist verzerrt. Es fällt nicht gleich auf, dass wir zwar die gleichen Worte benutzen, die jedoch nun nicht mehr vollumfänglich die gleichen Begriffe sind. Hier wäre es hilfreich, ist im Deutschen jedoch nicht leicht auszudrücken, zwischen Sprache als Symbolsystem und Sprache als gesprochener zu unterscheiden. Ausgehend von de Saussures (1915) Unterscheidung versteht man in der Semiotik unter *langue* die Sprache als ein kommunikatives Gesamtsystem, *parole* im Gegensatz dazu als die gesprochene Sprache (Wort, Äußerung, Rede). Bezogen auf unsere Überlegungen: *parole* als die Sprache im Gesamt des Selbst, *langue* als die individuelle Form der Sprache, in diesem Sinne s. Lorenzers Begriff der *Privatsprache* (Lorenzer 1970b). *Langue* ist demnach ein *fait social*; der *acte de parole* ist der individuelle Willens- und Intelligenzakt des einzelnen Subjekts (Intelligenz hier im Sinne von *intellegentia,* Einsicht, Verstand, Fassungsvermögen.) *Toute novation linguistique est d'abord individuelle.* Die Privatsprache sensu Lorenzer als individuelles, lebensgeschichtliches Produkt ist damit zugleich Gefahr einer Behinderung von kommunikativer Kompetenz, wie ihre Voraussetzung, sofern die Subjekte ihre privatsprachlichen Bedeutungen kommunikativ zur Disposition stellen können. Hierfür gibt es zwei Voraussetzungen:

- die prinzipielle Anerkennung des Anderen als ein kommunikationswilliges und -fähiges Gegenüber
- die individuelle Fähigkeit, Zweifel und Angst zu tolerieren, da z.T. unbewusste eigene Bedeutungen zur Disposition gestellt werden müssen, d.h. auch Fähigkeit zum Umgang mit den eigenen Affekten. Die abgewehrten, d.h. desymbolisierten seelischen Inhalte durchdringen die *parole*, allerdings ist deren Bedeutung für die kommunizierenden Subjekte zunächst und notwendigerweise unbewusst. In diesem Fall führt das Sprechen des je Einen mit dem Anderen zu Miss-Verstehen.

Unter diesen Überlegungen betrachten wir als einen weiteren Schritt auf dem Weg zu einer kommunikativen Verständigung die Anerkennung der Tatsache, dass wir uns über die von uns verwendeten Begriffe, bzw. inwieweit sie Begriffe im obigen Sinne sind, erst verständigen müssen. Diese Verständigung erreichen wir jedoch nur auf dem Weg des szenischen Verstehens (Lorenzer), in einem dialogischen Prozess, der die Anerkennung des anderen als Subjekt voraussetzt. Die Psychoanalyse im methodologischen Sinne des szenischen Verstehens ist dafür paradigmatisch (Habermas 1968, Teil III)[6].

Da die Sprache allein hier als Medium der Verständigung nicht ausreicht, greifen wir auf Bilder, auf Metaphern, zurück, in denen wir mit »Rücksicht auf die Darstellbarkeit« (Freud 1900)[7] zu einer anschaulichen Vorstellung kommen können. Wollheim hat diesen Verstehensweg anhand von Kunstschaffen und -verstehen exemplifiziert und dazu u.a. den Begriff des bildlichen Denkens erläutert. Lorenzer verweist auf eine zweite Symbolebene neben der spachsymbolischen: die der präsentativen Symbole. Demnach verstehen wir das metaphorische Denken als etwas Drittes, das dem Verstehensprozess zuwächst, indem es bildliches und sprachsymbolischen Denken verbindet. Soldt (2005) nennt dieses Dritte – mit Rückgriff auf die Linguistik – eine konzeptionelle Metapher und fasst dieses Projekt wie folgt zusammen:

> »Das System der konzeptuellen Metapher integriert die Erfahrungsstruktur der Interaktionsformen ins Begriffssystem. Die Metapher vermag es, Interaktionsformen und Szenen, die jeweils individuell hergestellt werden, und damit Erleben zu evozieren, das so kommuniziert werden kann. Denn die Metapher erzeugt jene Spannung [...], die nur durch die Imagination [also Ein*bildungs*kraft, E. R.] bewältigt werden kann« (2005, S. 175).

Die letzte notwendige Voraussetzung für die Überwindung der kommunikativen Schranken besteht damit im Wiedererleben der beteiligten emotionalen Bedingungen, freilich im geregelten und geschützten Raum gegenseitiger Anerkennung. Rationale Aufklärung allein genügt nicht.

Danksagung

Roland Lehmann, Christian Warrlich und Timo Storck danke ich für die sorgfältige Lektüre und Anregungen, von denen einige in meinen Text eingegangen sind.

6 Habermas greift hier Lorenzers Entwurf (Lorenzer 1970a, b) für den später explizierten Zusammenhang seiner Theorie der kommunikativen Kompetenz auf (Habermas, S. 1981).

7 »[...] es sollen Gedanken ausschließlich oder vorwiegend in dem Material visueller und akustischer Erinnerungsspuren wiedergegeben werden, und aus dieser Aufforderung erwächst für die Traumarbeit die *Rücksicht auf die Darstellbarkeit*, der sie durch neue Verschiebungen entspricht« (ebd., S. 51).

Literatur

Balint, Michael (1949): Wandlungen der therapeutischen Ziele und Techniken in der Psychoanalyse. In: ders. (1965), S. 222–235.

Balint, Michael (1965): Die Urformen der Liebe und die Technik der Psychoanalyse. Frankfurt a. M. (S. Fischer), 1969.

Balint, Michael (1968a): Therapeutische Aspekte der Regression. Die Theorie der Grundstörung. Stuttgart (Klett-Cotta), 1970.

Balint, Michael (1968b): Die Formen der therapeutischen Regression. In: ders. (1968a), S. 169–181.

Bloch, Ernst (1962): Stufen und Grenzen der Verantwortung. In: ders.: Widerstand und Friede. Aufsätze zur Politik. Frankfurt a. M. (Suhrkamp), 1968, S. 60–68.

Buchholz, Michael B.; Kleist, Cornelia von (1997): Szenarien des Kontakts. Eine metaphernanalistische Untersuchung stationärer Psychotherapie. Gießen (Psychosozial-Verlag).

Damasio, Antonio (1994): Descartes' Irrtum. Fühlen, Denken und das menschliche Gehirn. München (List Verlag), 2. Aufl. 1996.

Damasio, Antonio (1999): Ich fühle, also bin ich. Die Entschlüsselung des Bewusstseins. München (List), 2000.

Erdheim, Mario (1984): Die gesellschaftliche Produktion von Unbewusstheit. Frankfurt a. M. (Suhrkamp).

Freud, Sigmund (1895): Entwurf einer Psychologie. In: ders. (1950): Aus den Anfängen der Psychoanalyse. Briefe an Wilhelm Fliess, Abhandlungen und Notizen aus den Jahren 1887–1902. Frankfurt a. M. (Fischer), Reprint der Ausgabe des Imago-Verlags, London. Auch abgedruckt in: GW, Nachtragsband: Texte aus den Jahren 1895–1938, Teil IV. Frankfurt a. M. (Fischer), 1987.

Freud, Sigmund (1900): GW II/III. Frankfurt a. M. (Fischer), S. 344–354.

Freud, Sigmund (1915): Das Unbewusste. GW X. Frankfurt a. M. (Fischer), S. 264–303.

Greiff, Bodo von (1976): Gesellschaftsform und Erkenntnisform. Frankfurt a. M. (Campus).

Habermas, Jürgen (1968): Erkenntnis und Interesse. Frankfurt a. M. (Suhrkamp); insbesondere Teil III: Kritik als Einheit von Erkenntnis und Interesse, Kapitel 10: Selbstreflexion als Wissenschaft: Freuds psychoanalytische Sinnkritik, S. 262–300.

Habermas, Jürgen (1981): Theorie des kommunikativen Handelns. Frankfurt a. M. (Suhrkamp).

Horn, Klaus et al. (1983): Krankheit, Konflikt und soziale Kontrolle. Empirische Untersuchung subjektiver Sinnstrukturen. Opladen (Westdeutscher Verlag).

Horn, Klaus et al. (1984): Gesundheitsverhalten und Krankheitsgewinn. Zur Logik von Widerständen gegen gesundheitliche Aufklärung. Opladen (Westdeutscher Verlag).

Horn, Klaus: Schriften, 5 Bände. Gießen (Psychosozial-Verlag)

Hüther, Gerald (1997): Biologie der Angst. Wie aus Stress Gefühle werden. Göttingen (Vandenhoeck & Ruprecht).

Hüther, Gerald (2001a): Kritische Anmerkungen zu den bei ADHD-Kindern beobachteten neurobiologischen Veränderungen und den vermuteten Wirkungen von Psychostimulantien (Ritalin). Analytische Kinder- und Jugendlichenpsychotherapie 32, 471–486.

Hüther, Gerald (2001b): Bedienungsanleitung für ein menschliches Gehirn. Göttingen (Vandenhoeck & Ruprecht).

Hüther, Gerald (2004): Die Macht der inneren Bilder. Wie Visionen das Gehirn, den Menschen und die Welt verändern. Göttingen (Vandenhoeck & Ruprecht).

Hüther, Gerald (2006): Die nutzungsabhängige Herausbildung hirnorganischer Veränderungen bei Hyperaktivität und Aufmerksamkeitsstörungen. In: Leuzinger-Bohleber, Marianne;

Brandl, Yvonne & ders. (Hg.) (2006): ADHS – Frühprävention statt Medikalisierung. Göttingen (Vandenhoeck & Ruprecht), S. 222–237.

Kaplan-Solms, Karen; Solms, Mark (2000): Neuro-Psychoanalyse. Eine Einführung mit Fallstudien. Stuttgart (Klett-Cotta), 2003; Kapitel 10: Zur Neuroanatomie des psychischen Apparats, S. 229–267.

Kernberg, Otto F. (1981): Zur Theorie der psychoanalytischen Psychotherapie. Psyche 35, 673–704.

Lorenzer, Alfred (1970a): Sprachzerstörung und Rekonstruktion. Frankfurt a. M. (Suhrkamp).

Lorenzer, Alfred (1970b): Kritik des psychoanalytischen Symbolbegriffs. Frankfurt a. M. (Suhrkamp).

Lorenzer, Alfred (1972): Zur Begründung einer materialistischen Sozialisationstheorie. Frankfurt a. M. (Suhrkamp).

Lorenzer, Alfred.; Görlich, Bernhard (1994): Lebensgeschichte und Persönlichkeitsentwicklung im Spannungsfeld von Sinnlichkeit und Bewusstsein. In: Lorenzer, Alfred.; Görlich, Bernhard (Hg.): Der Stachel Freud. Beiträge zur Kulturismus-Kritik. Lüneburg (zu Klampen), veränd. Neuausg. 1994, S. 172–192.

Mahler, Margaret; Pine, Fred & Bergman, Anni (1975): Die psychische Geburt des Menschen. Symbiose und Individuation. Frankfurt a. M. (Fischer), 1978.

Mitscherlich, Alexander (1947): Über die Bedeutung der Enuresis. In: ders.: Gesammelte Schriften. Band II. Psychosomatik 2. Frankfurt a. M. (Suhrkamp) 1983, S. 301–308.

Mitscherlich, Alexander (1958): Der psychologische Zugang zur Krankheit. In: ders. (1967).

Mitscherlich, Alexander (1963): Bedingungen der Chronifizierung psychosomatischer Krankheiten. Die zweiphasige Abwehr. In: ders. (1967), S. 42–54.

Mitscherlich, Alexander (1967): Krankheit als Konflikt. Studien zur psychosomatischen Medizin 2. Frankfurt a. M. (Suhrkamp).

Portmann, Adolf (1956): Zoologie und das neue Bild vom Menschen. Reinbek (Rowohlt).

Reinke, Ellen (1998): Psychoanalyse – Erkenntnis – Methode. Überlegungen zu Wissenschaftsstatus und Lehre. psychosozial 72, 7–16.

Reinke, Ellen (2001): Sigmund Freud als Kognitionsforscher. In: Reuter, H. (Hg.) (2001): Wahrnehmen und Erkennen. Festschrift zum 60. Geburtstag von Michael A. Stadler. Lengerich etc. (Pabst), S. 188–200.

Reinke, Ellen (2002): Phantom und Wirklichkeit von Bewusstsein und Unbewusstem. Sigmund Freuds Kritik der Bewusstseinsforschung. In: Walter, H.-J. et al. (Hg.): Phantom Wirklichkeit. Pädagogisch-wissenschaftliche Perspektiven. Hohengehren (Schneider), S. 41–58.

Ritsert, Jürgen (1996): Einführung in die Logik der Sozialwissenschaften. Münster (Verlag Westfälisches Dampfboot).

Roth, Gerhard (1996): Schnittstelle Gehirn – interface brain. Bern (Benteli Verlags AG).

Roth, Gerhard (2001a): Fühlen, Denken, Handeln. Wie das Gehirn unser Verhalten steuert. Frankfurt a. M. (Suhrkamp).

Roth, Gerhard (2001b): Was sind aus neurobiologischer Sicht psychische Erkrankungen und wie ist Psychotherapie möglich? In: ders. (2001b): Wie das Gehirn die Seele macht. Vortrag auf den 51. Psychotherapiewochen, Lindau. www.lptw.de.

Soldt, Philipp (2005): Metapher, Bild und Unbewusstes. Überlegungen zum Ort der Metapher in einer Theorie der psychischen Repräsentanzenwelt. In: Buchholz, M.; Gödde, G. (Hg.) (2005): Das Unbewusste in aktuellen Diskursen. Anschlüsse. Band II. Gießen (Psychosozial-Verlag), S. 164–192.

Solms, Mark (1996): Auf dem Weg zu einer Anatomie des Unbewussten. In: Koukkou et al. (Hg.) (1998): Erinnerung von Wirklichkeiten: Psychoanalyse und Neurowissenschaften im Dialog. Band I. Stuttgart (Verlag Internationale Psychoanalyse), S. 416–461.

Sontag, Susan (1977): Krankheit als Metapher. München (Karl Hanser Verlag), 1978.
Spitzer, Manfred (1996): Geist im Netz. Heidelberg (Spektrum Akademischer Verlag).
Storck, Timo (2006): »... to calm and subdue my fancy for a more sober and more certain gaze«. Neid und Identifizierung als zentrale Momente in der ästhetischen Erfahrung (unveröffentlichtes Manuskript).
Wollheim, Richard (1993): The mind and its depths. Cambridge, London (Harvard Universities Press).

Zappeln, Unaufmerksamkeit, Aufgeregtheit. Einige andere Hypothesen zu ADS und Hyperaktivität

Achim Würker

1. Einleitende Bemerkungen zur Perspektive meiner Überlegungen

Der Untertitel dieses Aufsatzes[1] enthält in seiner Formulierung eine provozierende Unklarheit, wenn es da heißt: einige *andere* Hypothesen zu AD(H)S, denn was soll dieses Attribut »andere« denn heißen? Andere als welche Hypothesen? Obwohl nicht ich ursprünglich dieses »andere« in meinen Titel eingefügt habe, sondern die Herausgeber des Buches »Auf Der Suche« mir diese Formulierung vorschlugen, so bin ich, der ich sie übernommen habe, aufgefordert einleitend zu erläutern, wie diese Abgrenzung gemeint ist, d.h. zu benennen, im Verhältnis zu welchen Hypothesen meine folgenden denn anders sind. Diese Abgrenzung zielt auf:

- Fragen der Genetik und Hirnphysiologie, wie sie z.B. Hüther (2004) aufgreift
- Fragen der Psychogenese und Psychotherapie, wie sie z.B. in den von Bovensiepen, Hopf und Molitor herausgegebenen Aufsätzen unter dem Titel »Unruhige und unaufmerksame Kinder« (2004) diskutiert werden

Sie gilt des Weiteren im Hinblick auf

- Hypothesen zu den ökonomischen und politischen Kontextbedingungen, wie sie Amft, Gerspach und Mattner in »Kinder mit gestörter Aufmerksamkeit« (2002) beschrieben haben, sowie
- im Hinblick auf handfeste bzw. handhabbare Ratschläge für den Um-

1 Geringfügig überarbeitete Fassung eines Vortrags vom 14.01.2005 in Bremen – DIALOG – Zentrum für Angewandte Psychoanalyse der Universität Bremen – und des Psychoanalytischen Instituts Bremen e. V.

gang mit so genannten AD(H)S-Kindern, wie sie z.B. mannigfach im Internet zu finden sind.

Nun provoziert diese Abgrenzung die Frage, welche analytischen Zugänge denn da noch übrig blieben. Übrig bleibt z.B. die Annäherung an das Thema in kulturanalytischer Perspektive – die Perspektive, die ich bei meinen Überlegungen gewählt habe und die ich einleitend kurz erläutern möchte:

Ausgehend von Alfred Lorenzers psychoanalytischen Konzeptionierungen gehe ich davon aus, dass Kultur ein Ensemble von szenischen Realisierungen darstellt, das sowohl Ausdruck von inneren Szenen als auch Appell an innere Szenen der in ihr Lebenden darstellt. Insofern steht nicht das isolierte Individuum, sondern steht das Wechselspiel äußerer und innerer Szenen im Mittelpunkt der kulturanalytischen Aufmerksamkeit, wobei in der Logik psychoanalytischer Annahmen die inneren Szenen sowohl als Niederschlag von lebensgeschichtlicher Erfahrung wie auch als Entwurf zukünftiger Interaktionen verstanden werden müssen. In konkreter lebensgeschichtlicher Erfahrung nämlich vermitteln sich biologische Ausstattung und soziale Verhaltensfiguren, indem z.B. in der familialen Interaktion der körperliche Bedarf des Kindes auf die sozial geprägte Reaktion von Bezugspersonen trifft. Im Unterschied zur therapeutischen Psychoanalyse konzentriert sich die Kulturanalyse weniger auf individuell-lebensgeschichtlichen Aspekte, sondern sie fragt nach dem Verhältnis von bewussten und unbewussten szenischen Entwürfen, die sich in kulturellen Objektivationen als Verhältnis von manifesten und latenten Bedeutungen findet. Wichtig ist dabei die methodische Berücksichtigung der Besonderheiten psychoanalytischen Verstehens als einer szenischen Wirkungsanalyse.

Für meine folgenden Überlegungen zum Thema AD(H)S bedeutet dies folgende Fokussierung des Themas AD(H)S:

1. Ich betrachte primär die »Rezeption« von Unaufmerksamkeit und Unruhe.
2. Ich löse mich dabei von der Konzentration auf das unruhige und unaufmerksame Kind und betrachte die Interaktionszusammenhänge, in denen es steht, betrachte also Szenen, die geprägt sind von allen beteiligten Mitspielern.
3. Ich gehe davon aus, dass all diese Szenen der Aufgeregtheit und Unruhe Ausdruck sind von szenischen Entwürfen in den Beteiligten, die sich lebensgeschichtlich, in einem Wechselspiel von körperlich-biologischer Ausstattung und sozialen Verhaltensformeln hergestellt haben.
4. Und ich berücksichtige insbesondere, dass weder die lebensgeschichtliche Herstellung noch die je aktuelle Realisierung der szenischen Entwürfe abgelöst von gesellschaftlich-kulturellen Kontexten zu verstehen sind.

Auf letzterem – dem Zusammenhang einer bestimmten Facette der kulturellen Vorstellungen und AD(H)S – wird der Schwerpunkt der folgenden Überlegungen liegen.

Nun ist natürlich auffällig, dass ich durch diese Perspektivbestimmung fast alles, was ich am Anfang in Erläuterung meines Untertitels ausgeklammert habe – wie z. B. Genetik, Hirnphysiologie, Psychogenese, ökonomische und gesellschaftliche Kontextfaktoren – wieder hereingeholt habe. Und in der Tat, es kann nicht gelingen, die kulturelle Dimension der Thematik zu isolieren, so dass das Motto »Kulturanalyse« nicht mehr als eine Schwerpunktsetzung kennzeichnen kann.

2. Erste Annäherungen an das Thema

Psychoanalytisch inspirierte Kulturanalyse besitzt – wie gesagt – immer die Nuance einer subjektiven Wirkungsanalyse und entsprechend ist es sinnvoll, zunächst den persönlichen Bezug zum jeweiligen Thema wenigstens anzudeuten. Deshalb zwei Bemerkungen zu meinen persönlichen Erfahrungen mit der Problematik von ADS bzw. Hyperaktivität:

Als Lehrer vor einer 6. Klasse mit 33 Kindern fällt mir ein Junge – nennen wir ihn Max – auf: Er spricht häufig mit seinen Nachbarn, dreht sich dabei auch zu den hinter ihm Sitzenden um; er meldet sich häufig und aufdringlich, gibt seine Kommentare aber auch dann lautstark in meine Richtung, wenn er nicht aufgerufen wurde. Max kippelt mit dem Stuhl, zwei-, dreimal während des Schuljahres fällt er dabei lautstark mit dem Stuhl um. Phasenweise aber nimmt er gar nicht am Unterricht teil, sondern versenkt sich in die Lektüre eines mitgebrachten Buches. Dann wieder gerät er in einen lautstarken Streit mit Mitschülern, ohne sich darum zu kümmern, dass er damit den Unterricht unterbricht. Seine Beiträge zeugen dennoch in der Regel von hoher Intelligenz, sind aber an mich, nicht an seine Mitschüler gerichtet und lassen sich schwer in Unterrichtsgespräche der Klasse integrieren. Die Mitschüler reagieren zunehmend gereizt auf Max, sowohl wegen seines störenden Verhaltens als auch wegen der ihnen wenig verständlichen Beiträge. Hinzu kommt eine geradezu penetrante Art der Rechthaberei, die von Ausbrüchen unverhohlener Wut begleitet wird. Die schriftlichen Arbeiten von Max lassen eine überdurchschnittliche Intelligenz ahnen, da aber die Schrift nahezu unleserlich ist, einige Sätze mithin nicht zu entziffern sind, fallen die Noten nicht »sehr gut« aus, was häufig zu den erwähnten Wutausbrüchen führt.

Mich erwartet Max regelmäßig vor den Stunden bereits am Gebäudeeingang, so dass er, auf mich einredend, neben mir her den Flur entlang zum

Klassenraum geht. Auch nach der Stunde und bei meinen Pausenaufsichten, sucht er das Gespräch mit mir. In Sprechstunden kommt die Mutter des Jungen zu mir, betont, wie sehr ihr Sohn mich und meinen Unterricht schätze, und sie – als Vorsitzende eines entsprechenden Vereins – informiert mich, ihr Sohn leide einerseits unter ADS, sei andererseits hochbegabt, und sie erklärt mir, wie darauf sinnvoller Weise besonders einzugehen sei.

Ich komme mit Max dennoch schlecht zurecht, ich atme auf, wenn er fehlt, ich genieße die dann merklich konzentriertere und harmonischere Arbeitsatmosphäre in der Klasse. Es strengt mich an, Max nahezu ununterbrochen direkt ansprechen zu müssen, um seine Unruhe zu dämpfen. Es fällt mir schwer, mit seinen Beiträgen, die bisweilen etwas altklug wirken, vor allem aber über die Köpfe der meisten seiner Mitschüler/innen hinweggehen, umzugehen. Für die Korrektur seiner schriftlichen Arbeiten brauche ich die dreifache Zeit im Vergleich zu anderen, seine Wutausbrüche fürchte ich, auch wenn er sich mir gegenüber zu beherrschen versucht und sich aufs Schreien und Malträtieren von Gegenständen beschränkt. Ich merke, dass auch ich wütend werde, weil Max meine Aufmerksamkeit in hohem Maße absorbiert und ich mich anderen Schülerinnen und Schülern, die meine Förderung nötig haben, kaum mehr widmen kann. Seine Kontaktversuche während und außerhalb des Unterrichts empfinde ich als egozentrische Übergriffe. Insgesamt schwanke ich zwischen Mitleid mit ihm, der in der Klasse Außenseiter ist, Wut, die ich als Lehrer zügeln muss, und Schuldgefühlen angesichts meiner Aggression ihm gegenüber.

Es ist deutlich: als Lehrer war ich schlicht überfordert mit diesem Kind und dem Anspruch auf eine spezielle Behandlung, den er implizit und seine Mutter explizit an mich herantrugen, und der mit dem auf einen normal effektiven Unterricht mit insgesamt 33 Kindern konkurrierte. Entsprechend war ich froh, als eines Tages die Mutter mir mitteilte, ihr Sohn erhalte nun Ritalin, und Max tatsächlich den Unterricht in der Folgezeit weniger störte und seine Schrift etwas leserlicher wurde, so dass ich seine Arbeiten besser korrigieren und sicherer benoten konnte.

Eine zweite Erfahrung, weniger dramatisch, ist kurz zu schildern:
Mein Sohn, neun Jahre alt, hüpft, während ich ihm vorlese, auf der Couch oder einem kleinen runden Trampolin. Ähnlich verhält er sich auch oft, wenn er fernsieht. Ich frage ihn, ob er in der Schule denn auch nicht stillsitzen und zuhören könne, ob er unkonzentrierter sei als die anderen in seiner Klasse. Er versichert mir glaubhaft, er könne dort durchaus still sitzen, die anderen seien eher unruhiger als er.

Meine Nachfrage zeigt, dass ich offenkundig als Vater rasch alarmiert bin, mich bei kleinen Anzeichen von Bewegungs- und Spieldrang meines Sohnes um seine soziale Integration und den schulischen Erfolg sorge, was letztlich verschmilzt mit der Frage, ob nicht auch er ein »AD(H)S-Kind« sein könnte.

Soweit zwei Facetten meines persönlichen Bezugs zum Thema AD(H)S, die verallgemeinert folgende aktuelle Trends vermuten lassen:

1. Im schulischen Kontext verhindern oft bereits die objektiven Bedingungen – Klassengrößen und funktionale Unterrichtslogik –, dass die Lehrkräfte mit auffällig unruhigen Schülern sinnvoll umgehen können. Stattdessen nehmen sie ihr zappeliges und unaufmerksames Verhalten als »Störung« wahr, die sie überfordert.
2. Im privaten Zusammenspiel von Eltern und zappeligen Kindern bewirkt die aktuelle Diskussion eine hohe Sensibilität, wenn nicht gar Überempfindlichkeit, die wiederum den Kindern als implizite Norm und als Legitimationsdruck entgegenschlägt.

Überforderung und Aufgeregtheit findet sich also nicht nur auf Seiten der Kinder, sondern auch auf der Seite der Eltern und der professionellen Erzieher. Und die Überforderung, so ist weiter zu vermuten, provoziert Abwehr, die einerseits unmittelbar den unruhigen und unaufmerksamen Kindern gilt, die andererseits mit großer Wahrscheinlichkeit auch eingeht in die gesellschaftliche Diskussion des Problems. Dieser Abwehrdynamik, deren Ausdruck ich zunächst einmal ganz allgemein mit dem Stichwort der »Aufgeregtheit« kennzeichnen möchte, werde ich im Folgenden nachgehen. Ich möchte – wie einleitend angekündigt – nach dem gesellschaftlich-kulturellen Kontext fragen, in dem Aufgeregtheit entsteht und einige hypothetische Antworten entwickeln.

3. Zweite Annäherungen an das Thema

Auf der Homepage von »Medicine-Worldwide«, auf die ich bei meiner Internet-Recherche zum Thema AD(H)S stieß, fand ich neben einleitenden Bemerkungen folgende Bilderfolge, die signalisierte, dass der Hoffmannsche Zappelphilipp so etwas wie der »Schutzpatron« der AD(H)S-Kinder sei:

Was auf der erwähnten Homepage so plakativ verknüpft wird – AD(H)S und Zappelphilipp –, ist aber durchaus nicht so einsinnig. Mich jedenfalls regte die Bilderfolge zum Assoziieren und Interpretieren an:

1. Die Szene erinnert eigentlich an Slapstick-Filme, bei denen Witz und Lachen aus dem Missgeschick der gezeigten Figuren resultieren: es ist dort ausgesprochen lustvoll zu sehen, wenn die Figuren verunglücken. Wobei ich angesichts der Bilderfolge spontan eher über die Eltern lache als über Philipp.
2. Ich kann mich gut in den Jungen hineinversetzen, auch ich habe früher mit dem Stuhl gekippelt, weil mir das Stillsitzen schwer fiel. Entsprechende Ermahnungen der Erwachsenen erinnere ich als mir wenig verständliche, mithin nervige und lustfeindliche Maßregelungen. Insofern kann ich mich gut in Philipp hineinversetzen.
3. Bei genauerer Betrachtung des ersten Bildes frage ich mich, ob es nicht zeigt, wie der Junge den Tisch wegschiebt. Diese Assoziation weckt

den Eindruck, es gehe dem Jungen irgendwie darum, Distanz zu den Eltern und dem elterlichen Esstisch zu schaffen. Der Gedanke: »Der Junge will weg!«, kommt mir in den Sinn.

4. Dann blitzt bei der Betrachtung des zweiten Bildes ein ganz anderer Gedanke in mir auf: »Der Junge zieht das Essen zu sich hin!«, d.h. auch: Er nimmt es den Eltern weg.
5. Und dann das eindrucksvolle letzte Bild: Hier ist der Junge durch das Tischtuch bedeckt, dieses Tuch bildet am Boden eine Art weißes Gebirge und signalisiert somit eher Ruhe. Jetzt aber zappeln die Eltern: Aufgeregt hüpft der Vater, wild gestikulieren er und die Mutter mit den Armen. Das dritte Bild stellt die Ausgangssituation also auf den Kopf: Am Ende ist der Junge ruhig unter seiner Decke, und die Eltern toben[2].
6. Auffällig ist, dass die tobenden Eltern sich mehr auf den leeren Tisch beziehen als auf ihren Sohn: Weder die Mutter noch der Vater scheinen zu ihm hinzuschauen, geschweige denn, dass einer von beiden sich darum kümmert, ob er sich etwa beim Sturz verletzt hat.

Als ich mir dann später das Buch kaufte und den Text zur Bilderfolge, der mir zuvor nur sehr ungenau in Erinnerung war, las, bestätigte sich der durch die Bilder provozierte Eindruck in frappierender Weise:

Gleich der erste Satz formuliert implizit eine Norm, die der Vater als Erwartung an den Sohn heranträgt: »*Ob der Philipp heute still wohl bei Tische sitzen will?*«. Die Mutter sitzt stumm und blickt weder Vater noch den Jungen an, nimmt keine Beziehung zu ihnen auf, sondern blickt auf dem Tisch herum, so als wolle sie kontrollieren, dass dort alles seine Ordnung hat. Nachdem Philipp nicht die Erwartung des Vaters erfüllt, betont der Vater seinen Unmut: »*Philipp, das missfällt mir sehr!*«, was aber den Sohn nicht vom Stuhlkippeln abhält und auch nicht verhindert, dass er mit dem Stuhl umfällt und das Tischtuch herunterreißt.

Interessant ist die Formulierung, mit der dann die elterliche Reaktion beschrieben wird:

Vater ist in großer Not
und die Mutter blicket stumm
auf dem ganzen Tisch herum.

2 Allerdings bestimmt eine Ambivalenz die Szene des zugedeckten Jungen: da er nicht mit dem Kopf herausschaut, weckt das Bild auch die Assoziation, er sei unter der Decke begraben, mithin er sei tot.

Beide wirken in ihren Reaktionen völlig isoliert, der Vater ist ganz für sich in Not und die Mutter verharrt in ihrem Blick auf den Tisch, sie beziehen sich weder auf einander noch auf Philipp, der am Boden liegt. Diese Position Philipps wird bedeutungsreich bezeichnet: »*Nun ist Philipp ganz versteckt*«, eine Formulierung, die ein aktives und motiviertes Handeln Philipps behauptet, während die Bilderfolge ihn oberflächlich gesehen zunächst einmal als Opfer eines Unglücks präsentiert. Wenn sich Philipp jedoch »versteckt«, dann lässt die Szene nur die Folgerung zu, dass er sich vor den Eltern versteckt, was merkwürdig korrespondiert mit der Tatsache, dass sie ihn wirklich gar nicht zu sehen scheinen.

An sich wollte ich meine durch die Bilderfolge ausgelöste Assoziation, Philipp mache den Eltern das Essen streitig, wieder aus meinem Manuskript streichen, als ich den nun folgenden Absatz von Hoffmanns Text las, sah ich gerade diese Assoziation derart unterstützt, dass ich sie nicht wegließ; da heißt es nämlich:

Was der Vater essen wollt',
unten auf der Erde rollt;
Suppe, Brot und alle Bissen,
alles ist herabgerissen;
Suppenschüssel ist entzwei,
und die Eltern steh'n dabei.
Beide sind gar zornig sehr,
haben nichts zu essen mehr.

Hier wird zunächst der Vater, dann er und die Mutter eindrucksvoll über seinen bzw. ihren Hunger – über ihr orales Bedürfnis – charakterisiert, ihr Zorn ist zurückgeführt auf die Enttäuschung, dass sie nun nichts mehr zu essen haben. Philipp ist an sich als Person unwichtig – so mein Eindruck –, an ihn richtet sich kein soziales Bedürfnis der Eltern, es ist der Verlust des Essens, der sie zum zornigen Zappeln und Gestikulieren bringt.

So gesehen, bestätigt der sprachliche Text den Eindruck, den die Bilderfolge weckt, in dreifacher Hinsicht:

1. Philipp sucht Distanz zu den Eltern, er »versteckt« sich.
2. Beide Eltern wenden sich Philipp nicht emotional zu: die Mutter blickt stumm auf den Tisch, der Vater fordert Normerfüllung, dies aber letztlich nur, um die eigene orale Befriedigung zu sichern, und beide Elternteile bleiben am Ende in ihrem Zorn nur auf sich selbst bezogen.
3. So fordern Bilder wie Text eigentlich zum Verständnis, wenn nicht zur Identifikation mit Philipp heraus, der sich von diesen Eltern aktiv

abwendet bzw. sich gegen ihre Selbstbezogenheit wehrt. Sein Verstecken hält den Eltern in ihrer Beziehungsunfähigkeit einen Siegel vor, und sein Zappeln wird verständlich als Reaktion auf die Eltern, die schließlich in ihrer eigenen Tendenz zum Zappeln präsentiert werden.

Betrachtet man Bilder und Text einmal nicht von vornherein im Lichte der allseits bekannten »Moral von der Geschicht'«, so tritt eine ganz neue Bedeutung zu Tage: Es geht nicht einfach um einen Jungen, der mit dem Stuhl kippelt und beim Umfallen das Tischtuch nebst Geschirr herunterreißt, und schon gar nicht um die Illustration eines AD(H)S-Kindes, sondern es handelt sich um eine zugleich witzige wie hintersinnig ernste Szene, in der ein Junge sich gegen die Disziplinierung und Ignoranz seiner Eltern wehrt, sich von ihnen absetzt, insofern auf seinen (Distanz-)Bedürfnissen besteht und letztlich erreicht, dass sie nur noch hilflos toben können. Zugleich wird spürbar, dass es die Eltern sind, die keine sinnvolle soziale Beziehung aufbauen können, die ihren Sohn nicht wirklich sehen.

Nun zu einem anderen, einem erwachsenen Zappler, zu der Figur des Rat Krespel in E. T. A. Hoffmanns gleichnamiger Erzählung (Hoffmann 1982). Dieser Rat wird nicht nur als versierter Diplomat und Jurist und nicht nur als kreativer Hausbauer und Musiker eingeführt, sondern als jemand, der sich höchst sonderbar bewegt und benimmt. Im Zusammenhang mit der Schilderung einer Gesellschaft bei einem angesehenen Professor wird Folgendes geschildert:

Verwunderlicheres als Krespels Betragen kann man nicht erfinden. Steif und ungelenk in der Bewegung, glaubte man jeden Augenblick, er würde irgendwo Schaden anrichten, das geschah aber nicht, und man wusste es schon, denn die Hausfrau erblasste nicht im mindesten, als er mit gewaltigem Schritt um den mit den schönsten Tassen besetzten Tisch sich herumschwang, als er gegen den bis zum Boden reichenden Spiegel manövrierte, als er selbst einen Blumentopf von herrlich gemaltem Porzellan ergriff und in der Luft herumschwenkte, als ob er die Farben spielen lassen wolle. Überhaupt besah Krespel vor Tische alles in des Professors Zimmer auf das genaueste, er langte sich auch wohl, auf den gepolsterten Stuhl steigend, ein Bild von der Wand herab und hing es wieder auf (ebd., S. 230).

Gegen Ende der Erzählung, nach dem Begräbnis von Krespels Tochter, werden abermals Krespels auffällige Bewegungen betont: »*Rat Krespel wurde von zwei Trauermännern geführt, denen er durch allerlei seltsame Sprünge entrinnen zu wollen schien*« (ebd., S. 239). Und weiter unten heißt es: »*Das sang der Rat nach einer schauerlich lustigen Melodie, indem er wieder auf einem Fuße herumsprang*« (ebd., S. 240).

Es wird also immer wieder das Bild ungewöhnlich bizarrer, für einen Bürger gehobenen Standes befremdlicher Bewegungen beschworen. Ja, fast könnte man angesichts dieser Szenen vermuten, E. T. A. Hoffmanns Rat Krespel sei der erwachsen gewordene Zappelphilipp Heinrich Hoffmanns. Interessant ist aber der Unterschied in den Reaktionsweisen der Beziehungspersonen, wie sie E. T. A. Hoffmann beschreibt. Zwar neigt der Ich-Erzähler immer wieder dazu, Krespel für wahnsinnig zu erklären, er – und mit ihm die Leserin/der Leser – erlebt aber eindrücklich, dass Krespel keineswegs gesellschaftlich ausgegrenzt ist. So betont z.B. der erwähnte Professor: »*Eben wie in meinem Hause gewöhnte man sich überall so an ihn, dass er unentbehrlich wurde*« (ebd., S. 233).

Während in Heinrich Hoffmanns Text der Protagonist Schaden anrichtet und die Eltern mit außerordentlicher Aufgeregtheit reagieren, beschädigt Rat Krespel nichts und seine Mitmenschen reagieren gelassen, verständnisvoll und wohlwollend.

Damit führt uns E. T. A. Hoffmanns Erzählung zu folgender Vorstellung: Die als »Zappeln« zu bezeichnenden Bewegungen sind zwar eine irritierende individuelle Besonderheit, aber diese ist weder bedrohlich noch muss sie zwangsläufig Sanktion oder Ausgrenzung provozieren, eher ist gelassenes Wohlwollen angebracht.

Während sich in Heinrich Hoffmanns Bilderfolge unterschwellig auch Witz, Lust und Widerstand gegen Disziplinierung mitteilt, manifest aber eine Verurteilung von Philipps Verhalten nahe gelegt wird, führt uns E. T. A. Hoffmann ganz manifest zu einer Kritik an philisterhaften Bewertungen und zu einer positiven Achtung gegenüber dem zunächst befremdlichen Verhalten seines Protagonisten.

Diese Wertung, wie sie die Erzählung »Rat Krespel« provoziert, kontrastiert aber nicht nur mit der manifesten Bedeutung der Bilderfolge vom Zappelphilipp, sondern sie steht auch in Spannung zum Mainstream der aktuellen Debatte um das Phänomen ADS/Hyperaktivität. Dort – so mein Eindruck – herrscht nämlich eine ähnliche Aufgeregtheit, wie sie die Bilderfolge vom Zappelphilipp ausdrückt, ebenfalls gepaart mit der Tendenz möglichst rasch Ordnung zu schaffen, was tendenziell zu Abwehr, Ausgrenzung und Disziplinierung führt.

Ganz so jedenfalls habe ich selbst als Lehrer unter den gegebenen Arbeitsbedingungen in Allianz mit der Mutter und dem Arzt des kleinen Max mich verhalten: Ich habe nicht ernsthaft nach den Hintergründen gefragt, obwohl das Verhalten der Mutter und das, was sie mir in den Sprechstunden von ihrem Familienleben mitteilte, irritierte[3], ich habe nicht erforscht, was Maxens Agieren in mir selbst auslöste[4] und weshalb ich es derart als Störung und Übergriff empfand, und ich habe auch nicht vor der Gabe von Ritalin gewarnt, sondern ich war – wie gesagt – einfach froh über die Verhaltensänderungen von Max, die mir meine Arbeit erleichterten. Kurz: Ich habe eher reagiert wie die Eltern von Zappelphilipp, die offenbar nur eins wollen, nämlich dass Philipp ordentlich und korrekt am Tisch sitzt, ganz so, wie es den eigenen Bedürfnissen entspricht. Damit habe ich mich eingefügt in einen Mainstream in Sachen AD(H)S, wie er in vielen Elternhäusern, oft an Schulen und in Arztpraxen dominiert.

4. Anmerkungen zur modernen Kultur des Qualitätsmanagements

Dieser Mainstream, wie ihn Hoffmanns Geschichte vom Zappelphilipp repräsentiert, wie ihn mein eigenes Tun widerspiegelt und wie er durch viele Ratgeber inclusive der erwähnten Homepage von »Medicine-Worldwide« transportiert wird, steht – auf den ersten Blick zusammenhanglos – neben einem anderen Mainstream, der sich mit dem Stichwort »Qualitätsmanagement« kennzeichnen lässt. Die unter diesem Motto zusammengefassten

3 Die Mutter kam mir selbst sehr unruhig vor, ihre Gesten und ihre Sprechweise waren hektisch, im Zusammenspiel mit ihrem Mann, der an einem Elternsprechtag einmal mit zum Gespräch erschien, war sie dominant, sie sprach viel, während ihr Mann schwieg. Sie deutete an, ihr Mann sei oft unterwegs, woraus zu schließen war, dass sie häufig mit ihren Kindern, außer Max hatte sie eine Tochter, alleine war. Rückblickend entdecke ich einige Anklänge an Beschreibungen, wie sie in vielen dokumentierten Fällen von Familien mit AD(H)S-Kindern zur Geltung gebracht sind. Aber auch diese nachträglich klarer zu registrierenden Irritationen provozieren eher die Frage, wie ich als Lehrer damals hätte damit umgehen sollen, als dass sie Problemlösungen angäben.

4 Ich spiele hier auf das Problem der Gegenübertragung an: Eigentlich müsste es darum gehen, im selbstreflexiven Verstehensprozess die eigenen Reaktionen genauer zu verstehen, ganz so wie das in der Situation der psychoanalytischen Einzeltherapie erforderlich und möglich ist. Die Notwendigkeit der Gegenübertragungsanalyse illustriert Werner Zantes Falldarstellung »Erfahrungen zwischen Theorie und Praxis – psychoanalytische Therapie und HKS« (in: Bovensiepen 2004, S. 97–112): Er beschreibt, wie er in der ersten Therapiesitzung einem hyperaktiven Jungen aggressiv und reflexhaft Einhalt gebietet, wie er anschließend irritiert über die eigene heftige Reaktion auf das Kind ist und diese Irritation intensiv zu verstehen und aufzuklären sucht. Unter dem Praxisdruck schulischen Unterrichts ist – das wird bei der Lektüre dieser Schilderung aber ebenso deutlich – eine solche Abarbeitung an den eigenen spontanen Reaktionen auf unruhige und unaufmerksame Kinder nicht zu leisten, es fehlt alleine die Zeit, sich auf die Interaktion mit einem einzelnen Gegenüber zu konzentrieren und sich der Hintergründe eigener Gefühlsreaktionen klar zu werden.

Prinzipien werden zunehmend aus der Sphäre der Ökonomie auf den Bildungsbereich übertragen, worauf ich nun genauer eingehen möchte. Ich entferne mich also für einen Moment ein wenig vom Thema AD(H)S und betrachte diesen zunächst primär ökonomisch legitimierten Trend hin zu schulischen Konzepten, die die Einzelnen letztlich befähigen sollen, sich erfolgreich auf dem Arbeitsmarkt verkaufen zu können.

Als Beispiel dafür, wie solche Konzepte bis in die konkrete Schulwirklichkeit von Kindern wirksam werden, möchte aufgreifen, was Heinz Klippert unter dem Motto EVA: »Eigenverantwortliches Lernen und Arbeiten« (Klippert 2001) vorschlägt und was die Hessische Landesregierung zur Grundlage einer aufwändigen Fortbildungskampagne für Lehrerinnen und Lehrer gemacht hat.

Klippert widmet im Zusammenhang seines EVA-Konzepts dem Zeitmanagement einen Abschnitt eines seiner Ratgeberbücher: In seinem »Einmaleins der Zeitplanung« verweist er auf das Problem der Zeitknappheit und die Notwendigkeit, den »sinnvolle[n] und durchdachte[n] Umgang mit der verfügbaren Zeit« (Klippert 2000, S. 229) zu lernen. Hierzu liefert er folgende Übungsanweisungen: Auf einem vorgegebenen Arbeitsblatt mit dem Titel »Den Zeitdieben auf der Spur« werden »Verhaltensweisen [...], die zu einer fragwürdigen Zeitverwendung führen«, erfragt. Vorgaben hierfür lauten z. B.:

- »Ich telefoniere zu oft und zu lange mit meinen Freunden und Freundinnen«
- »Ich verbringe zu viel Zeit vor dem Fernseher und/oder vor dem Spielcomputer«
- »Ich trödele zu viel herum und drücke mich gerne vor ›unangenehmen‹ Aufgaben«
- »Ich werde durch viele Besucher und Unterbrechungen zu sehr abgelenkt« (Klippert 2000, S. 230)

Bereits diese Beispiele lassen erkennen, welche Selbstkontrolle hier von den Kindern gefordert wird und welche Normierung eine Rolle spielt. Die Selbsterforschungsvorgaben Klipperts erinnern mich unangenehm an den alten Beichtspiegel der katholischen Kirche, der als Hilfe gedacht war, seine Sünden für die bevorstehende Beichte zu rekapitulieren, nur ist bei Klippert nicht ein Priester Adressat der Selbstoffenbarung, sondern das Kind selbst. Es wird aufgefordert zur Selbstbeurteilung oder genauer: zur Selbstverurteilung, denn es sollen ja letztendlich Defizite aufgespürt und Änderungen bzw. Verbesserungen bewirkt werden.

Weitergeführt wird diese Checkliste zur Selbstkontrolle durch ein Protokoll, und auch hier liefert Klippert eine Vorlage in Form einer tabellarischen Tages- bzw. Zeitübersicht, der er mit der Geste eines erhobenen Zeigefingers Gewicht verleiht: »Achte auf exakte und vollständige Eintragungen!«, lautet eine begleitende Anweisung. Und dann folgt der Befehl zur Veröffentlichung: »Vergleicht! Sucht Schwachstellen!« Da bleibt kaum noch ein Schlupfloch, keine Intimität. Und dieses zunächst individuelle Problem zeigt seine soziale Seite: der Klassenkamerad wird zum Kontrolleur, der in die Rolle des überlegen urteilenden Erwachsenen schlüpfen darf, jedenfalls so lange, bis er selbst zum Objekt der Überprüfung durch den wird, dem er gerade noch Fehler nachweisen durfte. Die realen Erwachsenen, die die Effektivierungsforderungen an die Kinder herantragen, Lehrer wie Eltern, können sich nach solcher Delegation an die Kinder dezent zurückhalten.

Übrigens zeigt sich noch an anderer Stelle, wie konsequent Klippert die effektive Zeitnutzung propagiert: Er entwickelt »Regeln für schnelles Lesen«. Effektive Informationsaufnahme dominiert ein Verweilen beim Text, ein Verlieren im Text, eine vertiefte, ggf. auch assoziativ-abschweifende Auseinandersetzung mit dem Text. Rasch muss sortiert werden, schnell muss gespeichert werden, denn: »Rationelles Lesen ist eine Grundvoraussetzung für erfolgreiches Lernen« (ebd., S. 88). Das gängige Wort-für-Wort-Lesen sei »oft genug auch Zeitvergeudung, weil eigentlich nur eine ganz selektive Textauswertung gefordert« (ebd.) sei.

Aufschlussreich ist, wen Klippert zur grundsätzlichen Legitimation seiner Konzepte zitiert: Mercedes Benz, RWE, Schwäbisch Hall, BHW, HUK und Siemens liefern ihm passgenaue Anforderungsformulierungen (vgl. Klippert 2001, S. 21). Vorsichtig kommentiert, deutet sich hier eine Allianz zwischen Bildungskonzepten à la Klippert und den Interessen der Industrie an. Wohlgemerkt: Solche Allianzen sollen nicht umstandslos verteufelt werden, so als sei es völlig unwichtig, ob schulisches Lernen berufsqualifizierend ist oder nicht, wohl aber sollen sie darauf hin befragt werden, welche Konsequenzen sie für die betroffenen Kinder haben. Dabei wäre zu beachten, dass das gesamte Schulleben des Kindes – Vorbereitung von Klassenarbeiten, Durchführung von Hausaufgaben, Gestaltung des Arbeitsplatzes usw. – in den Sog der Effektivitätslogik gerät, wie sie sich am Beispiel des Zeitmanagements ablesen lässt.

Wie problematisch diese Effektivitätslogik ist, erläutert Bröckling mit Blick auf den Bereich der Ökonomie so:

> »Kontinuierliche Qualitätsverbesserung verlangt kontinuierliche Leistungsmessung. Unternehmen [...] sind beständig damit beschäftigt, Fehlerquoten, Umlaufzeiten, Stückzahlen, Umsatzraten usw., aber auch Kunden- und Mit-

> arbeiterzufriedenheit sowie individuelle Leistungsprofile zu erheben, die erhobenen Daten zu quantifizieren und in ein Ranking mit Vergleichswerten zu bringen, um daraus differenzierte Optimierungsschritte abzuleiten. Dem liegt die Überzeugung zugrunde, dass alle Aktivitäten als Prozesse aufgefasst und ihre Inputs wie Outputs, sofern nur präzise definiert und regelmäßig überprüft, kalkulierbar gemacht werden können« (Böckling 2000, S. 149f.).

Und an anderer Stelle hebt er hervor, dies werde durch ein »System allseitiger Beurteilungen« auf die Spitze getrieben,

> »bei dem die berufliche Performance von Mitarbeiter aller Ebenen durch parallele Befragung von Kollegen, Untergebenen, Vorgesetzten einem Supervisor sowie durch Selbsteinschätzung bewertet und dem Betreffenden in Form eines individuellen Leistungsprofils übermittelt wird« (ebd., S. 151f.).

Die umfassende Relevanz dieser kontrollierten Funktionalisierung im Sinne der Qualitätssteigerung zeigt sich nach Bröckling auch in den Anleitungen für die Einpassung des Einzelnen in dieses System:

> »Selbstmanagement-Ratgeber vermitteln [...] nicht allein Techniken effizienter Zeitplanung, Arbeitsorganisation oder Stressbewältigung, als zeitgenössische Klugheitslehren und Manuale methodischer Lebensführung entwerfen sie vielmehr ein umfassendes Leitbild neoliberaler Subjektivität [...] und liefern praktische Übungen, um sich selbst entsprechend zu modellieren« (ebd.).

Ich begnüge mich mit diesen kurzen Zitaten, die immerhin ein Licht werfen auf das, was bei Klipperts Anregungen für die Schule eher harmlos daherkommt, um daran die Vermutung anzuschließen, dass es einen relevanten Zusammenhang gibt zwischen gesellschaftlichen Funktionalitäts- und Qualitätsoptimierungsmaximen und dem Phänomen der Aufgeregtheit im Zusammenhang mit AD(H)S. Dieses Wechselverhältnis möchte ich noch etwas genauer betrachten und der Frage nachgehen, welche Bedeutung die Verallgemeinerung von Managementprinzipien gewinnt für die Art und Weise, wie die Unruhe und Unaufmerksamkeit von Kindern interpretiert und wie damit umgegangen wird.

5. Exkurs: Prämissen der kulturanalytischen Betrachtung

Zuvor muss ich aber auf einen möglichen Einwand gegen diese Frage selbst eingehen, der da lauten könnte: Angesichts der Tatsache, dass AD(H)S als Folge eines hirnphysiologischen Defekts aufzufassen ist, ist die Frage nach den gesellschaftlich-kulturellen Kontextfaktoren völlig unsinnig. In der Tat macht dieser Einwand darauf aufmerksam, dass meine Überlegungen von Anfang an eine unausgesprochene Prämisse beanspruchen, die es zu legitimieren gilt, die Prämisse nämlich, dass eine kulturanalytische Perspektive überhaupt das Thema AD(H)S produktiv erschließt. Dies ausgesprochen, befinde ich mich mitten in der heftigen Kontroverse, die die Diskussion um Erklärung und um Reaktionsmöglichkeiten bestimmt. Natürlich kann ich diese Kontroverse nicht umfassend darstellen, geschweige denn entscheiden, wohl aber möchte ich sie mit wenigen Worten andeuten, um mich darin positionieren zu können.

Die Prämisse meiner Überlegungen ist, dass AD(H)S als kulturell-gesellschaftliches Problem analysiert werden muss, womit dreierlei erforderlich wird:

- Es ist zu hinterfragen, inwiefern es überhaupt zulässig ist, AD(H)S als Krankheit zu definieren und so Unruhe und Unaufmerksamkeit zu medizinalisieren.
- Es ist notwendig, sich um ein Verständnis der psychischen Dynamik sowohl auf Seiten der Kinder als auch auf Seiten der mit ihnen in Kontakt stehenden Erzieher zu bemühen.
- Es ist hierbei unabdingbar, den sozial-kulturellen Kontext zu berücksichtigen.

Dieser Position steht die Erklärung von AD(H)S als hirnphysiologischem Defekt, konkret als Transmitterproblem im Gehirn gegenüber: AD(H)S sei, so diese Auffassung, Folge einer genetischen Veranlagung, die eine Dysfunktion im Dopaminhaushalt bewirkt.

Bezogen auf diese Polarität möchte ich der Argumentation von Amft, Gerspach und Mattner (2002) folgen, die keineswegs der hirnphysiologischen Dimension der Problembetrachtung jegliche Berechtigung absprechen, ihren Stellenwert aber stark relativieren; hierzu drei knappe Thesen:

- Die Diagnosen von AD(H)S als Krankheit sind insofern fragwürdig, weil sie letztlich auf dem unscharfen Kriterium »sozial erwünschten (oder unerwünschten) Verhaltens« beruhen und sich über den ebenso fragwürdigen Schluss vom Effekt der medikamentösen Behandlung auf »Besserungen« im Hinblick auf die Symptomatik legitimieren.

- Hirnphysiologische Defekte sind nur bei einem sehr geringen Teil derjenigen Kinder zu vermuten, die auf Grundlage einer AD(H)S-Diagnose einer medikamentösen Behandlung unterzogen werden.
- Hirnphysiologische Erklärungen unterschlagen prinzipiell die Abhängigkeit neurologischer Strukturen von Umweltfaktoren bzw. ihre Formbarkeit.

Mit diesen Argumenten stützen die Autoren umgekehrt die Relevanz einer Berücksichtigung sowohl der familialen als auch der gesellschaftlichen Analysedimension und verweisen z. B. auf folgende Aspekte:

- Einelternfamilien nehmen zu.
- Das Volumen der Erwerbsarbeit hat sich drastisch erhöht, umgekehrt hat sich die Zeit, die für die Erziehung der Kinder in den Familien zur Verfügung steht, stark verkürzt.
- Neue Strukturen in der Arbeitswelt führen objektiv zu Diskontinuitäten, Brüchen sowie der Einengung von Gestaltungsspielräumen und subjektiv zu Entfremdung, Unsicherheit und Ängsten (vor Arbeitslosigkeit, Armut, sozialem Abstieg), Unsicherheiten und Ängste, die die Eltern auf ihre Kinder übertragen.
- Die Entwicklung von Kindern findet einerseits zunehmend unter professioneller Aufsicht in mehr oder weniger anonymen Institutionen statt, andererseits spielt die Medienrezeption eine immer größere Rolle.
- Der Staat zieht sich mehr und mehr aus der sozialen Verantwortung zurück, umgekehrt nehmen risikoreiche Umwelteinflüsse zu, wodurch die je individuelle Unsicherheit zunimmt.

Mit diesen beiden Argumentskomplexen problematisieren Amft, Gerspach und Mattner die medikamentöse Behandlung von vermeintlichen AD(H)S-Kindern in der Häufigkeit, wie sie zur Zeit die aktuelle Situation kennzeichnet, und sie ergänzen den Hinweis auf die zusätzlich zu berücksichtigenden Risiken im Hinblick auf Langzeitwirkungen, die noch nicht erforscht seien (vgl. hierzu auch Hüther 2004, S. 81, 86). Sie plädieren stattdessen für analytisch orientierte Therapien, ggf. in Einzelfällen in Ergänzung einer medikamentösen Behandlung, wobei sie in der Logik ihrer gesellschaftskritischen Analyse aber auch die Grenzen von Psychotherapien reflektieren.

4. (Fortsetzung)

Aber zurück zu meiner vorhin gestellten konkreten Frage, was es bedeutet, wenn im Bildungsbereich nach dem Vorbild einer durch das Prinzip der Profitmaximierung angetriebene Qualitätssteigerungslogik zu einem wichtigen Moment des erzieherischen Mainstreams wird.

Gegen meine skeptische Interpretation von Klippert ist der kritische Einwand naheliegend, dass solche Strategien, wie er sie vorschlägt, gerade heute als Ersatz früherer Sekundärtugenden sinnvoll, wenn nicht notwendig seien. Und einige Ratgeber liefern zur Frage, wie mit ADS-Kindern umzugehen sei, ganz ähnliche Pläne zur Verhaltensregulation, mit der Begründung, wie wichtig es für das Kind sei, klare Grenzen gesetzt bzw. Konturen im alltäglichen Leben vorgegeben zu bekommen (vgl. Reimann-Höhn 2004). Ich möchte diese Einwände einfach als völlig unberechtigt verwerfen, möchte aber dennoch an meiner kritischen Argumentationslinie festhalten und erläutern, welche Bedeutung solche – vielleicht im Einzelnen sinnvollen – Ratschläge gewinnen, wenn man sie im Kontext der Verallgemeinerung von Management- und Qualitätsoptimierungsstrategien sieht.

Totales Qualitätsmanagement, so zeigte der Blick auf Bröcklings Analyse gesellschaftlicher Herrschaftsmechanismen, wird zunehmend zu einem alle Lebensbereiche bestimmenden »Lebensentwurf« mit den Merkmalen:

- ➢ Primat der Funktionalität: Gefordert und akzeptiert wird nur, was im Hinblick von konkreten Zielprojektionen Erfolg bringt.
- ➢ Tabuisierung von den Bereichen der Subjektivität, die im Sinne von Zielprojektionen dysfunktional sind, hierzu gehört meines Erachtens z.B. der Ausschluss von Aggression in Feedback-Systemen und Coachingstrategien bzw. in lösungsorientierten Ansätzen des Konfliktmanagements.
- ➢ Output-Orientierung und Standardisierung: Erfolg wird an standardisierten Output-Definitionen gemessen.
- ➢ Kontrolle in Form permanenter Leistungsmessung und kontinuierlicher Evaluation.
- ➢ Konkurrenz: Leistung und Output wird verglichen, Rankings werden erstellt.
- ➢ Sanktionsdrohungen stehen mehr oder weniger explizit im Raum, sie zielen auf sozialen Ausschluss bzw. Deklassierung.
- ➢ Permanenz der Leistungssteigerung: Im System der Messung und des Vergleichs des Outputs gibt es keinen Abschluss der Qualitätssteigerung, sondern muss Leistung permanent gesteigert werden.
- ➢ Herrschaft wird unter dem Motto permanenter Qualitätssteigerung

verschleiert und ananonymisiert, womit Herrschaft als Selbstdisziplinierung nach innen verlagert wird.

Solche Maximen werden in der im Anschluss an Pisa zur Zeit hektisch geführten Debatte um Maßnahmen zur Steigerung von Schülerleistungen zunehmend für den Bildungsbereich reklamiert, was meiner Einschätzung nach zu einer neuartigen Legitimation und zu einer Verschärfung der Disziplinarfunktion von Schule führt:

- Lehrer wie Schüler geraten in die Rolle vermeintlich selbstverantwortlicher »Ich-AGs« mit jeweiliger Kundenorientierung.
- Internalisierter Leistungszwang wird vom Einzelnen gefordert als Ersatz bzw. Ergänzung des Leistungsdrucks von außen.
- Zunehmende Standardisierung sowie Test- und Evaluationsarrangements im Rahmen der neuartigen Outputsteuerung machen gleichzeitig deutlich, dass hierarchisch strukturierte Kontrolle keineswegs abgebaut, sondern im Gegenteil perfektioniert wird.

Wenn man nun davon ausgeht, dass die Allianz von Unternehmens- und Schulkultur ausstrahlt z.B. auf Kindergärten und natürlich auch auf die Familien, in denen der Schulerfolg als Zukunftssicherung des Kindes immer im Auge behalten wird, dann lässt sich die Tragweite dieser Veränderungen erahnen. Es zeigt sich nämlich, dass das Problem von Aufmerksamkeitsdefizit und Hyperaktivität in mindestens dreifacher Hinsicht in den Sog der scheinbar allseits konsensfähigen Qualitätsmaxime gerät:

- Das zappelige und unkonzentrierte Kind ist früh schon mit mindestens untergründig an es herangetragenen Maßstäben hochgradiger Funktionalität konfrontiert. Bereits früh spürt es, dass es mit seinen Verhaltenstendenzen Erwartungen der Erwachsenen widerspricht und mehr oder wendiger manifest von Abwertung, Ablehnung und Ausgrenzung bedroht ist. Dadurch gerät es unter Druck, eine Situation, die kaum geeignet ist zu ruhiger Aufmerksamkeit zu finden.
- Eltern, meist selbst Objekte von Qualitätsmanagement oder vielleicht als Arbeitslose Opfer ökonomischer Optimierungsprozesse, sind rasch und hochgradig alarmiert durch Aufmerksamkeits- und Konzentrationsprobleme bzw. durch Hyperaktivität ihres Kindes, weil sie um seinen Schulerfolg und seine späteren Berufsaussichten bangen.
- Für die professionellen Erzieherinnen und Erzieher, vor allem die an Schulen tätigen, werden Aufmerksamkeitsdefizit und Hyperaktivität zu dramatisch empfundenen Störfaktoren, zur unerträglichen Behinderung der Realisierung eigener Qualitätsansprüche. Der im Qualitäts-

maximierungssystem eingebundene Lehrer wird vom unaufmerksamen und zappeligen Kind daran gehindert den geforderten und anerkannten Output bezogen auf standardisierte Normen zu liefern, was seiner sozialen Anerkennung bei Eltern, im Kollegium sowie bei der Schulleitung abträglich ist und insofern auch Karrierechancen mindert.

6. Zusammenfassung und Ausblick

Ich möchte mich beim Versuch einer Zusammenfassung zunächst beziehen auf die Bezeichnung der Vorlesungsreihe – Auf der Suche – und eine Antwort versuchen auf die Frage, wo denn beim Thema AD(H)S zu suchen sei. Es gilt hierzu die Komplexität des Problemfeldes hervorzuheben: Gesellschaftlich-ökonomische, kulturelle und familiale Kontextfaktoren sind ebenso zu berücksichtigen wie die Diskussion über Genetik und Hirnphysiologie.

Dies unter anderem deshalb, weil daraus die Folgerungen im Hinblick des Umgangs mit unruhigen und unaufmerksamen Kinder, um die es ja letztlich gehen muss, abgeleitet werden: Hier zeigt sich, wie verführerisch einfach und aber auch unangemessen und gefährlich die Konzentration auf den einen letztlich biologischen Aspekt der Hirnphysiologie bzw. auf die medikamentöse Behandlung ist.

Schließen möchte ich mit zwei Hypothesen:

Erstens möchte ich eine weitere abweichende Konkretisierung des Kürzels AD(H)S vorschlagen, nämlich im Sinne eines – durch die Verallgemeinerung der Qualitätsmaxime geförderten – gesellschaftlichen *Defizits an Aufmerksamkeit* gegenüber der Vielfalt und dem komplexen Zusammenhang der Faktoren, die für das Verständnis unruhiger und unaufmerksamer Kinder eine Rolle spielen, ein Defizit, mit dem eine – ebenfalls durch die virulenten Qualitätsansprüche provozierte, zumindest aber verstärkte – *Hyperaktivität* der Eltern und Erzieher korrespondiert, die sich unter anderem in der fragwürdigen Verschreibungspraxis von Ritalin bzw. ähnlichen Stimulanzien äußert.

Zweitens vermute ich, dass dies – sowohl die in vielen Fällen ungerechtfertigte Etikettierung unruhigen, unkonzentrierten Verhaltens als Krankheit als auch die Ausblendung einer differenzierten Problemanalyse gekoppelt mit der Konzentration auf primär medikamentöse Heilungskonzepte – Abwehrfunktion besitzt. Diese Abwehr, so wollte ich verdeutlichen, wird unter anderem dann verständlicher, wenn man den Zusammenhang zum aktuellen Trend hin zu einem umfassenden Qualitätsmanagement aller

Lebensbereiche einschließlich der Sphären familialer und institutioneller Erziehung sieht.

Literatur

Amft, Hartmut; Gerspach, Manfred & Mattner, Dieter (Hg.) (2002): Kinder mit gestörter Aufmerksamkeit. Stuttgart, 2004.

Amft, Hartmut; Gerspach, Manfred & Mattner, Dieter (2004): Die Biologisierung des Sozialen am Beispiel des ADHS? Vortragsmanuskript.

Arbeitsgemeinschaft der Wissenschaftlichen Medizinischen Fachgesellschaften (2004): Hyperkinetische Störungen. Leitlinien der Deutschen Gesellschaft für Kinder- und Jugendpsychiatrie und -psychotherapie. www.uni.duesseldorf.de/WWW/AWMF/11/kjpp-019.htm.

Bovensiepen, Gustav; Hopf, Hans & Molitor, Günther (Hg.) (2004): Unruhige und unaufmerksame Kinder. Frankfurt a. M.

Bröckling, Ulrich; Krasmann, Susanne & Lemke, Thomas (Hg.) (2000): Gouvernementalität der Gegenwart. Frankfurt a. M.

Bundesministerium für Gesundheit und Soziale Sicherung, Eckpunkte der Ergebnisse der vom BMGS durchgeführten interdisziplinären Konsensuskonferenz zur Verbesserung der Versorgung von Kindern, Jungendlichen und Erwachsenen mit Aufmerksamkeitsdefizit-Hyperaktivität,
www.bmgs.bund.de/deu/gra/themen/praevention/drogen/2369_2382.cfm.

Hoffmann, E. T. A. (1982): Rat Krespel. Stuttgart.

Hoffmann, Heinrich (2004): Der Struwwelpeter. Wien.

Hüther, Gerald (2004): Kritische Anmerkungen zu den bei ADHD-Kindern beobachteten neurobiologischen Veränderungen und den vermuteten Wirkungen von Psychostimulanzien (Ritalin) In: Bovensiepen et al. (Hg.) (2004): Unruhige und unaufmerksame Kinder. Frankfurt a. M., S. 70–91.

Klippert, Heinz (2000): Methoden-Training. Weinheim.

Klippert, Heinz (2001): Eigenverantwortliches Arbeiten und Lernen. Weinheim.

Lorenzer, Alfred (1984): Das Konzil der Buchhalter. Frankfurt a. M.

Lorenzer, Alfred (1986): Tiefenhermeneutische Kultur-Analyse. In: Belgrad, Jürgen; König, Hans-Dieter & Lorenzer, Alfred: Kultur-Analysen. Frankfurt a. M.

Medicine-Worldwide (2004): Kinderkrankheiten Hyperaktive Kinder, Aufmerksamkeitsstörungen. www.m-ww.de/kinderkrankheiten/ads.html.

Reimann-Höhn, Uta (2004): ADS: Wie die Familie helfen kann. www.familienhandbuch.

Stadtschulamt Frankfurt am Main (Hg.) (2000): Aktiv, Hyperaktiv oder ADS? Fachbrief Nr. 6.

Terhart, Ewald (2002): Nach Pisa. Hamburg.

Zante, Werner (2004): Erfahrungen zwischen Theorie und Praxis – psychoanalytische Therapie und HKS. In: Bovensiepen et al. (Hg.) (2004): Unruhige und unaufmerksame Kinder. Frankfurt a. M.

Motorik und Bedeutung – Hyperaktivität als Suche und Abwehr psychischer Verarbeitung

Adelheid Staufenberg

1. Einleitung

Aufmerksamkeitsstörungen – ob sie mit oder ohne Hyperaktivität einhergehen –, stellen die seit Jahren meist diskutierte Verhaltensstörung des Kindes- und Jugendalters dar. Die griffigen Kürzel bezeichnen jedoch komplexe und wenig griffige psycho-soziale Erkrankungen oder Störungen. Die Diagnose selbst und noch mehr das Verständnis, welche Faktoren das »Störungsbild« hervorrufen, sind unübersichtlich, widersprüchlich und wissenschaftlich nicht geklärt.

Die Kürzel ADS – ADHS – HKS sind zu einer Modediagnose geworden. Damit erheischt das beschriebene Störungsbild den Charakter einer zeittypischen Erkrankung und verweist auf gesellschaftliche und soziokulturelle Faktoren, die weit über die diagnostischen Probleme hinausgehen. Modediagnose heißt also nicht, das mit der Bezeichnung nur oberflächlich erfasste Phänomen selbst sei belanglos. Im Gegenteil, sind doch damit Fragen der kulturell geprägten Toleranz angeschnitten, z. B. wie viel Bewegung, Lärm und Aggressivität bei Kindern als normal gelten. Veränderte Lebensbedingungen rücken in den Blick, Lebensbedingungen, die den frei zu gestaltenden und als ungefährlich erachteten Bewegungsraum von Kindern einengen: wo und wann können Kinder gefahrlos auf der Straße spielen? In diese Reihe gehört ebenfalls das so genannte »beschleunigte Leben«, das das Individuum einem erhöhten Druck aussetzt, nach von außen vorgegebenen Ansprüchen funktionieren zu müssen.

Diesen zunehmenden Reglementierungen stellt man einen Verlust an Struktur- und Grenzsetzung kombiniert mit zunehmender permissiver Toleranz gegenüber. Mit dem Ergebnis, dass man meinen könnte, die Nachteile von »verwöhnenden« und »versagenden« Lebensbedingungen kombinierten sich.

Worum handelt es sich bei ADS – ADHS – HKS? Ich unterscheide drei Ebenen der Verwendung dieser Diagnose:

1. Die Ebene der Modediagnose

Das allgemeine öffentliche Bewusstsein etikettiert damit zunehmend jegliche Formen gesteigerter Unruhe, Impulsivität und Unkonzentriertheit von Kindern. Die Entlastungsfunktion für überforderte Eltern, Erzieher und Lehrer besteht darin, eine vermeintliche Erklärung für die »schwierigen« Kinder gefunden zu haben, die den Blick von den interpersonellen Beziehungskonflikten und den ihnen inhärenten Schuldgefühlen auf ein bio-physiologisches, genetisch festgelegtes, neuronales Geschehen lenkt. Der statisch verstandenen genetischen Determinierung schreibt man ursächliche Wirkung zu (»… dem Kind fehlt ein Stoff im Gehirn« – Dopamin).

2. Die Ebene der professionellen medizinisch-psychiatrischen Diagnose

Diese ist an strenge, deskriptive Symptombeschreibungen gebunden. Würden diese Kriterien eingehalten, so entfielen viele der unter 1. so genannten »Diagnosen«. Der ICD-10 F90 verwirft sogar die Bezeichnung »ADS/ADHS« mit der Begründung, dass ADS, »… die Kenntnis psychologischer Prozesse impliziert, die noch nicht verfügbar ist, und den Einschluss verängstigter oder verträumter, unbeteiligter Kinder nahe legt, die wahrscheinlich andere Schwierigkeiten aufweisen« (Weltgesundheitsorganisation 1993, S. 293). Der ICD-10 spricht unter dem Oberbegriff HKS von der »einfachen Aktivitäts- und Aufmerksamkeitsstörung«. – Gleichwohl hat sich auch bei uns die Bezeichnung ADS/ADHS durchgesetzt und nicht die der »hyperkinetischen Störungen« (HKS), von denen der ICD-10 spricht. Die erwähnten »verträumten« Kinder erhalten die Diagnose ADS und gelten als »Träumerchen-Variante«, denen häufig Medikinet verschrieben wird.
Auch für die hyperkinetischen Störungen weist der ICD-10 darauf hin, dass die Symptome oft schwierig zu diagnostizieren sind, da sie auch Ausdruck von Angst oder Depression sein können. Gewarnt wird ausdrücklich vor einer schnellen Diagnose bei Kindern im Vorschulalter. Da bei ihnen von einer »breiten Variation der Norm« ausgegangen werden muss, soll »nur ein extremes Ausmaß« (des hyperkinetischen Verhaltens) »zu dieser Diagnose führen« (ebd., S. 295). Die grundlegenden Symptome, die gewöhnlich schon in früher Kindheit (in den ersten fünf Jahren) auftreten und die Schulzeit gewöhnlich begleiten, sind:

- Mangel an Ausdauer bei Tätigkeiten, die kognitiven Einsatz erfordern

- Wechsel von Tätigkeit zu Tätigkeit, ohne etwas zu Ende zu bringen
- mangelhaft regulierte, überschießende Aktivität.

Damit ist die Trias beschrieben, die ADHS kennzeichnet:
- Konzentrationsschwäche
- Hyperaktivität
- Fehlende Impulskontrolle und Aggressivität.

Die »typischen Formen der Komorbidität«, die oft mit ADHS zusammen auftreten, geben ebenfalls einen Hinweis darauf, dass dem Symptom eine emotionale Störung zugrunde liegt:
- Aggressive Störungen
- Störungen des Sozialverhaltens
- Depressionen
- Angststörungen
- Tic-Störungen
- Lese-Rechtschreibeschwäche
- Rechenschwäche
- Zentralmotorische Koordinationsstörungen

3. Die Ebene des psychoanalytisch-psychodynamischen Verständnisses

Hier steht die jeweilige individuelle einem Symptom zugrunde liegende Psychodynamik im Mittelpunkt. Deshalb wird die deskriptiv vorgehende ADS/ADHS-Diagnose oder die der hyperkinetischen Störung nur zusätzlich verwendet. Ziel ist es, das Symptom als Ausdruck tiefer liegender emotionaler Probleme zu verstehen, die mit der psychischen Strukturierung und Konfliktverarbeitung verknüpft sind. Diese intrapsychische Ebene ist eng verbunden mit den Erfahrungen, die mit den wichtigen »Objekten« einhergehen, also den wichtigen Bezugspersonen, mithin den Eltern als gern unterstelltem Normalfall. Die Eigenart, die biologische Konstitution, die ein Kind mitbringt, spielt auch im psychoanalytischen Verständnis eine Rolle, insofern der konstitutionelle Faktor als eine gegebene Größe mitgedacht wird, deren konkrete Bedeutung und Verursachung jedoch nicht ermittelt werden kann, da sie immer mit den psychischen Prozessen verwoben ist, die in dem sich entwickelnden Kind stattfinden und die von den genannten Objekterfahrungen geprägt sind. Diese »Prägung durch das Objekt« denken wir als eng verzahnt mit der Aktivität des Subjektes, in welcher der »konstitutionelle Faktor« zum Tragen kommt.

Die enge Verbundenheit mit dem Kind und dessen Abhängigkeit lösen bei den Eltern leicht Schuld- und Versagensgefühle aus. Die wiederum führen dazu, dass Eltern das *inter*-psychische Zusammenspiel, die intersubjektive Ebene, in seiner Bedeutung für die Probleme ihres Kindes zu verleugnen geneigt sind und nach entlastenden Erklärungen suchen, die außerhalb des Eltern-Kind-Verhältnisses liegen.

Hier wird die aktuelle, sich auf organisch-neuronale Defizite konzentrierende Diskussion um ADHS brisant. Denn sie kommt den verständlichen Wünschen nach Entlastung entgegen. Die pharmakologische Lösung verspricht Veränderung des Symptoms – oder gar »Nachreifung« des angeblich mangelhaft ausgestatteten Gehirns, ohne dass die beteiligten Personen bei sich und in ihren Beziehungen etwas verändern müssten.

2. Zu zentralen psychischen Problemen bei ADHS – Beispiele aus der Praxis

Im Folgenden sollen einige grundlegende psychische Dynamiken und Probleme der so genannten ADHS-Kinder an Vignetten aus der praktischen Arbeit vorgestellt werden. Die der Störung eignenden Symptome – Konzentrationsschwierigkeiten, Unruhe und Impulsivität – begreife ich unter psychoanalytischem Aspekt als Ausdruck eines fehlenden inneren, psychischen Raumes. Den Kindern fehlt die hinreichend stabile Fähigkeit zur Mentalisierung und Symbolisierung. Psychische Spannungen, Frustration durch Zurückweisung ihrer Ansprüche oder Kritik an ihrem Tun können sie nicht innerpsychisch regulieren. Ihr Selbstwertgefühl ist schnell bedroht, narzisstische Wünsche nach Selbstbestätigung einerseits und die frustrierende Konfrontation mit der Realität andererseits können schlecht bis gar nicht ausbalanciert werden. Dies ist umso schwieriger, je stärker das Kind noch auf omnipotente Vorstellungen von sich angewiesen ist und dann diese Allmachtswünsche frustriert werden.

Der Mangel an diesem innerpsychischen Raum erlaubt dem Subjekt nicht, unangenehme und als bedrohlich erlebte Gefühle in sich zu halten, zu reflektieren und sie in einen auf Verständigung basierenden Austausch mit anderen einzubringen. Deshalb können diese Kinder sich nicht altersangemessen verhalten, soziale Regeln weder in der Gruppe der Gleichaltrigen noch gegenüber Erwachsenen als hilfreiche Struktur, als »gute Ordnung« erfahren und sich mit ihr identifizieren. Stattdessen erfolgt der Protest, die Grenzüberschreitung, zumeist verbunden mit unmittelbarer körperlicher Aktion.

Diesem grob skizzierten Grundmuster entsprach auch mein siebenjähriger Patient Alex: ein intelligenter, »wilder« Junge, der in der Schule die Lehrerinnen zur Verzweiflung brachte, weil er unvermittelt über Tisch und Bänke ging und den Unterricht unmöglich machte. Er hatte zu seinem großen Kummer keine Freunde. Sein grenzüberschreitendes Verhalten beschämte die Mutter oft, so dass sie soziale Begegnungen mit Bekannten oder die Öffentlichkeit (Einkäufe) mit dem Sohn zu meiden begann. Entsprechend war die vorrangige Klage der Eltern, der Sohn wisse nicht, »seine Grenzen zu finden«, eine Klage, getragen von der Sorge, ihr Kind könne sich zum Schulversager entwickeln und derart um seine Chancen bringen.

Alex rannte zu Beginn der Behandlung aus dem Behandlungszimmer, wann immer er sich unwohl und unter Druck fühlte. Und das passierte leicht: Er verlor ein Spiel; sein Turm aus den Bauklötzen stürzte zusammen; sein Spiel mit den Figuren im Puppenhaus brachte ihn in hohe Erregung; ein Bild, das er malte, entsprach nicht seinen Vorstellungen usw. – oder ich folgte nicht seinen Anweisungen. Schnell verließ er – für mich immer wieder überraschend – die Szene, rannte aus dem Zimmer und erreichte so, dass ich ihm hinterher rannte. Auf diese Weise wurde *ich* zur Hilflosen und Ohnmächtigen: Alex wurde von seiner Hilflosigkeit gegenüber seinen ihn bedrängenden Gefühlen in rastlose, scheinbar ziellose und wilde Bewegung getrieben. In einer Art hypomanischer Abwehr gegen diese Gefühle brachte er sich in eine triumphierende Position, indem er mich zum besorgten und hilflosen Objekt machte: »Fang mich doch, krieg mich doch! – Schaffst du nicht!« Auf diese Weise teilte er mir erfolgreich seinen Zustand des fehlenden inneren Strukturiertseins, des fehlenden containings für seine Affekte mit. Indem ich hinter ihm her rannte, verlor *ich meinen* Raum zum Denken und war beschäftigt mit meiner Sorge um ihn, meinem Ärger und meiner hilflosen Wut. Diesen eigenen Zustand verstand ich als Hinweis, gleichsam als Spiegelung seines inneren Zustands.

Wer war ich für Alex in diesem wilden Gerenne?

1. Diejenige, über die er triumphierte. Er hatte erfolgreich den »Rahmen« zerstört, indem wir den gemeinsamen Raum des Behandlungszimmers verließen.
2. Diejenige, die sich um ihn sorgte, wenn er über das Fenster auf den Balkon klettern oder vor das Haus auf die Straße laufen wollte.
3. Diejenige, die sich um andere und um anderes sorgte: um die Kollegen mit ihren Patienten und ihrem Recht auf ungestörtes Arbeiten, um die Spielsachen, die auch für andere Kinder da waren, um das Telefon, das ich brauchte.
4. Diejenige, die in Kontakt mit ihm blieb und die, indem sie seinem Tun Einhalt zu gebieten versuchte, seinem wilden Agieren auch Bedeutung zuerkannte.

5. Diejenige, die nach dem Sinn des Ganzen fragte. Denn wenn sich die Szene wieder beruhigt hatte und wir wieder in unserem Zimmer waren, konnte er meinen Überlegungen zuhören, mit denen ich versuchte, in seinem Verhalten einen Sinn zu erkennen: »Du musst so wild herumrennen, weil etwas in dir dich ganz unruhig macht. Und du verstehst nicht, was das ist.«

Die wiederholte Erfahrung, dass das attackierte Objekt nicht in hilfloser Wut und Enttäuschung sich »rächt«, indem es zurückschlägt, sondern dass es trotz aller Schwierigkeiten zu verstehen sucht, nannte Winnicott als Voraussetzung für das »Überleben des Objekts«, dem im Prozess der Subjektwerdung und Anerkennung der äußeren Realität zentrale Bedeutung zukommt (Winnicott 1974, S. 101). Diese Erfahrung dürfte Alex schließlich auch geholfen haben, Vertrauen zu entwickeln. Einerseits Vertrauen in das Objekt und andererseits Selbstvertrauen, dass auch er fähig sei, produktivere Wege zu finden, um sich selbst auszudrücken und in Beziehung zu anderen zu treten. Zu diesem therapeutischen Prozess gehörte auch, ihm sein Tun zu benennen, wenn er um seine Fassung rang und sich bemühte, seinen Affekten stand zu halten. Diese Anerkennung seiner Bemühungen um Affektkontrolle unterstützte seine Fähigkeiten, sich zu regulieren.

Dieses Moment der Anerkennung von Zuständen und der Verzicht auf weitergehende Deutung betont der britische Psychoanalytiker Peter Fonagy in einem anderen Zusammenhang als phasenweise entscheidend in einer Behandlung. In seinem Bericht über die Analyse eines gewalttätigen Mannes stellt Fonagy die auf den ersten Blick evidente Unverträglichkeit psychoanalytischer Behandlung von Patienten heraus, die ihr fragiles Selbst aggressiv schützen: »Wie kann eine pathologische Organisation, die auf Zerstörung von Einfühlung und Mitgefühl ausgerichtet ist, mit einer Technik verändert werden, die auf ebendiesen Eigenschaften basiert?« (Fonagy/Target 2002, S. 284).

Diese Position lässt sich meines Erachtens produktiv für die Behandlung unruhiger Kinder anwenden. Denn ihren »Bewegungsdrang« verstehe ich als Abwehr und Flucht vor ihren eigenen und ihnen unerträglichen Gefühlen. Sie damit unmittelbar konfrontieren zu wollen, müsste sie noch weiter in die »Flucht« treiben. Indes können Deutungen, wenn sie den Patienten erreichen, in klassisch psychoanalytischer Weise auch bei den so genannten ADHS-Kindern ihre Wirkung entfalten. Dies geschah in Alex' Behandlung in folgender Szene: Er hatte in einem seiner Tobsuchtsanfälle, weil ihm etwas nicht zufriedenstellend gelungen war, das Spielzeugtelefon zerstört. Dessen kleine Plastiktasten lagen nun einzeln herum. Erschrocken und zugleich fasziniert blickte er auf die Trümmer und war im Begriff, sein Zerstörungswerk fortzusetzen, eine Reaktion, deren Abwehrcharakter gegen sein eigenes Erschrecken und gegen seine Schuldgefühle schon mehrfach deutlich geworden war. In seine Bewegung hinein sagte ich: »Das Telefon ist nun kaputt. Ich denke, so kaputt und in Einzelteile zerfleddert fühlst du dich auch manchmal.« – Er sah mich hellwach und hochkonzentriert an und sagte: »Komm, wir spielen was.«

Ich betrachtete es als wichtigen Schritt einer zunehmenden Internalisierung und Fähigkeit, sich den bedrohlichen Gefühlen und Selbstanteilen zu nähern, als Alex dazu überging, seinen Bewegungsdrang auf die Papier-Flugzeuge zu verlagern, zu »projizieren«. Er faltete sie gern und gekonnt und jagte sie mit großer Lust aus dem Fenster. Wir konnten darüber sprechen, wie gern er herum renne und überall hin möchte, in jedes meiner Zimmer und dass er nicht gefangen oder eingeschränkt werden möchte und dennoch gleichzeitig diesen Wunsch verspüre: gesehen, gejagt, gefangen zu werden und sich so sicher gehalten zu fühlen. Neben der lustvollen Fliegerei gab es auch die wütende. War ihm etwas misslungen oder kam er bedrückt und verzweifelt in die Stunde, weil er wieder Ärger mit dem Vater, der Lehrerin oder anderen Kindern gehabt hatte, schoss er mit den Fliegern seine »böse Seite«, wie er es nannte, hinaus. Er konnte allmählich ruhiger zuhören, wenn ich sagte, dass ich zwar den Wunsch verstünde, sich solcherart zu befreien, aber auch wisse, dass es ihm so nicht gelingen werde.

Ich möchte an dieser Stelle von den Eltern und zunächst über die Beziehung von Alex zu seiner Mutter sprechen. Wir wissen, dass für die frühe Mutter-Kind-Beziehung entscheidend ist, wie angemessen es der Mutter gegenüber ihrem Kind gelingt, einen gegenseitigen Prozess des Sich-Ein-und-Abstimmens zu gestalten. Innerhalb dieses Prozesses findet das containing der frühkindlichen Affekte durch die Mutter statt. So lernt das Kind allmählich, seine eigenen zunächst wirren und es überschwemmenden Gefühle wahrzunehmen und sich darin als eigenes Subjekt zu erfahren. Das Kind braucht ein denkendes und fühlendes Gegenüber – wir denken hier zunächst an die Mutter –, die ihr Kind als »denkendes« und fühlendes individuelles Lebewesen mit eigenen Intentionen sieht.

Winnicott beschreibt diesen Prozess als Spiegelungsfunktion: »Die Mutter schaut das Kind an, und wie sie schaut, hängt davon ab, was sie selbst erblickt« (Winnicott 1974, S. 129). Hier ist von einem gelingenden Spiegelungsprozess die Rede, in dem es der Mutter gelingt, ihrem Kind das zurückzugeben, was von ihm kam. Und dies in einer Form, die für das Kind annehmbar ist, also keine »unverarbeiteten« Gefühle von Verzweiflung, Auflösung und Panik z.B. »Gelingende Spiegelung setzt die mütterliche Fähigkeit zum Containment voraus«.

Diese mütterliche Fähigkeit wird extremen Belastungen ausgesetzt, wenn sie ihr Neugeborenes nicht zu beruhigen vermag. Sie beginnt, an ihrer Fähigkeit, eine gute Mutter zu sein, zu zweifeln. Sie wird wütend auf den Säugling und entwickelt selbst Hilflosigkeit bis hin zur Panik. In einem solchen Zustand z. B. kann sie ihrem Kind nicht mehr als »Container« für seine bedrohlichen Gefühle, als »Übersetzerin« derselben dienen und sie ihm nicht mehr auf verstandene und erträgliche Weise zurückspiegeln. Dies natürlich nur als ein Beispiel. Die gelingende Spiegelungsfunktion, der lebendige Austausch Mutter-Kind bricht auch zusammen, wenn z. B. die Mutter zu sehr von eigenen Sorgen okkupiert ist.

In allen Fallgeschichten so genannter ADHS-Kinder finden sich die Hinweise auf Störungen in der frühen Mutter-Kind-Beziehung.

Das gilt auch für Alex. Seine Mutter erlebte zunächst diese erste Schwangerschaft voller Hochgefühl: aktiv, voller Kraft, »nichts war mir zu schwer«. Ab dem sechsten Monat stellten sich Komplikationen ein. Sie musste die letzten Wochen das Bett hüten, um eine vorzeitige Geburt zu verhindern. Alex war von Anfang an unruhig, schrie viel, war schwer oder gar nicht zu beruhigen. Das Stillen wurde zu einer mühevollen Arbeit, deren Ergebnis wenig Befriedigung für Mutter und Kind bedeutete. »Er konnte die Brustwarze nicht finden«. So fasste die Mutter mit immer noch spürbarer Traurigkeit diese schwierige Zeit zusammen. Für mich war dieser Satz ein treffendes Bild für die nicht gelungenen Anteile der Mutter-Kind-Beziehung, für das Nicht-Zueinander-Finden beider und das Nicht-Halten-Können seitens der Mutter, das sich schon in der Schwangerschaft angedeutet hatte. Die Mutter reagierte mit ihr bewussten, aber dadurch nicht auflösbaren Schuldgefühlen: »Ich finde, ich schulde ihm etwas.« Sie versuchte, etwas »nachzutragen« und trug so mit ihrer Nachgiebigkeit dem Sohn gegenüber dazu bei, dessen Ansprüche auf uneingeschränkte Bedürfnisbefriedigung und Vermeidung von Versagung – also die Konfrontation mit einem NEIN auch bei Protest des Kindes – aufrechtzuerhalten.

Schritte der Separation und Individuation aus der frühen, engen Mutter-Kind-Beziehung blieben gleichsam kontaminiert durch die symbiotische Mutter-Kind-Zweisamkeit. Regressive Wünsche des Jungen wurden von der Mutter missverstanden als Möglichkeit, etwas »nachzuholen«, was in der frühen Zeit vermeintlich oder real nicht gelungen war. So verfehlte sie notwendigerweise die altersangemessenen Bewegungen des Kindes nach Autonomie und Trennung von der Mutter. Die Abwendung und der Zorn, die zu dieser Trennung gehören, versuchte sie zu vermeiden, indem ihm »alles recht machen« und ihm so keinen Grund für Trotz und Wut geben wollte. Es passt ins Bild, dass diese Mutter ihre eigene Erziehung als zu streng empfunden hatte und dieses ihren Kindern »nie antun« wollte.

Die Dynamik zwischen kindlichem Anspruch auf Nachgiebigkeit und einer unangemessen gewährenden Mutter, die dadurch ungewollt die unrealistische kindliche Vorstellung eigener Größe und damit auch die Verleugnung der Differenz zwischen Kind und Erwachsenem unterstützt, zeigt sich auch im therapeutischen Geschehen.

Durchaus typisch für ADHS-Kinder konnte auch Alex ein »Sonnenschein-Kind« sein, wenn er ungeteilte Aufmerksamkeit zu seinen Bedingungen erhielt: Wenn ich beim Malen machte, was er wollte, also auch malte, wurde er unruhig, weil er sich mehr mit meinem als mit seinem Bild beschäftigte und schnell meinte, meines sei schöner, verlangte er, ich solle sein Bild weitermalen. (Ich hatte beobachten können, wie »gut« das zwischen ihm und seiner Mutter funktionierte, als er in einer der ersten Stunden darauf bestanden hatte, sie ins Behandlungszimmer zu holen.) Hatte er zuvor meinen Kommentar – wenn ich das gleiche mache wie er, schaue es aus, als seien wir gleich und er fühle sich sicher – angesichts meiner Nachgiebigkeit ignorieren können, so gelang ihm das angesichts meiner Weigerung nicht mehr. Seine Klage über sein »miserables« Bild kippte schnell um in unbändigen Zorn, aus dem heraus er die Malstifte ins Zimmer schleuderte, sein Bild zerriss und die Papiere mit heftiger Bewegung herumwirbeln ließ.

Er konnte es nicht ertragen, sich als »klein« zu erleben, es schien für ihn gleichbedeutend mit Entwertung bis hin zur Vernichtung, er musste auf unbedingter Größe und Triumph bestehen, um den Gefühlen von Ohnmacht und Hilflosigkeit auszuweichen. Hier setzte dann seine Flucht in die Bewegung mit zuweilen heftigen Attacken gegen die Einrichtung und Spielsachen ein oder gegen die Begrenzung des Raumes, indem er hinaus rannte und über diese Aktionen sein Gefühl der Unversehrtheit wiederherzustellen suchte.

Das Malen war ein wichtiger Vertreter der mütterlichen, harmonischen Welt. Es führte Alex aber auch regelmäßig an die Grenzen dieser Beschränkung auf Harmonie.

Eine zweite Vignette mag diese Hilflosigkeit angesichts Rivalität und darüber deutlich werdender Differenz veranschaulichen: Alex liebte es, mit mir wie mit seiner Mutter Mikado zu spielen. Das hieß, jeder nahm abwechselnd ein Stäbchen, am Ende hatte jeder gleich viele und sie hatten auch keine unterschiedliche Wertigkeit. Als ich die üblichen Spielregeln – also die Vertreter des väterlichen Prinzips und seines Gesetzes – ansprach, war Alex sehr begierig, nach ihrer Geltung zu spielen. Verlor er jedoch (trotz der handicaps, die für mich galten), so rastete er zunächst regelmäßig aus, weinte, tobte und verlangte nach seiner Mutter. Er fand einen für ihn wichtigen Schritt, sich selbst zu beruhigen, indem er zum Mensch-ärgere-dich-nicht griff, darauf vertrauend, dass er, wie so oft, in diesem Spiel gewinnen würde. Wenn er gewann, traf mich die volle Wucht seines hypomanischen Triumphs: Ich war dann »blöd, doof, ein Versager, ein Loser«, »Ich hab dich fertig gemacht! Du bist der Arsch! Ich bin der König«, schrie er außer sich und steigerte sich in eine Erregung, die leicht in eine nächste, überbordende Aktion führen konnte. Verlor er jedoch, schleuderte er in einer wütend-verzweifelten Aktion Spielbrett und Steine vom Tisch, dass alles durchs Zimmer flog.

Es dauerte lange, bis Alex das Gefühl in sich entwickeln konnte, dass ein verlorenes Spiel nicht bedeutete, selbst wertlos oder ausgeliefert zu sein.

Die Heftigkeit seiner Reaktion machte aber auch nachvollziehbar, wie groß die Verführung für seine Eltern sein mochte, seine Tobsuchtsanfälle zu vermeiden, indem sie ihn gewinnen ließen und seinem illusionären Wunsch entsprachen, sich immer als der Größte bestätigt zu finden, ohne dass sie die dahinter liegende Angst dadurch verstanden oder über den Moment hinaus gemildert hätten.

Nun einige Bemerkungen zum Vater und seiner Rolle. Es passt ins Bild, dass der Vater in jener schwierigen Zeit nach der Geburt ein »abwesender Vater« war, nicht präsent, um seine Frau zu unterstützen und sie zu beruhigen. Er war aus beruflichen Gründen nur am Wochenende zu Hause und floh dann aus eigener Überforderung schnell aus der Situation mit dem schreienden Baby und der überforderten jungen Mutter.

Aus diesen kurzen Angaben wird schon ersichtlich, dass der Vater in der späteren Entwicklung nicht hinreichend genug als »triangulierender Vater« zur Verfügung stehen konnte. – Was macht ein »triangulierender Vater«?

Idealtypisch steht er zunächst der Mutter als Stütze und Entlastung zur Seite, damit sie sich auf die Intimität der frühen Mutter-Kind-Beziehung einlassen kann. Eine Intimität, die sie immer auch ein wenig aus dem normalen erwachsenen Alltagsleben heraus- und in den Rhythmus des Säuglings mit seinen Bedürfnissen und Befindlichkeiten hineinzieht. Der triangulierende Vater steht aber nicht zuletzt unmittelbar dem Kind zur Verfügung, indem er ihm mit einer anderen, eigenen – eben väterlichen Art der Beziehung begegnet. Im Unterschied zur Mutter ist der Vater abgegrenzter, distanzierter, er strukturiert, er setzt dadurch in völlig anderer Weise Grenzen. Durch seine Präsenz macht er vor allem eine Grenze deutlich: die innige, miteinander verschlungene Mutter-Kind-Welt ist in ihrer Gültigkeit und ihrem Anspruch, so sei das Leben, begrenzt. In diesem Sinne trennt er Mutter und Kind und markiert ihren durchaus gegenseitigen Anspruch auf Ausschließlichkeit als Illusion. Er bringt »Luft« und Freiheit in die Beziehungswelt des Kindes. Er tut dies, indem seine Spiegelung auch seinen Blick auf die enge Mutter-Kind-Beziehung enthält. Damit hilft er dem Kind, sich aus den Verstrickungen der Mutter-

Kind-Dyade und dem Sog, der von ihr ausgeht, zu lösen. Er zeigt dem Kind auch mit seiner Beziehung zur Mutter, dass diese nicht allmächtig ist, dass es noch anderes gibt. So macht er dem Kind die Möglichkeit des Getrennt- und doch Miteinander-Verbunden-Seins erfahrbar. Der Vater bringt »die Welt ins Kinderzimmer«. Er »kastriert« Mutter und Kind gleichermaßen in ihrer Illusion, sie seien einander alles und genug. Darin besteht die Einführung des Gesetzes, dem alle, auch der Vater, unterworfen sind und das auf die grundlegende Differenz der Geschlechter und der Generationen verweist.

In den letzten Jahren hat man zunehmend diese Bedeutung des Vaters unter unterschiedlichen Gesichtspunkten und in unterschiedlicher Begrifflichkeit diskutiert. Nicht zuletzt die Fallberichte aus der Arbeit mit ADHS-Kindern reflektieren den »Vater-Mangel«. Der Bedeutung des Vaters wird wieder stärker Rechnung getragen, drohte sie doch mit dem Fokus auf die frühesten Lebenserfahrungen hinter jener der Mutter aus dem Blick zu geraten. Dies zeigt sich nicht zuletzt in der psychoanalytischen Literatur zum Thema ADHS (vgl. Bovensiepen et al. 2002; AKJP Heft 107, 3/2000; AKJP Heft 112, 4/2001; AKJP Heft 117, 1/2003; Kinderanalyse 2/1993, 1. Jg.; Kinderanalyse 3/2002, 10. Jg; Arbeitshefte Kinderpsychoanalyse 31, Mai 2002).

Die Fokussierung auf die Bedeutung der väterlichen Instanz im Zusammenhang mit ADHS hat meines Erachtens mehrere Gründe und trägt dem zu begegnenden Problem auf mehreren Ebenen Rechnung. Es geht nicht nur um die innerfamiliäre Konstellation, sondern auch um die Ebene gesamtgesellschaftlicher Tendenzen. Viele werden sich an Mitscherlichs Befund der »vaterlosen Gesellschaft« erinnert fühlen. Wenn auch mit anderer Akzentuierung, so stellt sich doch heute auch die Frage, ob nicht eine generelle Schwäche des »väterlichen Prinzips« der Grenze und Strukturierung zu einer in verschiedenen Zusammenhängen konstatierten Orientierungslosigkeit beiträgt. Erst innerhalb dessen vermag sich Freiheit zu und für etwas zu realisieren.

Für unseren Zusammenhang würde dies bedeuten, dass die so genannten ADHS-Kinder zu wenig Gelegenheit finden, die vom Vater gebotene »zweite Chance« für ihre Entwicklung zu einem kohärenten Selbst zu nutzen, wenn ihren Mütter dies nicht gelang. Wenn das zutrifft, dann wäre es auch ein Hinweis darauf, warum die ADHS-Problematik so signifikant stärker bei Jungen als bei Mädchen auftritt. Denn die Jungen benutzen ihren Körper in der expansiven Weise des HKS in einer Phase, wo für die Entwicklung ihrer männlichen Identität ihre Identifizierung mit dem Vater entscheidende Stütze sein müsste. Insofern stellt ihr aggressives, expansives Verhalten auch einen verzweifelten und »ungekonnten« Griff nach der Männlichkeit dar. In übertriebenem phallischen Gehabe versuchen sie, sich aus der sie in ihrer

Identität bedrohenden Verwicklung mit der Mutter und aus der mütterlichen Welt zu befreien. Sie suchen die Attribute der Männlichkeit und phallischen Größe. Weil sie nicht die dafür erforderliche innere Sicherheit, Getrenntheit und Autonomie haben, bleiben sie in den prä-ödipalen Modi stecken. Jungen, die sich psychisch weiter von der Mutter entfernen, von ihr de-identifizieren müssen, als Mädchen dies brauchen, sind strukturell von einem Vatermangel umgeben. Bekanntermaßen gibt es wenige männliche Personen im Umfeld des Vorschulkindes, die als Ersatzfiguren für männlich-väterliche Identifizierungen zur Verfügung stehen. Krabbelstuben und Kindergärten sind fast ausnahmslos Bereiche weiblicher Berufstätigkeit, selbst in der Grundschule zeigt sich ein ähnliches Bild, so dass die Jungen meist erst mit der weiterführenden Schule, also mit zehn Jahren, vermehrt auf Männer treffen. Damit fehlen den Jungen nicht nur die gleichgeschlechtlichen Vorbilder, sondern auch das Verständnis, das ein Mann ihnen und ihrem Geraufe meist eher entgegenbringt als eine Frau.

Alex' Vater war, auch das ein typischer Befund und wie schon angedeutet, kaum in der Lage, die väterliche, triangulierende Rolle für seinen Sohn zu erfüllen. Beruflich stark belastet, emotional noch verstrickt in den Bindungen an seine Herkunftsfamilie und selbst leicht aufbrausend und die Kontrolle über sich verlierend, ängstigte er den Sohn eher und trieb ihn zurück zur beschützenden Mutter. Die Sehnsucht des Jungen, am Vater ein Vorbild zu finden, der den Sohn stolz als »Seinesgleichen« anerkennt und ihn dadurch seiner männlichen Identität vergewissert, blieb weitgehend unerfüllt. – Die hier angedeutete Ähnlichkeit im Temperament von Vater und Sohn als »Beweis« für die genetische Verursachung von ADHS zu interpretieren, würde einer durchaus üblichen Praxis entsprechen. Dies hieße jedoch, die strukturbildende Bedeutung der Mechanismen von Nachahmung und Identifizierung, die im Leben des heranwachsenden Kindes eine so zentrale Rolle spielen, zu verleugnen bzw. zu bestreiten.

Hier nun ein Blick darauf, wie sich Alex' Probleme mit seinem Vater und der mangelnden väterlich strukturierenden Präsenz in der Therapie darstellten: Ein eindringliches Bild lieferte Alex, als aus einem vergnügt liebevollen Gerangel von Papa-Bär und Sohn-Bär ein wild ausufernder sadistischer Kampf wurde, in dem sich nur noch zwei Jungen rücksichtslos zu begegnen schienen. Ich kommentierte das: »Hier ist ein Papa-Bär, der sich auch nicht beherrschen kann.« Prompt erwiderte Alex: »Wie mein Papa. Der hat einmal, bloß weil er wütend war, den Teller mit den ganzen schönen Spaghetti auf den Boden geschmissen.«

Alex' inneres Bild vom Vater zeigte immer wieder diesen zornigen, aufbrausenden Vater, dem zu gefallen dem Sohn so selten gelang. Ein Vater, der wenig Struktur aufrechterhalten konnte und der seinen Sohn mit seiner Überlegenheit zu unterwerfen suchte. Dagegen rebellierte Alex immer wieder aufs Neue.

Wie verlassen er sich vom Vater fühlen musste, war auch aus eigener therapeutischer Erfahrung leicht nachvollziehbar: der Kampf um das Setting der Elternstunden, also um die Teilnahme auch des zeitlich sehr belasteten Vaters, begleitete die gesamte Behandlung. Ich dachte oft an Alex' tieftraurig geäußerten Satz: »Alle Papas haben Zeit, nur meiner nicht. Der muss an dem Dreckshaus bauen.« Der Vater war nicht uneinsichtig, dass sein Sohn ihn brauchte. Es schien eher, er werde immer wieder Opfer seiner harmonistischen Vorstellungen von gelingender Arbeitsteilung in der Familie: er sorgte für den Familienunterhalt, seine Frau war für die Kinder zuständig. Er erwartete gleichsam einen wohlerzogenen Sohn, der ihm in angemessener Weise begegnete und mit dem er seinem Zeitplan gemäß auch dies und jenes unternommen hätte. Erziehung war Frauensache. »Frauensache« war auch eine entwertete Sache. Wie Alex die Therapie und mich zu entwerten suchte, so auch der Vater: »Alles nur Worte hier. Dem Jungen fehlt eine ordentliche Tracht Prügel.« Alex blieb seinem inneren archaischen und gnadenlosen Anspruch, »ganz« groß und »ganz« stark sein zu müssen, weitgehend ohne väterlichen Schutz ausgeliefert. Er stellte dies drastisch und erschreckend dar, als eine ihn sehr beschäftigende Bastelarbeit misslang, und er begann, sich mit dem Tesafilm an den Stuhl zu fesseln und mir erklärte, dies sei ein elektrischer Stuhl, zur Strafe, weil er böse und dumm gewesen sei.

Sobald es dem Vater gelang, sich dem Sohn stärker zuzuwenden, blühte dieser auf. Er wurde konturierter, ruhiger und selbstsicherer. Da das natürlich kein linearer Prozess stetigen Fortschritts war, sondern Alex schnell ausgreifend die neuen Errungenschaften im alten omnipotenten Modus ausprobierte, kam es regelmäßig zu Enttäuschungen und Streitereien zwischen Vater und Sohn. Die endeten oft im bekannten Kampf. Aber nicht immer. Es zeigte sich dann, dass Vater und Sohn auf ihre Weise umeinander rangen und an dem Versuch festhielten, zu einer befriedigenden Beziehung zu gelangen.

Die Bewegung und der Einsatz des Körpers dienen den Jungen bei aller Ungelöstheit der Konflikte auch zur Aufrechterhaltung der Hoffnung. Hoffnung ähnlich, wie Winnicott es für die asozialen Jugendlichen formulierte: Sie haben noch nicht aufgegeben, gesehen zu werden und Hilfe zu mobilisieren.

Hans Hopf hat in einer seiner Arbeiten zu ADHS und der hyperkinetischen Störung die Bedeutung des Körpers für die Entwicklung des Ich betont (AKJP 107, 3/2000, S. 284ff.). Auf die Arbeiten von Margret Mahler aus den 40er Jahren zum Tic zurückgreifend, differenziert Hopf zwischen der expressiven, affektiven Motorik einerseits und andererseits der Leistungsmotorik, die sich im Unterschied zur affektiven erst allmählich entwickelt. Die Leistungsmotorik ist dem Ich mit seiner bewussten Steuerungsfähigkeit zugeordnet – und diese Steuerung von Affekt und Motorik misslingt den ADHS-Kindern mit ihrer mangelnden Impulskontrolle so oft. Die expressive Motorik steht dem Es näher und dient von Geburt an zur Spannungsabfuhr. Hyperaktive Kinder behalten diese Funktionsweise in altersunangemessener Weise bei.

Zuweilen lässt sich eine Ticstörung, also eine jener Störungen, die häufig mit ADHS einhergehen, während der Behandlung als passageres, eine Progression begleitendes Symptom beobachten. Mike, auch sieben Jahre alt, hyperaktiv und mit starker Konzentrationsstörung, aber nicht aggressiv, obwohl sehr grenzüberschreitend in seiner Impulsivität, entwickelte einen solchen passageren Tic. Er kämpfte gegen seine Hyperaktivität, er wollte gute Noten in der Schule und die Anerkennung der Gleichaltrigen. Mit verschiedenen Tics dämmte er gleichsam seinen Bewegungsdrang ein und kanalisierte so seine Spannung.

Wichtige Entwicklungsschritte bereiten sich oft im Verborgenen vor und überraschen dann durch ihr scheinbar plötzliches Auftreten. Dafür ein Beispiel mit Alex und seiner symbolischen Verwendung der Sprache. Die Sprache blieb oft mein Medium, während Alex mir durch seine Handlungen antwortete. Wir hatten schon einige Kämpfe ausgestanden. Ich kannte inzwischen auch Alex' Fähigkeit, seine Provokationen spielerisch zu gestalten, gleichsam als Test, ob ich darauf hereinfalle und ihn damit aber auch kleiner mache und ermuntere, in die Regression zu gehen. Zuweilen schien mir, er verliere sich in diesem Spiel mit der Provokation und riskierte, dann seinem Zorn ausgeliefert zu sein und einen »Ausraster« zu bekommen. So führte er mir stolz und gekonnt angeberisch sein Taschenmesser vor. Als das Messer an einer Stelle klemmte, geriet er außer sich. Ich sagte spontan: »Alex, dreh runter. Ich weiß, dass du es kannst und du weißt es auch.« Er hielt sofort mit seinem Gebrüll und Gezappel inne, schaute mich, dann sein Messer an und sagte: »Runterdrehen! – Ja.« Ruhig konnte er seine Beschäftigung wieder aufnehmen und das Messer mit seinen einzelnen Teilen weiter öffnen.

Aus den Elterngesprächen erfuhr ich, dass Alex diese Vokabel kreativ für sich einsetzen konnte. Die Mutter hatte beobachtet, wie er sich aus seiner steigenden Erregung und Wut selbst herausholen konnte, indem er »Runterdrehen, runterdrehen« sagte. So konnte er mit dem »runterdrehen« einen wichtigen Schritt machen von der wild-ziellosen, nur der Spannungsabfuhr dienenden Motorik zur Bedeutung.

3. Eine psychoanalytische Sicht auf den Komplex »ADHS«

Der neurobiologisch begründete Diagnose, ADHS sei auf ein hirnorganisches Defizit zurückzuführen, das mittels Medikation, die mit den Methylphenidaten vor allem Ritalin und Medikinet zur Verfügung steht, zu beheben sei, wird auch aus neurophysiologischer Sicht durchaus widersprochen. Seit Jahren argumentiert Gerald Hüther in zahlreichen Publikationen gegen das »alte neurobiologische Modell« des angeblichen Dopaminmangels als ADHS-Verursacher und verweist auf eine »paradoxe Wirkung« der Psychostimulantien auf das dopaminergene System. Die Dopaminproduktion der ADHS-Kinder ist laut Hüther nicht unter-, sondern überentwickelt. Das dopaminergene System wird durch die Methylphenidate nicht angeregt, sondern »stillgelegt«. Dadurch werden die Kinder vor weiterer Dopaminausschüttung durch äußere Reize (»impulsgetriggert«) geschützt und dadurch werden sie ruhiger, eben »normaler« (Hüther 2004, S. 118ff.).

Die langfristigen Auswirkungen der medikamentösen Behandlung sind bis heute nicht bekannt. Mahnende Stimmen warnen vor möglichen Spätfolgen dieses frühen chemischen Eingriffs in das sich entwickelnde Gehirn. Der postnatale Entwicklungsprozess des frontalen Cortex ist komplex und in hohem Maße von Umweltfaktoren abhängig. Ich zitiere Hüther: »Genetisch gesteuert ist hierbei lediglich der während der pränatalen und postnatalen Entwicklung ablaufende Prozess der Herausbildung eines Überangebotes an axonalen und dendritischen Fortsätzen und Verbindungen sowie eines Überschusses ›synaptischer Angebote‹. [...] Beim Menschen wird das Maximum synaptischer Angebote und die höchste Synapsendichte im präfontalen Cortex etwa im 6. Lebensjahr erreicht« (ebd., S. 122).

Die Befunde der Neurobiologie zeigen grundsätzlich, dass »genetisch« kein deterministisches Programm bezeichnet, das automatisch abläuft. Vielmehr handelt es sich um komplexe Interaktionsprozesse von genetisch zur Verfügung gestellten Reifungsprozessen, deren konkrete Ausgestaltung in hohem Maße von Umweltfaktoren und der Art, wie die postnatale Entwicklung des Gehirns gefördert oder behindert wird, abhängig ist – welche »Nutzungsbedingungen« das Gehirn des heranwachsenden Kindes vorfindet. Wie sich das heranreifende Gehirn strukturiert, wird mitentschieden von der Qualität der sozialen Beziehungen, in die ein Kind hinein wächst, von der emotionalen Zuwendung, der Sicherheit der Bindung und natürlich auch von seiner kognitiven Förderung. Die FAZ titelte jüngst: »Lebenserfahrung im Genom. Schicksal Kindheit: Wie Mutters Pflege die Erbinformation ändert« (09.11.2005).

Mit anderen Worten: Ergebnisse der Neurobiologie und Neuroendokrinologie müssten zu dem Schluss führen, sich auf soziale und familiäre Bedingungen zu konzentrieren, um die Entwicklungs-Bedingungen für Kinder zu verbessern. Die Frage der Prävention müsste in den Mittelpunkt gestellt werden. Und ebenso jene nach Therapien, die das individuelle Schicksal des Kindes in den Mittelpunkt des therapeutischen Vorgehens stellen.

Bei der Frage der Prävention setzt die »Frankfurter Studie« »Psychische und psychosoziale Integration von verhaltensauffälligen Kindern im Kindergartenalter« an (Leuzinger-Bohleber et al. 2006).

Um Missverständnissen vorzubeugen: Es geht nicht um eine strikte und generelle Zurückweisung von Medikation mit Psychostimulanzien oder gar um eine »Verteufelung« des Ritalins. Zuweilen ist die Medikation unabdingbar, um ein extrem ausgeprägtes ADH-Syndrom zu beruhigen. Es geht um eine sorgfältige Diagnose und um bei notwendiger Medikation zu überlegende begleitende Therapiemaßnahmen.

Die Neurobiologie erforscht die Plastizität der genetischen Anlage und ihr Zusammenspiel mit Umweltfaktoren. Dies führt aber nicht zu einer merkbar anderen Ausrichtung der Mainstream-Diskussion. Stattdessen wird das Modell eines vermeintlichen genetischen Defekts propagiert, der mit Medikation zu reparieren sei.

Dieses Nicht-zur-Kenntnis-Nehmen von Realität, die Weigerung, Verbindungen herzustellen verweist meines Erachtens auf die Intensität der zuvor schon erwähnten Schuldgefühle und Ängste, sich Konflikten zuzuwenden. Diese als bedrohlich erlebten Gefühle begegnen uns auf Seiten der Eltern in jeder Kindertherapie. Sie stellen uns vor große Herausforderungen und bedürfen der besonderen Reflexion. In der breiten, öffentlichen Diskussion scheinen sich vergleichbare Mechanismen durchzusetzen, die in analoger Weise die Auseinandersetzung mit Abhängigkeit vom Objekt zu meiden suchen.

Die Neurobiologie erforscht die Bedeutung der Umweltfaktoren für die Ausprägung der genetischen Anlage. Aus psychoanalytischer Perspektive lässt sich dies als Entsprechung lesen. Entsprechung dessen, was das Objekt für das – in unserem Falle für das sich entwickelnde – Subjekt bedeutet, wie das Objekt das Subjekt prägt und mitgestaltet. Zuvor war von Ängsten und Schuldgefühlen seitens der Eltern die Rede, die deren Blick für die emotionalen Probleme ihres Kindes zu verstellen neigen. Der Psychoanalyse wurde ihrerseits der Vorwurf gemacht, sie verorte alle Verantwortung für psychisches Leid bei den jeweiligen Eltern ihrer Patienten, schiebe ihnen die Schuld zu, wie seinerzeit mit dem Begriff der »schizophrenogenen Mutter«. Den Eltern und Kindern aus der Spirale gegenseitiger Schuldzuweisung herauszuhelfen ist in der psychotherapeutischen Praxis oft langwierig, aber wichtig für einen gelingenden Prozess. In allen Fallstudien von Patientenbehandlungen mit ADHS nimmt die Diskussion über die Rolle der Eltern einen breiten Raum ein. Wenn wir die Rolle der Eltern – als der primären Umwelt, die die genetische Anlage mitprägen, die die »Nutzungsbedingungen für das sich entwickelnde Gehirn« zur Verfügung stellen, als zentral erkennen, brauchen wir ein Modell und ein Konzept, uns diese Eltern jenseits eines Schuldzusammenhanges zu denken. Das ist nicht gleichbedeutend mit einem Plädoyer für Verantwortungslosigkeit, vielmehr der Versuch, diese Verantwortung erträglicher und damit auch annehmbarer zu machen. Zumal die Eltern in diesem »Verleugnungszusammenhang« stellvertretend stehen, denn es geht insgesamt um einen sich nicht auf das Symptom und dessen »Beseitigung« beschränkenden Blick.

Die mehrfach angesprochene Abhängigkeit mit den sie begleitenden Ängsten und Verleugnungen stellt, so die These, einen entscheidenden Faktor in der Diskussion um ADHS dar. Abhängigkeit kränkt den Narzissmus.

Die berühmt gewordene Anekdote, in der Freud von den drei großen »Kränkungen der Menschheit« spricht, handelt von Ent-Täuschungen, die hinter der angenommenen Autonomie die Abhängigkeiten sichtbar machten: 1. die Kopernikanische Revolution, mit ihrer Erkenntnis, dass die Erde sich um die Sonne dreht und nicht diese sich um die Erde – also um uns. 2. Darwins revolutionäre Erkenntnis, die den Menschen aus der direkten Schöpfung durch Gott in eine Abstammungsreihe mit den Tieren stellt und 3. die Psychoanalyse, die den Menschen darüber aufklärt, nicht »Herr in seinem eigenen Haus« zu sein, sondern wesentlich bestimmt durch ihm unbewusste Triebe, durch das Es.

Diese Reihe schreibt sich weiter fort. So wäre zu konzidieren, dass noch nicht einmal dieses »Es«, das Unbewusste, dem Subjekt originär selbst eignet, sondern dass gerade in dieses ihm so unzugängliche, eigene (Fremde), der Andere, sprich die Mutter, der Vater, resp. deren Ersatzpersonen eingeschrieben sind. Der französische Psychoanalytiker Jean Laplanche hat, an Lacan anknüpfend, auf die Freudsche Verführungstheorie zurückgegriffen und sie einer Neuinterpretation unterzogen, in der diese primäre Einschreibung der erwachsenen Pflegeperson in das sich entwickelnde Subjekt des Säuglings im Mittelpunkt steht. Die Mutter gibt mit dem gesamten intimen Austausch, der zwischen Mutter und Kind entsteht, eingebunden in die Ernährung und körperliche Pflege notwendigerweise »Botschaften« an das Kind weiter, die dieses gar nicht entziffern kann, weil ihm der mentale Apparat dafür nicht zur Verfügung steht. Botschaften, die über das von der Mutter gemeinte hinausgehen, weil sie etwas von ihrem Unbewussten enthalten, über das die

Mutter nicht verfügen kann. So stünden am Beginn des psychischen Lebens erneut die Eltern gleichsam als »Erzeuger« des Seelischen. – Diese Abhängigkeit scheint eine grundlegende Weigerung des Subjektes hervorzurufen, dieselbe anzuerkennen. Mit dieser Perspektive stellt sich die oft leidenschaftlich und kämpferische geführte Debatte um ADHS auch als einen Protest gegen diese primäre Abhängigkeit und ihre Folgen dar.

Wie wäre diese Abhängigkeit und Prägung durch Eltern/Ersatzpersonen zu vermeiden?

Nur durch den Tod des Kindes. Es dürfte nicht »berührt« werden, nicht ernährt und nicht gepflegt. Nur dann erhielte es keine »Botschaften«, die seine psychische Entwicklung mitprägen werden. D.h. die Prägung durch die Eltern ist Teil des Lebens und unvermeidbar. Für die jeweils konkreten Eltern heißt dies, sich mit ihrer menschlichen Begrenztheit auszusöhnen und keine perfektionistischen Ansprüche an sich zu stellen.

Vor allem in der Arbeit mit Säuglingen, Kleinkindern und ihren Eltern machen Kindertherapeuten in den Babyambulanzen eindringliche Erfahrungen, wie – gleichsam in statu nascendi – sich im intimen Austausch zwischen Eltern und Kind dessen Individualität und psychische Struktur herausbildet und wie schwer es für Eltern ist, sich mit den von Generation zu Generation weitergegebene traumatisierenden Schuldzusammenhängen zu konfrontieren und aus ihnen zu lösen (vgl. Köhler-Weisker/Wegeler-Schardt 2004, S. 276–296).

Für uns alle stellt diese transgenerationelle der Kontrolle des einzelnen Subjektes entzogenen Weitergabe psychischer Abhängigkeiten eine Kränkung unserer Autonomievorstellungen dar. Und diese Kränkung, die in der Bedeutung des anderen, des Objektes für unsere Individualität enthalten ist, dürfte im Hintergrund des hier interessierenden Problems ADHS wirksam sein. Sie dürfte dazu führen, dass wir uns so schwer tun, den Erkenntnissen über psychische Entwicklung Rechnung zu tragen. Dies selbst dann – und vielleicht gerade dann –, wenn die »harten« Wissenschaften sie auf ihre Weise beschreiben: in einer anderen Terminologie, mit einem anderen Begriffs- und Verständnishorizont, aber doch dem nämlichen Zusammenhang geltend, mit dem sich Psychoanalyse und Entwicklungspsychologie beschäftigen.

Literatur

Analytische Kinder- und Jugendlichenpsychotherapie (AKJP) 107, 3/2000, 31. Jg. Frankfurt a. M. (Brandes & Apsel); ebenso: – AKJP 112, 4/2001, 32. Jg., – AKJP 117, 1/2003, 34. Jg.

Arbeitshefte Kinderpsychoanalyse 31. Mai 2002, 6 Beiträge.

Bovensiepen, Gustav; Hopf, Hans & Molitor, Günther (Hg.) (2002): Unruhige und unaufmerksame Kinder. Psychoanalyse des hyperkinetischen Syndroms. Frankfurt a. M. (Brandes & Apsel).

Fonagy, Peter; Target, Mary (engl. 1995): Zum Verständnis von Gewalt. Kinderanalyse 10. Jg., 3/2002, 281–307.

Hopf, Hans (2000): Zur Psychoanalyse des hyperkinetischen Syndroms. AKJP 107, 3/2000, 279–308.

Hüther, Gerald (2004): Die nutzungsabhängige Herausbildung hirnorganischer Veränderungen bei Hyperaktivität und Aufmerksamkeitsstörungen: Einfluss präventiver Maßnahmen und therapeutischer Interventionen. In: Passolt, Michael (Hg.) (2004): Hyperaktivität – zwischen Psychoanalyse, Neurobiologie und Systemtheorie. München, S. 117-130.

Kinderanalyse. Zeitschrift für die Anwendung der Psychoanalyse in Psychotherapie und Psychiatrie des Kindes- und Jugendalters. Hg. Jochen Stork, 2/1993, 1. Jg.; Stuttgart (Klett-Cotta); ebenso: Kinderanalyse 3/2002, 10. Jg. Hg. J. Stork/M. Günther/K. v. Klitzing.

Köhler-Weisker, Angela; Wegeler-Schardt, Cornelia (2004): Psychoanalytische Arbeit mit Säuglingen und Eltern. AKJP 122, 2/2004, 276–296.

Laplanche, Jean (1988) (franz. 1986): Von der eingeschränkten zur allgemeinen Verführungstheorie. In: ders.: Die allgemeine Verführungstheorie. Tübingen (Edition Diskord), 1988, S. 199-233.

Leuzinger-Bohleber, Marianne; Brandl Yvonne & Hüther, Gerald (Hg.) (2006): ADHS – Frühprävention statt Medikalisierung. Theorie, Forschung, Kontroversen. Göttingen (Vandenhoeck & Ruprecht).

Weltgesundheitsorganisation – Dilling, H. et al. (Hg.) (1993): Internationale Klassifikation psychischer Störungen: ICD-10 Kapitel V (F); klinisch-diagnostische Leitlinien; Bern, Göttingen, Toronto, Seattle 1993.

Winnicott, Donald W. (1974) (engl. 1971): Die Spiegelfunktion von Mutter und Familie in der kindlichen Entwicklung. In: ders.: Vom Spiel zur Kreativität. Stuttgart (Klett), S. 128–135.

Die unerhörten Botschaften der hyperaktiven Kinder – Familiendynamik und Familientherapie bei Kindern mit ADHS

Terje Neraal

Übersicht

In diesem Artikel werde ich nach einer kurzen Einleitung von einer eigenen Untersuchung in der Ambulanz der Gießener Psychosomatischen Universitätsklinik berichten, in der Eltern über die psychischen Störungen ihres Kindes befragt wurden. Dann werde ich einige Beispiele aus der damaligen Arbeit geben, die zeigen, wie kleine Kinder in der Untersuchungssituation mit den ihnen zur Verfügung stehenden Ausdrucksmitteln mithelfen, familiäre Probleme offen zu legen.

Danach werde ich zwei Beziehungsmodalitäten zwischen dem Kleinkind und den Eltern beschreiben, die in der Entwicklung des Kindes zu dem Störungsbild ADHS führen können.

Zum Schluss werde ich über die psychotherapeutische Behandlung eines 9-jährigen hyperaktiven Jungen sowie die begleitende Familientherapie berichten[1].

Einleitung

Die Diagnose ADHS – diese Buchstabenkombination steht für »Aufmerksamkeits-Defizit-Hyperaktivitäts-Syndrom« – wird bei etwa 3–6% der Kinder in Deutschland gestellt. Sie bezeichnet eine Störung des Verhaltens, bei der

---

1 Ich möchte mich herzlich bedanken bei der Kollegin Anna Maria Sant' Unione, Wuppertal, Fachärztin für Kinder- und Jugendpsychiatrie und -psychotherapie, die ihren Bericht über die Untersuchung und Behandlung des Kindes Lucas zur Verfügung gestellt hat, sowie bei den übrigen Mitgliedern der ADHD-Arbeitsgruppe (Frau Rosenstock-Heinz, Herr Seitz-Stroh, Frau Sparenborg, Herr Wagner, Herr Wildermuth) für die kollegialen Diskussionen und daraus resultierenden wertvollen fachlichen Anregungen.

Unaufmerksamkeit, motorische Unruhe sowie eine erhöhte Impulsivität die sichtbaren Symptome sind.

$^{2}/_{3}$ dieser Kinder zeigen außerdem sog. »oppositionelles Verhalten«, Angststörungen und Depressionen, sog. komorbide oder begleitende Störungen. Immer neu führt dieses Bündel an Verhaltensstörungen dazu, dass sich die Kinder in ausweglose Situationen verstricken und in ihrer Umgebung Hilflosigkeits- und Ohnmachtsgefühle, aber auch Wut hervorrufen.

Warum habe ich im Titel den Ausdruck »unerhörte Botschaften« der hyperaktiven Kinder gewählt?

Weil diese Kinder durch ihre Unruhe zwar ständig die Aufmerksamkeit der Umgebung beanspruchen, es aber sehr schwer haben, sich verständlich zu machen.

Die Fähigkeit, mit Worten auszudrücken, wie sie sich fühlen und welche Bedürfnisse sie haben, scheint bei diesen Kindern kaum entwickelt. (Wie eine gerade veröffentlichte Untersuchung von Kindergartenkindern hier in Hessen zeigt, ist die verbale Fähigkeit, nicht nur von Immigranten-Kindern, sondern auch von deutschen Kindern aus einem wenig stimulierenden Milieu sehr unterentwickelt).

So ist es nicht verwunderlich, wenn Kindergärtnerinnen und Lehrer, aber auch Eltern sich sehr schwer tun, wenn es darum geht, Kinder mit diesen Verhaltensstörungen zu verstehen. Und so bleiben die Botschaften, die diese Kinder mit ihrem Verhalten zum Ausdruck bringen, eben oft »unerhört«, d.h. unverstanden.

Auf der anderen Seite scheint es auch eine Einfühlungs- oder Empathiestörung bei vielen Erwachsenen zu geben, die mit diesen Kindern in Kontakt kommen. Statt die naheliegenden Fragen zu stellen:

- Welche Ängste und Konflikte lenken die Aufmerksamkeit dieser Kinder ab, wenn sie z.B. schulische Aufgaben lösen sollen?
- Woher kommen die inneren Spannungen, die durch die motorische Unruhe sichtbar und abreagiert werden?
- Und woher rührt die Impulsivität, die kurze Strecke zwischen Impuls und Handlung, bei diesen Kindern?

Statt also innezuhalten und solche auf der Hand liegenden Fragen zu stellen, wird oft schnell und sehr impulsiv nach verhaltensregulierenden Maßnahmen gerufen, sei es durch die Gabe von zentralstimulierenden Medikamenten, sei es durch Verhaltensprogramme, die zur besseren Anpassung führen sollen.

Dass die eben erwähnten Fragen relevant sind, kann jeder aus eigener Erfahrung nachvollziehen. Wer hat nicht die völlig normale und angemessene Erfahrung gemacht, dass ein psychisches Trauma wie z.B. eine schwerwiegende Krankheit oder ein Todesfall in der nahen Verwandtschaft es einem unmöglich macht, sich auf ein Buch zu konzentrieren? Oder dass es einem schwer fällt, einem Gespräch zu folgen, wenn die Gedanken durch ein ganz anderes Thema abgelenkt sind? Und wer hat nicht schon die entspannende Wirkung eines Joggings oder einer anderen sportlichen Tätigkeit erlebt, bei der motorisch seelische Spannungen abreagiert werden?

Ich möchte nun zeigen, wie auch in der wissenschaftlichen Diskussion über die Ursachen der Verhaltensstörung ADHS das fehlende Einfühlungsvermögen bei einigen Forschungsrichtungen zum Ausdruck kommt.

»Die größte Kontroverse in der Geschichte der Kinderpsychiatrie«

So hat der Professor für Kinder- und Jugendpsychiatrie der Universität Hamburg, Peter Riedesser (2004), den Streit zwischen der naturwissenschaftlich-biologisch ausgerichteten Forschung auf der einen Seite, und der humanistisch-psychologisch orientierten Forschung auf der anderen Seite bezeichnet.

Da gibt es an dem einen extremen Pol einige Neurowissenschaftler, die behaupten, dass es sich in 70–95% der Fälle um eine erblich bedingte Funktionsstörung des Gehirns handelt (Consensus Statement on ADHD, 2002, ref. in: Remschmidt/Heiser 2004, S. 2074), die durch Verabreichung von zentralstimulierenden Medikamenten behoben bzw. gemildert werden kann. Es wird postuliert, dass die Gabe von z.B. Ritalin vom Kindesalter an bis über das Jugendalter hinaus, eventuell sogar ein Leben lang, erforderlich sei, um vor späterer Drogenabhängigkeit und Kriminalität zu schützen (so z.B. Biedermann/Wilens et al. 1999). Diese Meinung suggeriert, dass es sich um eine Art Stoffwechselstörung des Gehirns handelt, vergleichbar dem Diabetes, wenn wegen des Mangels an Insulinproduktion in der Bauchspeicheldrüse die Gabe von Insulin ein Leben lang unverzichtbar bleibt.

Am anderen Pol des Meinungsspektrums gibt es Sozialwissenschaftler, die diese Verhaltensauffälligkeit schon damit glauben erklären zu können, dass die von den Kindern gezeigte Unruhe und Unaufmerksamkeit den allgemein vorherrschenden, von Hektik, Reizüberflutung und Bindungslosigkeit geprägten Lebensstil widerspiegelt. Diese Seite möchte somit uns alle ermahnen, über die Konsequenzen für die Gestaltung unserer gesellschaftlichen Bedingungen nachzudenken. Zu diesen Wissenschaftlern gehört z.B. DeGrandpre aus den USA mit seinem Buchtitel: »Die Ritalingesellschaft – Eine Generation wird krankgeschrieben« (2002). Oder die schwedische Soziologie-

Dozentin Eva Kärfve, die mit ihrem Buch »Hirngespenster – ADHD und die Bedrohung der Volksgesundheit« (2000) (Übersetzung Verf.) hart ins Gericht geht mit der Biologisierung und Medikalisierung von nach ihrer Meinung gesellschaftlich bedingten Störungen dieser Kinder. Sie sorgte damit für einen Sturm der Entrüstung bei ihren Widersachern von der neurowissenschaftlichen Seite, die sogar ihre Entlassung von der Universität in Lund verlangten.

So sehr es berechtigt und notwendig ist, sich sowohl Klarheit über die biologischen Veränderungen im Gehirn durch körperliche oder seelische Traumatisierungen zu verschaffen, als auch uns daran zu erinnern, wie Kinder gesellschaftliche Missstände durch fehlende Anpassung zum Ausdruck bringen, so befassen sich doch beide hier erwähnte Erklärungsmodelle nicht mit den inneren Nöten des Kindes, wie auch der verzweifelten Eltern und Geschwister. Es scheint, als gäbe es von Seiten dieser Wissenschaftler eine Abwehr dagegen, sich mit den Ängsten und Konflikten dieser Kinder und ihrer Eltern zu befassen. Die empathische Einfühlung scheint blockiert und reduziert auf ein distanziertes und sehr eingeengtes wissenschaftliches Interesse.

Einfühlung ist aber die erste Voraussetzung für Verstehen, trägt doch die Reflexion des Gefühlten zu diesem Verstehen entscheidend bei.

Hier sehe ich eine Parallele zu der Störung des Kindes: Das hyperkinetische Kind scheint auch selbst ein ungenügend entwickeltes Gefühl dafür zu haben, wie es ihm selbst geht und wie es anderen mit ihm geht. Es besitzt selber auch keinen »Innenraum«, in dem in Ruhe nachgedacht und etwas verstanden werden kann.

Schon der Wunsch des Behandlers, sich nach der Vorgeschichte zu erkundigen, sich über die familiären Umstände bei Schwangerschaft und Geburt des gestörten Kindes, über die Art und Qualität der Beziehungen in der ersten Lebensphase sowie über die weitere Entwicklung des Kindes ein Bild zu machen, scheint mit einem Tabu belegt. Begründet wird dies mit der Sorge, man könnte bei einer solchen Erkundigung bei den Eltern Schuldgefühle hervorrufen. Und dies, obwohl wir wissen: Wo keine Schuldgefühle bereits mehr oder weniger latent vorhanden sind, können auch keine hervorgerufen werden. Schuldgefühle werden nicht dadurch geringer, dass man sie übergeht und tabuisiert, sondern dadurch, dass über sie gesprochen werden kann. Und auch über die Umstände, die dazu führten, dass in den familiären Beziehungen keine befriedigenderen Umgangsformen miteinander gefunden werden konnten.

Auf das wichtige Schuld-Thema werde ich am Beispiel der Behandlung des 9-jährigen Lucas am Ende dieser Arbeit zurückkommen.

Eigene Erfahrungen in der Ambulanz der Psychosomatischen Klinik

Persönlich wurde ich in meiner Tätigkeit in der Ambulanz für Kinder, Jugendliche und Familien in der Psychosomatischen Universitätsklinik in Gießen schon in den 70er Jahren mit dieser Verhaltensauffälligkeit konfrontiert. Wie häufig Eltern über die motorische Unruhe und Unaufmerksamkeit ihrer Kinder klagten, zeigt eine eigene damals durchgeführte Untersuchung (Neraal 1976). Es stellte sich heraus, dass »Unruhe und Zappeligkeit« das von den Eltern am häufigsten angegebene Symptom darstellte – es wurde von 65% der Eltern angegeben, mit deutlichem Vorsprung vor den nächsten Beschwerden. Und schon an vierter Stelle rangierte mit 49% das Symptom »schlechte Konzentration und Vergesslichkeit«.

Diese Symptomkombination auf der Verhaltensebene – heute würde man sie als ADHS bezeichnen – stellte somit auch damals schon den wichtigsten Grund für Eltern dar, unsere Ambulanz mit ihrem Kind aufzusuchen. Gefragt nach den vermuteten Ursachen, gaben die Eltern an erster Stelle »kindliche Ängste« und »innere Hemmungen des Kindes« an, also Ursachen im Kind selbst. Aber schon an dritter Stelle nahmen die Eltern, und zwar die Väter noch häufiger als die Mütter, als Ursache an: »Vater hat zu wenig Zeit für das Kind«. Und an vierter Stelle räumten die Eltern selbstkritisch ein, dass »Übertragung eigener Nervosität« auf das Kind ein Grund für dessen Störung sein könnte.

Nur 30% der Eltern gaben »Familienprobleme« als möglichen Grund für die kindliche Störung an. Um so verblüffender war, dass bei der Frage nach der gewünschten Behandlung der Störung mit 74% »Familiengespräche« deutlich führend war, gefolgt von »Erziehungsberatung«, also beides Wünsche, in denen die Ratlosigkeit und die Hilfsbedürftigkeit der Eltern zum Ausdruck kommt. Diese Diskrepanz zwischen der Annahme von Familienproblemen bei nur einem Drittel der Eltern, aber dem dezidierten Wunsch nach Familiengesprächen, zeigt, wie schwer es für Eltern ist, sich einzugestehen, dass es in der Familie Probleme gibt, oder jedenfalls geben könnte. Der auf ihnen lastende Druck kommt dann jedoch in dem Behandlungswunsch zum Ausdruck.

Nebenbei sei noch erwähnt, dass nicht weniger als 50% der Eltern den Wunsch hatten, der Arzt möge mit ihnen zusammen Gespräche mit dem Lehrer führen.

Wie können Kinder ihre inneren Konflikte zum Ausdruck bringen?

Ich denke, diese Untersuchungsergebnisse sprechen für sich. Wenn wir uns damals mit der ganzen Familie zum Erstgespräch hinsetzten, waren die Kinder in der Regel anfangs sehr verspannt, rutschten auf ihrem Stuhl herum und mussten sich die Klagen der Eltern anhören. In aller Regel ließ diese motorische Unruhe der Kinder dann nach, wenn die Eltern begannen, über ihren eigene Probleme zu reden, sei es bei der Erziehung der Kinder oder in der Partnerschaft. Wenn dem Kind dabei die Möglichkeit gegeben wurde, sich altersangemessen durch Malen oder spielerisch mit Puppen und Tierfiguren auszudrücken, konnten wir mit den Eltern zusammen feststellen, dass die Kinder darin sehr wohl die auch von den Eltern aufgegriffenen Probleme und Konflikte auf ihre Weise zum Ausdruck brachten.

Hierzu einige Beispiele:
Während die Eltern darüber reden, dass der Vater sich wegen seiner beruflichen Belastungen und wegen seiner Verpflichtungen in verschiedenen Vereinen selten am Familienleben beteiligt, baut das 5-jährige Kind im Puppenhaus eine Szene auf, in der die Puppenmutter an einer Wiege mit einer Babypuppe sitzt, während der Vater in der Szene abwesend ist. Damit könnte das Kind zum Ausdruck bringen: »Durch das häufige Fortsein meines Vaters bleibe ich klein wie ein Baby und der Mutter eng verbunden«.

- Eine andere typische Mitteilung des Kindes: Während die Eltern sich über unterschiedliche Erziehungsstile streiten – der Vater hält der Mutter vor, sie sei in der Erziehung viel zu nachgiebig –, malt das Kind ein Bild mit einem schönen Haus und einer großen, strahlenden Sonne – aber ganz ohne Menschen. Die Botschaft erschließt sich auch dem Laien: Das Kind möchte seinen Wunsch nach Harmonie und Wärme ausdrücken, die aber nur ohne Menschen – also ohne die ewig streitenden Eltern – vorstellbar scheint.
- Eine dritte Szene: Während die Eltern nach anfänglichem Zögern über die Alkoholprobleme der unglücklichen Mutter zu reden anfangen, legt der 5-jährige Sohn eine Mutterpuppe zum Schlafen in ein Bett, nimmt die Kinderpuppe und schmeißt sie über das Puppenhausdach an die Wand. Auch hier die unschwer zu deutende Botschaft: Ich überfordere die unglückliche und in alkoholisiertem Zustand unerreichbare Mutter und falle ihr nur zur Last; es wäre besser, ich wäre weg.
- Die Erfahrung, die wir als Familientherapeuten immer wieder machen,

ist die, dass Kinder, wenn sie altersadäquate Ausdrucksmöglichkeiten zur Verfügung gestellt bekommen, sehr wohl wichtige Familienkonflikte zum Ausdruck, ja auf den Punkt bringen können. Entscheidend für diese Art der »Mithilfe« auch kleinerer Kinder ist, dass die Erwachsenen, Therapeuten wie Eltern, diese Mitteilungen aufgreifen und würdigen. Wenn die Kinder sich verstanden fühlen, werden sie angeregt, sich weiter an der Konfliktbearbeitung zu beteiligen, wobei sie durchaus in der Lage sind, auch durch notwendige eigene Veränderungen zu einer Entspannung der Situation beizutragen. Es geht also nicht allein darum, was die Eltern alles ändern müssen, damit das Kind zufriedener werden kann.

Wie kann nun ein Zugang zu den inneren Nöten dieser Kinder gefunden werden?

Bedeutung der Motorik in der Entwicklung des Kindes

Zunächst ist es wichtig, sich vor Augen zu führen, dass wir alle unsere innere Befindlichkeit, unserer Wünsche und Ängste der Umgebung nur zu einem geringen Anteil über *Worte* mitteilen. Vielmehr drücken wir uns aus über Mimik, Körperhaltung, Kleidung, und auch über Verhaltensweisen wie motorischer Unruhe aus. Da die hyperaktiven Kinder nicht über die Fähigkeit verfügen, ihren Bedürfnissen und damit verbundenen Ängsten durch Sprache Ausdruck zu verleihen, bleibt ihnen nur die Möglichkeit, die hiermit verbundenen Spannungen motorisch abzureagieren. So scheint die motorische Getriebenheit eine Art Flucht vor den eigenen Gefühlen darzustellen. Das scheinbar ziellose und chaotische Herumrennen wird eingesetzt gegen das Innehalten, das Nachdenken über den Sinn sowie die Überprüfung der Konsequenzen eigener Handlungen. Ich werde später darauf zurückkommen, welche Möglichkeiten ich sehe, dem scheinbar Unverständlichen durch den vom Kind angebotenen *Handlungsdialog* auf die Spur zu kommen.

Im Folgenden sollen einige Überlegungen zur Bedeutung der Motorik in der Entwicklung des Kindes und deren Funktion im Dialog mit den Eltern aufgezeigt werden.

Das erste Lebenszeichen während der Schwangerschaft sind die spürbaren Bewegungen des Kindes, die jedenfalls bei einer erwünschten Schwangerschaft eine entsprechende Freude bei den Eltern hervorrufen. Umgekehrt erzählen Mütter, wie eigene Affekte, seien sie freudiger, ängstlicher oder aggressiver Natur, sich auf das Ungeborene übertragen und beim werdenden Kind zu einer vermehrten Motorik führen können. So besteht schon vor der Geburt eine Beziehung zwischen mütterlichen Affekten und körperlicher Antwort von Seiten des Kindes – man kann von einem vorgeburtlichen Mutter-Kind-Dialog ohne Worte sprechen.

Dieser Dialog bleibt die ersten 12 Monate weitgehend nonverbal. Das Kind drückt in den ersten Lebenswochen seine Unzufriedenheit zunächst durch Weinen, Schreien, durch erhöhten Muskeltonus sowie Zappeln mit Armen und Beinen aus. Aber auch freudige Erwartung drückt es durch vermehrte Motorik aus. Umgekehrt nimmt seine Muskelspannung ab, wenn seine Bedürfnisse befriedigt werden. Nach und nach kommt die mimische Ausdrucksfähigkeit hinzu: Durch Lächeln signalisiert der Säugling z.B., dass er die versorgende Person wiedererkennt. Bei dieser Art kindlicher Motorik spricht man von *Ausdrucksmotorik* und unterscheidet diese von der *Leistungsmotorik*, die gezielt eingesetzt wird, um selber etwas zu erreichen.

Der Dialog zwischen betreuender Person und Säugling in der Neugeborenenzeit gelingt zur beiderseitigen Zufriedenheit, wenn die erwachsene Person in der Lage ist, die Signale des Säuglings intuitiv und empathisch zu dechiffrieren. Das Erraten und die anschließende Befriedigung der Bedürfnisse des Säuglings stellen für die versorgende Person eine entscheidende Bestätigung in der eigenen Rolle, sozusagen: die gelungene Mütterlichkeit dar. Umgekehrt löst das Misslingen solcher Bemühungen und ein anhaltendes Schreien des Kindes beim Erwachsenen Gefühle von Hilflosigkeit, Ohnmacht und Selbstzweifel aus, die wiederum auf das Kind gerichtete Aggressionen nach sich ziehen können. Wir kennen diese Dynamik bei vielen Fällen von Kindesmisshandlungen durch völlig überforderte Eltern.

Aus vielerlei Gründen kann es zu einer Entgleisung in diesem Dialog kommen.

Ich möchte nun dazu übergehen, die Mutter als üblicherweise hauptverantwortliche Pflegeperson zu nennen, wiewohl es heute erfreulicherweise auch Väter gibt, die diese Rolle ausfüllen, allerdings nehmen nur 3% der Väter die Gelegenheit zum Erziehungsurlaub wahr, gegenüber 89% bei den Müttern. Wenn ich also im Folgenden von der Mutter-Kind-Beziehung spreche, schließt diese Bezeichnung jede in der Versorgung und Pflege des Säuglings involvierte Person mit ein.

Grundsätzlich stellt es für denjenigen, der das Kind versorgt, eine große Schwierigkeit dar, sich hinreichend in es einzufühlen, wenn er oder sie selber in der eigenen Kindheit ungenügende »Bemutterung« erfahren hat. Sich in das Kind empathisch einzufühlen, kann nur gelingen, wenn diese Erfahrung einem selber als Kind widerfahren ist. Deswegen ist es auch völlig unsinnig, einer Mutter zur Last zu legen, dass sie in ihrer mütterlichen Funktion keine befriedigende Beziehung zu ihrem Kind herstellen kann. Solche Vorwürfe würden ja letztlich bedeuten, sie sei gewissermaßen selber Schuld, wenn sie es als Säugling nicht hingekriegt hat, mit der eigenen Mutter eine befriedigende Beziehung aufzubauen.

Die frühe Eltern-Kind-Interaktion

Das Neugeborene erkennt zunächst nicht, dass es ein von der Mutter getrenntes Wesen ist. In jenem Zustand, den wir primär-narzisstisch nennen, erlebt sich der Säugling eins mit der Mutter. Diese selige Vorstellung kann er so lange aufrechterhalten, bis er wahrnehmen kann, ja muss, wie die Mutter sich entfernt und wiederkommt und er auch gelegentlich mit kleineren Frustrationen konfrontiert wird, wenn die Mutter z.B. nicht sofort zur Stelle ist, sobald er durch Weinen und erhöhte Motorik seine Unlust und Bedürfnisse zum Ausdruck bringt. Nach und nach begreift der Säugling, dass die Mutter eine eigene, von ihm getrennte Person ist, über die er nur zum Teil verfügen kann. Dies löst den Impuls aus, den eigenen Körper durch Tasten und Befühlen zu entdecken. Auch der Körper der Mutter wird »abgetastet«. So entsteht die erste *Grenze* und damit der erste *Raum* in der Beziehung zwischen Mutter und Kind.

Diese hier beschriebene normale Entwicklung in der Mutter-Kind-Beziehung kann auf zweierlei Weise gestört sein, wie ich im Folgenden ausführen werde.

Das ambivalent gebundene Kind

1. Zum einen fällt es einer ängstlichen und selbstunsicheren Mutter schwer, zu ertragen, dass ihr Kind auch nur für Sekunden frustriert wird. Stattdessen wird in übertriebener Weise die Bedürfnisbefriedigung des Kindes allen anderen Bedürfnissen, die nicht auf das Kind bezogen sind, vorangestellt. Dies kann z.B. in ausgedehnten Stillpraktiken zum Ausdruck kommen, bei dem der Säugling gewissermaßen an der Brust »festgehalten« wird, bis er sich nicht anders zur Wehr setzen kann als durch aggressive Attacken gegen die Brust, durch Beißen.

2. Zum anderen haben in solchen symbiotischen Mutter-Kind-Beziehungen die Väter oft gar keinen Platz. Sie fehlen entweder ganz, oder sie bringen nicht die Kraft auf, dazwischen zu gehen. Nicht selten haben sie sogar ein Interesse daran, dass die Mutter bzw. ihre Frau durch das Kind okkupiert bleibt. Dadurch kann der Abstand zur Frau gewahrt und ein eigener Frei-

raum erhalten bleiben. Darunter leidet die heute so wichtig erachtete *frühe Triangulierung*, bei der der Vater als »zweites Objekt« schon für den Säugling eine wichtige Alternative zur Mutter wird, der ihn bei der Befreiung aus der Symbiose, aus dem Eins-Sein mit der Mutter, unterstützt. Fehlt der Vater oder bleibt er auf Distanz, kann das Dreieck nicht errichtet werden, es bleibt gewissermaßen zusammengeklappt. Darunter leidet die Entwicklung des Kindes, es bleibt symbiotisch an der Mutter »kleben«, wie es Professor Storck in München (1993) bezeichnet hat. Die zweite Chance, einen Raum zwischen sich und der Mutter zu schaffen, wird somit verpasst.

Bei einer solchen Familiendynamik nimmt das Kind nach und nach eine Partner-Ersatzfunktion bei der Mutter ein. In dieser auch von Horst-Eberhard Richter (1970) beschriebenen Rolle wächst das Kind, besonders der Junge, mit der – natürlich unbewussten – Vorstellung auf, er solle als kleiner »Erwachsener« den Vater an der Seite der Mutter ersetzen. Entsprechend fühlt er sich einerseits aufgewertet, ja grandios, zugleich aber auch überfordert, weil er dieser Aufgabe naturgemäß nicht gewachsen sein kann. So schwankt das Gefühl des Kindes zwischen omnipotenten Allmachtsvorstellungen einerseits und großen Ängsten, den Erwartungen nicht zu genügen, andererseits. Das unsichere Selbstwertgefühl kann durch eine kritische und ablehnende Haltung von Seiten des Vaters noch verstärkt werden.

Um sich von der »verschlingenden« Beziehung zur Mutter zu befreien, sich dem symbiotischen Sog zu entziehen, können diese Kinder ein Fluchtverhalten entwickeln, um sich gewissermaßen von der Mutter loszustrampeln. Und dies kommt in der Bewegungsunruhe zum Ausdruck. Da das Selbstwertgefühl dieser Kinder, wie beschrieben, sehr inkohärent ist, lauern später ständig Versagensängste, wenn sie z.B. mit realen Leistungsanforderungen in der Schule konfrontiert werden.

Zusammenfassend resultiert die Aufmerksamkeitsstörung und die Hyperaktivität der Kinder mit diesen Beziehungserfahrungen daraus, dass

1. sie wegen fehlender Abgrenzung von der Mutter wichtige Schritte in ihrer Autonomieentwicklung nicht machen konnten,
2. sie nur ungenügend Erfahrungen mit Abgrenzung und Trennung sammeln konnten und in Trennungssituationen mit Panik reagieren,
3. sie eine Art Ich-Schwäche entwickeln, bei der der »innere Raum«, in dem Impulse auf ihre Konsequenzen überprüft werden, ungenügend entwickelt wird,
4. sie Gefühle von Unzulänglichkeit nicht ertragen können, weil diese der omnipotenten Rollenerwartung als Ersatzpartner zuwiderlaufen, sie gar zum Einsturz bringen würden,
5. sie ständig bemüht sind, auf sich aufmerksam zu machen, so, wie sie es

gewohnt sind, in der Beziehung zur Mutter im Mittelpunkt zu stehen.

Dieser familiendynamische Hintergrund resultiert somit überwiegend durch die Angst der Mutter, eine nicht genügend gute Mutter zu sein, mit den dazugehörigen Scham- und Schuldgefühlen, sowie die Angst des Vaters davor, seinen Platz als Vater und Ehepartner einzunehmen.

Das deprivierte Kind

Während die eben geschilderten Entwicklungsbedingungen in der Eltern-Kind-Beziehung zunächst nach außen hin gar nicht auffallen müssen, gibt es in der zweiten Gruppe, die ich beschreiben möchte, offensichtlichere und schwerwiegendere Mängel bei den Ressourcen der Eltern. Diese können an Persönlichkeitsstörungen, psychiatrischen Erkrankungen, Suchterkrankungen oder dissozialen Störungen leiden, die sie daran hindern, genügend gute Eltern für ihre Kinder zu sein. Vielmehr wachsen diese Kinder von früh an in unberechenbaren Beziehungen auf, in denen sie oft sich selbst überlassen, oder – durch Misshandlungen bis hin zu sexuellem Missbrauch – psychischen Traumen ausgesetzt sind, die ihre Verarbeitungsmöglichkeiten weit übersteigen. Nicht selten gibt es Zeitungsberichte, die von überforderten Müttern berichten, die von ihrem Kind fortlaufen, um es vor den eigenen aggressiven Impulsen zu schützen. Oder von Vätern, die ihr schreiendes Kind so lange schütteln, bis schwere, mitunter tödliche Schäden beim Kind entstehen.

Wenn sich nun das Kind bedroht oder vernachlässigt fühlt, wird es zunächst durch Weinen versuchen, dies der Betreuungsperson zu vermitteln. Das Weinen stellt eine der Entwicklung angemessene Reaktion auf Unlust z.B. durch Hunger dar, oder auf eine Gefahr, der das Kind alleine nicht ausweichen kann. Bei fehlenden Ressourcen der Eltern können diese den notwendigen Schutz für das Kind nicht zur Verfügung stellen, den es gebraucht hätte. Vielmehr verschlimmert das Weinen des Kindes oft noch die Situation, da es von den Eltern als Kritik erlebt wird und Bestrafungsreaktionen nach sich ziehen, die entweder darin bestehen, dass das Kind sich selbst überlassen wird, oder es geschlagen wird.

Sich selbst überlassene Kinder, so genannte *deprivierte* Kinder, entwickeln schon im Säuglingsalter Strategien, um sich selbst zu beruhigen, indem sie ihren Körper schaukeln. Diese Bewegungen werden Jactationen genannt und sind häufig bei hospitalisierten Heimkindern zu beobachten. Sie stellen extreme Versuche dar, panische Verlassenheitsängste und die damit verbundenen Spannungen körperlich abzureagieren. Sich durch die Bewegungen zu spüren, stellt eine Art existenzielle Selbstvergewisserung für solche Kinder dar.

Sie können sich unschwer vorstellen, dass Kinder unter solchen Bedingungen, ob in oder außerhalb der Familie, ständig psychischen Traumata ausgesetzt sind, die von überwältigender und vernichtender Natur sind. Mit dem Mode gewordenen Begriff »posttraumatisches Stresssyndrom« werden Kinder und Erwachsene beschrieben, die traumatischen Situationen ausgesetzt waren, in denen das psychische oder physische Überleben bedroht war. Zunächst wurde dieses Syndrom bei US-Soldaten nach dem Vietnam- und dem ersten Golfkrieg beschrieben. Diese entwickelten oft große Schwierigkeiten, sich zu konzentrieren, waren ruhelos und impulsiv aufbrausend. Bei ihnen hat man erstmalig die physiologischen und biochemischen Veränderungen im Gehirn nachweisen können, die jetzt auch für einen Teil der hyperkinetischen Kinder beschrieben werden.

Es ist einleuchtend, dass psychische und körperliche Traumen gerade bei Kindern, deren adaptive Bewältigungskapazitäten um ein vielfaches niedriger liegen als beim Erwachsenen, auch biologisch nachweisbare Spuren hinterlassen. Dies um so mehr, da das kindliche Zentralnervensystem sich noch in der Entwicklung befindet.

Die Forschungsgruppe um Perry (1998) in Houston/Texas, die 120 psychisch schwer traumatisierte Kinder nachuntersucht hat, stellte zwei unterschiedliche Reaktionsweisen fest: Zum einen können die Kinder in einer bedrohlichen Situation versuchen, der drohenden Gefahr durch *Fluchtreaktionen* mit einem erhöhten motorischen Erregungsniveau zu entkommen. Wenn eine Flucht aus der Bedrohungssituation aber nicht möglich ist, kommt es wie im Tierreich zu einem »*Todstellreflex*« als Unterwerfungsgeste. In diesem Zustand tritt als Schutz eine Art psychische Bewusstlosigkeit ein, bei der das Erlebte und die damit verbundenen panikartigen Gefühle vom Bewusstsein abgespalten, mit einem Fachwort: *dissoziiert* werden.

Durch eine solche, dem eigenen Schutz dienende Abspaltung, ist das Erlebte mit den dazugehörigen Gefühlen natürlich nicht aus der Welt, sondern gespeichert in der Person wirksam, indem es z.B. die Aufmerksamkeit des Kindes in Form von latenter oder frei flottierender Angst in Beschlag nimmt. Wenn im späteren Leben die Kinder – oder auch Erwachsene – z.B. durch Geräusche oder Verhaltensweisen in ihrer Umgebung in eine andeutungsweise ähnliche Gefahrensituation wie die ursprüngliche geraten, kommt es zu sog. »flash-backs«, bei denen Erinnerungen wachgerufen werden, die zu panikartigen, völlig überschießenden Reaktionen führen. Sie können die Erregung dann entweder nach der Strategie der Flucht motorisch abreagieren, oder durch psychisches Wegdriften in einen unaufmerksamen, manchmal Absence-ähnlichen Zustand zu kompensieren versuchen.

So wird deutlich, dass die scheinbar so sinnlosen Symptome der unaufmerksamen und hyperaktiven Kinder durchaus Sinn machen können und etwas über die innere Angstbereitschaft dieser Kinder zum Ausdruck bringen. Da die unbefriedigenden oder sogar traumatisierenden Eltern-Kind-Beziehungen oft ihren Anfang bereits im Säuglings- oder Kleinkindalter nehmen, wundert es nicht, wenn eine ganz aktuelle Untersuchung von Wolke und Mitarbeitern (2002) zu dem Ergebnis kommt, dass sog. Schreikinder, also Kinder, die bereits in den ersten Lebensmonaten durch Schreien, Gedeih- und Schlafstörungen auffallen, ein stark erhöhtes Risiko haben, später eine Hyperaktivitätsstörung zu entwickeln. Von 64 »Schreikindern« hatten 19% bei einer Nachuntersuchung im Alter von 8 Jahren eine Hyperaktivitätsstörung entwickelt; in einer Kontrollgruppe betrug der Anteil nur 1,6%.

Gerade die »Schreikinder« lösen aber auch Gefühle von Hilflosigkeit und Ohnmacht bei den Eltern aus, wenn es diesen nicht gelingt herauszufinden, wodurch es beruhigt werden kann. Sie werden mit eigenen Gefühlen von Inkompetenz konfrontiert und sind nicht weniger unglücklich als die »nichtgedeihenden« Kinder.

Zum Schluss möchte ich am Beispiel von Lucas zeigen, wie auch ohne eine Dauermedikation mit Ritalin durch die gruppen- und familientherapeutische Behandlung eine Veränderung in den familiären Beziehungen erreicht werden konnte, welche die ADHS-Symptome zum Verschwinden brachte.

»Lucas, 9 Jahre alt, ist in der Klasse nicht mehr tragbar!«

Die Klassenlehrerin hatte der Mutter dringend empfohlen, mit Lucas einen Kinderarzt aufzusuchen, damit er Ritalin bekommen würde. In der Klasse sei er untragbar. Er würde nur herumrennen, den Unterricht stören und auf keine Anweisungen der am Ende ihrer Geduld stehenden Klassenlehrerin hören. Auch sei er in der Klasse sozial völlig isoliert. Die Versetzung in die 4. Klasse sei ernsthaft gefährdet.

Der Kinderarzt war bereit, Ritalin zu verschreiben. Die Mutter hatte aber Bedenken und wünschte eine zusätzliche Untersuchung beim Kinderpsychiater.

Dabei waren Lucas und die Mutter anwesend; der Vater wollte nicht mitkommen, da er »nichts von Gesprächen halten« würde.

In der Erstgesprächssituation bei der psychotherapeutisch arbeitenden

Kinderpsychiaterin war Lucas total aufgedreht, schoss mit einem großen Ball im Zimmer herum, während die Mutter versuchte, der Ärztin die Probleme mit ihm zu beschreiben. Wenn die Ärztin sich mit einer Frage an Lucas wandte, war dieser jedoch sofort aufmerksam und beteiligte sich am Gespräch.

Schon hier zeigte sich also, dass Lucas nicht ertragen konnte, sich ausgeschlossen zu fühlen, wenn sich in dieser Dreiersituation die Ärztin mit der Mutter unterhielt.

Zur Vorgeschichte

Die Mutter erzählte, dass Lucas unter ganz schwierigen Umständen auf die Welt gekommen sei. Sie war damals die Geliebte eines verheirateten Mannes, der in seiner Ehe schon ein Kind hatte. Als dann Lucas' Mutter schwanger wurde, erfuhr sie, dass ungefähr zur selben Zeit die damalige Ehefrau von Lucas' Vater auch von ihm geschwängert worden war.

Sie war völlig im Unklaren, zu wem der Mann halten würde, denn dieser konnte sich zwischen den zwei Frauen nicht entscheiden.

Diese Situation wurde erst beendet, als die Ehefrau von der Nebenbeziehung ihres Mannes und der daraus resultierenden Schwangerschaft seiner Geliebten erfuhr: Sie setzte ihn kurzerhand vor die Tür.

Lucas' Vater konnte sich immer noch nicht entscheiden, mit seiner schwangeren Geliebten – also Lucas Mutter – zusammenzuziehen, sondern zog in eine eigene Wohnung. So kam Lucas in einer Situation auf die Welt, in der seine Mutter durch die Unklarheit darüber, ob der Kindsvater zu ihr halten würde, völlig verunsichert, ängstlich und depressiv war.

In den ersten sechs Monaten war Lucas ein »Schreikind«, das nachts sehr wenig schlief und die Mutter ständig in Anspruch nahm. Sie deutete sein Schreien als einen Beweis für ihre Unzulänglichkeit und versuchte, diese durch Allgegenwärtigkeit zu kompensieren. Die ängstliche Sorge, ihm könnte etwas fehlen, habe sie damals nicht mit ihrer eigenen Situation, nämlich dem Fehlen des Vaters, in Verbindung gebracht.

Lucas entwickelte sich etwas langsam. Als er 13 Monate alt war, kam sein jüngerer Bruder auf die Welt, und die Eltern zogen nun zusammen. Allerdings blieb die Beziehung zum Vater sehr »dünn«, da dieser in seinem Beruf als Fahrschullehrer buchstäblich viel unterwegs war. So blieb die enge Beziehung zur Mutter als Hausfrau ungebrochen aufrechterhalten. Sie musste z. B. stets neben ihm sitzen, wenn er Hausaufgaben machte. Ansonsten hing er die meiste Zeit passiv vor dem Fernseher herum, hatte keine Freunde und ging kaum aus dem Haus. Mit seinem jüngeren Bruder rivalisiert er sehr um die Aufmerksamkeit der Mutter.

Die Behandlung

Da ein Psychotherapieplatz bei der Ärztin erst sieben Monate später frei werden würde – so sieht die Versorgungssituation in diesem Bereich leider mancherorts aus –, wurde vereinbart, dass Lucas an einer Kunsttherapie-Gruppe mit drei anderen Kindern teilnehmen sollte, und alle drei bis vier Wochen Familiengespräche bei der Ärztin stattfinden würden.

Kaum hatte die vereinbarte Behandlung angefangen, meldete sich die Klassenlehrerin wieder bei der Mutter und berichtete über die unhaltbare Situation in der Schule. Sie drängte darauf, dass Lucas nun unbedingt Ritalin bekommen müsste. Sonst würde er womöglich in einer Schule für verhaltensgestörte Kinder landen.

Zögernd ließ sich die Mutter darauf ein, in den zwei Monaten bis zu den Sommerferien ihrem Sohn probeweise Ritalin zu geben. Und tatsächlich wurde Lucas durch das Ritalin ruhiger, konnte in der Schule besser mitarbeiten und störte kaum noch. Aber die Mutter erlebte ihn als sehr verändert: »wie abwesend, ohne Gefühlsregungen, abgestumpft«, und sie machte sich deswegen Sorgen.

In der Kunsttherapiegruppe zeigte Lucas zunächst das von der Schule beschriebene Verhalten: Er rannte umher, konnte sich auf nichts konzentrieren und störte die anderen Kinder. Nach einigen Wochen entschied er sich, mit »harten Materialien« wie Holz und Stein werkeln zu wollen, mit denen er bald sehr konzentriert und erfolgreich arbeitete.

Die parallel verlaufenden Familiengespräche in größeren Abständen fanden nur mit Mutter und Lucas statt, weil sich der Vater weiterhin weigerte, mitzukommen. Die Ärztin versuchte, die Abwesenheit des Vaters dadurch auszugleichen, dass sie ihn quasi symbolisch in den Raum holte, indem sie die Mutter danach fragte, was der Vater zu diesem und jenem wohl sagen würde, wenn es um Probleme mit Lucas ging. Und sie fragte, ob die Mutter dem Vater von den Gesprächen bei der Ärztin berichten würde. Es wurde bald deutlich, dass sich der Vater daheim sehr wohl für diese Themen interessierte. Zunehmend konnte der Vater so zumindest indirekt in die Überlegungen mit einbezogen werden.

Zur gleichen Zeit schaffte es Lucas, den Vater für seine Arbeiten mit Holz zu interessieren, denn es stellte sich heraus, dass dies auch ein Hobby des Vaters darstellte. So kam es immer häufiger vor, dass Vater und Sohn am Wochenende zu Hause gemeinsam in der Werkstatt bastelten.

Nach den Sommerferien fiel Lucas ohne Ritalin – die Mutter hatte entschieden, es abzusetzen – in sein früheres unruhiges Verhalten zurück. Wieder drängte die Klassenlehrerin auf die Wiederaufnahme der Ritalingabe, aber diesmal stellte sich die Mutter stur und widerstand dem Druck der Schule. Erst nach den Weihnachtsferien kam es auch in der Schule zu einer Wende im Verhalten des Jungen: Er wurde zunehmend ruhiger, konnte länger still sitzen und sich konzentrieren. Im Frühjahr war es dann so weit, dass er für die Übernahme in die Gesamtschule vorgeschlagen wurde.

Die »Sternstunde«

Beispielhaft für die Arbeit mit Lucas und seiner Mutter in der Familientherapie war eine Stunde im Monat Mai, in der Lucas Papiersterne auf einen großen Ball klebte. Die Therapeutin und die Mutter wunderten sich über den Zeitpunkt für diese Aktion, bis gemeinsam erarbeitet wurde, dass Lucas ja zwei Tage vor Weihnachten geboren wurde, zu einem Zeitpunkt also, zu dem die Sternen-Symbolik allgegenwärtig war. Nun begann die Mutter, über die Umstände um die Geburt von Lucas ausführlich zu erzählen. Sie musste dabei sehr oft weinen, als sie sich an die für sie und Lucas so schwierige Zeit erinnerte. Sie konnte nachvollziehen, wie sehr ihre damaligen Schuldgefühle der Ehefrau und den Kindern ihres Geliebten gegenüber dazu geführt hatten, dass sie an Lucas etwas wiedergutmachen wollte. Deswegen konnte sie ihm keine Grenzen setzen, ihm keinen Wunsch abschlagen. In ihrer damaligen Depression habe sie sich vielmehr selber sehr an Lucas geklammert, habe in der Beziehung zu ihrem Sohn Trost gesucht. Dem Mann gegenüber habe sie keine Forderungen stellen können, denn sie hatte das Gefühl, kein »Recht« auf ihn zu haben, der eigentlich einer anderen Frau gehörte.

Lucas war in dieser Gesprächs-Situation sehr aufmerksam und fragte viel nach.

Zu Beginn der Sommerferien wurde die Behandlung beendet. Bei einem Nachgespräch acht Monate später erzählte die Mutter, dass Lucas nun in der fünften Klasse der Gesamtschule erfolgreich sei, in der er auch Freunde gefunden habe. Der Kontakt zum Vater sei weiterhin sehr gut, und die Hausaufgaben könne er nun alleine erledigen.

Beurteilung

Im Folgenden möchte ich eine zusammenfassende Beurteilung der Entwicklung der ADHS-Störung bei Lucas formulieren.

Die unangemessen innige, geradezu symbiotische Beziehung zwischen ihm und seiner Mutter resultierte aus der für alle Beteiligten schwierigen Situation bei der Schwangerschaft und Geburt von Lucas. Durch die Schwierigkeit des Vaters, sich für die neue Familie zu entscheiden, die durch die Schuldgefühle seiner Ehefrau und seinen ehelichen Kindern gegenüber nachvollziehbar ist, blieb er auch dann noch randständig, als er zu seiner neuen Familie zog. Dies trug dazu bei, dass die enge, anklammernde Beziehung zwischen der Mutter und Lucas nicht aufgelöst werden konnte. Da die Beziehung zwischen den Eltern sehr distanziert blieb, wuchs Lucas in eine Art Partnerersatz-Rolle bei der Mutter hinein, die er meinte herumkommandieren und beherrschen zu können – wie er sich übrigens auch von der Lehrerin nichts sagen ließ.

Andererseits war er z. B. bei den Hausaufgaben auf die Mutter angewiesen wie ein Kleinkind. Nicht verwunderlich also, dass er in der Schule ohne die Nähe zur Mutter nichts zustande bringen konnte. Dort wurde er bei normalen schulischen Anforderungen immer neu mit seiner Unselbständigkeit und Unzulänglichkeit konfrontiert. Die dadurch ausgelösten Ängste, zu versagen, und die damit verbundenen inneren Spannungen wurden durch ruheloses Herumrennen abgeführt. Auf die gestellten Aufgaben sich einzulassen, hätte bedeutet, einsehen zu müssen, dass er noch vieles nicht schafft – eine große Kränkung für jemanden, der an einer Art Prinzen-Rolle bei der Mutter gewohnt ist. Erst gar nichts anzufangen, also die Verweigerung, ist dann eine Möglichkeit, dem eigenen Versagen auszuweichen.

Sich zu Hause vor dem Fernseher zu langweilen, lässt sich verstehen als ein Kompromiss: Er bleibt in der Nähe der Mutter, und er hält den Kontakt zur Außenwelt zumindest über den Fernseher aufrecht. Die Langeweile resultiert daraus, dass er in dieser Ambivalenz »gefangen« bleibt und somit nicht wie andere Kinder Interessen außerhalb der Familie nachgehen kann.

Was war nun in der Therapie wirksam?

Die Kunsttherapie-Gruppe stellte für Lucas eine überschaubare Kleingruppen-Situation dar, in der nicht schulische Lernanforderungen erwartet wurden, die bei ihm sofort Versagensängste ausgelöst hätten. Vielmehr konnte er selber die handwerkliche Arbeit mit »harten Materialien« auswählen und damit auch schnell Erfolge erzielen, die sein Selbstwertgefühl stärkten.

Nicht zufällig wählte er »männliche« Arbeitsmaterialien, die auch auf das Interesse des Vaters abgestimmt waren. So gelang es ihm, über seine neuen Fertigkeiten einen Kontakt zum Vater herzustellen und mit ihm zusammen eine befriedigende Beziehung aufzubauen.

In den begleitenden Familiengesprächen stellte die Dreier-Situation Ärztin – Mutter – Kind eine Art Übungsplatz für Lucas dar, auf dem er nach anfänglichen Schwierigkeiten in der Erstuntersuchungs-Situation – wo er ja total ausgerastet war –nach und nach erfahren konnte, wie sehr es auch ihn entlastete, wenn die Mutter mit der Ärztin eine Beziehung einging, in der über ihre Probleme geredet werden konnte. Erst die Verantwortung für die unglückliche und unzufriedene Mutter abgeben zu können, erlaubte es ihm, eine eigenständige Entwicklung einzuleiten und den Kontakt zum Vater zu initiieren.

Nicht weniger wichtig war es, den in den Familiengesprächen abwesenden Vater immer wieder *symbolisch* hereinzuholen. Durch das betonte Interesse der Ärztin an den Äußerungen und Ansichten des abwesenden Vaters war dieser doch »mit im Raum«. Dadurch wurde der Kontakt zwischen den Eltern zu Hause intensiviert, gerade auch als Paar.

Dies trug nicht nur dazu bei, dass der Vater mehr Verständnis und Interesse für seinen Sohn entwickelte. Vielmehr wurde Lucas auch in seiner Partnerersatz-Rolle bei der Mutter entlastet, weil die Eltern sich nun mehr austauschten und ihre Beziehung sich dadurch besserte.

Dass diese Entwicklung überhaupt möglich wurde, war nicht zuletzt der Mutter zu verdanken, die sich nicht mit dem Vorschlag zufrieden gegeben hatte, die Verhaltensstörung ihres Kindes mit Ritalin zu dämpfen. Ihre Entschlossenheit dem Kinderarzt und der Klassenlehrerin gegenüber stellte die Voraussetzung für den eingeschlagenen psychotherapeutischen Weg dar. Durch dieses Verhalten der Mutter wurde nicht nur die Auflösung der Verhaltensstörung möglich, sondern eine entscheidende *Veränderung der Beziehungen*, durch die die Störung von Lucas ausgelöst und aufrechterhalten wurde. Und zwar Beziehungen, die von Anfang an so belastet gewesen waren durch die allseits vorhandenen Schuldgefühle aller Beteiligten.

Aber auch die manchmal an ihre Grenzen geratene Lehrerin, die letztlich doch die schwierige Unterrichtssituation mit Lucas durchgestanden hat, öffnete die Möglichkeit für eine erfolgreiche Veränderung bei ihm.

Somit wird deutlich, dass die Unaufmerksamkeit und motorische Unruhe der sog. ADHS-Kinder oft, oder sogar in der Regel nur die sichtbare Spitze des Eisberges darstellen. Hinter den Verhaltensauffälligkeiten sind meistens

Ängste, Unsicherheiten und Selbstzweifel verborgen, die gerade Jungen sich nicht gerne eingestehen. Dies erklärt wohl auch, warum so viel mehr Jungen als Mädchen an dieser Störung leiden.

Es ist auch deutlich geworden, wie schwer es für Eltern, aber auch für Lehrer und Behandler ist, zu verstehen, was diese Kinder wirklich zum Ausdruck bringen möchten. So entsteht eine schwerwiegende, sich immer weiter fortsetzende *Kontaktstörung* zwischen dem Kind und seiner Umgebung.

Kontakt, für jeden Menschen fast so lebenswichtig wie Nahrung, kann aber erst dann entstehen, wenn das Kind, das über sein Verhalten versucht, etwas von seiner inneren Befindlichkeit auszudrücken, spürt, dass die Erwachsenen auch mithelfen möchten, das zunächst dem Kind selber Unverstehbare – durch Worte verstehbar zu machen.

Literatur

Biedermann, J.; Wilens, T. (1999): Pharmacotherapy of attention-deficit/hyperactivity disorder reduces risk for substance use disorder. Pediatrics 104, 1–9.

DeGrandpre, R. (2002): Die Ritalin-Gesellschaft. ADS: Eine Generation wird krankgeschrieben. Weinheim, Basel (Beltz).

Kärfve, E. (2000): Hjärnspöken. Damp och hotet mot folkhälsan. Stockholm, Stehag (Symposion).

Neraal, T. (1976): Krankheitstheorien und Behandlungserwartungen in Familien mit einem psychisch gestörten Kind. Inaugural Dissertation an der Justus-Liebig-Universität Gießen.

Perry, B. D. et al. (1998): Kindheitstrauma, Neurobiologie der Anpassung und »gebrauchsabhängige« Entwicklung des Gehirns: Wie »Zustände« zu »Eigenschaften« werden. Analytische Kinder- und Jugendlichenpsychotherapie 99, 277–307.

Remschmidt, H.; Heiser, Ph. (2004): Differenzierte Diagnostik und multimodale Therapie hyperkinetischer Störungen. Deutsches Ärzteblatt 37, 2071–2078.

Richter, H.-E. (1970): Patient Familie. Reinbek (Rowohlt).

Riedesser, P. (2004): »ADHD« – the biggest controversy in history of child and adolescent psychiatry. Vortrag, Berlin 2004.

Storck, J. (1993): Über die psychischen Hintergründe des hyperkinetischen Verhaltens. Kinderanalyse 2, 201–230.

Wolke, R.; Rizzo, P. & Woods, S. (2002): Persistent Infant Crying and Hyperactivity Problems in Middle Childhood. Pediatrics 109, 1054–1060.

Die Bedeutung des Vaters oder: Die Suche des Kindes nach Struktur

Inge Seiffge-Krenke

In den letzten Jahren hat ein deutlicher Krankheitswandel stattgefunden, zunehmend mehr Patienten mit Ich-strukturellen Störungen kommen in therapeutische Praxen und Beratungsstellen. In der Kinder- und Jugendlichenpsychotherapie und -psychiatrie geht man auf diese Veränderung u.a. durch das zunehmende Anbieten von strukturbildenden Maßnahmen ein. Das Krankheitsbild des ADHS ist relativ häufig und wird von einigen Autoren auch in Verbindung mit Strukturdefiziten gebracht.

In diesem Zusammenhang wird die Frage relevant, welche Funktion der Vater als strukturgebendes Element in der Familie hat. In dem folgenden Beitrag geht es um entwicklungspsychopathologische Befunde, die den Stellenwert und die distinktive Funktion von Vätern in Familien verdeutlichen. Anhand der Entwicklungslinien von der frühen Kindheit bis zum Jugendalter soll verdeutlich werden, inwiefern eine »hinreichend gute Bevaterung« strukturbildend ist und dem Kind Kompetenz, Autonomie und Neugier vermitteln kann.

Der Krankheitswandel

Psychoanalytische Konzeptionen gehen ätiologisch von einem Konfliktmodell aus, im klassischen freudianischen Sinn ein Konflikt zwischen den triebhaften Bestrebungen und den internalisierten Normen der Gesellschaft, verdeutlicht in den Instanzen Es und Über-Ich, wobei das Ich eine vermittelnde Rolle einnimmt und durch Abwehrprozesse die anstößigen Triebregungen aus dem Bewusstsein fernhält, durch die Zweiseitigkeit des Symptoms aber auch eine versteckte Befriedigung ermöglicht. Im Sinne moderner Konzeptualisierungen wie der OPD-KJ (2003) wird als Ursache ein intrapsychischer, zeitlich überdauernder Konflikt verstanden, bei dem unvereinbare Bestrebungen aufeinanderprallen und in einem eher aktiven bzw. passiven Modus »gelöst« werden. Entscheidendes Kriterium ist, dass sich der intrapsychische Konflikt in verschiedenen Alltagsbereichen beobachten lässt und die Weiterentwicklung des Kindes oder Jugendlichen gehemmt, blockiert wird. In diesen Arbeiten, wie auch in Arbeiten die die Psychotherapie Erwachsener betreffen (OPD 2006; Rudolf 2004) wird jedoch hervorgehoben, dass ein gewisses Maß an Struktur Voraussetzung dafür ist, dass sich überhaupt intrapsychische Konflikte entwickeln können. Patienten mit schweren Ich-strukturellen Störungen weisen demgegenüber Defizite auf, so dass eher von einem Defizitmodell gesprochen werden muss (Beck 1994).

In den letzten Jahrzehnten lässt sich ein deutlicher Krankheitswandel in Richtung auf solche frühen Störungen mit schweren Strukturdefiziten feststellen. Obwohl für psychoanalytische Konzeptionen nach wie vor unbewusste Prozesse sehr zentral sind, zeigen doch Konzeptionen wie die Bindungstheorie, dass der realen Interaktion und der Wirklichkeit (Bowlby 1969) eine nicht zu unterschätzende Bedeutung zukommen.

In den letzten Jahren haben Familien einen starken Strukturwandel durchlebt (Seiffge-Krenke 2004). Die Reduzierung der Familiengröße, das Verschwinden der Großelterngeneration aus dem gemeinsamen Haushalt und das Zusammenleben mit nur wenigen Geschwistern sind wesentliche Veränderungen, die die Erfahrungen von Kindern und ihren Eltern heute bestimmen. Hinzu kommen weitere familienstrukturelle Veränderungen wie z.B. Einelternfamilien, die gegenwärtig etwa 20% aller Familien ausmachen. Aber auch die zunehmende Arbeitslosigkeit und die Tatsache, dass häufig beide Eltern berufstätig und die Kinder unbetreut sind, sind hier ebenfalls zu nennen. Diese insgesamt stark veränderte Wirklichkeit hat sicher dazu beigetragen, dass in verschiedenen epidemiologischen Studien eine Zunahme der Prävalenzraten bei Kindern und Jugendlichen in den letzten Jahren dokumentiert wurde (Fombonne 1998), was auch für eine Zunahme an impulskontrollgestörten Kindern gilt (Lehmkuhl/Adam/Döpfner 1998).

Aspekte von ADHS

In seiner Übersichtsarbeit weist Matthias Fink (2004) auf die doch erhebliche Prävalenz von ADHS hin, bei der gegenwärtig von einer Häufigkeit von 2 bis 6% betroffener Kinder und Jugendlicher im Alter zwischen 6 und 18 Jahren ausgegangen werden kann. Auf der Basis von Lehrer- und Elternfragebögen erhöhen sich die Prävalenzraten zum Teil auf 3 bis 17% der Kinder dieser Altersstufen. Mayr (1987) weist in einem früheren Überblick über

Hyperaktivität darauf hin, dass es Schwierigkeiten in der konzeptuellen Bestimmung der Diagnose von Hyperaktivität vor allen Dingen bei Kindern im Vorschulalter gibt. Störungen der Aufmerksamkeit beziehungsweise eine mangelnde Effizienz in der Informationsverarbeitung sind nicht unbedingt typisch, denn es gibt auch Aufmerksamkeitsstörungen mit und ohne Hyperaktivität. Des Weiteren verweist sie auf die Entwicklungsabhängigkeit. Auch ist die Frage, ob es sich wirklich um ein eigenständiges Krankheitsbild handelt, weiterhin offen. In anderen Arbeiten, zum Beispiel von Johnson et al. (2001) wird unterstrichen, dass bei Kindern und Jugendlichen mit Hyperaktivität (ADHS) häufig neuropsychologische Defizite gefunden wurden. Die Studie dieser Autoren zeigt übereinstimmend sowohl bei Kindern als auch bei Erwachsenen neuropsychologische Defizite. Zum Beispiel wurden kurzzeitige Defizite im Erinnern visueller Informationen gefunden, eine stärkere Ablenkbarkeit durch andere Informationen und Schwierigkeiten in der Langzeitspeicherung und im Wiederfinden von Material. Andere Autoren wie Ingram et al. (1999) zeigen die Progression von ADHS, wie es bereits im Kindes- und Jugendalter gefunden wurde, bis zum Erwachsenenalter hin. In ihrer Längsschnittstudie fanden sie, dass 70 bis 80% der Patienten, die in der Kindheit eine solche Diagnose bekamen, noch als Jugendliche auffällig sind, und dass darüber hinaus von ihnen immerhin noch 60% im Erwachsenenalter symptomatisch waren.

Ohne die Aufmerksamkeits- und Hyperaktivitätsstörung als Krankheitsbild grundsätzlich in Frage zu stellen, ist die Tendenz, Kinder mit einer Verhaltensauffälligkeit zu psychiatrisieren und entsprechend mit Psychopharmaka zu behandeln, besorgniserregend. Der Analytiker Hans Hopf sieht im hyperkinetischen Syndrom eine schwerwiegende Störung der Psychomotorik. Die expressive und affektive Motorik stelle ein Abwehrverhalten dar und diene der Abfuhr von Spannungen. Das hyperaktive Kind habe eine ausgeprägte Ich-Schwäche, sei unkonzentriert, kaum in der Lage, Spannung auszuhalten sowie Grenzen und Regeln zu befolgen. Ein sprunghafter Wechsel zwischen verwöhnender Unterforderung und leistungsorientierter Überforderung verhindere eine adäquate Gefühlsreifung und führe zu einer »Inkontinenz der Gefühle« (Hopf 2000, S. 283). In jedem Fall ist eine mehrdimensionale Diagnostik angeraten und ein multimodales Behandlungskonzept sicher förderlich.

Strukturgebende Therapien und die Bedeutung der Triangulierung

Für Kinder und Jugendliche mit Ich-strukturellen Störungen und ADHS im Sinne der Hopfschen Formulierungen wären sicher Therapieformen sinnvoll, bei denen sie ihre Strukturdefizite aufarbeiten und wesentliche Erfahrungen im Sinne einer Triangulierung machen können. Wie im Folgenden noch ausführlich dargestellt, erscheint mir die Beziehung zum Vater als herausragend für die Entwicklung dieser strukturgebenden Prozesse und entsprechend müsste in den Therapien dieses »väterliche Prinzip« stärker berücksichtigt werden. Es ist bekannt, dass Patienten mit Strukturdefiziten von der klassischen Technik der Psychoanalyse nur in eingeschränktem Maße profitieren können. Bereits die Wallerstein-Studie zeigte an über 42 psychoanalytischen Langzeitbehandlungen, dass ein hoher Prozentsatz Ich-stützender und supportiver Techniken bei Patienten mit Ich-strukturellen Störungen angewandt wurde. Auch die strukturbezogene Psychotherapie von Rudolf (2004) enthält Maßnahmen, die das Ich stärken und diese Patienten in die Lage versetzen, ihr Selbst und ihre Beziehungen zu regulieren.

Die analytische Psychotherapie verfolgt nach den Richtlinien in ihren Behandlungszielen Veränderungen in den Persönlichkeitsstrukturen. Damit ist das Bewusstmachen von inneren Konflikten gemeint, die bei dem Patienten zu Wahrnehmungsverzerrungen und entsprechend neurotischer Abwehr führen. Über das therapeutische Durcharbeiten der Konflikte in der Übertragungssituation und die subjektiv wirksamen neuen Erfahrungen entwickeln sich neue Repräsentanzen und damit neue Strukturen. Patienten, die bereits mit Strukturdefiziten in die Behandlung kommen, verfügen jedoch nicht über prägnante innere Konflikte. Sie haben auf ihrer inneren Bühne keine Strukturen zur Verfügung, die diese Konflikte bilden könnten. Von daher sind Maßnahmen wie Struktur stabilisierende und Struktur fördernde Techniken dringend erforderlich.

Aufschlussreich sind hier auch neuere psychoanalytische Konzeptualisierungen, bei denen die triadische Beziehungskapazität hervorgehoben wird. Meng, Schleske und Bürgin (2002) erläutern den entwicklungsbezogenen Hintergrund der Triangulierung. Entwicklungspsychologisch wird diese Fähigkeit in der ödipalen Phase erworben. Eine gelungene Triangulierung entspricht der Fähigkeit, gleichzeitig eine Beziehung zur Mutter und zum Vater zu haben und zu akzeptieren, dass beide Eltern parallel auch eine Beziehung zueinander haben. Diese Beziehungsform muss dann verinnerlicht werden. Die Autoren betonen, dass die Triangulierung auf der gelungenen Individuation-Separation im Verlauf der früheren, präödipalen Entwicklung aufbaut (Mahler/Pine/Bergmann 1975). Die Entwicklung eines separaten Selbst ist mit der »Entdeckung« verbunden, dass die anderen auch ihre subjektive Innenwelt, eigene Gedanken und Seelenzustände haben, und zwar von der ähnlichen Art wie das Subjekt. Ab diesem Entwicklungsschritt entsteht die »Zwischenmenschlichkeit«, ein Kind beginnt, eine sog. »theory of the mind« auszubilden (Stern 1985).

Wo es erlebnisgemäß eine Trennung zwischen Selbst und dem Andern gibt, öffnet sich auch ein intermediärer, intersubjektiver Raum. Damit ergeben sich Übergangsphänomene wie die Unterscheidung zwischen Fantasie und Realität, Spiel, Als-ob-Tun, symbolisches Denken. Nach Winnicott (1953) wird ein Übergangsobjekt erst dann erschaffen, wenn die Mutter sich vorübergehend von dem Kind abwendet und etwas Drittem zuwendet. Damit eröffnet sich eine Leerstelle zwischen ihr und dem Kind, die das Kind mit einem Übergangsobjekt erfüllt. Nach Fonagy (2003) schließt eine gelungene Triangulierung die Fähigkeit ein, anderen eine Innenwelt, die von dem Selbst unabhängig ist, zuzubilligen. Das Subjekt kann sich vorstellen, dass das Gegenüber Beziehungen zu anderen hat, und diese auch untereinander eine haben können. So stellt das Ausbilden einer verinnerlichten triangulären Struktur einen Meilenstein der Entwicklung eines Subjekts dar: Die Möglichkeit des Getrenntseins ohne Ausschluss der anderen bildet eine sicherheitsspendende Matrix, die den Prozess der Verselbstständigung fördert.

In der Adoleszenz gewinnen die triangulären Phänomene erneut an Aktualität, da eine Lösung neu erarbeitet werden muss. Wenn das Kind keine trianguläre, ödipale Beziehung verinnerlicht hat, kommt es im Jugendalter bei dieser Umgestaltung leicht zu Störungen bzw. im ungünstigen Fall zum Entwicklungszusammenbruch (Schleske/Meng/Bürgin 2002). Die trianguläre Fähigkeit ist also von besonderer Bedeutung bei der Überwindung der adoleszenten Entwicklungskrise. Sie ermöglicht, die Hilfe eines Dritten zuzulassen, der einer übermäßigen regressiven Annäherung an ein ödipales Objekt entgegenwirkt (Schleske/Meng/Bürgin 2002).

Die distinktive Funktion von Vätern in der neueren entwicklungspsychologischen Forschung

Die Vaterforschung hat in der Psychologie eine kurze und gleichzeitig eigenartige Geschichte: Wir wissen nur sehr wenig über den Beitrag von Vätern in normalen, nicht-pathologischen Familien, aber es gibt eine vergleichsweise umfangreiche Forschung zu Gewalt und Missbrauch in Familien, die auf die schädliche Wirkung von Vätern hinweist (Seiffge-Krenke 2004). In den letzten

Jahren hat sich eine neue Sichtweise etabliert. Während frühere Theorien und Forschungsarbeiten implizit oder explizit davon ausgingen, dass Väter funktionieren müssten wie Mütter, wenn nicht, wurden sie als defizitär angesehen, setzt sich neuerdings die Erkenntnis durch, dass Väter einen besonderen, qualitativ und quantitativ unterschiedlichen Beitrag zur Erziehung und Entwicklung ihrer Kinder leisten (Seiffge-Krenke 2001a). Im Zentrum dieses Beitrags stehen daher neuere Forschungsbefunde, die die distinktive Funktion von Vätern für die Entwicklung ihrer Kinder zum Gegenstand haben und sich vor allem mit der Frage der Bedeutung von Vätern für die Struktur des Kindes beschäftigen.

In der neueren Forschung stellte man nicht nur Defizite der Väter fest, sondern machte die interessante Entdeckung, dass Väter *anders* mit den Kindern umgehen als Mütter, und zwar schon von den ersten Lebenstagen an. Besonders deutlich wurden die distinktiven Charakteristiken von Vätern im Vergleich zu Müttern durch zwei Meta-Analysen, die eine große Anzahl von Studien zusammenfassten und Beobachtungen sowie Befragungen von Vätern, Müttern und Kindern bzw. Jugendlichen einschlossen. Die Meta-Analyse von Siegal (1987) bezog sich auf 39 Beobachtungsstudien, in denen Daten sowohl über die Mutter-Kind- als auch die Vater-Kind-Interaktion erhoben wurden. In 20 der Studien fand man vater-spezifische Effekte gegenüber nur einer Studie, die mutter-spezifische Effekte berichtete. Dieser Unterschied war hoch signifikant und machte sich daran fest, dass Väter sehr stark nach dem Geschlecht des Kindes differenzieren, und zwar in den drei Bereichen körperliche Entwicklung, Spielverhalten und Disziplin.

Die These der Distinktivität ist vor einiger Zeit auch durch die sehr umfangreiche Analyse von Russell und Saebel (1997) unterstützt worden, die 287 Studien danach auswerteten, ob Geschlechtsunterschiede (der Eltern und Kinder) systematisch untersucht bzw. auch erwartet (in Form der Interaktion zwischen dem Geschlecht der Eltern und dem Geschlecht des Kindes) worden waren. Mit dem Alter der Kinder wurde die distinktive Funktion des Vaters immer deutlicher und bezog sich auf a) die Betonung spielerischer und Freizeitaktivitäten mit starkem Akzent auf der Motorik, dem Körper des Kindes, b) die Förderung von Selbstständigkeit und Individuation sowie c) die Akzentuierung des Geschlechts des Kindes.

Damit bestätigen umfangreiche Forschungsergebnisse ein ganz spezifisches, besonderes Verhalten von Vätern, die schon mit sehr kleinen Kindern qualitativ anders umgehen als Mütter. Sie stimulieren das Kind stärker visuell und akustisch und haben einen distanten, aufregenden Körperkontakt. Selbst wenn Väter pflegen und füttern, tun sie dies in einer anderen, eher spielerischen und aufregenden Art und Weise. Bei Kindern im Schulalter beobachtete man in diesen Studien mehr körperliche Aktivitäten und mehr Spielverhalten mit dem Vater, während bei Müttern wiederum mehr pflegerische Handlungen, das *caregiving*, beobachtet wurden. Während in den Augen der Mütter »alles Kinder sind«, unterscheiden Väter außerdem sehr früh zwischen Söhnen und Töchtern. Die Spielaktivitäten mit den Töchtern sind sanfter, ihre Weiblichkeit wird hervorgehoben und bezeichnet. Auch im Bereich der Disziplin unterscheiden Väter deutlich zwischen Töchtern und Söhnen. Die Väter waren strenger in der Disziplin und wilder und direktiver in ihrem Spiel mit Söhnen, dagegen weicher, vorsichtiger und unterstützender im Umgang mit Töchtern.

Die »Passung« mit psychoanalytischen Theorien

Freud hatte bereits 1923 vermutet, dass die Beziehungen des kleinen Kindes zum Vater und zur Mutter in den ersten Jahren parallel verlaufen. Erst in der ödipalen Phase, mit Wahrnehmung des Geschlechtsunterschiedes, führt er den Vater als distinktive Person ein. Damit verändert sich das familiäre Klima qualitativ in Richtung auf eine Markierung der Geschlechtsunterschiede, Sexualisierung und aggressive Rivalität. Dyadische Beziehungsmuster mit Zentrierung auf die Mutter-Kind-Beziehung waren lange Zeit in den psychoanalytischen Konzeptionen vorherrschend. Der Vater trat – wenn überhaupt – als eher ähnliches Objekt in Erscheinung. Obgleich Peter Blos (1990) schon vor einigen Jahrzehnten die Bedeutung des frühen, dyadischen Vaters herausarbeitete und auch die Rolle des triadischen Vaters für die Entwicklung von Kindern betonte, wurde sein Ansatz kaum rezipiert.

Dabei gab es schon seit den Anfängen der Psychoanalyse wenig beachtete Hinweise auf eine distinktive Funktion des Vaters. Freud (1923) setzt sie – wie erwähnt – erst ab der ödipalen Phase an, Lacan (1953) aber bereits unmittelbar nach der Geburt. Neuere analytische Konzeptionen greifen die Ansätze von Lacan und Klein auf und betonen ebenfalls die Distinktivität (Cath/Gurwitt /Gunsberg 1989). Lacan hob hervor, dass sich eine wichtige Funktion des Vaters für die geistige und körperliche Entwicklung des Kindes auf die Entwicklung einer Symbolstruktur bezieht. Der Vater führt das Kind in die Welt der Symbole, der Sprache ein. Nach der Französischen Schule repräsentiert er die Sprache, das Symbol (»Le nom du père«, »La symbolique«; Lacan 1953). Weitere Impulse kamen aus der therapeutischen Arbeit mit psychosomatischen Patienten, die zeigen, dass die überwältigende Fürsorge und Vereinnahmung durch die Mutter zu einem »Körper für zwei« (Boeger/Seiffge-Krenke/Schmidt 1995) führen kann – etwa, wenn eine Mutter besser als der Patient weiß, ob dieser hungrig ist oder Körperbeschwerden hat. Dieser pathologische Prozess unterstreicht die enorme Bedeutung, die der Vater für die Entwicklung eines Körperbildes und selbstständiger Körperfunktionen beim Kind hat. Die Urfantasie der körperlichen Verschmolzenheit kann nicht aufgelöst werden, wenn der Vater, etwa bei psychosomatischen oder psychotischen Patienten, seine Funktion als trennendes Objekt, als Hilfe bei der Verselbstständigung des Kindes, nicht wahrnimmt.

Von Freud (1923) wird der Vater erst zu einem Zeitpunkt eingeführt, als das Kind drei Jahre alt ist; davor bilden Mutter und Kind eine Einheit. Die Sichtweise, die Säuglingen eine ausschließlich dyadische Beziehungskompetenz zuspricht, wurde schon früh von Klein (1928) und Lacan (1953) in Frage gestellt. Melanie Klein sah den Ödipuskomplex schon sehr viel früher, nämlich bereits ab Ende des ersten Lebensjahres als wirksam an. Ihrer Meinung nach wendet sich das Baby aus Frustration über die Entwöhnung von der Mutter ab und dem Vater zu. Triadische Beziehungen existieren also demzufolge ab dem Ende des ersten Lebensjahres. Lacan konzeptualisierte, wie erwähnt, den Vater als bedeutungsvollen Dritten in seiner symbolischen Funktion sogar schon vom Anfang der menschlichen Existenz an. In seinem Konzept der *frühen Triangulierung* beschäftigte sich Abelin (1971) mit der Bedeutung des Vaters in der Separationsphase, ausgehend von der zweiten Hälfte des ersten Lebensjahres. Von Klitzing (1999) hat hierauf Bezug genommen in seiner These, dass die kindliche Beziehungsentwicklung von Anfang an in einem triadischen Rahmen verläuft. Auch Rotmann hat darauf hingewiesen, dass Vater und Mutter schon früh als zwei verschiedene Personen erkannt werden: »Der Vater braucht nur minimal im Alltagsleben des Kindes und nur minimal in der direkten Pflege beteiligt zu sein, um doch spezifisches Bindungsobjekt für das Kind zu werden« (Rotmann 1978, S. 1141).

Dass die unterschiedlich lange Ausdehnung der symbiotischen Mutter-Kind-Phase im Vergleich zur Loslösung sehr stark abhängig ist von der Körperwahrnehmung der Mutter und ihrer Beziehung zum Vater des Kindes, hat Pines (1997) eindrucksvoll belegt. Allerdings scheint in den wenigen Arbeiten, die sich mit der Bedeutung des Vaters in dieser frühen Phase des Säuglings beschäftigen, dem Vater keine besondere, distinktive Funktion zuzukommen – es scheint sich eher um eine »zweite Bemutterung« zu handeln.

In neueren Arbeiten wird darauf hingewiesen, dass die große Bedeutung der Mütter, vor allem die Fantasie der gefährlichen und allmächtigen Mutter, durch spezifische, in der westlichen Kultur herrschende Bedingungen der Mutterschaft, die »Mutter und Kind in ein emotionales Treibhaus sperren und beiden die Ablösung erschweren, mit verursacht wird. In diesem Kontext werden der Vater und sein Phallus zur Waffe für das um Abgrenzung kämpfende Selbst« (Benjamin 1993, S. 95). Olivier (1997) weist darauf hin, dass es die »Mutterdominanz« in frühen Eltern-Kind-Beziehungen so schwierig macht, ein angemessenes Bild von Väterlichkeit zu entwerfen.

Die distinktive Funktion von Vätern unter Strukturgesichtspunkten

Im Folgenden soll auf die besondere, sehr unterschiedliche Interaktion von Vätern mit ihren Kindern und deren Auswirkungen auf die Strukturbildung ausführlicher eingegangen werden, differenziert nach den Altersstufen der Kinder.

Väter von kleinen Kindern: Der Fokus auf der Exploration

Väter gehen schon mit sehr kleinen Kindern qualitativ anders um als Mütter. Während Mütter einen sehr engen Körperkontakt halten und sich pflegerisch mit dem Baby beschäftigten, beobachtete man bei den Vätern viel mehr Imitation, Grimassenschneiden sowie visuelle und akustische Stimulation (Parke/Sawin 1980). Der Körperkontakt von Vätern ist distanter und aufregender und weist schon Ähnlichkeiten mit dem später noch zu beschreibenden *kamikaze play* auf, wenn zwei Väter sich etwa ihre Babys zuwerfen, während die Mütter entsetzt daneben stehen. Selbst wenn Väter füttern, tun sie das in einer mehr spielerischen Art und Weise.

Papousek (1989) wies nach, dass bereits Säuglinge Beziehungen zu mehr als einer Versorgungsperson aufbauen können und dass Mütter und Väter eine *intuitive Elternschaft* entwickeln können, die es beiden erlaubt, von Anfang an eine »hinreichend gute Umwelt« für das Kind zu schaffen. Die Studie von von Klitzing, Simoni und Bürgin (1999) belegt, dass schon Säuglinge triadische Beziehungen eingehen können. In intensiven Beobachtungsstudien untersuchten sie das Verhalten beider Eltern im Spiel mit ihrem viermonatigen Säugling und fanden Anzeichen dafür, dass das Baby einen Trilog durch Lächeln etc. in Gang bringt, in den es beide Eltern gleichzeitig bzw. nacheinander einbezieht. Sehr wichtig für die triadische Kompetenz des Kindes war es, dass das Elternpaar pränatal das ungeborene Kind als dritte Person in ihren Dialog integrierte. Dies sagt natürlich noch nichts über das distinktive Verhalten des Vaters aus, zeigt aber, dass Babys sehr früh zwischen beiden Eltern differenzieren und dass die *Mentalisierung* bedeutsam für die Beziehungsentwicklung ist.

Untersuchungen zum Bindungsverhalten konzentrierten sich bislang eher auf die Mutter-Kind-Beziehung. Von Klitzing, Simoni und Bürgin (1999) integrierten in ihrer Längsschnittstudie beide Eltern in die angstauslösende Trennungssituation (FST) im Alter von zwölf Monaten. Die Fähigkeit des Kindes, seine Emotionen in dieser bedrohlichen Situation der Trennung und Wiedervereinigung zu regulieren, hing ganz entscheidend von der Fähigkeit beider Eltern zum Trilog ab. Für den Vater ist kennzeichnend, dass er nach der Wiedervereinigung, wenn das Kind im »sicheren Hafen« ist, dessen Explorationsfähigkeit stützt und damit zu sicheren inneren Repräsentanzen des Kindes beiträgt (Van Ijzendorn/De Wolf 1997). Neugier und Exploration müssen genau auf den jeweiligen Entwicklungsstand und die Persönlichkeitseigenschaften des Kindes abgestimmt sein. Wie die Studien von Grossmann et al. (2002) zeigen, setzt sich die Spielfeinfühligkeit von der frühen bis zur mittleren Kindheit fort: Dabei waren sicher gebundene Väter deutlich feinfühliger im Spiel mit ihren Sechsjährigen als unsicher gebundene Väter. Dies ist ein klarer Beweis dafür, dass die »etwas andere Bindung« an den Vater (Seiffge-Krenke 2004), die feinfühlige Herausforderung im Spiel, für das Kind langfristig bzgl. des Aufbaus sicherer innerer Arbeitsmodelle vom Selbst und von Anderen ebenso bedeutsam ist wie die Feinfühligkeit der Mutter in der Trennungssituation.

Väterrollen in der mittleren Kindheit

Die Funktion des Vaters für die körperliche Entwicklung des Kindes, d.h. seine Betonung von motorischen Aktivitäten, ist in vielen Untersuchungen belegt. Väter unternehmen mit ihren Söhnen und Töchtern zahlreiche Aktivitäten, z.B. laufen, springen, Fußball spielen, Ball werfen, schaukeln, Fahrrad fahren oder schwimmen. Die motorischen Aktivitäten mit den Töchtern verlaufen aber insgesamt sanfter und vorsichtiger. Tremblay et al. (1985) haben die große Bedeutung des visuellen Kontakts und der Körperorientierung empirisch nachgewiesen.

Die Väter-Forschung für Kinder im Schulalter beschreibt den Vater in den fünf Rollen als Repräsentant der Außenwelt, Vermittler, Spielpartner, Herausforderer und Lehrer (Parke 1995). In der mittleren Kindheit schätzen Kinder Väter als interessanten, weil andersartigen Interaktionspartner, der andere und aufregendere Dinge mit dem Kind macht als die Mutter. Besonders bekannt geworden ist das *kamikaze play* (Herzog 1982), bei dem Väter mit ihren Kindern wild herumtoben und gefährliche Situationen erkunden. Diese Rolle des Vaters hängt eng mit der des Herausforderers zusammen, in der der Vater das Kind auffordert, Neuartiges zu tun, was es sich ohne seine Hilfe nicht zutrauen würde (wie etwa gefährliche Klettertouren, die Erkundung von Höhlen u.ä). Dass Väter dabei häufig auch als Vermittler für Umwelterfahrungen, etwa mit Feuer, Wasser, mit Höhenunterschieden etc. auftreten, liegt auf der Hand. Ohne ihre sorgsame Umsicht wären sie für das Kind allein zu gefährlich, ohne seine Erklärungen und sein Wissen uninteressant. Für Kinder dieses Alters ist der Vater – allein schon aufgrund der Tatsache, dass er über weite Strecken des Tages außer Haus ist – zugleich auch Repräsentant der Arbeitswelt, in der andere Gesetze und Mechanismen gelten als in der häuslichen. Schließlich ist er auch Lehrer und Mentor seines eigenen Wissens und Könnens, ob es nun um etwas Handwerkliches, um die Erfahrungen in unterschiedlichen Arbeitswelten oder um Sport geht.

Wie bei kleineren Kindern ist auch in dieser Altersgruppe nicht nur der »Anregungsfaktor Vater« von Bedeutung, sondern ebenso dessen Feinfühligkeit im Spiel, die eine angemessene Herausforderung – und keine Überstimulation – umfassen muss. Wie Väter diese aufregenden, aber auch unterstützenden Funktionen in die Tat umsetzen, wird an der Studie von Wüllrich (2001) deutlich, die Väter und Mütter in einer stressauslösenden Situation zusammen mit ihrem Kind verglich. Väter hatten dabei deutlich höhere Sprechraten als Mütter, um ihre Kinder zu beruhigen und ihnen die Situation zu erklären. Dies verdeutlicht, dass das »Wort des Vaters« nicht nur ein großes Gewicht hat (Lacan 1953), sondern auch, dass die oben beschriebene Funktion des Vaters als Lehrer und Vermittler von Erfahrungen mit diesen »aufregenden« Seiten des Vaters verbunden ist.

Es gibt Hinweise dafür, dass sich das beschriebene väterliche Rollenverhalten bei bestimmten, wichtigen Übergängen, z.B. dem Schuleintritt, verstärkt. So fand man beim Vergleich väterlichen Verhaltens einen Monat vor und sechs Monate nach Schuleintritt ihrer Kinder eine starke Konzentration auf motorische Aktivitäten in Spiel und Freizeit sowie eine Akzentuierung des Geschlechts. Väter sind mit ihren Söhnen aktiver in Bezug auf Freizeitaktivitäten, in denen sie gemeinsame Interessen verfolgen, unterrichten sie häufiger in neuen Fertigkeiten, achten mehr auf Disziplin und bringen ihnen angemessenes männliches Rollenverhalten bei (Crouter/Crowley 1990). Auch bei Töchtern unterstützen sie geschlechtsrollenspezifisches, d.h. weibliches bzw. mädchenhaftes Verhalten und zeigen ihnen gegenüber im Vergleich auch selbst mehr Nähe und Emotionalität.

Väter und Jugendliche: Strukturgeben bei »partieller Ich-Schwäche«

In dieser Altersstufe spricht man von einer strukturellen Ich-Schwäche, weil relativ starke Triebimpulse bewältigt werden müssen, das Ich aber zugleich durch Umbau- und Abwehrleistungen sehr beeinträchtigt ist. In dieser Altersstufe ist die distinktive Funktion von Vätern besonders deutlich und unterstreicht die Bedeutung von Vätern für die Individuation ihrer Kinder (Seiffge-Krenke 2001a). Der Vater scheint für die zunehmende emotionale und räumliche Distanzierung und die stärkere Außenorientierung ein sehr gutes Modell zu sein.

Wie bereits in der Kindheit verbringen Jugendliche mit ihren Vätern nur sehr wenig Zeit, die sich weiterhin eher auf die spielerischen und Freizeitaktivitäten konzentriert. Die starke Konzentration väterlichen Verhaltens auf den Körper und körperliche Aktivitäten lässt sich allerdings bei Jugendlichen nicht ungebrochen umsetzen. Der Vater muss vielmehr sehr sensibel sein für den sich verändernden Körper, denn im Jugendalter treten, ausgelöst durch die körperliche Reife, massive Veränderungen im Körperkontakt zu beiden Eltern auf, besonders deutlich gegenüber dem Vater. Dabei geht die Initiative zur Kontrolle von Körperkontakt und Nacktheit vom Jugendlichen aus und setzt etwa ein Jahr vor den sichtbaren äußeren Zeichen der körperlichen Reife ein (Seiffge-Krenke 1994). Die Jugendlichen lehnen dann jeden körperlichen Kontakt schroff ab und wollen z.B. nicht mehr auf dem Schoß oder neben dem Vater sitzen und sich umarmen lassen. Für viele Väter ist dies eine irritierende Erfahrung, weil zu diesem Zeitpunkt noch keine äußerlichen Veränderungen im Sinne der körperlichen Reife erkennbar sind und diese Reduzierung des körperlichen Kontaktes zum Vater sehr viel massiver als zur Mutter ist.

In weiteren Studien haben wir die Bedeutung von Vätern für die Individuation ihrer Kinder nachgewiesen. Im Vergleich zu Kindern verbringen Jugendliche viel mehr Zeit außer Haus mit ihren Freunden und sind auch im Haus für längere Zeitspannen von der Familie getrennt und in ihrem Zimmer verschwunden. Sie fühlen sich ihren Eltern weniger nahe, stellen Regeln und Autorität in Frage und handeln – spürbar an einer Zunahme familiärer Konflikte – neue Rechte und eine eher partnerschaftliche Interaktion aus. Der Vater scheint für diese zunehmende emotionale und räumliche Distanzierung und die stärkere Außenorientierung ein sehr gutes Modell zu sein. In unserer deutsch-israelischen Vergleichsstudie (Shulman/Seiffge-Krenke 1997) nahmen die Jugendlichen verschiedener Altersstufen ihre Väter als diejenigen wahr, die ihnen am stärksten zu verstehen gaben, dass man sich auf sie verlassen kann. Väter trauten ihren Kindern schon rund vier Jahre früher Unabhängigkeit zu als Mütter: Mütter sahen 16-Jährige als so abhängig an wie Väter 12-Jährige. Die starke Förderung von Individuation und Unabhängigkeit durch den Vater ist auch in zahlreichen historischen Briefen von Vätern an ihre Kinder belegt (Scheib 1994) und zeigt, dass es sich um ein zeitlich relativ stabiles Merkmal väterlichen Verhaltens handelt.

Die Akzentuierung des Geschlechts: Väter und Töchter, Väter und Söhne

In diesem Abschnitt wird uns ein distinktives Merkmal väterlichen Verhaltens besonders beschäftigen, das sich wie ein roter Faden durch die Literatur zieht: die Akzentuierung des Geschlechts des Kindes (Seiffge-Krenke 2001b). Die Bedeutung des Vaters für die körperliche Entwicklung und die zunehmende Autonomie des Kindes bzw. Jugendlichen ist also nach dem Geschlecht des Kindes zu differenzieren. Das gilt verstärkt, wenn aus den Kindern Jugendliche werden.

Der Sohn als »Spiegel des Vaters«

Frühe Studien belegen, dass Väter ihre Söhne bereits 24 Stunden nach der Geburt anders beschreiben als Töchter (als groß, stark und kräftig, vgl. Rubin et al. 1974), dass Väter das Puppenspiel ihrer Söhne energisch unterbrechen und negativer, aggressiver mit fünf- bis achtjährigen Söhnen im Vergleich zu Töchtern interagieren (Noller 1980). Väter sind mit ihren Söhnen aktiver in Bezug auf Freizeitaktivitäten, in denen sie gemeinsame Interessen verfolgen, unterrichten sie häufiger in neuen Fertigkeiten, achten mehr auf Disziplin und bringen ihnen angemessenes männliches Rollenverhalten bei (Crouter/Crowley 1990). Weitere Studien fanden, dass Väter länger mit Söhnen, vor allem erstgeborenen Söhnen, spielten, Söhne häufiger berührten, mehr mit ihnen explorierten, körperlich enger interagierten und dabei in positiverer, lustigerer Stimmung waren (Shulman/Seiffge-Krenke 1997). Die Häufigkeit des *affectionate touching* zwischen Vater und Sohn reduziert sich allerdings zu Beginn des Jugendalters drastisch, wenn sich der Sohn den Berührungen durch den Vater zunehmend entzieht (Salt 1991).

In Studien über die Beziehung zwischen Vätern und Söhnen ist außerdem eine starke Konzentration auf die Disziplinierungs- und Kontrollfunktion von Vätern (Power/Shank 1988) auffällig sowie die Tatsache, dass aggressive

Tendenzen häufig erwähnt werden. Herzog (1982) hat das *kamikaze play* zwischen Vater und Sohn als ein lustvolles, gefährliches und grenzüberschreitendes Spiel beschrieben. Zusammengenommen zeigen die Studien ein ambivalentes Pattern, gekennzeichnet durch ein hohes und intensives Engagement, kombiniert mit Strenge und Aggression.

Offenkundig ist die Art, wie Vater und Sohn mit aggressiven Gefühlen umgehen, sehr charakteristisch und bezeichnend für diese Beziehung. In diesem Zusammenhang ist es wichtig, sich zu vergegenwärtigen, dass der Vater in früheren Epochen das Recht hatte, seine Kinder zu töten. Kindermord, vor allem die Ermordung der erstgeborenen Söhne, sind historische Tatsachen (Shulman/Seiffge-Krenke 1997). Die griechische Ödipus-Tragödie verdeutlicht, dass es um Aggression von *beiden* Seiten geht, was auch in Freuds Konzeption des Ödipuskomplexes deutlich wird.

Aggressive und destruktive Tendenzen sind aber nur *ein* Aspekt der Vater-Sohn-Beziehung. Der sehr ambivalente, emotionale Zugang (starkes Engagement, aber auch emotionale Distanz) hängt möglicherweise damit zusammen, dass Väter ihre Söhne als »Spiegel« ihres Selbst konstruieren und dann sehr enttäuscht sind, wenn diese dazu nicht taugen (Kierkegaard 1847). Gleiche oder geteilte Aktivitäten sind sehr charakteristisch für Vater-Sohn-Beziehungen, ob es nun um das Jagen (bei Ernest Hemingway und seinem Vater bzw. seinen Söhnen), die Musik (bei Leopold und Wolfgang Amadeus Mozart), die literarische Produktion (bei Thomas und Klaus Mann), die Politik (Wilhelm und Karl Liebknecht) oder den Nachvollzug einer väterlichen Reise (bei August Goethe; vgl. Braunbehrens 1998) geht.

Historische Beispiele zeigen, dass nach Abschaffung des Kindermordes in der Neuzeit die väterliche Aggression auf andere Objekte verschoben wurde, wenn der Sohn nicht der Spiegel des Vaters ist. So ließ der Soldatenkönig nicht seinen Sohn, sondern dessen Freund Katte exekutieren. Blos (1990) hat die Zunahme der Aggression beim Übergang von der dyadischen zur triadischen Vater-Sohn-Beziehung anschaulich beschrieben. Wenig beachtet und untersucht ist dagegen die Aggression des Sohnes auf den Vater, die nach Grieser (1998) ihre Ursache in der teilweise überschätzen Macht des Vaters hat. Lempp (1977) Untersuchung an jugendlichen Mördern zeigt, dass vollzogene Morde am Vater in der Minderzahl waren, und fast nie in der direkten Konfrontation zwischen Vater und Sohn ausgeführt wurden, sondern aus der Ferne (mit Schusswaffen) oder während des Schlafs, so als wenn der Vater aus der Nähe zu mächtig und unbezwingbar sei. Zusammenfassend können wir festhalten, dass für die Vater-Sohn-Beziehung die Gegenpole Liebe und Aggression, Nähe und Distanz kennzeichnend sind, wobei im Sinne des Konzeptes des »Spiegels« aus der Sicht des Vaters größtmögliche Ähnlichkeit intendiert wird.

»Daddys little girl ...«

Die Beziehung zwischen Vater und Tochter zeichnet sich charakteristischerweise durch Differenz und Verschiedenheit aus. Obwohl der Vater auch mit der Tochter viele Freizeitaktivitäten und sportliche Aktivitäten unternimmt, wird stets die Verschiedenheit betont und die Weiblichkeit sanft hervorgehoben.

Väter beschreiben ihre Töchter bereits 24 Stunden nach der Geburt anders als Söhne (als niedlich, empfindlich und hübsch, vgl. Rubin et al. 1974). Ähnlich wie bei Söhnen unterstützen Väter auch bei Töchtern geschlechtsrollenspezifisches, d.h. weibliches bzw. mädchenhaftes Verhalten, zeigen aber zu ihren Töchtern im Vergleich zu ihren Söhnen mehr Nähe und Emotionalität (Crouter/Crowley 1990). Väter interagieren sehr viel sanfter und zärtlicher mit fünf- bis achtjährigen Töchtern im Vergleich zu Söhnen (Noller 1980) und erleben sich als der Beschützer ihrer kleinen Tochter.

Diese beschützende Rolle wird mit historisch früheren Entwicklungen in Beziehung gebracht, in denen der Vater die Tochter als sein Eigentum betrachtete und verheiratete. Die Übergabe dieses »Eigentums« wurde dann mit der Übernahme des Namens des Ehemannes besiegelt (Boose 1989). Die Tradition der europäischen Herrscherhäuser, ihre Töchter an »feindliche« Herrscher zu verheiraten, hatte neben dem Zugewinn an Macht und Latifundien den Zweck, dass die Töchter zwischen zwei aggressiven, männlichen Gegenspielern vermitteln sollten (vgl. dazu den Film »Marie Antoinette«, 2006). Bemerkenswert ist die Bereitschaft der Tochter, das Diktat des Vaters zu akzeptieren. Gilbert (1989) bringt dies mit dem Lacanschen Gesetz des Vaters in Beziehung und mit der Wahrnehmung der Tochter, nur über Identifikation mit dem Vater zu Macht gelangen zu können.

Dem Vater wird in verschiedenen psychoanalytischen Konzeptionen zwar eine wichtige Rolle bei der Entwicklung der Weiblichkeit zugeschrieben (z.B. Horney 1985), dieser Prozess wird jedoch nicht näher ausgeführt. Der Wunsch nach einem starken Vater, oder einem starken männlichen Objekt, der den weiblichen Ödipuskomplex lösen hilft, wird auch in Mythen und Märchen deutlich. Die Tochter kann in Folge dessen übergroße Passivität und Anpassung zeigen, wie etwa Grimms Märchen des »Mädchens ohne Hände« verdeutlicht.

Die Beziehung von Vätern zu ihren Töchtern ist durch große Zärtlichkeit geprägt (»daddys little girl«, vgl. Montemayor/McKenry/Julian 1993), die jedoch in aller Regel desexualisiert ist. Diese Desexualisierung ist nicht einfach zu erreichen, da Väter zugleich sehr stark die Weiblichkeit ihrer Töchter betonen und markieren. Snarey (1993) fordert deshalb, *erotic excitement* im

Spiel unbedingt in *secure excitement* zu überführen. Die Überinvolvierung von Vätern mit ihren Töchtern wird auch in Freuds Verführungstheorie deutlich, die er später zugunsten fantasierter Traumata aufgab. Wie wir in einer Studie an weiblichen Jugendlichen nachgewiesen haben, übernehmen Töchter bei der Desexualisierung einen aktiven Part. Die Initiative zur Kontrolle von Körperkontakt und Nacktheit geht von den Töchtern aus und setzt etwa ein Jahr *vor* den sichtbaren äußeren Zeichen der körperlichen Reife ein (Seiffge-Krenke 1994). Töchter ziehen sich dann plötzlich und für den Vater überraschend körperlich zurück, wollen sich nicht mehr berühren lassen und gehen auch bei spielerischen und sportlichen Aktivitäten massiv auf körperliche Distanz.

Der Vater wird auch aus den Prozessen der körperlichen Reife regelrecht ausgeschlossen (Shulman/Seiffge-Krenke 1997). Neuere Längsschnittstudien fanden Zusammenhänge zwischen väterlichem Involvement bei ihren fünfjährigen Töchtern und zeitgerechter körperlicher Reife dieser Tochter Jahre später (Ellis et al. 1999). Dies verdeutlicht, dass bei einem zeitgerechten Einsetzen der Menarche bereits ein Distanzierungsprozess eingesetzt hatte, während die Beziehungen zwischen Vater und Tochter in der frühen Kindheit sehr eng waren. Um den Ödipuskomplex zu lösen, muss das junge Mädchen seine Anziehung zum Vater neutralisieren und sich mit der Mutter identifizieren, was – zumindest in der klassischen freudianischen Sichtweise – eine Identifikation mit Passivität zur Folge hat. Empirisch ist in jedem Fall belegt, dass die Reifungsvorgänge der Tochter erheblichen Anlass für Konfliktstoff zwischen beiden Eltern in der Familie geben, aber auch zu vielen Auseinandersetzungen zwischen Tochter und Mutter (Smetana 1989; Seiffge-Krenke 1999) führen.

Zusammengenommen unterstreichen die empirischen Befunde, dass die Sexualität der Tochter ein wichtiger Streitpunkt in der Familie ist, und dass Eltern ihren Töchtern verglichen mit ihren Söhnen Unabhängigkeit weniger zugestehen. Obwohl Väter die Individuation sehr viel nachhaltiger unterstützen als Mütter, was besonders bei beruflich erfolgreichen Frauen nachgewiesen wurde (Heath/Heath 1991), neigen auch sie zu größerer Vorsicht und mehr Schutz bei den Töchtern. Unterstützung von Weiblichkeit und Zärtlichkeit sind demnach sehr charakteristisch für die Vater-Tochter-Beziehung. Gleichzeitig wird die Differenz zwischen Vater und Tochter deutlich markiert. Zuviel Nähe und Überidentifizierung mit dem Vater, wie etwa bei beruflich sehr erfolgreichen Töchtern (Shulman/Seiffge-Krenke 1997), bergen die Gefahr von Schwierigkeiten in der Beziehungsgestaltung mit späteren Partnern. Väter müssen deshalb eine delikate Balance zwischen emotionaler Nähe und der Wahrung der *Generationsgrenzen* finden.

Abschließende Bemerkung

Dieser Beitrag ging von einem Krankheitswandel aus, der zu einer Zunahme von Ich-strukturellen Störungen geführt hat. Diese Patienten brauchen in der Behandlung besonders viel von einem »väterlichen Prinzip«. Die Diskussion in analytischen Kreisen hat in der Vergangenheit zu sehr das »Containing« und damit das »mütterliche Prinzip« hervorgehoben. Es ist zweifellos wichtig, dass die Gefühle des Patienten, insbesondere wenn sie sehr negativ, aggressiv und zerstörerisch sind oder besonders traurig sind, aufbewahrt werden und ihm zu einem späteren Zeitpunkt sozusagen »metabolisiert« zurückgegeben werden.

Dennoch ist es von großer Bedeutung, dass diese Kinder und Jugendlichen auch in wesentlichen Strukturdimensionen gefördert werden. Im Sinne der OPD-KJ (2003) zählt dazu die Fähigkeit zur Selbst- und Objektdifferenzierung sowie die Impulstoleranz, die Fähigkeit zur Steuerung negativer Affekte und die angemessene Kommunikation von Affekten, die Empathie für die Gefühlszustände des Gegenüber zeigt. Kinder und Jugendlichen, deren Väter die in diesem Beitrag beschriebenen disktinktiven Funktionen erfüllen, bieten vielfältige Möglichkeiten zum Erwerb »triadischer« Kompetenz und einer hinreichend guten Struktur. Für die Kinder und Jugendlichen, die wir als Patienten sehen, ist es dagegen notwendig, dass der Therapeut dieses männliche Element in ausreichender Weise repräsentiert und stützend, supportiv, aber auch herausfordernd und begrenzend mit diesen Kindern und Jugendlichen erarbeitet. Im Sinne der begleitenden Elternarbeit ist es wichtig, die besonders passiven, nicht involvierten Väter dieser Kinder und Jugendlichen verstärkt zu aktivieren (Seiffge-Krenke/Hertel/Nieder 2000).

Literatur

Abelin, E. (1971): The role of the father in the separation-individuation process. In: McDevitt, J. B.; Settlage, C. F. (Hg.): Separation – Individuation. New York (Int. Universities Press), S. 229–252.

Beck, W. (1994): Funktionsdefizite als Auswirkung struktureller Ich-Störungen. Einschränkungen kognitiver und affektiver Anpassung in der verlaufsorientierten, psychoanalytisch-interaktionellen Therapie von Jugendlichen. Analytische Kinder- und Jugendlichenpsychotherapie 83, 181–209.

Benjamin, J. (1993): Phantasie und Geschlecht. Studien über Idealisierung, Anerkennung und Differenz. Basel, Frankfurt a. M. (Nexus).

Blos, P. (1990): Vater und Sohn. Stuttgart (Klett-Cotta).

Boeger, A.; Seiffge-Krenke, I. & Schmidt, C. (1995): »Ein Körper für zwei«: Chronisch kranke Jugendliche und ihre Mütter. Forum Psychoanalyse 11, 150–159.

Boose, L. E. (1989): »The father's house and the daughter in it: The structures of western culture's father-daughter relationship«. In: Boose, L. E.; Flowers, B. S. (Hg.): Daughters and fathers. Baltimore, MD (The Johns Hopkins University Press).

Bowlby, J. (1969): Attachment and loss, Vol. 1: Attachment. London (Hogarth).

Braunbehrens, V. (1998): Väter und Söhne. Reinbek (Rowohlt).

Crouter, A. C.; Crowley, M. S. (1990): School-age children's time alone with fathers in single- and dual-earner families: Implications for the father-child relationship. Journal of Early Adolescence 3, 296–312.

Ellis, B. J.; McFadyen-Ketchum, S.; Dodge, K. A.; Pettit, G. S. & Bates, J. E. (1999): Quality of early family relationships and individual differences in the timing of pubertal masturbation of girls: A longitudinal test of an evolutionary model. Journal of Personalty and Social Psychology 77, 387–401.

Fink, M. (2004): AD(H)S – Ein Diskussionsbeitrag aus der Praxis. Psychotherapeutenjournal 2, 115–120.

Fombonne, E. (1998): Increased rates of psychosocial disorders in youth. European Archives of Psychiatry and Clinical Neurosciences 28, 14–21.

Fonagy, P. (2003): Bindungstheorie und Psychoanalyse. Stuttgart (Klett-Cotta).

Freud, S. (1923): Das Ich und das Es. GW XIII, S. 237–289.

Gilbert, S. M. (1989): »Life's empty pack: Notes towards a literary daughteronomy«. In: Boose, L. E.; Flowers, B. S. (Hg.): Daughters and Fathers. Baltimore, MD (The Johns Hopkins University Press).

Grieser, J. (1998): Der phantasierte Vater. Tübingen (edition diskord).

Grossmann, K.; Grossmann, K. E.; Fremmer-Bombik, E.; Kindler, H.; Scheuerer-Englisch, H. & Zimmermann, P. (2002): The uniqueness of the child-father attachment relationship. Fathers' sensitive and challenging play as the pivotal variable in a 16-year longitudinal study. Social Development 11, 307–331.

Heath, D. H.; Heath, H. E. (1991): Fulfilling lives: Pathways to maturity and competence. San Francisco, CA (Jossey-Bass).

Herzog, J. M. (1982): »On father hunger: The father's role in the modulation of aggressive drive and fantasy«. In: Cath, S. H.; Gurwitt, A. & Ross, J. M. (Hg.): Father and child. Boston MA. (Little, Brown).

Hopf, A. (2000): Zur Psychoanalyse des hyperkinetischen Syndroms. Analytische Kinder- und Jugendlichenpsychotherapie 107, 279–308.

Horney, K. (1985): Psychologie der Frau. Frankfurt a. M. (Fischer).

Ingram, S.; Hechtman, L. & Morgenstern, G. (1999): Outcome issues in ADHS: Adolescent and adult long-term outcome. Mental Retardation and Developmental Disabilities Research Review 5, 243–250.

Johnson, D. E.; Epstein, J. N.; Waid, R.; Latham, P. K.; Voronin, K. E. & Anton, R. F. (2001): Neuropsychological performance deficits in adults with attention deficit/hyperactivity disorder. Archives of Clinical Neuropsychology 16, 587–604.

Kierkegaard, S. (1847): Fear and trembling and the sickness to death. New York (Doubleday Anchor Books), 1954.

Klein, M. (1928): Early stages of oedipus conflict. In: Klein, M.: Love, guilt and reparation & other works 1921–1945. Seymour Lawrence (Delacorte Press) Dt.: Frühstadien des Ödipuskonfliktes. Frühe Schriften 1928–1945, Band X. Frankfurt a. M. (Fischer), S. 7–21.

Lacan, J. (1953): Funktion und Feld des Sprechens und der Sprache in der Psychoanalyse. In: Lacan, J. (1966): Écrits. Paris (Editions du seuil), S. 237–322 [dt. Schriften 1. Olten (Walter), S. 71–169].

Lehmkuhl, G.; Adam, C. & Döpfner, M. (1998): Impulskontrollgestörte Kinder und ihre weitere Entwicklung. In: Klosterkötter, J. (Hg.): Frühdiagnostik und Frühbehandlung psychischer Störungen. Berlin (Springer), S. 97–121.

Lempp, R. (1977): Jugendliche Mörder. Eine Darstellung an 80 vollendeten und versuchten Tötungsdelikten von Jugendlichen und Heranwachsenden. Bern (Huber).

Mahler, S.; Pine, F. & Bergmann, A. (1975): Die psychische Geburt des Menschen. Symbiose und Individuation. Frankfurt a. M. (Fischer).

Mayr, T. (1987): Hyperaktivität im Vorschulalter. Probleme bei der Definition, Klassifikation und Diagnose. Psychotherapeutenjournal 2, 205–220.

Meng, H.; Schleske, G. & Bürgin, D. (2002): Trianguläre Phänomene in der Behandlung Jugendlicher im milieutherapeutischen Setting. Teil I: Zur Entwicklung der Kapazität zu triangulärem Erleben. Kinderanalyse 10, 23–39.

Montemayor, R.; McKenry, P. & Julian, T. (1993): Men in midlife and the quality of father-adolescent communication. New Directions for Child Development 62, 59–72.

Noller, P. (1980): »Cross-gender affect in two-child families«. Developmental Psychology 16, 159–160.

Olivier, C. (1997): Die Söhne des Orest. Ein Plädoyer für Väter. München (Deutscher Taschenbuch-Verlag).

OPD (Hg.) (2006): Operationalisierte Psychodynamische Diagnostik OPD-2. Bern (Huber).

OPD-KJ (2003): Operationalisierte psychodynamische Diagnostik im Kindes- und Jugendalter. Göttingen (Huber).

Papousek, M. (1989): Frühe Phase der Eltern-Kind-Beziehungen. Ergebnisse der entwicklungspsychologischen Forschung. Praxis für Psychotherapie und Psychosomatik 34, 109–122.

Parke, R. D. (1995): Fathers and families. In: Bornstein, M. H. (Hg.): Handbook of parenting. Hillsdale, N J (Lawrence Erlbaum), S. 24–64.

Parke, R. D.; Sawin, D. B. (1980): The family in early infancy: Social interactional and longitudinal analyses. In: Pederson, F. A. (Hg): The father-infant relationship. New York (Prager).

Pines, D. (1997): Der weibliche Körper. Stuttgart (Klett-Cotta).

Power, T. G.; Shank, J. A. (1988): Parents as socializers: Maternal and paternal views. Journal of Youth and Adolescence 18, 203–220.

Rubin, J. Z.; Provenzano, F. J. & Luria, Z. (1974): »The eye of the beholder – Parents' views on sex of newborns«. American Journal of Orthopsychiatry 44, 512–519.

Rudolf, G. (2004): Strukturbezogene Psychotherapie. Leitfaden zur psychodynamischen Therapie struktureller Störungen. Stuttgart, New York (Schattauer).

Russel, A.; Saebel, J. (1997): Mother-son, mother-daughter, father-son, and father-daughter: Are they distinct relationships? Developmental Review 17, 111–147.

Salt, R. E. (1991): Affectionate touch between fathers and preadolescent sons. Journal of Marriage and the Family 53, 545–555.

Scheib, A.; Laub, G. (1994): Dein wahrhaft sorgfältiger Vater – Briefe an Kinder. Köln (Middelhauve).

Seiffge-Krenke, I. (1994): Gesundheitspsychologie des Jugendalters. Göttingen (Hogrefe).

Seiffge-Krenke, I. (1997): Die psychoanalytische Perspektive. In: Keller, H. (Hg): Handbuch der Kleinkindforschung. Bern (Huber), S. 183–216.

Seiffge-Krenke, I. (1999): Families with daughters, families with sons: Different challenges for family relationships and marital satisfaction? Journal of Youth and Adolescence 3, 325–342.

Seiffge-Krenke, I.; Hertel, M. & Nieder, T. (2000): »Sag du doch mal was, Papa!« Kommunikation und Coping von Vätern chronisch kranker Jugendlicher. Kindheit und Entwicklung, S. 3–12.

Seiffge-Krenke, I. (2001a): Neuere Ergebnisse der Vaterforschung: Sind Väter notwendig, überflüssig oder sogar schädlich für die Entwicklung ihrer Kinder? Psychotherapeut 46 (6), 391–397.

Seiffge-Krenke, I. (2001b): Väter und Söhne, Väter und Töchter. Forum der Psychoanalyse 17, 51–63.

Seiffge-Krenke, I. (2004): Psychotherapie und Entwicklungspsychologie. Beziehungen: Herausforderungen, Ressourcen, Risiken. Heidelberg (Springer).

Shulman, S.; Seiffge-Krenke, I. (1997): Fathers and adolescents. Developmental and clinical perspectives. London, New York (Routledge).

Siegal, M. (1987): Are sons and daughters treated more differently by fathers than by mothers? Developmental Review 7, 183–209.

Smetana, J. G. (1989) »Adolescents' and parents' reasoning about actual family conflicts«. Child Development 60, 1052–1067.

Snarey, J (1993): How fathers care for the next generation. Cambridge MA. (Harvard Universitiy Press).

Stern, D. N. (1985): The interpersonal world of the infant: A view from psychoanalysis and developmental psychology. New York (Basic Books). Dt. (1992): Die Lebenserfahrung des Säuglings. Stuttgart (Klett-Cotta).

Tremblay, R. E.; Larivee, S. & Gregoire, J. C. (1985): The association between early adolescent boys' cognitive development, father attitudes and nonverbal behavior. Journal of Early Adolescence 5, 45–58.

Van Ijzendorn, M. H.; De Wolf, M. S. (1997): In search of the absent father – meta-analyses of infant-father attachment: A rejoinder to our discussion. Child Development 68, 604–609.

Von Klitzing, K. (1999): Die Bedeutung der Säuglingsforschung für die Operationalisierte Psychodynamische Diagnostik während der ersten Lebensjahre. Praxis der Kinderpsychologie und Kinderpsychiatrie 8, 564–570.

Von Klitzing, K.; Simoni, H. & Bürgin, D. (1999): Child development and early triadic relationships. International Journal of Psychoanalysis 80, 71–89.

Wüllrich, C. (2001): A comparison of the interaction behaviour of mothers and fathers with their pre-school-aged sons with SLI. Paper submitted for the degree of Master of Science, Department of Speech, University of Newcastle upon Tyne.

Die Funktion von Ritalin in der Kind-Eltern-Therapeut-Beziehung

Peter Ellesat

Nach Angaben der Kinder- und Jugendärzte ist »[d]ie Aufmerksamkeits-Defizit-Hyperaktivitäts-Störung (ADHS) [...] eine der häufigsten Erkrankungen im Kindes- und Jugendalter. Bei einer Prävalenz von ca. 5% sind etwa 500.000 Kinder und Jugendliche zwischen 6 und 18 Jahren in Deutschland hiervon betroffen« (www.AG-ADHS.de, Internetseite der Kinder- und Jugendärzte). Bei der Behandlung von Kindern und Jugendlichen mit ADS[1] wird oft das Medikament Ritalin[2] eingesetzt.

Im Juni 2002 warnte die Drogenbeauftragte der Bundesregierung, Frau Caspers-Merk, wegen des stark gestiegenen Ritalin-Gebrauchs (vgl. Ärzteblatt vom 14.06.2002). Sie bemängelte die oft ungenügende Diagnostik, die Verschreibungspraxis und die nicht ausreichend erforschten Wirkungen und Nebenwirkungen des Medikaments. Im Jahr 2003 wurden etwa 50.000 Kinder mit Ritalin und vergleichbaren Medikamenten behandelt. Noch 1990 waren es gerade mal 1.500 Kinder (vgl. Spektrum der Wissenschaft, Dezember 2003).

Eine der größten Schwierigkeiten scheint derzeit zu sein, deutlich zu differenzieren, in welchen Fällen die Verabreichung von Ritalin überhaupt angezeigt ist. Auch wenn die Diagnose »ADS« seit vielen Jahren gestellt wird, ist es doch nach wie vor umstritten, was diesem Syndrom zugrunde liegt, wie es sicher diagnostiziert werden kann und wie Fehldiagnosen zu vermeiden sind. Monokausale Erklärungen greifen zu kurz (vgl. Hopf 2003). Hinter der Diagnose ADS scheinen sich die unterschiedlichsten Störungen

---

1 Ich benutze im Folgenden die Bezeichnung ADS. Sie steht, ebenso wie die gebräuchliche Bezeichnung ADHS, für ein Syndrom, das auf der Verhaltensebene primär durch erhebliche Beeinträchtigungen der Konzentrations- und Steuerungsfähigkeit, der Impulskontrolle und durch motorische Hyperaktivität gekennzeichnet ist.

2 »Ritalin« benutze ich hier stellvertretend für alle Medikamente mit dem Wirkstoff Methylphenidat.

verbergen zu können, die sich lediglich von der sichtbaren Symptomatik (große Unruhe, schlechte Steuerbarkeit, Konzentrationsstörungen, geringe Frustrationstoleranz) her ähneln. Ebenfalls sehr unterschiedlich scheint zu sein, wie diagnostiziert wird: Während die Kinder- und Jugendärzte sich selbst auf ein sehr aufwändiges Verfahren zur Diagnose verpflichten[3], scheinen diese Vorgaben doch nicht von allen Ärzten beachtet zu werden[4]. Erst eine genaue Diagnose kann aber Basis für die Verordnung von Ritalin sein.

Die hier bezüglich Diagnostik und Therapie vorhandenen Unsicherheiten finden sich dann auch in den Familien mit ADS-diagnostizierten Kindern, die Ritalin bekommen, wieder. In allen bisherigen Therapien von Kindern mit ADS, die auch Ritalin bekamen, ist mir als merkwürdig aufgefallen, wie das Ritalin eingesetzt wird. Eltern und Kinder hielten sich keineswegs an die ärztlich verordneten Zeiten und Dosen, sondern ließen das Medikament mal ganz weg, setzten es dann wieder ein, wobei es zunächst eher zufällig erschien, wie und wann die Verabreichung jeweils erfolgte. Ob und wie Ritalin von den Eltern verabreicht wurde, habe ich in den Therapien eher beiläufig und zufällig erfahren, bis ich mein Augenmerk selbst mehr darauf richtete. Immer aber war es spannend zu erfragen, warum gerade jetzt diese oder jene Entscheidung getroffen wurde und welche Funktion das Ritalin in der Beziehung hatte.

Darauf möchte ich nun im Folgenden weiter eingehen und verschiedene Ebenen untersuchen: den gesellschaftlichen Diskurs, die Ebene der Eltern, die der Kinder und Jugendlichen und die Ebene des Therapeuten.

Ebene des gesellschaftlichen Diskurses

In der öffentlichen Diskussion scheint bei den Überlegungen zu Diagnostik und Therapie das Bedürfnis nach Entlastung der Eltern sehr groß zu sein. Einfache Erklärungsmodelle und Hilfsmaßnahmen überwiegen. Die hinter der lauten Symptomatik verborgene Konfliktdynamik wird wenig ausgeleuchtet. Psychotherapie, insbesondere dann, wenn es sich nicht um Verhaltenstherapie handelt, wird als aufwändig bis kontraindiziert angesehen. Das erklärt wohl auch, warum manche Eltern erst über Umwege zu einer Psy-

3 Eine Diagnose umfasst hier: Anamnese (Familiensituation, Vorerkrankungen ...), klinische Untersuchung, Verhaltensbeobachtung auch mittels Video, Fragebögen, testpsychologische Untersuchung, apparative Diagnostik (EEG ...) (Leitlinien der Kinder- und Jugendärzte. www.AG-ADHS.de).

4 Im ZDF war vor einiger Zeit eine Hamburger Kinderärztin zu sehen, die behauptete, sie könne nach drei Minuten Kontakt mit einem Kind ADS sicher diagnostizieren

chotherapie finden. Unterschiedliche Experten werden eingeschaltet, die verschiedensten Diagnosen gestellt, die dann wiederum zu unterschiedlichen Hilfen führen, von Ergotherapie über autogenes Training, von Lerntherapie bis zu medikamentöser Behandlung, von sozialpädagogischer Familienhilfe bis Psychotherapie. Immer wieder werden Eltern und Kinder an andere Experten weitergereicht, nicht ausgehalten.

Die Verordnung von Ritalin an Kinder mit so genanntem ADS ist umstritten, weil auch über die Ursachen der Erkrankung noch Unklarheit und unterschiedliche Ansichten bestehen. Bislang stehen sich zwei Hauptpositionen gegenüber: Es gibt Vertreter, die ADS als Ausdruck einer somatischen, möglicherweise sogar genetisch bedingten Erkrankung ansehen und die eine medikamentöse Therapie mit Methylphenidat als nahezu zwingend indiziert ansehen. Auf der anderen Seite gibt es Vertreter, die die Krankheit ADS als Ausdruck gegenwärtiger Lebensbedingungen ansehen, die für normale, lebendige Kinder zu restriktiv seien. Sie befürworten andere, »drogenfreie« Alternativen im Umgang mit diesen Kindern[5].

Wird eine medikamentöse Therapie einerseits als hilfreicher Segen angesehen, der die belastende Symptomatik eines Kindes zumindest zeitweilig effektiv mildern kann, so wird andererseits bemängelt, dass Wirkungen, Nebenwirkungen und langfristige Folgen nicht ausreichend untersucht sind.

Neben diesen beiden Positionen gibt es mittlerweile eine dritte, die von nachweisbaren hirnorganischen Veränderungen bei ADS-Kindern überzeugt ist, die Ursachen dafür aber nicht in primären oder genetischen Defekten sieht, sondern als Ergebnis einer gebrauchsabhängigen Entwicklung des kindlichen Gehirns (vgl. Hüther 2003).

Die Eingabe des Suchbegriffs »ADHS« in die Suchmaschine Google ergibt allein 79 Seiten mit je etwa 10 Links auf deutsch. Hier überwiegen die Stichworte »Diagnose«, »hirnorganische Störung«, »Medikamente« und »Ernährung«. Psychodynamische Zusammenhänge werden nicht erörtert, allenfalls als möglicherweise mitursächlich erwähnt. Die Eingabe des Suchbegriffs »Ritalin« in die Suchmaschine (deutsche Suche) ergibt 86 Seiten mit je etwa 10 Links zum Thema. Die Ritalin-Befürworter sind hier ganz überwiegend vertreten, es melden sich kaum Gegner zu Wort, allerdings erfolgt eine Auseinandersetzung mit Argumenten der Ritalin-Gegner. Dabei scheint es, als gebe es nur ein Entweder/oder: entweder für Ritalin oder gegen Ritalin. Gegenwärtig wird dort hauptsächlich erörtert, ob Ritalin süchtig macht oder

5 E. Seidler beschreibt in seinem Artikel: »Zappelphilipp« und ADHS: Von der Unart zur Krankheit (in: Deutsches Ärzteblatt, Ausgabe PP, Februar 2004) theoretische Deutungswege zu ADS seit dem 19. Jahrhundert, »von der Unart zum Hirnschaden«.

ob es vor einer späteren Suchtkarriere schützt[6]. Diese Konzentration auf eine spezielle Fragestellung mutet angesichts der Vielzahl offener Fragen zu Ursachen, Diagnose, Therapie, Indikation, Wirkungen, Nebenwirkungen und langfristigen Folgen zunächst merkwürdig an. Sie unterstreicht damit aber die Sichtweise, dass es sich um ein medizinisches Problem handelt, auf das eine Antwort – Methylphenidat – bereits gefunden ist. Psychodynamische Zusammenhänge kommen kaum vor, oder wenn, dann meist als negative Projektion. So wird auf einigen Seiten die Suche nach psychodynamischen Zusammenhängen als kontraproduktiv eingestuft, weil sie die Schuld den Eltern zuweise und damit eher verunsichernd wirke[7]. Wenn psychotherapeutische Verfahren in Erwägung gezogen werden, dann wird ausdrücklich von psychoanalytischen Verfahren abgeraten: Das Mittel der Wahl stelle die Verhaltenstherapie dar.

Meiner Ansicht nach bilden sich in der öffentlichen Debatte um ADS und mögliche Therapien gesellschaftliche Tendenzen ab: Sich auf ein Problem ganz einzulassen und darüber nachzudenken scheint ebenso gefährlich wie anzuerkennen, dass es beunruhigende Fragen gibt, auf die nicht sofort auch eine Antwort parat ist. Weit verbreitete Machbarkeitsfantasien scheinen zu erfordern, dass es auf alles immer sofort eine Antwort geben muss – wohl mit ein Grund, warum für eine gründliche Diagnostik, die auch eine biografische Anamnese des Kindes und ein Nachdenken über seine Psychodynamik einschließen würde, keine Zeit zu sein scheint. Eine gründliche Anamnese, die die komplexen Beziehungen zwischen den Generationen und deren intrapsychische Verarbeitung ausleuchten könnte, würde einfache Antworten erschweren und mehr Fragen aufwerfen, als zunächst beantwortet werden könnten. Schnelle, einfache Hilfen sind von einem solchen Vorgehen nicht zu erwarten. Die Orientierung am Machbaren und ein differenzierendes Nachdenken scheinen sich auszuschließen.

Ebenso auffällig ist die wiederkehrende Betonung, Schuldzuweisungen an die Eltern seien zu vermeiden. Implizit wird hier wohl zweierlei unterstellt:

---

6 Lehmkuhl, U.; Huss, M. (2002): Heute hyperkinetisch, morgen süchtig? www.liga-kind.de: »Eine Suchterkrankung als Langzeitfolge scheint – wenn überhaupt – nicht auf Methylphenidat, sondern auf das ohnehin erhöhte Suchtrisiko von Kindern mit HKS insbesondere in Kombination mit einer Störung des Sozialverhaltens zurückzuführen sein.«

7 Z.B. www.ads-hyperaktivitaet.de: »In Deutschland ist die Zahl der diagnostizierten Kinder mit deutlich unter 5% geringer als z.B. in den USA (über 10%) oder Israel, wo fast 20% erreicht werden. Ursache dafür ist die wenig verbreitete Kenntnis des Krankheitsbildes, z.B. bei Kinderärzten, Lehrern aber auch Psychologen, die – Sigmund Freud folgend – häufig auch bei ADHS-lern analytische Ansätze verfolgen und damit fast immer den Holzweg beschreiten.« Je mehr Kinder – nicht »erkrankt sind«, sondern »erreicht werden« – desto besser?

erstens, analytisch arbeitende Therapeuten würden in den Eltern nach den Schuldigen suchen, und zweitens, die Frage nach der Schuld stelle sich nicht, weil es sich um ein organisches Problem handele. Hier findet also offensichtlich eine Verwechslung statt: Die Suche nach der Ursache einer Problematik ist eben nicht dasselbe wie eine Schuldzuschreibung. Zum anderen wissen wir z.B. aus der Arbeit mit behinderten Kindern und ihren Eltern, dass die Frage nach der Schuld sich den Eltern sehr wohl stellt, wenn sie auch einen anderen Ausdruck findet.

So spiegelt sich im gesellschaftlichen Diskurs manches, was ich aus der Arbeit mit den ADS-Kindern kenne:

- eine laute, polarisierte Diskussion, die an die lauten Diskussionen in Familien erinnert;
- ein drängendes Problem, das einen großen Handlungsdruck erzeugt;
- eine große Unruhe und Zeitdruck;
- eine Aufspaltung in Gut und Böse (gutes Kind/böses Kind bzw. organischer Defekt/Beziehungsstörung);
- ein Herumschieben der Schuld (das Kind ist schuld, die Eltern sind schuld, die Therapeuten sind schuld, die Gesellschaft ist schuld);
- ein Bekämpfen von Hilflosigkeit, Angst und Minderwertigkeitsgefühlen durch die Verabreichung von Ritalin.

Warum sind aber Vertreter der psychoanalytischen Therapie mit ihrer Sicht in diesem Raum des Internets nicht zu finden? Zum einen liegt das vermutlich daran, dass bislang fundierte Studien aus psychoanalytischer Sicht fehlen. Es gibt zwar viele gute, eher fallbezogene Arbeiten über ADS, die durchaus zulassen, Hypothesen zu bilden, es gibt aber noch keine groß angelegte, wissenschaftliche Studie (vielleicht auch, weil das Problem noch nicht sehr alt ist). Zum anderen erscheint es wohl schwierig, komplexe, unbewusste Zusammenhänge verständlich darzustellen, ohne Qualität zu verlieren.

Ambivalenz zum Medikament bei Kindern/Jugendlichen

Welche Gründe gibt es für Kinder und Jugendliche, das Medikament mal zu nehmen und sich ihm mal zu verweigern?

Aufgrund meiner Erfahrungen scheint es für die in ihrem Selbstwerterleben ohnehin bereits beeinträchtigten Kinder mit ADS zunächst entlastend zu sein, als »krank« und nicht als »böse« angesehen zu werden. Das gilt vor allem dann, wenn die Krankheit als von organischer Natur begriffen wird.

Mit der Einnahme von Medikamenten ist dann die Hoffnung verbunden, die Ursachen der Krankheit bekämpfen und gesund werden zu können[8]. Die Kinder spüren zudem sehr genau, dass mit der Einnahme des Medikaments eine Beruhigung einhergeht, ihre Schwierigkeiten nachlassen oder gar für einige Zeit völlig verschwinden. Sie wünschen sich das Medikament zur eigenen Beruhigung auch dann, wenn die Beziehung zu den Eltern gefährdet, das Ich von Triebimpulsen überschwemmt wird und Halt verloren zu gehen droht. Das möchte ich kurz am Beispiel des 12-jährigen Fritz erläutern: Fritz kam mit der Diagnose ADS in die Therapie und bekam Ritalin von seinem Kinder- und Jugendpsychiater. Anlass für die Vorstellung bei mir waren ständige »Grenzkriege«[9] mit seiner Mutter und eine große Unruhe in der Schule. Die Beziehung zwischen Mutter und Kind war von Anfang an gekennzeichnet durch ein ständiges, wechselseitiges schuldgefühlshaftes Anklammern einerseits und ein aggressiv getöntes Ausstoßen andererseits. Fritz' Vater hatte die Familie früh verlassen. Fritz kam nun eines Tages aus der Schule, war darauf eingestellt, dass seine Mutter nicht da sein werde und er fernsehen könne. Fernsehen war ihm oft verboten, weil die Mutter der Ansicht war, es trage zu seiner Unruhe bei. Zu seiner Überraschung war die Mutter aber doch da, weswegen er sie zunächst heftig angriff: »Wieso bist du schon da, du blöde Kuh!?« Als die Mutter ihn laut zurechtwies und dabei ihrerseits die Beherrschung zu verlieren drohte – manchmal schlug sie ihn dann heftig –, kippte seine Stimmung und er forderte nun laut schreiend von ihr: »Beruhige mich, beruhige mich! Gib mir die Pille!« Hier wird »die Pille« als Zuwendungsersatz und Beruhigungsmittel gewünscht, das den Halt bieten soll, den das Kind von sich aus nicht findet und den die Mutter im Moment nicht geben kann. Für Fritz war das Ritalin dann ein Ersatz für Halt in der Beziehung, es diente der Selbstberuhigung. Die Hoffnung auf Hilfe durch das Medikament schien sich zu bestätigen, die Bereitschaft zur Einnahme war gegeben.

Einerseits stehen Kinder und Jugendliche einem Medikament also positiv gegenüber. Andererseits wird mit der Zuschreibung von Krankheit auch die Verantwortung für alle Konflikte der Krankheit und damit dem Kind zugeschoben. Kinder spüren sehr wohl, dass dieses Verständnis nicht ihre ganze Wahrheit ist, und wehren sich dagegen. Als krank begriffen zu werden, wird von ihnen als narzisstische Kränkung (»krank im Kopf«, »verrückt« zu sein) und als Bestrafung erlebt. Sie wehren sich gegen diese Zuschreibung, weil

8 Unstrittig ist, dass Ritalin ADS nicht heilen kann, sondern lediglich die Symptome dämpft.

9 Zum Begriff der »grenzenlosen Beziehung«: Bauriedl, Thea (1996): Leben in Beziehungen. Von der Notwendigkeit, Grenzen zu finden. Freiburg.

zentrale Beziehungswünsche – z.B. nach Verständnis, Wertschätzung und Halt – damit nicht befriedigt werden.

Das Beispiel zeigt auch, dass eine Entlastung durch das Etikett »organische Krankheit« nur eine scheinbare ist. Anders als etwa bei den Windpocken bezieht sich die Zuschreibung auf Verhaltensaspekte des Kindes, was für sein Selbstwerterleben viel bedeutender ist. Das Kind wird als Träger einer Behinderung gesehen, es geht mehr um seine Auffälligkeit als um seine Person. Die Definition »du bist krank« wird immer in Situationen gegeben, in denen zwischen Eltern und Kind eine erhebliche negative Gefühlsspannung besteht und über die Schuld verhandelt wird. Das Beispiel von Fritz zeigt auch, wie von ihm die Schuld herum geschoben wird. Zunächst erlebt er seine Mutter mit ihrer Anwesenheit als übergriffig und darum schuld an seiner Aggression. Dann setzen mit ihrer harten Zurechtweisung Verlustängste bei ihm ein. Jetzt ist er bereit, die Schuld bei sich zu suchen, indem er nach der Pille verlangt. Es besteht hier zumindest die Gefahr, dass damit auch das negative Selbstwerterleben eher gefestigt wird. Fritz erlebt: »Ich bin krank und schlecht und brauche Medikamente«. Richtete sich seine Aggression zunächst nach außen, so wurde sie nun nach innen gewendet. Aggression und Schuld wurden mit dem Medikament introjiziert.

Im positivsten Fall wird das Ritalin also zum Ersatz für Halt in der Beziehung und vom Kind akzeptiert. Oft weigern Kinder sich aber offen oder versteckt, das Medikament zu nehmen. Dabei werden negative Beziehungsaspekte aus der Eltern-Kind-Beziehung auf das Medikament übertragen. Wie das Kind sich von den primären Objekten unverstanden, an das Medikament abgeschoben und für die Konflikte verantwortlich gemacht fühlt, diese Zuschreibung zurückweist und die Eltern dafür hasst, so hasst es nun auch das Ritalin und verweigert die Einnahme. Das Ritalin wird per Übertragung »negativ aufgeladen«. Oder wie André (17 J.) sagte: »Meine Mutter soll bloß nicht denken, dass ich das Scheißzeug nehme, ich tue immer nur so, schmeiße die Pille dann weg.«

Problematisch erscheint mir ebenso, dass Kinder und Jugendliche auch im positivsten Fall eine Verhaltensänderung in Richtung einer Beruhigung und größerer Frustrationstoleranz nicht sich selbst zuschreiben können, sondern einem Medikament, was wiederum Kränkung verfestigt (»Nicht ich habe mich verändert und komme mit meiner Umgebung besser zurecht, das Medikament hat mich verändert«). Sie bleiben auf ein äußeres Objekt angewiesen. Aus diesen Gründen können sie das Medikament bestenfalls ambivalent, aber nicht durchgängig als hilfreich betrachten.

Ambivalenz zum Medikament auf Seiten der Eltern

Eltern von ADS-Kindern werden zu Hause ständig mit seinem auffälligen, störenden Verhalten konfrontiert und auch die Umwelt reagiert meist negativ auf ihr Kind. Eltern geraten darüber in einen Teufelskreis von Enttäuschung, Ärger, Überforderungs-, Versagens-, Schuld- und Schamgefühlen. Sie sehnen sich nach Entlastung und Hilfe. Ritalin scheint diesem Bedürfnis zu entsprechen. Es wird in manchen Fällen von Eltern als geradezu »Wunder bewirkend«, als »heilsamer Segen« beschrieben[10]. Das gilt vor allem dann, wenn das Kind schon lange Zeit unruhig war, die Eltern an der Grenze ihrer Belastbarkeit angekommen sind und das Medikament erstmals gegeben wird. Die Kinder beruhigen sich, sind besser steuerbar, fallen z.B. auch in der Schule nicht mehr durch ihre Unruhe und geringe Frustrationstoleranz negativ auf. Die Kraft raubenden Auseinandersetzungen mit dem Kind zu Hause nehmen ab, die Beziehung wird entlastet.

Mit der Verordnung eines Medikamentes ist auch das Verständnis der Schwierigkeiten als krankheitsbedingt verbunden. Die Eltern können ihr Kind als »krank« statt als »böse« ansehen und sich selbst zunächst als von Schuldgefühlen entlastet erleben. Warum aber geben Eltern ihren Kindern mal Ritalin und lassen es dann wieder weg?

Nach meinem Eindruck wird das Mittel in Zeiten guten Einvernehmens zwischen Eltern und Kind abgesetzt. Begründet wird dies dann damit, es sei nicht mehr nötig oder man wolle dem Kind Nebenwirkungen ersparen bzw. einer Gewöhnung und einer möglichen späteren Suchtkarriere vorbeugen. Über ein Aussetzen von Ritalin können sich die Eltern als gute, kompetente Eltern definieren, als sicher im Umgang mit ihrem Kind.

Auch die Schuld- und Schamgefühle der Eltern spielen hier eine Rolle. Diese werden über das Krankheitskonzept nur verschoben, aber nicht aufgelöst. Wie das Ritalin die Symptome des Kindes dämpft, so dämpft das Krankheitsverständnis die Schuldgefühle der Eltern. Aus der Arbeit mit Eltern körperlich oder geistig behinderter Kinder ist bekannt, wie stark, anhaltend und belastend diese Schuldgefühle sein können. Teufelskreisartig verstärken sich Schuldgefühle und aggressive Impulse dem Kind gegenüber wechselseitig. Eltern machen sich Vorwürfe wegen Vererbung, angenommenen Versäumnissen in Pflege und Erziehung, befürchten, nicht ausreichend gute Eltern zu sein. Vielleicht ahnen Eltern in den Momenten, wenn sie das Medikament absetzen, auch, dass das Kind etwas anderes braucht. Eltern wollen

---

10 Noch ist unklar, warum es auch bei bester diagnostischer Abklärung in einigen Fällen wirkt und in anderen nicht.

es mit ihrem Kind auch ohne ein Medikament schaffen und haben, wenn sie es absetzen, die Hoffnung, dass ihnen das tatsächlich gelingen kann.

Treten die Probleme mit dem Kind wieder verstärkt auf und nehmen darüber Gefühle von Wut, Enttäuschung und Inkompetenz bei den Eltern stark zu, wird auch das Medikament wieder eingesetzt. Jetzt überwiegt erneut das Krankheitskonzept bei den Eltern. Indem sie dem Kind das Medikament geben, können sie sich wiederum als kompetente, gute Eltern erleben. Gefühle der Ohnmacht reduzieren sich. Quälende Schamgefühle können zudem mit dem narzisstischen Gewinn, zum Co-Therapeuten eines Arztes zu werden, niedergehalten werden.

Auch hierzu ein Beispiel: Der 16-jährige André, von dem oben schon kurz die Rede war, kommt, weil seine Schulleistungen abrutschen und er ständige Kämpfe mit seiner Mutter hat. Seine Mutter ist voller Schuldgefühle, weil sie bis zum Ende der Schwangerschaft alkoholabhängig war. Sie steht daher auch dem Ritalin zwiespältig gegenüber. Andrés Vater hat die Familie bereits während der Schwangerschaft verlassen. André hat einerseits große Sehnsucht nach dem Vater, ist andererseits aber auch voller Hass auf ihn. Er selbst sagt, er wolle eine Therapie machen, »damit ich meinen Vater nicht umbringen muss«. Den Hass auf den Vater überträgt er in der Therapie auf mich, was sich z. B. darin zeigt, dass er in einer Art negativer therapeutischer Reaktion immer weiter in der Schule abrutscht, über mehrere Schulstufen schließlich in einem Schulprojekt landet und gerade noch den Hauptschulabschluss bekommt. Jeweils dann, wenn ein weiterer schulischer Rückschlag erfolgte, drängte die Mutter massiv darauf, dass er das Ritalin nun wieder nehmen müsse.

Die Beruhigung des Kindes und der Eltern durch Ritalin kann also auch auf einen Sekundäreffekt zurückgehen, insofern, als Gefühle von Angst, Scham, Schuld und Wut (auch auf den Therapeuten, s. u.) durch die Medikamentengabe eingegrenzt und kontrolliert werden können.

Ritalin kann also in der Eltern-Kind-Beziehung mehrere Funktionen haben:

- Ersatz für eine lebendige Beziehung, für Halt und bezogene Versorgung;
- Mittel zur Sanktionierung unerwünschten Verhaltens;
- Mittel zur Rückgewinnung von Kontrolle in der Beziehung;
- Mittel, eine unüberschaubare Situation in etwas Überschaubares, Handhabbares verwandeln zu können;
- Mittel zum Ausbalancieren von (Schuld-)Gefühlen und Spannungen;
- es schafft etwas Drittes, einen Abstand zwischen Mutter und Kind, hat eine triangulierende Funktion.

Am Umgang mit dem Medikament lassen sich also die aktuellen Konflikte zwischen Kind und Eltern ablesen. Zum anderen schafft das Medikament real neue Konflikte. Ob und wann Ritalin genommen werden soll, ist häufig Gegenstand von familiären Auseinandersetzungen. Dabei hat es den Anschein, als würden die Konflikte, die sonst um Beziehungswünsche und -ängste kreisen, nun auf den Umgang mit dem Medikament verschoben und hier stellvertretend abgehandelt. Die Konflikte bekommen eine andere Form, behalten aber ihre Qualität. Es geht weiterhin um Macht und Ohmacht, um Protest oder Gefügigkeit, um Unterwerfung oder Autonomie und um die Frage der Schuld. Über das Medikament scheint der ausufernde Konflikt gezähmt und beherrschbar.

So ist dann auch vorstellbar, dass das Medikament, wenn es auch vielleicht körperlich nicht abhängig macht, doch psychisch abhängig macht, insofern als bei aufkommender Spannung jeweils auf einen Ersatzstoff zurückgegriffen wird. Eltern und Kind können so nicht die Erfahrung machen, dass ihre Konflikte miteinander aushandelbar und aushaltbar sind, sondern bleiben für ihre Beruhigung von einem Medikament abhängig.

Ambivalenz auf Seiten des Therapeuten

Wenn man, wie ich, die These vertritt, dass die Unruhe des Kindes sich aus komplexen Beziehungen ergibt und auch darauf zurückzuführen ist, dass schwierige familiäre Themen unbewusst gehalten werden sollen, kann die Gabe von Ritalin in der laufenden Therapie des Kindes durch die Eltern auch als Abwehr verstanden werden. So ist mir in der Arbeit mit Fritz und seiner Mutter wiederholt aufgefallen, wie verunsichert sie war, wenn sie in den begleitenden Gesprächen mit für sie schwierigen Punkten ihrer eigenen Genese konfrontiert wurde. Kamen Konflikte mit Fritz hinzu, war die Neigung, wieder zum Ritalin zu greifen, stärker. Das Ritalin hatte dann nicht nur eine beruhigende Funktion für Fritz, sondern auch für die Mutter. Es half ihr, mit Verunsicherung umzugehen und Sicherheit zurück zu gewinnen, die Abwehr zu erhalten, indem Verantwortung scheinbar eindeutig zugewiesen wurde. Die nachvollziehbare mütterliche Beunruhigung wirkte sich auch auf das Kind aus und wurde dort bekämpft. Es fehlte ein innerer Raum, in dem Gefühle und Beziehungen entstehen und zugelassen werden können.

Die Tendenz zum Medikament ist dann stärker, wenn durch die Therapie Verunsicherung aufkommt, wenn die Therapie stagniert oder ein Fortschritt sich nicht schnell genug einstellt. So ist die Verabreichung des Medikaments ein Gradmesser und Regulator für innerfamiliäre Beziehungen und für die

Beziehung zum Therapeuten. Fortschritt und Zufriedenheit, Unzufriedenheit, Widerstand und Ärger auf den Therapeuten lassen sich auch am Umgang mit dem Medikament ablesen. Dadurch kann es auch geschehen, dass wir als Therapeuten in eine Konkurrenz zum Ritalin geraten. Die Veränderung des Verhaltens bei Kindern durch Ritalin kann erheblich sein, dementsprechend groß ist der Druck auf einen Psychotherapeuten, dem ähnliche Erfolge mit seinen Mitteln nicht so schnell gelingen werden. Entsprechend groß und anhaltend sind auch die Zweifel der Bezugspersonen an seinem Vorgehen, beim Therapeuten können sich Selbstzweifel einstellen. In der Kränkung des Psychotherapeuten spiegelt sich die Kränkung der Eltern, die sich mit ihren Mitteln gescheitert erleben und nun auf ein Medikament und/oder eine Psychotherapie zurückgreifen müssen.

Für Psychotherapeuten besteht eine andere Schwierigkeit darin, nicht sicher sagen zu können, wen oder was sie eigentlich behandeln: ein unruhiges, vielleicht schwer erträgliches Kind, das mit all seinen Schwierigkeiten in die Behandlung kommt, oder ein sediertes Kind, das seine Konflikte kaum noch erkennen lässt. Die Schwierigkeiten und Konflikte des Kindes scheinen oft durch das Medikament ausgesperrt, abgestellt, verdrängt, so dass sie auch in der Behandlung kaum sichtbar werden. Wünsche und Ängste und sich daraus ergebende Konflikte sind beim Kind kaum noch wahrnehmbar. Eine Psychotherapie kann aber nur dann sinnvoll und erfolgreich sein, wenn genau diese grundlegenden Konflikte auch bearbeitet werden können. In diesem Sinn stellt Ritalin auch in der Arbeit mit dem Kind einen Widerstand dar, mit dem umgegangen werden muss. Therapeutisch kann hier helfen, sich die Nöte des Kindes immer wieder aktiv in Erinnerung zu rufen, um sie dann auch in kleinen Äußerungen des Kindes, in seinen verbalen Mitteilungen, im Spiel oder in seinen Inszenierungen auffinden, erkennen und bearbeiten zu können.

Aus den genannten Gründen wünsche ich mir als Therapeut Kinder mit ADS, die ohne Medikamente zu nehmen in die Behandlung kommen. Ich kann sie dann in ihrer Konflikthaftigkeit, in ihren Wünschen und Ängsten unmittelbar erleben. Ich muss den Erfolg meiner Arbeit nicht mit einem Medikament vergleichen lassen. Andererseits bin ich manchmal auch froh, dass diese Kinder Medikamente bekommen, weil sie dann in ihrer Unruhe nicht auch bedrohlich für mich werden und ich gegenüber den Bezugspersonen des Kindes nicht so stark unter Erfolgsdruck stehe. Als Therapeut bin ich ebenfalls froh darüber, nicht über die Verabreichung eines Medikaments entscheiden zu müssen. Immer aber finde ich es wichtig zu fragen, warum das Medikament gerade jetzt wieder gegeben werden soll.

Zum Schluss noch ein Zitat:

> »Zum Thema ADHS besteht weiterhin erheblicher Forschungsbedarf. Dies betrifft sowohl den langfristigen Einfluss medikamentöser Therapien, besonders des Methylphenidats auf die Entwicklung des Kindes, als auch empirische Untersuchungen zur Wirkungsweise weiterer Behandlungsmaßnahmen bei ADHS«[11].

Kinder, Jugendliche und Eltern wollen es selbst schaffen, ohne Medikamente gesund zu werden. Dabei kann eine Psychotherapie helfen. Ziel einer Psychotherapie von ADS-Patienten ist u.a., ihre Fähigkeit zur Selbstregulation zu fördern, indem sie ein stabiles Selbstwerterleben aufbauen. Das kann nur gelingen, indem bislang verborgene Lebenswünsche und zugehörige Ängste auch mit ihren Eltern bearbeitet werden. Mit einem Medikament allein kann dieses Ziel nicht erreicht werden. Das Kind und seine Eltern blieben in diesem Fall auf ein äußeres Objekt (das Medikament) angewiesen, könnten die Fähigkeit, sich selbst zu beruhigen, und damit ein stabiles Selbstwerterleben nicht entwickeln. Eine positive, beruhigende Wirkung kann nicht sich selbst zugeschrieben werden, sondern nur einem Fremdkörper. Eine Veränderung muss aber integriert werden können, und das geht *nur* in einer Psychotherapie. Wenn also Ritalin auch zunächst helfen kann, so sind doch die besten Erfolge dann zu erreichen, wenn parallel eine Psychotherapie erfolgt, um es schließlich überflüssig zu machen. Die in manchen Fällen durch das Medikament einsetzende Beruhigung kann genutzt werden, um Hoffnung aufkommen zu lassen, eine therapeutische Beziehung aufzubauen, Ängste zu reduzieren und schließlich die grundlegenden familiären Fragen angehen zu können.

Literatur

Bauriedl, T. (1996): Leben in Beziehungen. Von der Notwendigkeit, Grenzen zu finden. Freiburg (Herder).

Hopf, H. (2003): »Ich habe ein ADS-Kind, verstehen Sie etwas davon …?« Vom psychoanalytischen Verstehen der hyperkinetischen Störung und des Aufmerksamkeits-Defizit-Syndroms. Analytische Kinder- und Jugendlichenpsychotherapie 117, 20.

Hüther, G. (2003): Die Auswirkungen traumatischer Erfahrungen im Kindesalter auf die Hirnentwicklung. In: Bundesarbeitsgemeinschaft der Kinderschutz-Zentren: Trauma und Traumafolgen. Köln, S. 58–67.

Lehmkuhl, U.; Huss, M. (2002): Heute kinetisch, morgen süchtig? www.liga-kind.de.

11 Aus: Eckpunkte der Ergebnisse der vom Bundesministerium für Gesundheit und Soziale Sicherung durchgeführten interdisziplinären Konsensuskonferenz zur Verbesserung der Versorgung von Kindern, Jugendlichen und Erwachsenen mit Aufmerksamkeitsdefizit-Hyperaktivitätsstörung (ADHS). Bonn, 28. und 29. Oktober 2002.

Krankheiten, die Karriere machen: Zur Medizinalisierung und Medikalisierung sozialer Probleme

Rolf Haubl

Alle Aussagen über Krankheiten und ihre Verteilung in Vergangenheit und Gegenwart basieren auf Diagnosen. Während positivistisches Denken Krankheiten als objektive Entitäten konzipiert, die im Erkenntnisprozess »entdeckt« und anschließend routinemäßig identifiziert werden, zieht sozialkonstruktivistisches Denken (vgl. Hacking 1999a) diese Konzeption in Zweifel. Stattdessen betont es, dass die Diagnose der diagnostizierten Krankheit nicht äußerlich ist. Krankheiten – verstanden als Erkenntnisgegenstand – werden im Prozess der Erkenntnis nicht weniger »erfunden« als »entdeckt«, weshalb an die Stelle des Anspruchs auf Objektivität der Anspruch auf inter-subjektiv nachprüfbare oder auch nur nachvollziehbare subjektive Urteile (vgl. Schachtner 1999, IV.1) tritt.

Damit kommen zwangsläufig Interessen und Interessenkonflikte zum Tragen, die sich unerkannt oder unausgesprochen in Krankheitsdiagnosen niederschlagen, wo sie infolge einer Objektivierung der diagnostizierten Krankheit naturalisiert werden. Um diese Naturalisierung aufzulösen und zu rekonstruieren, wer an welcher Diagnose welches Interesse hat, bedarf es einer Soziologie der Diagnose (vgl. Brown 1995) und mehr noch einer »Psychoanalyse der medizinischen Erkenntnis« (Schultz-Venrath 1997, S. 19), deren Theorie und Praxis freilich noch systematisch zu entwickeln wäre.

Jede Krankheitsdiagnose gibt die medizinische und soziokulturelle Einstellung einer bestimmten Epoche wieder – was freilich meist erst im historischen Rückblick erkennbar wird, da es während der Epoche in der Regel so scheint, als gäbe es keine Alternative (vgl. Lachmund/Stollberg 1992; Rosenberg/Golden 1992). Im Laufe des Modernisierungsprozesses steigt jedoch das Kontingenzbewusstsein, da moderne Gesellschaften im Rahmen ihrer Selbstvergewisserung historische und interkulturelle Vergleiche anstrengen. Aufgrund dieses Wissensfundus wächst in der Moderne die Sensibilität für Fragen, wie Krankheitsdiagnosen begründet und gebraucht werden. In dieser

Perspektive greift eine Antwort zu kurz, die lediglich darauf verweist, dass Diagnosen helfen, Therapien zu finden, die kranke Gesellschaftsmitglieder heilen. Denn das Medizinsystem ist immer auch ein soziokulturell voreingenommenes System, das sich mit seiner basalen Unterscheidung von »gesund« und »krank« an der Stabilisierung von Gesellschaften beteiligt, indem es nicht nur der Aufklärung, sondern immer auch der Produktion von Unbewusstheit dient.

Universalistischer Anspruch, partikularistische Realität?

Auch wenn man der Annahme eines »Nationalcharakters« skeptisch gegenüber steht, weil dieser Begriff die empirische Heterogenität gerade moderner und postmoderner Gesellschaften verdeckt, gibt Lynn Payer (1989) mit ihren datengestützten Überlegungen zu den soziokulturellen Differenzen des Medizinsystems verschiedener Länder doch zu denken. So trägt sie Hinweise zusammen, dass US-amerikanische Ärzte im Vergleich mit ihren europäischen (englischen, französischen und deutschen) Kollegen generell sehr viel schneller bereit sind, chirurgisch zu intervenieren. Dies fällt besonders in der Krebsprophylaxe von Frauen auf. Ist die Bereitschaft, Frauen über 40 Jahren aus prophylaktischen Gründen die Gebärmutter zu entfernen, in Europa eher gering, kommen vergleichbare Frauen in den USA fast reflexhaft unters Messer. Wie entsteht ein solcher Unterschied? Payer erklärt ihn als Folge eines spezifischen US-amerikanischen Lebensstils, der durch eine aggressive Handlungsbereitschaft gekennzeichnet ist und den sie historisch bis auf die »Frontier-Mentalität« der frühen Siedler zurückführt. Zu diesem Lebensstil passt auch der Befund, dass die US-amerikanische Medizin eine sehr viel höhere Dosierung von Medikamenten empfiehlt, als es in Europa üblich ist; bei psychiatrischen Diagnosen kann sie das zehnfache betragen. Offenbar besteht in den USA die Vorstellung, nur eine »aggressive« Medikation verspreche Erfolg.

Unterschiede finden sich auch in der medizinischen Forschung. Wie kommt es, dass englische Forscher klinische Forschungsdesigns bevorzugen, in denen eine Gruppe von Patienten auf eine bestimmte Art und Weise behandelt und mit einer unbehandelten Kontrollgruppe verglichen wird, während US-amerikanische Forscher lieber zwei Gruppen mit unterschiedlichen Behandlungsformen vergleichen? Vielleicht sind es unterschiedliche soziokulturelle Basisprämissen, die zu unterschiedlichen Präferenzen in der Forschung führen: Während US-amerikanische Ärzte auf jeden Fall handeln werden und nur wissen wollen, welche Handlungsoption die erfolgversprechendere ist, rechnen englische Ärzte, wie es eine unbehandelte Kontrollgruppe bedeutet, mit der Möglichkeit, der Patient brauche gar keine Behandlung, weil seine Selbstheilungskräfte letztlich die Oberhand gewinnen.

Ein letztes Beispiel: Gibt es vielleicht sogar soziokulturell präferierte Organe, die Ärzte aus unterschiedlichen Ländern vor jeder genaueren Untersuchung in Verdacht haben, die Symptome eines Patienten zu verursachen? So sind Patienten und Ärzte in Frankreich vor allem um die Leber besorgt. Engländer denken bei Beschwerden zuerst an die Verdauung – Deutsche an ein schwaches Herz. Während in Deutschland ein niedriger Blutdruck als behandlungsbedürftig gilt, kümmert Franzosen und Engländer ein solcher Befund nicht. Ist dies wirklich ein mentalitätsgeschichtlicher Niederschlag der Romantik in Deutschland, die in einem starken Herzen nicht nur physische, sondern auch psychische Gesundheit verkörpert sah?

Folgt man der Fülle von Belegen, die Payer anführt, dann wird der universalistische Anspruch des Medizinsystems immer wieder von einer partikularistischen Realität unterlaufen, in der soziokulturelle Voreingenommenheiten die landesübliche medizinische Praxis bestimmen. Sind Arzt und Patient unterschiedlich soziokulturell geprägt, liegen Schwierigkeiten in der Verständigung nahe. Für die interkulturelle Medizin ist dies Alltag. Nur betreffen die Differenzen, auf die Payer verweist, aber nicht Situationen in der Dritten Welt, in denen Ärzte auf Schamanen treffen, sondern Differenzen unter Ärzten der Ersten Welt. Lässt sich die Verwissenschaftlichung der Medizin auch weit treiben, deren soziokulturelle Voreingenommenheit überwindet sie offenbar nicht (so leicht).

Profitable Krankheitsdiagnosen: Am Beispiel »Depression«

In der Öffentlichkeit kommt die soziokulturelle Voreingenommenheit des Medizinsystems praktisch nicht zu Bewusstsein. Dagegen wird es oft als ökonomisches System thematisiert und kritisiert. Und das nicht zu Unrecht. Denn als ökonomisches System strebt das Medizinsystem, das Diagnose und Therapie von Krankheiten erfolgreich monopolisiert hat, nach Profit. In diesem Sinne sind Krankheitsdiagnosen ökonomisch relevante Rechengrößen – Bestandteil eines »Disease Mongering« (vgl. Blech 2003), das Krankheiten als Wirtschaftsfaktoren kalkuliert.

Erst jüngst hat eine Untersuchung (Cosgrove et al. 2006) ergeben, dass mehr als die Hälfte aller Autoren des aktuellen »Diagnostic and Statistical Manual« (DSM-IV) – 1994 erschienen und 2000 überarbeitet – von der Pharmazeutischen Industrie finanziert worden ist, was Interessenkonflikte wahrscheinlich macht. Das Manual, das Normen setzt, die darüber entscheiden, welche psychischen Phänomene als krankheitswertig und damit als behandlungsbedürftig gelten, ist schon früher in die Kritik geraten, da etliche Diagnosen wie geschaffen erscheinen, medikamentöse Therapien zu legitimieren. Ein häufig genanntes Beispiel ist die Diagnose »Sozialphobie«, die zu dem Kurzschluss verleitet, Schüchternheit mit Antidepressiva zu behandeln.

Bleiben wir bei Antidepressiva und betrachten exemplarisch, wie die Pharmazeutische Industrie in den Diagnoseprozess von Depressionen einzugreifen sucht. In ökonomischer Perspektive ist sie daran interessiert, die Definitionsschwelle für Depressionen herabzusetzen, weil dadurch deren Prävalenz steigt und mit ihr die Absatzchancen für Antidepressiva (vgl. Healy 1997). Nun hatte sich herausgestellt, dass Allgemeinärzte Depressionen nur selten richtig diagnostizieren (vgl. Haubl 2005, S. 298 ff.). Um Abhilfe zu schaffen, wird ihnen empfohlen, Screening-Instrumente einzusetzen, um die Trefferquote zu verbessern. Ein verbreitetes Screening-Instrument ist das »General Health Questionnaire«. Es besteht aus zwölf Items, die Selbstauskunft auf Fragen der Art »Haben Sie in den letzten Wochen wegen Sorgen weniger geschlafen« verlangen. Ab drei und mehr positiv beantworteten Fragen erfolgt die Diagnose einer psychischen Störung, was zu Diagnoseraten von über 50% Depressionen führt. Damit wäre jeder zweite Patient in einer allgemeinärztlichen Praxis depressiv!

Dagegen zeigen die Ergebnisse einer Untersuchung in 35 Berliner und 20 Mainzer Allgemeinpraxen (Kühn et al. 2002), dass es knapp 9% der Patienten sind, für die sich eine Depression nach den Kriterien von ICD-10 begründen lässt. So gesehen erscheinen die Diagnoseraten, die das Screening-Instrument erbringt, maßlos übertrieben (Health 1999).

Dennoch werden Allgemeinärzten immer wieder derartige Screening-Instrumente angeboten. Oft sind es pharmazeutische Unternehmen, die sie ihrem Informationsmaterial beilegen. Das weckt den Verdacht, dass die Empfehlung, Fragebögen in der Art des »General Health Questionnaire« einzusetzen, Bestandteil einer Marketingstrategie ist.

Steigert der Einsatz von Screening-Instrumenten die Diagnoserate für Depressionen, so ist das den Anbietern von Antidepressiva ökonomisch willkommen, weshalb sie dann auch deren Einsatz empfehlen. Halten Allgemeinärzte die Screening-Ergebnisse für valide Befunde, haben sie mit Inkompetenzgefühlen zu kämpfen, die ihnen die empfohlenen Instrumente zu nehmen versprechen, weshalb sie dankbar angewendet werden. Wie weit dieses Kalkül in der Praxis greift, ist allerdings eine offene Frage.

Das Herabsetzen von Definitionsschwellen gehört zu einem ganzen

Repertoire von interessegeleiteten Maßnahmen, die ökonomisch motiviert sind. Am spektakulärsten ist die »Erfindung« neuer Krankheiten, die mit Hilfe von Wissenschaftlern, die im Dienste von pharmazeutischen Unternehmen Auftragsforschung betreiben, »gefunden« werden, und über die anschließend ähnlich abhängige Journalisten die Öffentlichkeit »aufklären«. Ein lehrreiches Beispiel dafür ist die Karriere des »Sisi-Syndroms«, das auf Deutschland beschränkt geblieben ist.

Eine der realen Schwierigkeiten, Depressionen richtig zu diagnostizieren, besteht in deren Maskierung (vgl. Haubl 2005, S. 300ff.). Als eine solche Maskierung ist das »Sisi-Syndrom« eingeführt worden: Allgemeinärzte würden Depressionen nicht erkennen, weil sie diese Maskierung nicht durchschauten: Das angebliche Syndrom, benannt nach der österreichischen Kaiserin Elisabeth (»Sisi«), die der deutschen Bevölkerung weniger aus den Geschichtsbüchern als aus jährlich im Fernsehen wiederholten Spielfilmen mit der legendären Romy Schneider bekannt ist, wurde 1998 aus der Taufe gehoben. Das pharmazeutische Unternehmen SmithKlineBeecham (inzwischen GlaxoSmithKline) hatte es in Auftrag gegeben. Es sollte eine untypische Form der Depression vor allem von Frauen sein: Die kranken Frauen zeigten sich auffallend lebensbejahend, sehr auf ihr Aussehen und ihre körperliche Fitness bedacht und deshalb sportlich aktiv und ernährungsbewusst. Damit würden sie aber nur ihre Gefühle der Niedergeschlagenheit und inneren Leere maskieren.

Aber, so die massenhaft über PR-Agenturen verbreitete frohe Botschaft, die erfolgreiche Therapie sei bereits gefunden: Ursache der Krankheit sei eine Serotonin-Dysbalance und diese mit Seroxat (Wirkstoff: Paroxetin), einem Medikament aus der Angebotspalette von SmithKlineBeecham, erfolgreich psychopharmakologisch zu korrigieren. Ab Ende 1998 gewann das »Sisi-Syndrom« eine zunehmende Präsenz in den Massenmedien – Folge einer groß angelegten »Disease Awareness«-Kampagne, die zum Ziel hatte, das Syndrom als anerkannte Krankheit zu behaupten. Immerhin gebe es über 500 Veröffentlichungen und einen Forschungsbericht, so dass es einem Skandal gleichkäme, die auf 2,5 Millionen geschätzten Kranken ohne angemessene medizinische Versorgung zu lassen.

Nur, der Forschungsbericht war ein lanciertes Sachbuch ohne Beweiskraft und die Veröffentlichungen folgten dem Prinzip der »stillen Post«: Hörensagen mit einer Tendenz zur Dramatisierung. Wie immer in solchen Fällen kamen auch medizinische Autoritäten zu Wort und nicht nur selbst ernannte, sondern auch Wissenschaftler, die sich für die Interessen des pharmazeutischen Unternehmens einspannen ließen. Schließlich hat eine unabhängige Forschergruppe die verbreiteten Behauptungen geprüft und kommt Anfang

2003 zu dem Schluss, dass sie wissenschaftlich unbegründet sind. Das »Sisi-Syndrom« ist also keine eigenständige nosologische Einheit (Burgmer et al. 2003). Seitdem herrscht Schweigen. Für das pharmazeutische Unternehmen dürfte sich der Aufwand allerdings gelohnt haben.

Rückblickend muss man wohl annehmen, dass das Unternehmen ein Medikament entwickelt hat, für das es anschließend nach einer profitablen Indikation suchte. Denkt man den Zusammenhang von Diagnose und Therapie gewöhnlich umgekehrt, so ist es weltweit doch keine Ausnahme, dass vorhandene Therapiemöglichkeiten passende Diagnosen nach sich ziehen.

Das Medizinsystem als System sozialer Kontrolle

Es sind aber nicht nur ökonomische Interessen, die Begründung und Gebrauch von Krankheitsdiagnosen entstellen. Krankheitsdiagnosen gehören auch in das Repertoire sozialer Kontrollen, mit denen Gesellschaften versuchen, Devianzen so zu bewältigen, dass sie ihren Bestand und ihre Entwicklungsmöglichkeiten nicht gefährden (vgl. Conrad 1992). So hat das moderne Medizinsystem den unausgesprochenen gesellschaftlichen Auftrag, Krankheiten zu individualisieren. Es behandelt die vereinzelten Kranken, nicht aber die krankmachenden und kränkenden gesellschaftlichen Verhältnisse, in denen sie leben. Damit sorgt das Medizinsystem dafür, die Aspekte von Krankheiten zu dethematisieren, die zu einem unkontrollierten oder unkontrollierbaren Veränderungsdruck auf die herrschenden gesellschaftlichen Verhältnisse führten, würden sie thematisiert und vielleicht sogar politisiert werden. In der Regel kümmert es einen Kranken auch nicht, inwieweit seine Krankheit gesellschaftlich mitbedingt ist. Jedoch weist seine Krankheit bzw. Krankheitsdiagnose eine bestimmte gesellschaftliche Verteilung auf. Und diese Verteilung verrät etwas über den Zustand, in dem sich die Gesellschaft befindet.

Fast noch aussagekräftiger ist der Kampf um die Anerkennung eines bestimmten Leidens als Krankheit. In jeder Gesellschaft leiden Gesellschaftsmitglieder – woran auch immer (vgl. Rolling Ferrell 1996; Kleinman et al. 1997). Nicht alles Leiden ist jedoch krankheitswertig (»illness« vs. »disease«; Cassell 1976). Das Medizinsystem hat – gegenläufig zu seinen Profitinteressen – den wiederum unausgesprochenen gesellschaftlichen Auftrag, das als krankheitswertig anerkannte Leiden knapp zu halten, da die Krankenrolle zu einer ressourcenaufwändigen Suspendierung von den üblichen gesellschaftlichen Pflichten berechtigt (vgl. Parsons 1958, 1967; aber auch Frank 1991). Deshalb wird die Transformation von Leiden in Krankheit an eine institutionelle Akkreditierung gebunden: Ob es sich um eine Krankheit handelt, wird dabei nicht nur nach wissenschaftlichen Befunden entschieden, sondern immer auch danach, welche Interessengruppe den größten Druck ausüben kann, indem sie Unterstützer mobilisiert. In diese Lobbyarbeit gehen zwar wissenschaftliche Befunde ein, sie lässt sich aber nicht darauf reduzieren. So gleichen die Kampagnen für die Akkreditierung einer Krankheit allen anderen Kampagnen für die Durchsetzung eines beliebigen gesellschaftlichen Anliegens. Sie sind Soziomarketing.

Für leidende Gesellschaftsmitglieder ist mit einer Krankheitsdiagnose auch eine Orientierung geschaffen, ihr Leiden anerkennungsfähig auszudrücken. Insofern ist das Problem der Simulation, das die Medizingeschichte begleitet, nicht nur das Problem einer Erschleichung von unberechtigten Rentenansprüchen. Vielmehr verweist es darauf, dass es einen mehr oder weniger öffentlichen Diskurs über die Erkennungszeichen von Krankheiten gibt, die sich Gesellschaftsmitglieder aneignen können. Medizinische Laien über Krankheiten aufzuklären, schafft immer auch die Möglichkeit, dass Gesellschaftsmitglieder die umlaufenden Beschreibungen auf sich selbst anwenden; Und das aufrichtig, um ihr diffuses Leid zu spezifizieren: um zu verstehen, woran sie leiden. Krankheitsdiagnosen sind schon allein deshalb für Leidende ein Gewinn, weil sie ihrem Leid eine Bezeichnung geben: es in ein Zeichensystem einbinden, das erlaubt, es auf systematische Weise mit-zu-teilen (vgl. auch Stone 2002).

Krankheitsdiagnosen wirken sich auf die diagnostizierten Gesellschaftsmitglieder aus (vgl. Hacking 1999b). Das unterscheidet Menschen, die Bewusstsein und Selbstbewusstsein haben, von Dingen. Dinge können beliebig klassifiziert werden, ohne dass sich dadurch etwas für sie ändert. Gesellschaftsmitglieder werden dagegen durch Krankheitsdiagnosen zu Menschen einer bestimmten Art, die sich – zumindest in dieser Hinsicht – von anderen Menschen unterscheiden. Sie werden als Menschen dieser Art wahrgenommen und behandelt. Und zwar von ihren Mitmenschen und von den Institutionen ihrer Gesellschaft. Krankheitsdiagnosen beeinflussen aber auch ihre Selbstwahrnehmung. Als krank diagnostizierte Gesellschaftsmitglieder können sich in ihrem Denken, Fühlen und Handeln dem anpassen, von dem die Diagnosen sagen, dass es ihre Art ist. Sie können sich aber auch dagegen zur Wehr setzen: nicht akzeptieren oder sogar bekämpfen, dass sie von einer bestimmten Art sein sollen. Wie auch immer: Die Krankheitsdiagnose nötigt alle, die von ihr wissen, sich zu ihr zu verhalten. Unter diesen Umständen besteht sogar die Möglichkeit, dass sich Gesellschaftsmitglieder, die unter eine Diagnose fallen, in Reaktion auf diese Diagnose verändern, so dass sich die Diagnose selbst verändern muss, um diesen Veränderungen gerecht zu werden.

Weiblichkeit ist (k)eine Krankheit

Derzeit befinden sich zahlreiche Kandidaten für den Status als Krankheit in der »Warteschleife«, um akkreditiert und anschließend in die offiziellen Diagnose-Systeme aufgenommen zu werden (vgl. Moynihan et al. 2002). Dazu gehören verschiedene Unruhezustände wie das »Restless-leg-syndrom« und das »Irritable-bowel-syndrom«, aber auch Erschöpfungszustände wie das »Chronische Müdigkeitssyndrom« (vgl. Aronowitz 1992; Shorter 1994, S. 462ff., 511ff.; Showalter 1997, S. 161ff.) oder verschiedene Umweltkrankheiten (»Sick Building Syndrome«, »Idiopathische Umweltunverträglichkeit«, »Multiple Chemical Sensitivity«, »Elektrosensibilität«: Wolf/Barth 2002).

Besondere Aufmerksamkeit verdient die »sexuelle Dysfunktion« der Frau, die nach der »erektilen Dysfunktion« des Mannes, die den Absatz von Viagra boomen lässt, auf der Agenda der Pharmazeutischen Industrie steht (vgl. Moynihan 2003). Sie markiert den vorerst letzten Schritt in dem Bestreben eines Medizinsystems, den weiblichen Körper und insbesondere seine Reproduktionsfunktion generalstabsmäßig zu vereinnahmen (vgl. Kolik 2000). Es gibt kaum ein eindrucksvolleres Beispiel für eine gelungene Medizinalisierung und Medikalisierung von Lebensäußerungen, die einstmals als »natürlich« gegolten haben:

Menstruation: Der Gang von Mädchen zum Frauenarzt wird zunächst zu einem Initiationsritus, bei dem Expertinnen die Normalität des Frauwerdens begutachten, und anschließend zu einer lebenslangen Begleitung eines normalen Frauseins. Frauen erhalten auf diese Weise von früh an vermittelt, dass sie Geschlechtsorgane haben, die störungs- und krankheitsanfällig sind und deshalb ständiger Überwachung bedürfen. Die Überwachung beginnt mit dem Menstruationszyklus, dessen Normbereich auf 28 (plus oder minus 3) Tage festgelegt wurde, was in Anbetracht sehr großer Variationen aber keineswegs die »Regel« ist. Aufgrund solcher Festlegungen geraten Mädchen in Angst, wenn sie keine »normale« Regel haben, obwohl ihnen ihre Abweichungen meist keine Beschwerden bereiten und auch nicht krankheitswertig sind. Indessen erzeugt die Festlegung einen Regulierungsbedarf und damit eine Abhängigkeit vom Frauenarzt.

Schwangerschaft: Haben Frauen einst ihre Schwangerschaft erst über die Wahrnehmung der Bewegungen ihres ungeborenen Kindes festgestellt, so sind an deren Stelle inzwischen Schwangerschaftstests getreten, die frühzeitig eine Befruchtung nachweisen. Zu einem späteren Entwicklungszeitpunkt kommen Techniken der Visualisierung hinzu, die den Uterus zu einem »öffentlichen Ort« (Duden 1991) machen. Als Mittel der Diagnostik von Risikoschwangerschaften erfunden, wird der Einsatz von Ultraschall,

Amniozenteste, Chorionzottenbiopsie und Tripletest allmählich zu einer Routine, die keines begründeten Risikoverdachts (Alter, familiäre Vorbelastung) mehr bedarf. Es reicht das schlechte Gewissen, eine bestehende technische Möglichkeit nicht zu nutzen. Allerdings kann keine noch so gute pränatale Diagnostik ein gesundes Kind garantieren. Nur ein Sechstel aller Schädigungen sind durch genetische Defekte verursacht, bei denen zudem oft nicht klar ist, wie sie sich im Alltag auswirken. Die meisten Schädigungen kommen durch Infektionen im Mutterleib oder durch Komplikationen bei der Geburt zustande. So gesehen, kann die Technik das Versprechen, Eltern zu beruhigen, letztlich nicht halten. Im Gegenteil: Der Einsatz der Technik hält das Bewusstsein eines Risikos und die damit verbundene Unsicherheit wach. In den letzten 20 Jahren ist die Menge der medizinischen Untersuchungen im Rahmen der Schwangerschaftsvorsorge um 500% gestiegen, wobei die Absenkung des Risikoalters von 40 auf 35 Jahren erheblich dazu beigetragen hat. Der Trend geht dahin, den Bereich der Risikoschwangerschaften immer mehr auszuweiten, so dass Schwangerschaft generell als Risiko erscheint. Eine Folge davon ist die Verringerung der Hausgeburten, weil der Eindruck entsteht, dass nur eine Klinik den drohenden Gefahren begegnen kann. War auch der »Wehenschreiber« ursprünglich für Risikoschwangerschaften vorgesehen, so dient seine Funktion, den optimalen Geburtszeitpunkt zu bestimmen, heute immer mehr dazu, Arbeitsabläufe zu rationalisieren. Zudem funktioniert er nur, wenn die Schwangere liegt. Die liegende Position ist aber eine Erschwernis, da während des Geburtsvorgangs die Schwerkraft nicht genutzt werden kann, wie es etwa bei den Steh- und Hockgeburten in vormodernen Kulturen geschieht. Schließlich entscheiden sich immer mehr Frauen für einen Kaiserschnitt, beraten von Klinikärzten, die daran deutlich mehr verdienen als an einer »natürlichen« Geburt. Je seltener Kinder in Wohlstandsgesellschaften werden, desto gefährdeter erscheinen sie und desto schneller wollen Frauen sich dieser belastenden Situation entziehen.

Menopause: Das Medizinsystem tendiert dazu, die »Wechseljahre« als Hormonmangelerkrankung darzustellen, dabei wird der Östrogenhaushalt von 50-jährigen an dem von 30-jährigen gemessen. Da sie infolgedessen zu wenig Östrogen haben, muss es substituiert werden, um Beschwerden zu vermeiden – Beschwerden, die in Kulturen, in denen sich der Status von Frauen mit der Menopause erhöht, nahezu unbekannt sind (Lock 1998)! Aber nicht nur Beschwerden, auch Herzkrankheiten sollte die Östrogensubstitution vorbeugen, bis sich herausgestellt hat, dass der beschworene Schutz ausbleibt, mehr noch: für die hormonbehandelten Frauen die Wahrscheinlichkeit steigt, an Brustkrebs zu erkranken. Kaum weniger desillusionierend sind die Befunde zur Osteoporose-Prophylaxe (Maschewsky-Schneider et al. 2001, S. 774ff.).

Wertkonservative Krankheitsdiagnosen: Am Beispiel »Multiple Persönlichkeit«

In fast allen Epochen gibt es Krankheiten oder Kandidaten für Krankheiten, die besondere Furore machen, weil ihre Diagnose heftige Kontroversen auslöst, die sich – zumindest im nachhinein – als Kontroversen erweisen, in denen es medizinisch verbrämt um zentrale Konflikte des gesellschaftlichen Lebens geht (vgl. Morris 2000). Als ein solcher Fall darf die Diagnose »Multiple Persönlichkeitsstörung« (vgl. Hacking 1996) gelten, die eng mit den Identitätsproblemen der Postmoderne verbunden ist (vgl. Haubl 2002).

1980 wird MPS in den USA zu einer offiziellen Diagnose (DSM-III). Seit 1994 (DSM-IV) trägt sie die Bezeichnung »dissoziative Identitätsstörung«. Nachdem es zunächst in den USA eine epidemische Häufung von Fällen gab (vgl. Dietze 1999), wird sie inzwischen auch in Europa zunehmend häufiger diagnostiziert (vgl. Gast/Oswald 2004).

Oft wird die Annahme favorisiert, dass frühkindliche traumatische Erlebnisse, vor allem sexueller Missbrauch, zu Dissoziationen – einem spezifischen Abwehrmechanismus – führen. Ein dissoziierender Mensch bildet mehrere Alter-Egos aus, die nebeneinander bestehen, aber nichts voneinander wissen. Sie haben unterschiedliche Namen, unterschiedliche Lebensalter und unterschiedliches Geschlecht. Jedes von ihnen verfügt über eine eigene Biografie und eigene soziale Beziehungen. Ist ein Alter-Ego ängstlich und unterwürfig, so eine anderes wütend und angriffslustig. Die verschiedenen Alter-Egos wechseln, meist plötzlich. Das aktuell dominierende bestimmt, wie sich der betreffende Mensch verhält. Dissoziation erspart psychischen Schmerz. Wenn jemand etwas erlebt, das er nicht ertragen kann, stellt er sich vor, es sei jemand anderem passiert. Auf diesem Wege wird mit jedem neuen Schmerz ein neues Alter-Ego geboren und mehr oder weniger sorgfältig ausgearbeitet.

Seitdem es das Krankheitsbild gibt, verstummt die Kritik nicht, dass es sich um eine iatrogene psychische Störung handele. Denn zumeist kommen Menschen – 90% davon Frauen – mit diffusen Beschwerden in Behandlung, wo sie dann – häufig unter Hypnose – ihre Alter-Egos zu erkennen geben. Nun ist die entscheidende Frage, ob die Multiplizität bereits vorher bestand. Oder ob sich erst in der Arzt-Patient-Beziehung eine Multiplizierung ereignet?

Zu den irritierendsten Beobachtungen gehört, dass nicht nur die Menge der Patientinnen zunehmend steigt, seitdem das Krankheitsbild psychiatrisch anerkannt und über eine große Zahl von Sachbüchern, Romanen und Spielfilmen popularisiert worden ist, sondern auch die Menge der Alter-Egos, die diese Patientinnen zeigen (vgl. Held 1999, S. 27). Zudem wird die Ausarbeitung der Alter-Egos immer flüchtiger und die Umschaltzeit zwischen ihnen immer kürzer, was Kritiker zu dem Vergleich veranlasst hat, die psychische Störung funktioniere wie der schnelle Programmwechsel beim Fernsehen. Nimmt man diesen Vergleich mit Zapping ernst, dann geht es darum, dass der Fernsehzuschauer eine Sendung findet, die ihn über den Moment hinaus interessiert. Und zwar unter der Voraussetzung einer Qual der Wahl. Auf die Präsentation der Alter-Egos übertragen: Die Patientinnen unternehmen einen Schnelldurchlauf durch mögliche »personae« auf der Suche nach Anerkennung durch den Arzt. Sie bieten eine große Anzahl von »Erfindungen« an, aus dem er wählen soll, denn sie leiden an einer tiefen Verunsicherung, wer sie sein können, sollen oder dürfen, um sozial anerkannt zu werden.

Tatsächlich findet eine Wahl im Rahmen der Therapie auch statt, da es Therapieziel ist, die Multiplizität zum Verschwinden zu bringen, indem eine der »personae« als »wahres Selbst« ausgezeichnet wird. Dabei lassen sich die Therapeuten von »internal helpers« führen, was Alter-Egos sind, die sich dadurch auszeichnen, dass sie von einigen oder allen der übrigen Alter-Egos wissen. Folglich unterstellt man, dass es ein »wahres Selbst« hinter allen »personae« gibt, das gefunden werden will. Damit wird deutlich, dass es bei allem authentischen Leid, das die Patientinnen mit ihrer Multiplizität oder Multiplizierung zum Ausdruck bringen, kulturell um die Verteidigung eines klassisch bürgerlichen Identitätskonzeptes geht. Die Therapeuten verstehen ihre Therapie als »reparenting«, weil gute Eltern (im Unterschied zu den schlechten Eltern, die das Kind sexuell missbraucht haben) dafür sorgen, dass ihre Kinder gesellschaftlich berechenbar werden. Deshalb müssen Patientinnen dann auch darauf gefasst sein, dass Wünsche, multipel bleiben zu wollen, konsequent als Fortbestehen der Krankheit gedeutet und somit delegitimiert werden.

Krankheitsdiagnosen im Dienste einer Konfliktverschiebung: Am Beispiel von »AD(H)S«

Krankheitsdiagnosen zu dekonstruieren, ist eine notwendige medizinsoziologische Aufgabe. Es gilt, diejenigen gesellschaftlichen Konflikte bewusst zu machen, die das Medizinsystem unbewusst zu halten versucht, um durch diese Aufklärung einer Verschiebung der Konflikte entgegen zu wirken. Solche Verschiebungen werden begünstigt, wenn sich Leidende zunehmend weniger als Patienten, sondern als Kunden des Medizinsystems verstehen, die mit dem Wunsch einen Arzt aufsuchen, sich eine bestimmte Modediagnose bestätigen zu lassen – und die solange von Praxis zu Praxis ziehen, bis sie unter den Ärzten einen »vertrauenswürdigen Sympathisanten« (Shorter 1994, S. 527f.) gefunden haben, der ihnen ihren Wunsch erfüllt. Ärzte, die sich darauf einlassen, werden zu Dienstleistern, die es vermeiden, Patienten zu konfrontieren, und sei es nur, um deren Abwanderung vorzubeugen.

Eine der Diagnosen, für die eine Dekonstruktion derzeit besonders notwendig erscheint, ist das »Aufmerksamkeitsdefizit-(Hyperaktivitäts)-Syndrom« (vgl. Conrad 1975; Schrag/Divoky 1975; Amft et al. 2002; Bovensiepen et al. 2002). Um seine Anerkennung als Krankheit wird höchst aggressiv gestritten. Diese ungewöhnliche emotionale Intensität des öffentlichen AD(H)S-Diskurses dürfte ein Indiz dafür sein, dass mehr auf dem Spiel steht, als es auf den ersten Blick erscheinen mag. Wie könnte eine *mögliche* medizinsoziologische Antwort auf die Frage lauten, warum gerade dieses Syndrom gerade heute so viele Gemüter bewegt?

AD(H)S betrifft in verschiedenen industriellen Ländern (Robinson et al. 1999; Farone et al. 2003) etwa 2–5% der Kinder. Die Unterschiede in den festgestellten Prävalenzraten gehen dabei unter anderem auf unterschiedliche Diagnosesysteme zurück. So hat das DSM-IV weniger strenge Kriterien als der ICD-10, so dass seine Anwendung zu höheren Prävalenzraten führt. In Deutschland liegt die Behandlungsprävalenz der 3- bis 15-Jährigen im Beobachtungsjahr 2001 bei 2,4%. Die höchste Rate weisen die 7- bis 10-Jährigen auf, in höheren Altersgruppen geht die Häufigkeit zurück (Köster et al. 2004). Jungen erhalten die Diagnose bis zu vier Mal so häufig wie Mädchen (vgl. dazu die Meta-Analyse von Gershon 2002), was vermutlich auch damit zu tun hat, dass jedes Geschlecht seine Probleme in Übereinstimmung mit der ihm gemäßen Geschlechtsrolle darstellt (vgl. dazu auch Haubl 2005): Folglich »externalisieren« Jungen ihre psychosozialen Probleme eher, während Mädchen sie eher »internalisieren« und dadurch weniger, zumindest später auffällig werden (Petermann 2005, S. 51, Tab. 1, S. 52f.; vgl. auch Quinn 2005).

Sichtet man die Symptome, die für eine Diagnose von AD(H)S bei Kindern und Jugendlichen herangezogen werden, dann sind es ein ungehemmter Bewegungsdrang (Hyperaktivität) und eine notorische Unaufmerksamkeit (Aufmerksamkeitsdefizit), die mit weiteren Auffälligkeiten in sozialen Beziehungen einher gehen (können), zu denen anti-soziale Tendenzen, oppositionelles Trotzverhalten sowie Ungehorsam gegenüber Autoritätspersonen gehören. Dabei wird immer wieder die Schule als der institutionelle Kontext herausgestellt, in dem diese Verhaltensweisen besonders stören, da Stillsitzen, Konzentration auf den zu lernenden Unterrichtsstoff und Respekt vor der Lehrperson zu den basalen Erwartungen der Institution an einen Schüler gehören. Ob und inwieweit er diese Erwartungen erfüllt, entscheidet maßgeblich über seinen Schulerfolg und damit auch über seine späteren Lebenschancen.

Es sind vor allem Lehrerinnen und Lehrer, die AD(H)S beobachten, genauer: zu beobachten meinen, da sie die Prävalenz des Syndroms deutlich überschätzen. Folgt man einer Untersuchung von Lehrerurteilen, so wäre nahezu jeder fünfte Schüler ein AD(H)S-Kind (Baumgärtel et al. 1995). Selbst Eltern bleiben in ihren Schätzungen deutlich hinter diesen Zahlen zurück (Brühl et al. 2000), sicherlich auch deshalb, weil es der familiäre Kontext in der Regel eher zulässt, den Konflikten aus dem Weg zu gehen. Mehr noch: Es ist beobachtet worden, dass Eltern von Lehrern unter Druck gesetzt werden, ihre vermeintlichen AD(H)S-Kinder medikamentös ruhig zu stellen, wenn die Schule keine Alternativen bietet, mit den genannten »Störungen« umzugehen (Malacrida 2004).

Nun sind Unruhe, Unaufmerksamkeit und Ungehorsam keine neuen »Störungen« (vgl. Foerster 1987). Rückt man AD(H)S in die Geschichte der Kindheit und in die Geschichte der Schule ein (vgl. z.B. Fertig 1984, Kap. VII), so finden sich von Anfang an Erwachsene, die sich über solche Kinder beklagen. Zivilisationsgeschichtlich betrachtet befinden sich Grundschulkinder an der Schwelle, an der Fremdzwang in Selbstzwang übergehen soll: Von den Kindern wird erwartet, ihr Verhalten zu zivilisieren, indem sie die geltenden Normen gesellschaftlicher Affektregulierung verinnerlichen, da Selbstbeherrschung eine der ersten Bürgerpflichten ist. Wenn dieser Verinnerlichungsprozess erfolgreich verläuft, werden die Anforderungen der Gesellschaft nicht länger als Zumutungen erlebt, die Widerstand provozieren, sondern als Herausforderungen, denen sich die Heranwachsenden freiwillig und freudig stellen.

Darf die zweite Hälfte des 19. Jahrhunderts als eine Zeit forcierter Modernisierung gelten, in der das bürgerliche Leistungsethos breitenwirksam wird, was zu einer Prämierung kognitiver Fähigkeiten führt, so entspricht dem der Sachverhalt, dass in dieser Zeit das unruhige, unaufmerksame und ungehorsame Schulkind zum Problemkind wird. Zeitgleich entsteht auch die soziokulturelle Vorstellung von Aufmerksamkeit, die wir heute als selbstverständlich voraussetzen (vgl. Crary 2002). Danach ist Aufmerksamkeit die generelle Fähigkeit, sich nicht von der Erfüllung seiner Rollenpflichten durch sinnliche Reize ablenken zu lassen, die diesen Pflichten zuwiderlaufen, mithin der Zerstreuung zu widerstehen und sich zu zentrieren, zu kon-zentrieren. Verlangt wird, von der Attraktion eines Wahrnehmungsgegenstandes sowie von eigenen inhaltlichen Interessen abzusehen. Damit ist eine Voraussetzung geschaffen, entfremdete Arbeit leisten zu können. Indem die Schule auf ein Leben in der Erfüllung von Rollenpflichten vorbereiten soll, hat sie einen Anpassungsauftrag, weshalb sich schulische Curricula – bis heute – kaum an den Inhalten orientieren, die Kinder und Jugendliche interessieren. Die Forderung nach einer »kindgerechten Schule« wird nach wie vor durch die Praxis düpiert, »schulgerechte Kinder« zu prämieren und andere auszusortieren.

Während die Unruhe, die Unaufmerksamkeit und der Ungehorsam der Schulkinder historisch zunächst einmal als »Untugenden« oder abgeschwächt: »Unarten« moralisiert werden, beginnt sich eine entmoralisierte Semantik durchzusetzen, als sich die Kinderpsychiatrie des späten 19. Jahrhunderts den »Störern« annimmt. Damit greift auch in diesem Fall jene medizinhistorische These, die eine bestimmten Entwicklungslogik in der gesellschaftlichen Deutung von Devianzen behauptet: von der Sünde über das Verbrechen zur Krankheit (vgl. Fox 1979, S. 468: »sin-to-crime-to-sickness-evolution«) und – so ließe sie sich fortschreiben – zum tolerierten Lebensstil.

In der Kinderpsychiatrie vollzog sich die Entmoralisierung nicht zuletzt aufgrund der Durchsetzung organpathologischer Erklärungsmodelle. Zwar gibt es historisch – bis heute – immer wieder Zeiten, in denen alternative Modelle an Einfluss gewinnen, insgesamt haben sie es jedoch immer vergleichsweise schwerer gehabt, breitenwirksame Anerkennung zu finden. Obwohl heute alle Krankheiten als biopsychosoziokulturelle Phänomene gelten, wird weiterhin um die Gewichte der einzelnen Determinanten gestritten.

So auch im Falle der Symptome, die als AD(H)S diagnostiziert werden. Die Behauptung, dass es sich um eine cerebrale Störung handele, reicht weit in die Medizingeschichte zurück, wobei allerdings die Namen für die Krankheit sowie die Symptomgruppierungen häufig gewechselt haben. Die größte Relevanz kommt dabei der »Minimalen cerebralen Dysfunktion« zu. 1966 aus der Taufe gehoben, war sie bereits ihrerseits eine Umbenennung ihrer Vorläuferin, der »Minimalen Cerebralschädigung«. Diese Umbenennung wurde erforderlich, weil sich bei den Betroffenen keine Hirnschädigung nachweisen ließ. Allerdings harren auch die anschließend behaupteten Dysfunktionen bis heute eines stichhaltigen Nachweises, da EEG-Anomalien bei den »kranken« Kindern und Jugendlichen nicht häufiger sind als bei »gesunden«. Seit 1970 wird dann – ab den 1990er Jahren unter dem Namen AD(H)S – behauptet, Ursache der Symptome sei eine Störung des Hirnstoffwechsels. Und auch diese Behauptung ist nicht bewiesen.

Wenn heute von AD(H)S die Rede ist, handelt es sich genau genommen um eine Sammeldiagnose, die sehr verschiedene Ätiologien umfasst, wobei eine angemessene Therapieindikation die Kenntnis der fallspezifischen Ursachen voraussetzt. Keine Frage, dass zu den möglichen Ursachen für die beobachteten Symptome auch Hirnstoffwechselstörungen gehören. Nach seriösen Schätzungen liegt ihre Häufigkeit im Promillebereich. Für den Großteil der Kinder und Jugendlichen, bei denen derzeit AD(H)S diagnostiziert wird, sind andere Ursachen anzunehmen: unbewältigte kindliche Traumata und Konflikte, reifungsbedingte Entwicklungsverzögerungen, Erziehungsprobleme, schulische Unter- und Überforderungen. Je nach Ursache sind es verschiedene Ätiologien, die diagnostisch unterschieden werden müssen, und nicht – wie oft zu hören ist – verschiedene »Sichtweisen« auf dieselbe nosologische Einheit.

Leider erlauben es die verfügbaren Diagnoseverfahren nicht, eine objektive Unterscheidung vorzunehmen. Obwohl dies faktisch so ist, dominiert im öffentlichen Diskurs die Auffassung, dass bei AD(H)S eine monokausale Organpathologie vorliege, die psychopharmakologisch zu therapieren sei. Das Medikament mit dem Wirkstoff Methylphendiat und dem Handelsnamen Ritalin (der Firma Novartis) ist für solche Therapien seit 1937 im Einsatz. Während 1990 geschätzte 800 Kinder mit Ritalin behandelt wurden, kann man ab Mitte der 1990er Jahre von einem Verordnungsboom sprechen. Und seit dem Jahr 2000 verdoppelt sich die Verordnungshäufigkeit alle zwei Jahre. Heute sind es in Deutschland um die 150.000 Kinder, die Ritalin einnehmen: Tendenz steigend. Auch wenn in Deutschland aufgrund klarer Richtlinien anscheinend keine beunruhigende Zahl von Fehlverschreibungen vorkommt (Schubert et al. 2001), belegt die Sorglosigkeit, mit der Ritalin in den USA ohne entsprechende Diagnose verschrieben wird (Angold et al. 2000), wie schmal die Grenzen ist, die einen begründeten Gebrauch von Psychopharmaka von deren Missbrauch trennt.

Betrachtet man den rasanten Anstieg, den die Verordnungen von Ritalin als Therapie für ein diagnostiziertes AD(H)S-Syndrom verzeichnen, so muss man sich fragen, ob die Erkrankung oder die Krankheitsdiagnose so zugenommen hat? Beides ist nicht dasselbe, da bei Falschbeurteilungen zwar die Diagnosehäufigkeit, nicht aber die Erkrankungshäufigkeit steigt. Freilich besteht so gesehen dann auch die Möglichkeit, dass es mehr Erkrankungen als Diagnosen gibt. Allerdings ist es sehr schwer, zwischen Erkrankung und Diagnose zu unterscheiden, wenn es – wie im Falle von AD(H)S – keine objektiven Tests gibt, die es erlauben würden, Fehlurteile zu identifizieren. Richtige AD(H)S-Diagnosen sind inter-subjektiv nachvollziehbare subjektive Urteile, die sich an Symptomlisten orientieren, ohne dass dadurch die Spielräume für große Urteilsvariationen geschlossen würden.

Dementsprechend finden sich regionale Unterschiede in den beobachteten Prävalenzraten (Scahill et al. 2000) und in den Volumina der Ritalin-Verordnungen (Schubert et al. 2002; Glaeske/Jahnsen 2003). Eine Erklärung für diese Unterschiede mag in der Trendsetting-Funktion einzelner Praxen zu finden sein: Gelegentlich lässt sich nachvollziehen, dass eine Mehrheit der Diagnosen und Ritalin-Verordnungen in einer Region von einer Minderheit von Praxen getroffen wird, die zum Teil unter Eltern und Lehrern wie »Geheimtipps« umlaufen. Regionen, in denen solche Praxen liegen, zeigen dann überdurchschnittliche Häufigkeiten. Zumeist dürften es Praxen von Kinderärzten und Allgemeinärzten bzw. Praktischen Ärzten sein, die vermutlich eine vergleichsweise starke Affinität zu organpathologischen Erklärungsmodellen haben. Denn diese Gruppe von Ärzten wird nach wie vor am meisten nachgefragt. Erst allmählich holen Kinder- und Jugendlichenpsychiater sowie -psychotherapeuten auf (Köster et al. 2004, S. 162). Noch zu selten werden Spezialpraxen nachgefragt, die sich um ein anspruchsvolles und dementsprechend aufwändiges »Gesundheitsmanagement« von AD(H)S-Kindern und -Jugendlichen kümmern.

Da aus einer richtigen Diagnose nicht zwangsläufig eine richtige Therapieindikation folgt, muss auch zwischen alternativen Therapieangeboten begründet gewählt werden. Welche Gründe lassen sich also anführen, warum dem organpathologischen Erklärungsmodell zufolge in noch nicht einmal zwei Jahrzehnten die unterstellten Hirnstoffwechselstörungen so rasant zugenommen haben sollten? Und welche Gründe gibt es, sie psychopharmakologisch therapieren zu müssen? Wollte man die unterstellten Hirnstoffwechselstörungen auf genetische Mutationen zurückführen, so ist zur Kenntnis zu nehmen, dass alles, was wir über die Ausbreitung von Spontanmutationen wissen, einem solchen Anstieg widerspricht. Nun könnte man anführen, es handele sich nicht um Spontanmutationen, sondern um gerichtete Mutationen infolge systematisch veränderter Umweltbedingungen. Auch diese Begründung ist durch unser Wissen nicht gedeckt. Sie weist aber darauf hin, dass bei Effekten, die aus einer Interaktion von Organismus und Umwelt resultieren, therapeutisch sowohl am Organismus als auch an der Umwelt angesetzt werden könnte. Ähnliches gilt, wenn man etwa eine psychodynamische Ätiologie annimmt: Denn auch kindliche Traumata und Konflikte bleiben nicht ohne einen organismischen Niederschlag; sie können den Hirnstoffwechsel beeinflussen.

So gesehen, ist nicht zwangsläufig vorgegeben, an welcher Stelle in der biopsychosoziokulturellen Matrix von AD(H)S therapeutisch eingegriffen werden soll. Es muss eine Entscheidung getroffen werden, die über die fallspezifischen Ursachen hinaus zusätzliche Kriterien ins Spiel bringt, auch dann, wenn wir diese fallspezifischen Ursachen tatsächlich kennen würden, da monokausale Verursachungen am unwahrscheinlichsten sind. Solche zusätzlichen Kriterien können zweckrational und/oder wertrational sein. Zweckrational sind Kriterien wie Effektivität (Wirksamkeit der therapeutischen

Maßnahme) und Effizienz (Effektivität der therapeutischen Maßnahme in Relation zu ihren gesundheitsökonomischen Kosten). Wertrational ist die Achtung von Persönlichkeitsrechten (Effektivität und Effizienz in Relation zu ethischen Prinzipien).

Solche differenzierten Überlegungen kommen im öffentlichen Diskurs über AD(H)S aber höchst selten vor. Eher schon trifft man auf paranoid gefärbte Positionen. Danach belege der rasante Anstieg der Diagnosen und der Ritalin-Verordnungen, dass sich endlich eine lange verdrängte Wahrheit durchzusetzen beginne: dass AD(H)S-Kinder und -Jugendliche von ihren Eltern weder vernachlässigt noch schlecht erzogen, sondern organisch krank seien. Mehr noch: Dieser Anstieg sei der Erfolg eines gemeinsamen Kampfes von Eltern, Lehrern und Ärzten um die öffentliche Anerkennung dieser Wahrheit, die über die Zukunft der betroffenen Kinder und Jugendlichen entscheide. Im Hintergrund, manchmal aber auch lautstark vertreten, läuft dabei die Kritik an einer »Psychotherapeutisierung der Gesellschaft« mit, die als sozialliberaler Irrweg dargestellt wird.

Moderne Gesellschaften sind allesamt Leistungsgesellschaften, die Gesundheit und Krankheit mit Bezug auf Leistungsfähigkeit definieren (vgl. Parsons 1958, 1967). Gilt ihnen Gesundheit als generelle Leistungsfähigkeit, deren Erhaltung zu den Pflichten der Gesellschaftsmitglieder gehört, so gilt ihnen Krankheit als ein Zustand, in dem diese generelle Leistungsfähigkeit für mehr oder weniger lange Zeit nur noch eingeschränkt oder nicht mehr besteht. Aber auch in diesem Zustand ist die Verpflichtung auf Leistung nicht völlig außer Kraft gesetzt. Denn die Anerkennung einer Krankheit ist mit einer doppelten Nachweispflicht verbunden: Zum einen muss es sich um einen unfreiwilligen Zustand handeln, zum anderen muss alles daran gesetzt werden, ihn so schnell wie möglich wieder zu verlassen. Folglich ist Krankheit nur als Ausnahmezustand legitimiert. Kann diese Legitimation in Anspruch genommen werden, ist Minderleistung oder Leistungsversagen gesellschaftlich entschuldigt, andernfalls nicht. Dann müssen die Gesellschaftsmitglieder ihre Minderleistung oder ihr Leistungsversagen selbst verantworten. Zudem laden sie die Schuld auf sich, der Gesellschaft ihre generelle Leistungsfähigkeit vorzuenthalten, was als gesellschaftsschädigend gilt, da Gesellschaften auf die Verwertung der generellen Leistungsfähigkeit ihrer Mitglieder angewiesen sind, um sich zu erhalten und zu entwickeln.

Ist Schule die Institution in der Sozialisation von Kindern und Jugendlichen, in der diese danach selektiert werden, ob und wie weit sie fähig und bereit sind, gesellschaftlich geforderte Leistungen zu erbringen, so ist auch klar, warum AD(H)S für ein Schulkind und seine Eltern zu einem an Konsequenzen reichen Problem wird. Werden über die Zertifizierung schulischer Leistungen die späteren Lebenschancen verteilt, so ist das nur dann gerecht, wenn die gleichen Chancen bestehen, Leistungen zu erbringen. Besteht Chancengleichheit, so gehen unterschiedliche Schulabschlüsse einzig auf unterschiedliche Leistungen zurück und sind somit gerechtfertigt. Minderleistung und Leistungsversagen in der Schule erweist sich somit nicht nur individuell, sondern auch gesellschaftlich als erklärungsbedürftiges Problem.

AD(H)S-Kinder und -Jugendliche sind unruhig, unaufmerksam und ungehorsam, was Minderleistung und Leistungsversagen in der Schule nach sich zieht. Nun könnte man behaupten, dies sei in erster Linie ein Problem der Schule: Eine »kindgerechte Schule«, die mehr Förderung und weniger Selektion betreibe, führe zu einer Verringerung der betroffenen Kinder und Jugendlichen – mit Ausnahme von denen, die tatsächlich Hirnstoffwechselstörungen haben. So gesehen, wären in einem ersten Schritt Schulreformen fällig. Jedoch ist festzustellen, dass eine solche Forderung im öffentlichen AD(H)S-Diskurs nicht mit dem gleichen Nachdruck vorgebracht wird wie die Forderung, AD(H)S als monokausale Organpathologie anzuerkennen. Entweder die Protagonisten der Ritalin-Politik sehen den Zusammenhang von AD(H)S und »schulgerechten Kindern« nicht oder sie halten die Schule für nicht reformierbar.

Folge dieser Haltung – ob naiv, resignativ oder zynisch – ist ein ideologischer Kurzschluss: Die Leistungsforderungen der Schule werden als sakrosankt gesetzt, wodurch man AD(H)S auf ein Anpassungsproblem reduziert. Es gibt Kinder und Jugendliche, die sich anpassen, und solche, die sich nicht anpassen. Unter denen, die sich nicht anpassen, gibt es wiederum welche, die sich aufgrund von AD(H)S nicht anpassen können, obwohl sie dazu bereit sind. Greift für diese Kinder und Jugendlichen die Erklärung einer monokausalen Organpathologie, dann sind weder sie noch ihre Eltern und Lehrer für ihre Minderleistung oder ihr Leistungsversagen verantwortlich zu machen. Mehr noch: Greift die Erklärung, dass für die Therapie der unterstellten Hirnstoffwechselstörung ein potenter Wirkstoff zur Verfügung steht, dann erscheint eine Nicht-Verabreichung des Psychopharmakons als Verletzung des Grundsatzes der Chancengleichheit. Da dieser Grundsatz zur Basisideologie der Leistungsgesellschaft und ihres Schulsystems gehört, müssen Schulen und ihre Lehrer daran interessiert sein, jeden Verdacht von sich zu weisen, sie würden diesen Grundsatz verletzen.

Deshalb wird dann auch Methylphenidat als ein Wirkstoff wie Insulin dargestellt, der nichts anderes bewirkt, als den gestörten Hirnstoffwechsel zu »normalisieren«. Wenn das so wäre, müsste Ritalin bei AD(H)S-Kindern und -Jugendlichen anders wirken als bei Kindern, die einen »normalen« Hirnstoffwechsel haben. Das aber lässt sich nicht nachweisen. Denn das

Medikament wirkt bei Kindern ohne AD(H)S-Diagnose ähnlich, so dass eine positive Wirkung nicht als Beweis dafür gelten kann, dass der unterstellte Mangel an Neurotransmittern medikamentös lediglich kompensiert würde. Zudem zeigt sich bei einem Drittel der AD(H)S-Kinder und -Jugendlichen, dass auch bei Gabe von Placebos eine Verringerung der Symptome eintritt, was – wie bei allen Placebo-Effekten (vgl. Harrington 1997) – auf einen eigenständigen Effekt zwischenmenschlicher Zuwendung verweist.

Methylphenidat ist ein Aufputschmittel. Es steigert das subjektive Leistungsempfinden und stärkt ein positives Selbsterleben, kann aber auch zu Gefühlen der Selbstentfremdung führen. Seine Wirkungen sind nicht exakt zu kalkulieren, da Psychopharmaka nur bei individueller Dosiseinstellung (Titrierung) und zudem nicht kontextfrei ihre gewünschte Wirkung erzielen (vgl. auch Feuerstein et al. 2003). Oft verstärken sie eher die Befindlichkeiten, die aktuell bereits vorhanden sind, als dass sie gänzlich andere hervorrufen. Folglich sind komplexe Interaktionseffekte wahrscheinlich: So kann man sich vorstellen, dass die Entlastung von Verantwortung, die aus dem monokausalen organpathologischen Erklärungsmodell und der durch das Modell gerechtfertigten medikamentösen Therapie resultieren kann, die Eltern-Lehrer-Kind-Beziehung soweit entspannt, dass sich »Erfolge« einstellen, die anschließend – fälschlich – dem Medikament alleine zugeschrieben werden.

Die Ritalin-Therapie kann als Gehirn-Doping begriffen werden: als Versuch einer chemischen Leistungssteigerung, die – ähnlich wie im Sport (wo Ritalin zu den verbotenen Substanzen gehört) – durch eine verschärfte Leistungskonkurrenz motiviert ist. Gesellschaftlich hochrelevant ist dabei das Faktum, dass es sich bei Kindern und Jugendlichen um Unmündige handelt, für die ihre Eltern entscheiden. Zwar darf Ritalin nicht Kindern unter sechs Jahren verordnet werden. Die Praxis aber zeigt, dass nicht einmal diese Grenze zu sichern ist, da es auch gar keine zweifelsfreie hirnphysiologische Begründung gerade für diesen Grenzwert gibt. So gesehen, zeigt der rasante Anstieg der Ritalin-Verordnungen vermutlich einen Wertewandel an: Unter den Bedingungen einer verschärften Leistungskonkurrenz, die immer früher einsetzt und die »Schonzeit« zersetzt, als die Kindheit einst von der bürgerlichen Gesellschaft eingerichtet worden war (vgl. Hengst 1981), fallen die »Hemmungen«, sich der verfügbaren Doping-Mittel so früh wie möglich zu bedienen. Der Zweck heiligt die Mittel. Ob Ritalin den Schulerfolg, der durch AD(H)S tatsächlich gefährdet ist (Barkeley et al. 1990), gewährleisten kann, bleibt allerdings höchst fraglich (Walter 2001).

Ist AD(H)S eine Sammeldiagnose, dann wäre eine Differenzierung nach verschiedenen Ätiologien wichtig. Eine solche liegt bisher aber nicht vor. Fest steht jedoch, dass sich unter den AD(H)S-Kindern und -Jugendlichen nicht wenige mit einer »Normalbiografie« befinden. Das kann dafür sprechen, dass AD(H)S nicht zwangsläufig als Krankheit zu behandeln ist, ob nun als Organpathologie oder als krankheitswertige psychodynamische Störung.

Die vorschnelle Präferierung einer Behandlung als Krankheit bringt allen beteiligten Gruppierungen nicht nur dadurch eine Entlastung, dass sie die Zuständigkeit für das Problem an das Medizinsystem delegiert und dadurch Fragen nach der Eigenverantwortung still stellt, sie erschwert auch Bemühungen, sinnverstehend mit den »störenden« Verhaltensweisen der Kinder und Jugendlichen umzugehen. Man kann den Eindruck gewinnen, dass die beteiligten Gruppierungen gar nicht »hören« wollen, was die AD(H)S-Kinder und -Jugendlichen zu »sagen« haben, und da die Kinder und Jugendlichen spüren, dass dies so ist, bedienen sie sich einer »Sprache der Symptome«, die sie selbst nicht verstehen.

Untersuchungen belegen, dass AD(H)S-Kinder und -Jugendliche in ihren Familien eine Außenseiterposition inne haben (Saile/Gottschneider 1995; Johnston/Mash 2001). Die Symptomträger werden anders als ihre Geschwister behandelt und sind von Ausschluss bedroht (Kendell 1999; Käppler 2005). Es ist schwer festzustellen, ob Ausschlusstendenzen zu den Ursachen oder zu den Folgen von AD(H)S gehören. Zählt man sie zu den Ursachen, so hat man es bei AD(H)S-Kindern und -Jugendlichen vermutlich mit Familienmitgliedern zu tun, die sich aufgrund einer besonderen Sensibilität dafür eignen oder sogar anbieten, mit ihren Symptomen auf den mangelnden Halt in der gesamten Familie aufmerksam zu machen. Es gibt Hinweise, dass in solchen Familien vor allem die Väter nur unzureichend eingreifen, um Konfliktspannungen zu regulieren (Buhrmeister et al. 1992; Arnold et al. 1997). Zählt man die beobachteten Ausschlusstendenzen nicht zu den Ursachen, sondern zu den Folgen von AD(H)S, bleibt immerhin zu vermerken: Die Eltern bringen in der Regel, weil selbst psychisch belastet (Murphy/Barkley 1996), keine hinreichende Toleranz für ihre auffälligen Kinder und Jugendlichen auf. Eine Erfolg versprechende Re-Integration setzt jedoch ihre Fähigkeit und Bereitschaft voraus, die Symptomträger auch weiterhin als Personen wertzuschätzen. Stattdessen hat es eher den Anschein, als würden sich AD(H)S-Familien über eine gemeinsame Entwertung der Symptomträger stabilisieren (Morrell/Murray 2003).

Werden solche Probleme einer entgleisten Kommunikation medizinalisiert und medikalisiert, trägt das dazu bei, die Produktion von Unbewusstheit in der Familie durch Expertenurteile institutionell abzusichern. Gibt es spezifische Inhalte, die bewusstseinsfern bleiben sollen? Auch wenn sich AD(H)S-Kinder und -Jugendliche nicht alle aus der Mittelschicht stammen, so sind es doch in erster Linie die Mittelschicht-Eltern, die – im Verein mit Lehrern und Ärzten – öffentlichen Druck ausüben, um ihre Ritalin-Politik durchzusetzen. Die Mittelschicht ist strukturell in einer Zwischenposition: Sie orientiert sich nach oben und sichert sich gleichzeitig gegen unten. Dabei setzt sie auf Leistung, in der sie einen Garanten für einen gelingenden sozialen Aufstieg sieht. Die ihr eigene Gerechtigkeitsnorm ist die der Leistungsgerechtigkeit: wer mehr leistet, verdient auch mehr. Deshalb favorisiert die Mittelschicht auch ein Schulsystem, das den Schülern nicht nur Leistungsbereitschaft beibringt, sondern auch eine Differenzierung nach Leistungsfähigkeit: wer mehr leistet, verdient einen höheren Schulabschluss und damit im späteren Leben ein höheres Einkommen und ein höheres Ansehen.

Indessen ist die gesellschaftliche Lage der Mittelschicht seit den 1990er Jahren prekärer denn je: So hat ihre Aufstiegsorientierung dazu geführt, dass beide Elternteile berufstätig geworden sind. Unter den Bedingungen einer zunehmenden Dynamisierung des Arbeitsmarktes samt der dadurch erzwungenen Aggressivierung der Selbstvermarktung der eigenen – flexibel einsetzbaren – Arbeitskraft erhöht sich für Familien die Gefahr einer Destabilisierung, die zu einem nicht geringen Teil auf Kosten der Nachkommen geht. Von ihren Eltern weiterhin mindesten auf Statussicherung eingestellt, erleben die Kinder und Jugendlichen die Selbstausbeutung, die ihre Eltern praktizieren, als wenig lebenswert, zumal auch das Versprechen, dass sich Leistung lohnt, immer öfter unerfüllt bleibt: z.B. wenn sich schmerzlich zeigt, dass Leistung nicht vor Arbeitslosigkeit und sozialem Abstieg schützt.

Diese »Proletarisierung« der Mittelschicht erhöht bei ihren Mitgliedern die Angst vor sozialer Desintegration, die sie – in ihrer Leistungsideologie verhaftet – nicht durch eine leistungskritische Politisierung, sondern durch eine Steigerung ihrer Anpassungsleistungen zu bewältigen suchen: mehr vom Selben. Und diesen Bewältigungsmodus geben sie – hinterrücks – an ihre AD(H)S-Kinder und Jugendlichen weiter, wenn sie deren »störende« Verhaltensweisen als Symptome einer Hirnstoffwechsel-»Störung« erklären, wie es ihnen das Medizinsystem empfiehlt, das damit seinem gesellschaftlichen Auftrag nachkommt, den Status quo der herrschenden gesellschaftlichen Verhältnisse zu sichern. Gleichzeitig macht es ihnen das verlockende Angebot einer Therapie, die ihr schlechtes Gewissen beruhigt, indem es einen potenten psychopharmakologische Wirkstoff bereitstellt, der die Symptome zum Verschwinden bringt, ohne dass die Eltern dafür mehr Zeit aufwenden müssten, als es bedarf, um die Einnahme der Medikamente zu überwachen. Die Pharmazeutische Industrie fördert diesen Bewältigungsmodus, weil sie davon profitiert. Und sie bedankt sich mit der Entwicklung noch potenterer psychopharmakologischer Wirkstoffe. Indem die Eltern auf diese Weise Zeit sparen, ersparen sie sich gleichzeitig eine Reflexion ihres eigenen Lebensentwurfes. Würden sie sich die Zeit nehmen, um die »Sprache der Symptome« ihrer AD(H)S-Kinder und -Jugendlichen verstehen zu lernen, wie es derzeit ein Forschungsprojekt des Sigmund-Freud-Instituts in Frankfurt am Main versucht (vgl. Leuzinger-Bohleber et al. 2005), kämen sie vermutlich nicht umhin, sich selbst nach dem Sinn in ihrem Leben zu fragen.

Und die AD(H)S-Kinder und Jugendlichen, für die Kindheit immer weniger »Schonzeit« ist, weil die ursprüngliche Vorstellung langsamer und deshalb nachhaltiger Entwicklung dem dromomanen Diktat eines beschleunigten Erwachsenwerdens geopfert wird: Was bedeutet es für sie, mit der AD(H)S-Diagnose und täglichen Ritalin-Dosen zu leben? Sie lernen, dass ihre Anpassungsprobleme krankhaft sind, weil gesunde Kinder und Jugendliche keine Anpassungsprobleme haben. Sie lernen, dass ihre Unruhe, ihre Unaufmerksamkeit und ihr Ungehorsam »Störungen« sind, die keinen Sinn machen. Sie lernen, dass es nicht darauf ankommt, sich zu verständigen, um andere und sich selbst zu verstehen, sondern Mittel zu finden, schnellstmöglich zu beseitigen, was »stört«. Statt mündig zu werden, lernen sie, sich im Dienste einer unreflektierten Anpassung selbst zu instrumentalisieren. Und das unter Umständen ein Leben lang (Adam et al. 2002): Denn nicht wenige der AD(H)S-Kinder und Jugendlichen von heute sind die AD(H)S-Erwachsenen von morgen.

Schöne neue Welt?

Die breite Kontroverse, die um AD(H)S stattfindet, ist ein prominentes Beispiel für einen viel generelleren Trend: den Siegeszug von Erklärungen, die behaupten, die Ursachen für Krankheit und Gesundheit seien im Gehirn oder in den Genen zu finden.

Dabei ist vor allem die Suche nach genetischen Krankheitsursachen heute mehr denn jemals zuvor angesagt. Denn die molekulare Medizin hat es in den vergangenen drei Jahrzehnten geschafft, zu einer Grundlagenwissenschaft zu werden, die den Anspruch erhebt, nicht nur für einzelne und sehr selten vererbte Krankheiten, sondern für die Erkennung, Behandlung und Vorbeugung von Krankheiten überhaupt zuständig zu sein (Lemke 2003). Dadurch tritt an die Stelle einer klinischen Analyse von Beschwerden und Symptomen, die bestimmte Krankheiten indizieren, das komplexe medizintechnologische Nachweisverfahren einer genetischen Analyse. Bei machen Verhaltensgenetikern geht der Anspruch sogar noch über die Identifizierung von Krankheiten hinaus, indem sie etwa Kriminalität auf genetische Ursachen zurück zu führen suchen (Wasserman/Wachbroit 2001).

Wann aber ist eine Krankheit eine genetische Krankheit? Eine lapidare Antwort lautet: »Dann und nur dann, wenn sie am besten durch eine Manipulation der Gene kontrolliert (verhindert) wird« (Smith 2001, S. 22). Diese Antwort impliziert auf den ersten Blick einen Vergleich verschiedener Methoden, bei dem die »genetische Manipulation« nur dann den anderen Methoden vorzuziehen ist, wenn sie sich als »beste« Methode herausgestellt hat. Auf den zweiten Blick kann diese Antwort aber auch zu einer Vorabpräferenz der »genetischen Manipulation« führen. Warum noch andere Methoden testen, wenn eine »genetische Manipulation« erfolgreich ist, zumal aufwändige Methodenvergleiche teuer sind. Mehr noch, es wird ein Zirkelschluss begünstigt: Lassen sich Funktionsstörungen durch eine »genetische Manipulation« wirksam beseitigen, liegt eine genetische Krankheit vor – und liegt eine genetische Krankheit vor, ist eine »genetische Manipulation« die Methode der Wahl. Da jedoch weder ein einzelnes Gen noch eine Gen-Konstellation umweltunabhängig wirksam werden, ist es allerdings keineswegs ein Sachzwang, selbst bei einer genetischen Krankheit deren »genetische Manipulation« anderen Methoden vorzuziehen.

Ist der Krankheitsbegriff aber erst einmal auf molekularer Ebene verankert, besteht die Gefahr, dass er sich völlig von der Selbsterfahrung der Betroffenen löst. Es kommt dann nicht mehr darauf an, ob sie Beschwerden und Symptome haben. Das Nachweisverfahren führt ihnen ihre »kranken« Gene vor Augen und offeriert so die Chance auf eine Intervention, bevor Symptome und Beschwerden auftreten. Wenn diese Möglichkeit der Risikoausschaltung oder wenigstens Risikominimierung besteht, wäre es fahrlässig, darauf zu verzichten. Damit erfolgt aber eine schleichende Moralisierung, die in einer sozialen Verpflichtung auf genetische Gesundheit gipfeln könnte.

Sind es üblicherweise Beschwerden und Symptome, die zu einem Arztbesuch führen, so verlangt eine effektive Nutzung der verfügbaren Nachweisverfahren genetischer Krankheiten, dieses Kriterium abzuwerten. Aufgewertet werden genetische Vorsorgeuntersuchungen, die Betroffene als Kranke – genau genommen als Träger eines bestimmten Krankheitsrisikos – identifizieren, bevor diese sich selbst krank fühlen. Da die Gen-Diagnose als objektiv gilt, die Selbstwahrnehmung dagegen als bloß subjektiv, geraten sie unter Druck, ihrer eigenen Entmündigung zuzustimmen. Es erscheint als vernünftig, dem selbst erlebten Gesundheitszustand zu misstrauen.

Treten »kranke« Gene an die Stelle von kranken Menschen, erfolgt ein »Legitimationsentzug für Interventionen in den sozialen Kontext von Gesundheit und Krankheit« (Kühn 2000, S. 14f.). Denn die Molekularmedizin visiert eine Interventionsebene an, die vermeintlich jenseits soziokultureller Zuschreibungen liegt, die immer auch strittig, weil von Interessenkonflikten durchzogen sind. Tatsächlich gehen in die Identifikation eines »kranken« Gens aber unvermeidbar Urteile über kranke Menschen ein. So setzt bereits die Suche nach den genetischen Ursachen einer Krankheit einen Begriff von dieser Krankheit voraus, der kein genetischer ist. Darüber hinaus lassen sich auf der Ebene der Gene zunächst einmal nur Variationen eines Genotyps feststellen. Deren Kategorisierung als »krank« erfolgt stets über die Behauptung einer Normalität, wobei die dabei in Anspruch genommene Gesundheitsnorm nicht wertneutral ist, sondern Wertsetzungen impliziert – sogar im Falle einer deskriptiven Norm, da bereits die Entscheidung, etwa den Genotyp, der empirisch am häufigsten vorkommt, zum Maßstab zu erheben, eine kontingente Entscheidung bleibt.

Historisch gesehen wirkt die euphorische Rückführung einer wachsenden Anzahl von Krankheiten auf genetische Ursachen als Neuauflage einer modernen Kontrollillusion, die von der Politik an die Medizin übergeht: Die Gleichsetzung von Erbanlage = Schicksal und Umwelt = Freiheit ist obsolet geworden. In dieser Situation erweckt die Genforschung verlockende Vorstellungen, »in denen die ›Erbanlage‹ auf neue Weise formbar [erscheint], und zwar bei weitem formbarer, als man das bei der ›Umwelt‹ je für möglich gehalten hatte« (Keller 1995, S. 291).

Literatur

Adam, Ch.; Döpfner, M.; Lehmkuhl, G. (2002): Der Verlauf von Aufmerksamkeitsdefizit-/Hyperaktivitätsstörungen (ADHS) im Jugend- und Erwachsenenalter. Kindheit und Entwicklung 11 (2), 73–81.

Amft, H.; Gersprach, M. & Mattner, D. (2004): Kinder mit gestörter Aufmerksamkeit. Stuttgart (Kohlhammer).

Arnold, H. E.; O'Leary, S. G. & Edwards, G. E. (1997): Father involvement and self-reported parenting of children with Attention-Deficit Hyperactivity Disorder. Journal of Consulting and Clinical Psychology 63, 337–342.

Aronowitz, R. (1992): From myalig encephalitis to yuppie flue. A history of chronique fatigue syndrom. In: Rosenberg, D. E.; Golden, J. (Hg.) (1992): Framing Disease. Studies in Cultural History. New Brunswik, N. J. (Rutgers University Press), S. 155–181.

Barkley, R. A.; Fischer, M.; Edelbrock, C. S. & Smallish, L. (1990): The adolescent outcome of hyperactive children diagnosed by research criteria. An 8-year prospective follow-up study. Journal of the American Academy of Child and Adolscent Psychiatry 29, 546–557.

Baumgaertel, A.; Wolraich, M. L. & Dietrich, M. (1995): Comparison of diagnostic criteria for attention deficit disorders in a German elementary school sample. Journal of the American Academy of Child and Adolescent Psychiatry 34, 629–638.

Blech, J. (2003): Die Krankheitserfinder. Wie wir zu Patienten gemacht werden. Frankfurt a. M. (Fischer).

Brown, Ph. (1995): Naming and framing: the social construction of diagnosis and illness. Journal of Health and Social Behavior (Extra Issue), 34–52.
Brühl, B.; Döpfner, M. & Lehmkuhl, G. (2000): Der Fremdbeurteilungsbogen für hyperkinetische Störungen (FBB-HKS) – Prävalenz hyperkinetischer Störungen im Elternurteil und psychometrische Kriterien. Kindheit und Entwicklung 9 (2), 116–126.
Bovensiepen, G.; Hopf, H. & Molitor, G. (Hg.) (2002): Unruhige und unaufmerksame Kinder. Psychoanalyse und hyperkinetisches Syndrom. Frankfurt a. M. (Brandes & Apsel).
Buhrmeister, D.; Camparo, L.; Christensen, A.; Gonzalez, L. S. & Hinshaw, S. P. (1992): Mothers and fathers interacting in dyads and triads with normal and hyperactive sons. Developmental Psychology 28, 500–509.
Burgmer, M.; Driesch, G. & Heuft, G. (2003): Das »Sisi-Syndrom« – eine neue Depression. Nervenarzt 74, 440–444.
Cassell, E. J. (1976): Illness and disease. Hasting Center Report 6 (2), 27–37.
Conrad, P. (1975): The discovery of hyperkinesis: Notes on the medicalization of deviant behavior. Social Problems 23, 12–21.
Conrad, P. (1992): Medicalization and social control. Annual Review of Sociology 18, 209–232.
Conrad, P.; Schneider, J. W. (1992): Deviance and Medicalization: From Badness to Sickness. Philadelphia, PA (Temple University Press).
Cosgrove, L.; Krimsky, S.; Vijayaraghavan, M. & Schneider, L. (2006): Financial ties between DSM-IV panel members and the pharmaceutical industry. Psychotherapy and Psychosomatics 75, 154–160.
Crary, J. (2002): Aufmerksamkeit. Wahrnehmung und moderne Kultur. Frankfurt a. M. (Suhrkamp).
Dietze, G. (1999): Multiple Persönlichkeit und Multiple Choice in den USA. In: Braun, Ch. v.; Dietz, G. (Hg.): Multiple Persönlichkeit. Krankheit, Medium oder Metapher. Frankfurt a. M. (Verlag Neue Kritik), S. 202–235.
Duden, B. (1991). Der Frauenleib als öffentlicher Ort. Vom Missbrauch des Begriffs Leben. Hamburg, Zürich (Luchterhand).
Faraone, S. V.; Sergeant, J.; Gillberg, C. & Biederman, J. (2003): The worldwide prevalence of ADHD: is it an American condition? World Psychiatry 2, 104–113.
Ferber, L. von; Lehmkuhl, G.; Köster, I.; Döpfner, M.; Schubert, I.; Fröhlich, J. & Ihle, P. (2003): Methylphenidatgebrauch in Deutschland. Versichertenbezogene epidemiologische Studie über die Entwicklung von 1998 bis 2000. Deutsches Ärzteblatt 100, A41–46.
Fertig, L. (1984): Zeitgeist und Erziehungskunst. Eine Einführung in die Kulturgeschichte der Erziehung in Deutschland von 1600 bis 1900. Darmstadt (Wissenschaftliche Buchgesellschaft).
Feuerstein, G.; Kollek, R.; Schmedders, M. & van Aken, J. (2003): Irreführende Leitbilder. Zum Mythos der Individualisierung durch pharmakologische Behandlungskonzepte. Eine kritische Anmerkung. Ethik in der Medizin 15 (2), 77–86.
Foerster, H. Ch. (1987): Unruhige Kinder in der deutschen Pädiatrie und Kinderpsychiatrie zwischen 1760 und 1980. Medizinische Dissertation. Freiburg i. Br.
Fox, R. (1979): The medicalization and demeticalization of American Society. In: ders.: Essays in Medical Sociology. New York (Wiley), S. 465–483.
Frank, A. W. (1991): From sick role to health role: deconstructing Parsons. In: Robertson, R., Turner, B. S. (Hg.): Talcott Parsons: Theorist of Modernity. Newbury Park (Sage), S. 205–216.
Gast, U.; Rodewald, F. (2004): Prävalenz dissoziativer Störungen. In: Reddemann, L., Hofmann, A. & ders. (Hg.): Psychotherapie dissoziativer Störungen. Stuttgart, New York (Thieme) S. 37–46.

Gershon, J. (2002): A meta-analytic review of gender differences in ADHD. Journal of Attention Disorders 5, 143–154.

Glaeske, G.; Jahnsen, K. (2003): GEK-Arzneimittel-Report 2003. Auswertungsergebnisse der GEK-Arzneimitteldaten aus den Jahren 2001–2002. St. Augustin (Asgard).

Hacking, I. (1996): Multiple Persönlichkeit. Zur Geschichte der Seele in der Moderne. München, Wien (Hanser).

Hacking, I. (1999a): Was heißt »soziale Konstruktion«? Frankfurt a. M. (Fischer).

Hacking, I. (1999b): Geisteskrankheiten – biologisch oder konstruiert. In: dies.: Was heißt »soziale Konstruktion«. Frankfurt a. M. (Fischer) S. 159–194.

Harrington, A. (Hg.) (1997): The Placebo Effect: An Interdisciplinary Exploration. Cambridge (Harvard University Press).

Haubl, R. (2002): Der Traum von der Freiheit, sich selbst zu erfinden oder Identität als Erzählung. Freie Assoziation 5 (2), 173–194.

Haubl, R. (2005): Sozialpsychologie der Depression. In: Leuzinger-Bohleber, M.; Hau, S. & Deserno, H. (Hg.): Depression – Pluralismus in Praxis und Forschung. Göttingen (Vandenhoeck & Ruprecht), S. 291–319.

Health, I. (1999): Commentary: There must be limits to the medicalisation of human distress. British Medical Journal 318, 439–40.

Healy, D. (1997): The Anti-depressant Era. Cambridge (Harvard University Press).

Held, T. (1999): Multiple Persönlichkeitsstörung ein psychiatriepolitisches Konstrukt? In: von Braun, G.; Dietz, G. (Hg.): Multiple Persönlichkeit. Krankheit, Medium oder Metapher. Frankfurt a. M. (Verlag Neue Kritik), S. 18–31.

Hengst, H. (1981): Tendenzen der Liquidierung von Kindheit. In: ders.; Köhler, M.; Riedmüller, B. & Wambach, M. M.: Kindheit als Fiktion. Frankfurt a. M. (Suhrkamp), S. 11–73.

Johnston, C.; Mash, E. J. (2001): Families of children with Attention-Deficit/Hyperactivity Disorder: Review and recommendations for future research. Clinical Child and Family Psychology Review 4, 183–207.

Käppler, Ch. (2005): Familienbeziehungen bei hyperaktiven Kindern im Behandlungsverlauf. Kindheit und Entwicklung 14 (1), 21–29.

Keller, E. V. (2001): Das Jahrhundert der Gene. Frankfurt a. M. (Campus).

Kendall, J. (1999): Sibling accounts of Attention Deficit Hyperactivity Disorder (ADHD). Family Process 38, 117–136.

Kleinman, A.; Das, V. & Lock, M. (Hg.) (1997): Social Suffering. Berkeley (University of California Press).

Köster, I.; Schubert, I.; Döpfner, M.; Adam, Ch.; Ihle, P. & Lehmkuhl, G. (2004): Hyperkinetische Störungen bei Kindern und Jugendlichen: Zur Häufigkeit des Behandlungsanlasses in der ambulanten Versorgung nach den Daten der Versichertenstichprobe AOK Hessen/KV Hessen (1998–2001). Zeitschrift für Kinder- und Jugendlichenpsychiatrie 32 (3), 157–166.

Kolik, P. (Hg.) (2000): Weiblichkeit ist keine Krankheit. München (Juventa).

Kühn, H. (2000): Normative Ätiologie. Zur Herrschaftlichkeit des gesellschaftlichen Krankheitsverständnisses. Jahrbuch für Kritische Medizin 34, 11–18.

Lachmund, J.; Stollberg, G. (Hg.) (1992): The Social Construction of Illness. Illness and Medical Knowledge in Past and Present. Geschichte und Gesellschaft, Sonderheft Medizin.

Lemke, Th. (2003): Molekulare Medizin? Anmerkungen zur Ausweitung und Redefinition der genetischen Krankheit. Prokla. Zeitschrift für kritische Sozialwissenschaft 33 (3), 471–492.

Leuzinger-Bohleber, M.; Brandl, Y.; Hau, S.; Rüger, B.; Staufenberg, A. & Hüther, G. (2005): Psychische und psychosoziale Integration von verhaltensauffälligen Kindern (insbesondere von ADHS) im Kindergartenalter. Zwei psychoanalytische Studien. Analytische Kinder- und Jugendlichenpsychotherapie 36 (1), 91–125.

Lock, M. (1998): Menopause: Lessons from Anthropology. Psychosomatic Medicine 60, 410–419.

Malacrida, C. (2004): Medicalization, ambivalence and social control: mothers' description of educators and ADD/ADHD. Health 8 (1), 61–80.

Maschewsky-Schneider, U.; Hellbernd, H.; Schaal, W.; Urbschat, I. & Wieners, K. (2001): Über-, Unter-, Fehlversorgung und Frauengesundheit. Ein Forschungsgegenstand für Public Health. Bundesgesundheitsblatt – Gesundheitsforschung – Gesundheitsschutz 44 (8), 771–779.

Morell, J.; Murray, L. (2003): Parenting and the development of conduct disorder and hyperactive symptoms in childhood: A prospective longitudinal study from 2 month to 8 years. Journal of Child Psychology and Psychiatry 44, 489–508.

Morris, D. B. (2000): Krankheit und Kultur. Plädoyer für ein neues Körperverständnis. München (Kunstmann).

Moynihan, R. (2003): The making of a disease: female sexual function. British Medical Journal 326, 45–47.

Moynihan, R.; Heath, I. & Henry, D. (2002): Selling sickness: the pharmaceutical industry and disease mongering. British Medical Journal 324, 886–891.

Murphy, K. R.; Barkley, R. A. (1996): Parents of children with Attention-Deficit/Hyperactivity-Disorder: Psychological and attentional impairment. American Journal of Orthopsychiatry 66, 93–102.

Parsons, T. (1958): Struktur und Funktion der modernen Medizin. Eine soziologische Analyse. Kölner Zeitschrift für Soziologie und Sozialpsychologie. Sonderheft 3, 10–57.

Parsons, T. (1964): Definition von Gesundheit und Krankheit im Lichte der Wertebegriffe und der sozialen Struktur Amerikas. In: Mitscherlich, A. (Hg.): Der Kranke in der modernen Gesellschaft. Köln (Kiepenheuer und Witsch), S. 57–87.

Payer, L. (1989): Andere Länder, andere Leiden: Ärzte und Patienten in England, Frankreich, den USA und hierzulande. Frankfurt a. M. (Campus).

Petermann, F. (2005): Zur Epidemiologie psychischer Störungen im Kindes- und Jugendalter. Kindheit und Entwicklung 14 (1), 48–57.

Quinn, P. (2005): Treating adolescent girls and women with ADHD: gender specific issues. Journal of Clinical Psychology 51, 579–587.

Robinson, L. M.; Sclar, D. A.; Skaer, T. L. & Galin, R. S. (1999): National trends in the prevalence of attention-deficit/hyperactivity disorder and the prescribing of methylphenidate among school-age children: 1990–1995. Clinical Pediatrics 38, 209–217.

Rolling Ferrell, B. (Hg.) (1996): Suffering. Boston (Jones and Bartlett).

Rosenberg, D. E.; Golden, J. (Hg.) (1992): Framing Disease. Studies in Cultural History. New Brunswik (Rutgers University Press).

Saile, H.; Gsottschneider, A. (1995): Hyperaktives Verhalten von Kindern im familiären Kontext. Zum Stellwert von mütterlicher Erziehung, Partnerschaftsqualität und Funktionsfähigkeit der Familie. Psychologie in Erziehung und Unterricht 42, 206–220.

Scahill, L.; Schwab-Stone (2000): Epidemiology of ADHD in school-age children. Children and Adolescent Psychiatric Clinic 9, 541–555.

Schachtner, Ch. (1999): Ärztliche Praxis. Die gestaltende Kraft der Metapher. Frankfurt a. M. (Suhrkamp).

Schrag, P.; Divoky, D. (1975): The Myth of the Hyperactive Child and other Means of Child Control. New York (Pantheon Books).

Schubert, I.; Selke, G.; Oßwald-Huang, P.-H.; Schröder, H. & Nink, K. (2002): Methylphenidat – Verordnungsanalyse auf der Basis von GKV-Daten. Bericht für die Arbeitsgruppe Methylphendiat im Bundesministerium für Gesundheit. Wissenschaftliches Institut der AOK, http://www.wido.de.

Schultz-Venrath, U. (1997): Der Einfluss von Ideologie und Technik auf Diagnostik und Therapie psychosomatischer Krankheiten im 20. Jahrhundert. In: Herold, R. (Hg.): »Ich bin doch krank und nicht verrückt«: moderne Leiden. Das verleugnete und unbewusste Subjekt in der Medizin. Tübingen, S. 19–46.

Shorter, E. (1994): Moderne Leiden. Zur Geschichte der psychosomatischen Krankheiten. Reinbek (Rowohlt).

Showalter, E. (1997): Hystorien. Hysterische Epidemien im Zeitalter der Medien. Berlin (Berlin Verlag).

Smith, K. C. (2001): A disease by any other name: Musings on the concept of genetic disease. Medicine, Health Care and Philosophy 4, 19–30.

Stone, J. (2002): What should we say to patients with symptoms unexplained by disease? The »number needed to offend«. British Medical Journal 325, 1449–1450.

Walter, J. (2001): Ritalin und Schulleistungen bei HKS. Befunde bei Langfrist- und Kombinationsbehandlungen. Sozialpädagogik 31 (4), 191–210.

Wambach, M. M. (1981): Kinder als Gefahr und Risiko. Zur Psychiatrisierung und Therapeutisierung von Kindheit. In: Hengst, H.; Köhler, M.; Riedmüller, B. & Wambach, M. M.: Kindheit als Fiktion. Frankfurt a. M. (Suhrkamp), S. 191–241.

Wasserman, D.; Waichbrot, R. (2001): Genetics and Criminal Behavior. Cambridge (University Press).

Wolf, C.; Barth, A. (2002): Befindlichkeitsstörungen ohne Befund – moderne Syndrome. Der Internist 43, 833–839.

ADHS – The Making of a Disease

Gerhard Dammann

I.
Einleitung

In den folgenden Ausführungen werden einige kritische Überlegungen zu den Gründen gemacht werden, warum es möglicherweise zu einer schlagartig angewachsenen Tendenz gekommen ist, bei Kindern, aber in jüngster Zeit auch bei Erwachsenen, die Diagnose einer so genannten Aufmerksamkeits-Defizit-/Hyperaktivitäts-Störung (ADHS)[1] zu vergeben.

Es soll zunächst festgehalten werden, dass nicht bestritten werden kann, dass es ein kinder- und jugendpsychiatrisch relevantes Störungsbild gibt, das sich in motorischen oder die Aufmerksamkeitsleistung betreffenden Problemen äußert und das man bereits früher als »hyperkinetisches Syndrom des Kindesalters« beschrieben hat. Dieses Störungsbild (in der Literatur seit inzwischen über 100 Jahren bekannt und auch in verschiedenen Formen im bekannten »Struwwelpeter« karikiert – Hans Guck-in-die-Luft, Zappelphilipp, der böse Friederich) ist eng assoziiert mit Formen und unterschiedlichen Ausprägungsgraden von Teilleistungsstörungen, wie man sie bei allen Arten von Hirnorganischen Psychosyndromen (HOPS, POS) und so genannter minimaler cerebraler Dysfunktion (MCD) kennt und bereits beschrieben hat.

Es ist erscheint auch möglich, dass bei einzelnen Personen schwere Formen des hyperkinetischen Syndroms bzw. ADHS zum Teil bis ins Erwachsenenalter persistieren könnten. Was allerdings die Frage aufwirft, warum es bei den meisten Patienten mit kindlichem ADHS – wenn es sich um eine neuropsychologische Störung handelt – im Laufe der Entwicklung

---

1 In den folgenden Ausführungen wird auf den Unterschied von ADS und ADHS nicht näher eingegangen werden und generell der Begriff ADHS verwendet werden.

zu einer massiven Verbesserung, um nicht zu sagen, einem »Herauswachsen« aus der Störung kommt?

Im Folgenden soll also nicht auf die Grundsatzdiskussion »Gibt es die Störung oder gibt es sie nicht« eingegangen werden, sondern stattdessen einige Überlegungen dargelegt werden, welche Gründe dazu geführt haben könnten, dass es in den vergangenen Jahren zu einem solchen »Boom« bei der Diagnosestellung, den man auch als Form einer Epidemie bezeichnen könnte, gekommen ist.

II.
Epidemie

Das Dokumentationssystem für medizinische Fachartikel »Medline« verzeichnete am 23.02.2006: 1.555 Artikel mit dem Kürzel »ADHD« im Titel (Artikel mit diesem Kürzel nur im Abstract oder anderen Kürzel für das Störungsbild nicht mitgerechnet!).

Bis 1980 wurde kein einziger Titel darunter aufgeführt[2], 1980 bis 1990 20 Titel, 1991 bis 1995 120 Titel, zwischen 1996 und 2000 413 Titel, zwischen 2001 und 2005 bereits 963 Titel. Ab Mitte der 90er Jahre ist ein steiles Anwachsen der Beschäftigung und mit dieser Diagnose zu verzeichnen. Im Jahr 1997 kam es zur Gründung einer eigenen Fachzeitschrift, des »Journals of Attention Disorders«, das gegenwärtig im Volume 9 erscheint.

In dem alle drei Monate als kostenloses »ADHS-Newsletter« erscheinenden Heft »ADHS CONcret« der Pharmaindustrie heißt es bezüglich der Häufigkeiten etwa (Nr. 2/2005, S. 3): *»Epidemiologische Studien weisen darauf hin, dass bei rund 60% der Jugendlichen ADHS-Symptome in unterschiedlicher Ausprägung bis ins Erwachsenenalter bestehen.« »Realistisch zeigen 15–25% der jungen Erwachsenen das Vollbild eines ADHS«*. (Die beiden Prozentangaben beziehen sich auf die Gesamtzahl derjenigen Personen, bei denen als Kind ein ADHS diagnostiziert werden konnte.)[3] Und weiter: *»Das Schicksal dieser Patienten steht zu einem hohen Prozentsatz fest, bevor sie geboren werden«* (Prof. P. Asherson, London).

In den USA steht in bestimmten Schulen fast jedes dritte Schulkind *»unter*

2 Dass es bis 1980 keine Arbeiten unter dem Stichwort »ADHS« gab, ist natürlich durch die Einführung dieser Diagnose im selben Jahr in das amerikanische Klassifikationssystem DSM zu erklären. Davor hatte das Störungsbild andere Terminologien erhalten.

3 Die unterschiedlichen Prävalenzraten kommen zum Teil durch die unterschiedlichen Kriterien im amerikanischen DSM- bzw. dem europäischen ICD-System zustande.

Ritalin«[4]. Die Beauftragte für Drogenfragen der Bundesregierung Marion Caspers-Merk stellte bereits im Jahr 2002 fest: »*Vor diesem Hintergrund ist die Verbrauchsentwicklung von Methylphenidat, die von 1993 bis 2001 auf das 20-fache, von 34 kg auf 639 kg, angestiegen ist und sich bekanntlich in den beiden letzten Jahren in etwa jeweils verdoppelt hat, auch kritisch zu bewerten.*«

Während die Vertreter dieser Diagnose argumentieren, dass der Grund für das Ansteigen eine gewachsene Aufmerksamkeit und die Verbreitung einschlägiger Kenntnisse für das Vorhandensein dieser Störung sei, es also nicht zu einer »Überdiagnostik« komme, sondern in der Vergangenheit das Störungsbild zu selten diagnostiziert worden sei, wurden bereits zahlreiche Erklärungen für diesen »Boom« benannt, die deswegen im Folgenden nicht weiter diskutiert werden sollen:

- Die diagnostischen Eingangskriterien werden nicht sauber eingehalten (bei Erwachsenen mit ADHS-Diagnose war die Symptomatik etwa in der Kindheit nicht vorhanden, was die Diagnose eigentlich ausschließt).
- (Bei vielen Kinder häufige zeitweilige) Schulschwierigkeiten und Stimmungsschwankungen werden als Indizien für die Diagnose aus der Anamnese herangezogen.
- Die Substanz wird weitergegeben auch wenn der Patient gar keine klare Verbesserung nach Einnahme angibt.

Mögliche Nebenwirkungen der Substanz Ritalin werden als vergleichsweise kleineres Übel deklariert oder nicht mehr weiter untersucht (Abhängigkeitspotential, kognitive Schädigungen durch Amphetaminderivate, Einfluss auf die Neurogenese von Transmittersystemen). Während inzwischen beispielsweise die Gabe von Antidepressiva bei Schwangeren – wegen des Einflusses auf die Hypothalamisch-Hypophysäre-Nebennierendrinden-Achse des ungeborenen Kindes – sehr kritisch diskutiert wird, gilt dies für die Gabe von Psychostimulantien bislang kaum. Das Medikament gilt als »sicher«. Dagegen schreiben Moll und Hüther (2006, S. 664) zu Recht: »*Die neurobiologischen Auswirkungen einer langfristigen oralen Einnahme von Psychostimulanzien während der Kindheit sind bisher kaum untersucht und daher gegenwärtig nicht abschätzbar.*«

4 »*In fact, studies cited in JAMA and the Journal of Public Health, surveying school nurses in two districts of Virginia in 1998, show that among white male students in the fifth grade, 18% and 20%, respectively, were being given Ritalin for behavioral problems.*« Seitdem dürften es noch mehr geworden sein!

Die beiden Autoren warnen bei aller Zurückhaltung vor möglichen Auswirkungen der dauerhaften Verminderung der impulsgetriggerten Dopaminfreisetzung durch die Medikation, mit der Folge, dass es langfristig »*zu einer unzureichenden Stimulation des weiteren Wachstums dopaminerger Fortsätze in den Projektionsgebieten kommen*« könnte, wofür es tierexperimentelle Hinweise gibt (Moll et al. 2001). Eine zweite langfristige und vielleicht auf die Struktur der Persönlichkeitsorganisation Einfluss nehmende Gefahr »wäre auf der Ebene der Herausforderung und Stabilisierung innerer, handlungsleitender Repräsentanzen in Form frontokortikaler und frontolimbischer Verschaltungsmuster zu suchen. Würden vor der Medikation – durch eine erhöhte Dopaminfreisetzung in diesen Projektionsgebieten – zu intensive neurotrophe Effekte die Stabilisierung handlungsleitender Verschaltungsmuster behindern, so käme es durch eine verminderte Dopaminfreisetzung und die damit einhergehende unzureichende Bildung neurotropher Faktoren zu einer möglicherweise zu stark eingeschränkten Fähigkeit, neue Erfahrungen in Form innerer Repräsentanzen strukturell zu organisieren.« (Moll/Hüther 2006, S. 664).

Auch auf den Zusammenhang der Medizinalisierung sozialer und psychischer Probleme durch das ADHS-Konzept wurde bereits verschiedentlich in den letzten Jahren von Autoren und Referenten hingewiesen[5].

Interessant ist etwa aus medizinsoziologischer Sicht, dass in manchen Ländern mit ähnlich hohem medizinisch-psychiatrischen Standard wie in den USA (etwa in Japan) die Diagnose hyperkinetisches Syndrom weitgehend unbekannt ist, während sie in den USA weltweit am häufigsten gestellt wird.

In den USA nehmen täglich zwischen sechs und acht Millionen Kinder mit Aufmerksamkeitsstörungen mit und ohne Hyperaktivität, davon etwa 80% Jungen, täglich Ritalin, und außerdem etwa 1 Million Erwachsene. In den USA werden 90% der Ritalintabletten weltweit verbraucht. Polemische Stimmen sprachen bereits von einem »Amerikanischen Opiumkrieg« gegen seine eigenen Kinder[6].

Inzwischen sind auch einige kritische Buchveröffentlichungen zu dem

5 Etwa anlässlich der Tagung »Bindung, Trauma und soziale Gewalt. Psychoanalyse, Sozial- und Neurowissenschaften im Dialog« des Sigmund-Freud-Instituts Frankfurt am Main im Dezember 2004 (http://www.sfi-frankfurt.de/Download/Tagungen2004.pdf) oder der Vorlesungsreihe »A D S – Auf der Suche – Psychoanalytische Betrachtungen zum AD(H)S« im Jahr 2005 der Universität Bremen und des Psychoanalytischen Instituts Bremen e.V. (http://www.dialog.uni-bremen.de/jp_2005_ads.html).

6 Allerdings muss angemerkt werden, dass unter den stark »Ritalin«-kritischen Stimmen in den USA zum Teil auch die anti-psychiatrisch orientierte Psychosekte »Scientology« steckt, die entsprechende Homepages etc. betreibt.

Boom erschienen, etwa von Diller (1999) oder von dem Direktor des »Southern California Neuropsychiatric Institutes« Walker (1998), der vom »Hyperactivity Hoax« spricht.

> »In 1997 alone, nearly five million people in the United States were prescribed Ritalin – most of them young children diagnosed with attention deficit disorder. Use of Ritalin, which is a stimulant related to amphetamine, has increased by *700 percent* since 1990. And this phenomenon appears to be uniquely American: 90 percent of the world's Ritalin is used in the United States« (Diller 1999).

Nachdem sich auch die Drogenbeauftragte der Bundesregierung und des Bundesministeriums für Gesundheit Marion Caspers-Merk zunächst sehr kritisch über die Verschreibung von Ritalin geäußert hatte und auch das Gerücht entstanden war, dass die Verordnung bei Kindern unter sechs Jahren verboten werden sollte, kam es inzwischen durch diese zu einem bemerkenswerten »Widerruf« (Caspers-Merk 2002).

Inzwischen wurde die Diagnose und ihre Behandlung mit Psychostimulantien von der offiziellen Deutschen Ärzteschaft »abgesegnet«. Siehe dazu die »Stellungnahme zur »Aufmerksamkeitsdefizit- Hyperaktivitätsstörung (ADHS)«, die vom Vorstand der Bundesärztekammer auf Empfehlung des Wissenschaftlichen Beirats in seiner Sitzung vom 26.08.2005 beschlossen worden ist (http://www.bundesaerztekammer.de/30/Richtlinien/Empfidx/ADHS/Lang/ADHSLang.pdf).

Im Deutschen Ärzteblatt schrieben Lehmkuhl et al. (2001, S. A 2286) im Schlusswort der Diskussion eines viel beachteten Artikels dieser Arbeitsgruppe (Schubert et al. 2001), dass »*die Studien der letzten Jahre vielmehr eindeutig darauf hinweisen, dass psychosoziale Variabeln eine geringere Rolle als biologische für die Entstehung hyperkinetischer Störungen spielen.*« Dennoch werden psychosoziale Faktoren (wie auch psychotherapeutische Aspekte der Behandlung) von den wissenschaftlichen Protagonisten des Störungsbildes nur relativ wenig beachtet. Anders dagegen die Autoren des Sammelbands von Bovensiepen et al. (2002), die aus psychodynamischer Perspektive die Hyperaktivität als neurotische Symptombildung auf dem Hintergrund eines konflikthaften psychischen Prozesses verstehen, der auf ganz unterschiedlichen Entwicklungsniveaus angesiedelt sein kann.

III.
Nachdenken über Ursachen der Zunahme dieser Diagnose

Während also die Vertreter des ADHS argumentieren, dass erst entsprechende spezifische Instrumente und Skalen die nun häufiger erfolgende Diagnosestellung ermöglicht hätten, bieten einige sozialpsychologische und kulturtheoretische Theorien auch andere Erklärungen an.

Showalter (1998) spricht von »Hystorien« (in origineller Kombination der Wörter »Historie« und »Hysterie«) um so »neue« Krankheitsbilder wie das »Chronic Fatigue Syndrome« etc. zu benennen.

Ian Hacking (1995) untersuchte am Beispiel der »Multiple Persönlichkeit« (und des überall lauernden sexuellen Missbrauchs) die neueren »Massenhysterien« unserer Zeit unter Medieneinfluss.

Von soziologischer Seite wurde die Tendenz unserer spätmodernen Zeit nach zunehmender Beschleunigung (Rosa 2005) betont. Jonathan Crary (1999) spricht von der »Aufmerksamkeit« als Phänomen unserer Zeit. So wie die Selbstwertproblematik (narzisstische Störungen) die Kehrseite des überall vertretenen Götzen »Selbstverwirklichung« ist, könnte die »Aufmerksamkeitsstörung« der Tribut an die Kultur der zunehmenden Aufmerksamkeitsübersteigerung und Beschleunigung (Internet, E-Mail etc.) sein? Waren es vielleicht die Sexualtabus und die Auswirkungen des Obrigkeitsstaats (Militär etc.) am Ende des 19. Jahrhunderts, die die klassischen Neurosen prägten (Hysterie, Zwangsneurose), so könnte jetzt wiederum die Beschleunigung und die Aufmerksamkeit zu entsprechenden »Neurosen« führen.

Auch Bovensiepen et al. (2002) formulieren, dass wir Zeitnot, Karrierestress und Hektik unbewusst und doch sehr unmittelbar an die nächste Generation weitergegeben haben könnten, die nun im Kindesalter dagegen rebelliert.

Neben der ADHS gibt es eine weiteres Störungsbild, das »boomt« und ebenfalls mit »Wachheit« zu tun hat und mit Stimulantien (etwa Modafinil) behandelt wird: die »Narkolepsie« nämlich.

Auch in anderen Bereichen der Medizin (außer der Psychiatrie) werden Zivilisationsprobleme zu verbreiteten »Diagnosen« zusammengefasst, was wiederum zum Teil von anderen Fachleuten kritisiert wird, wie etwa am Beispiel des »metabolischen Syndroms« zu sehen ist (Gale 2005), nachdem zuvor die Hypercholesterinämie (Butter versus Margarine-Debatte) lange Zeit viel Medieninteresse fand. Auch hier spielen Medikamente (Statine,

Beta-Blocker, Zuckersenker etc.) – und damit handfeste wirtschaftliche Interessen – eine große Rolle[7]!

Erstaunlich wenig werden inzwischen in der allgemeinen Diskussion mögliche alternative Genesen zu der genetischen und neurobiologischen Modellvorstellung diskutiert. Im Übrigen: Wäre man wirklich davon überzeugt, dass sich als neurobiologisches Massenphänomen bei vielen Kindern solche Defekte zeigen, müsste dies doch die sehr besorgte Frage nach Ursachen für diese Epidemie wachrufen, die jedoch weitgehend unterbleibt (also etwa toxische oder traumatische Schädigungen)[8]!

Im Folgenden sollen drei Aspekte der Verursachung näher diskutiert werden: massive Interessen an dieser Diagnose, strukturelle Störungen als eigentliche Ursachen und ein Unvermögen, mit aggressiverer Männlichkeit umzugehen.

IV.
»Interessenten« der ADHS-Diagnose

Bovensiepen et al. (2002) vermuten nicht zu Unrecht, dass »die Ärzte erleben sich als kompetent mit Hilfe eines schnell wirksamen Medikaments, die Eltern fühlen sich entlastet von Schuldgefühlen und Ausgrenzung, das Kind erfährt sich beachtet als krank und nicht böse und die Pharmaindustrie kann jährlich ihre Umsätze verdoppeln.«

1. Die Eltern

Für die Eltern bedeutet die Möglichkeit, die Schwierigkeiten ihres Kindes auf ein biologisch bedingtes ADHS zurückzuführen:

- eine Exkulpierung davon, möglicherweise selbst etwas »falsch« gemacht zu haben,
- die Möglichkeit zum Aktionismus (Handeln statt Verstehen),
- und einen Ansatz, transgenerationale Transmissionsmuster in Familien

7 Nach den Kriterien der »International Diabetes Federation« (die stark Bauchumfang-orientiert sind) müssten bereits mehr als 50% der über 40-Jährigen als krank (nach H. Albrecht u.a. Wüsthof: »Essen bis der Arzt kommt«, Die ZEIT, Nr. 51, 15.12.2005, S. 47).

8 Verschiedentlich finden sich solche Überlegungen, die aber nicht weiterverfolgt werden, etwa dass zuviel Zucker, das Hyperaktivität und Aggressivität im Tierversuch auslösen kann oder zu viele Phosphate in der Nahrung (Cola, Pizza, Fertiggerichte) verantwortlich sein könnten.

einfach zu verstehen (der Vater war schon gewalttätig und impulsiv, also litt auch er bereits unter einem ADHS etc.).

Offenbar wird Ritalin häufig ohne eingehende Diagnose verschrieben, wenn Lehrer und Eltern nicht mehr weiter wissen. Dabei können »Verbesserungen« unter Ritalin (die das Kind selbst vielleicht gar nicht merkt) aber die Eltern oder Pädagogen bemerken unter Umständen durch den medizin-psychologischen »Rosenthal-Effekt« erklärt werden[9].

Unter der Hand (was tatsächlich an den Begriff des »Dealers« erinnert) werden die Adressen von Ärzten weitergereicht, die »spezielle« (d.h. stark ausgeweitete) Indikationen stellen und entsprechend die Psychostimulantien verschreiben.

Es fällt auch, wenn man die entsprechenden Foren und Websites der diversen Selbsthilfevereinigungen besucht, ein fast »paranoid« anmutendes Klima auf, wo kritische Fragen etc. von den »betroffenen Eltern« kaum toleriert werden können (dazu siehe unten).

2. Die Betroffenen selbst

Der Betroffene selbst, etwa Erwachsener mit ADHS, findet eine einleuchtende Erklärung für die Schwierigkeiten, die er bisher im Leben hatte (Schule, Beziehungsprobleme, Suchtprobleme etc.).

Diese tiefgreifenden Schwierigkeiten werden als Folge der ADHS und nicht als Ursache verstanden.

Außerdem finden sich plötzlich in den Medien zahlreichen Berühmtheiten, die diese Diagnose gehabt haben sollen: wie Mozart, Einstein, Wilhelm II (Ries 1998), Abraham Lincoln, die Familie Thomas Mann (Krause 2001)

9 Der »Rosenthal-Effekt« – Beeinflussung des Ergebnisses durch die Erwartungen des Experimentators – ist bei menschlichen »Versuchsobjekten« noch wesentlich wirksamer als im Tierexperiment. Rosenthal testete z.B. zu Beginn eines Schuljahres alle Kinder der 18 Klassen einer Schule. Dann gab er den Lehrern die Namen einzelner Schüler, die dem Testergebnis zufolge eine »ungewöhnlich gute schulische Entwicklung« nehmen sollten (insgesamt 20% der Schüler). Die Namen der »Hochbegabten« waren wiederum streng nach dem Zufallsprinzip ausgewählt. In den höheren Schulklassen hatte die Lehrererwartung nur einen geringen Einfluss auf die Leistung der Schüler, in den unteren Klassen war der Effekt jedoch dramatisch! Am Ende des Schuljahres hatten die vermeintlich »Hochbegabten« nach dem Ergebnis eines Schulleistungstests einen großen Vorsprung gegenüber den anderen Schülern. Die Tendenz psychologischer Testergebnisse, die Umwelt des Getesteten so zu beeinflussen, dass die »Test-Prophezeiung« auch wirklich eintritt (»sich selbst erfüllende Prophezeiung« = »self-fulfilling prophecy«) ist nur ein Sonderfall des »Rosenthal-Effekts«.

oder der Gold-Schwimmer Phelbs …

Etwas polemisch möchte man fast fragen, ob diese trotz oder nicht wegen des ADHS so bedeutend werden konnten!

3. Die Pharmaindustrie

Der »Boom« um die Verbreitung der Diagnose verläuft zeitgleich mit der Einführung des Medikaments Ritalin.

Allein zwischen 1993 und 2001 hat sich der Ritalinverbrauch in Deutschland um das 20-fache (!) erhöht (Capers-Merk 2002) (siehe oben).

Gäbe es die Diagnose ADHS – möchte man fragen – in gleichem Ausmaß, wenn die Substanz nicht zur Verfügung stünde? Oder anders gefragt, schafft die Substanz ihre eigene Diagnose?

Natürlich sollte man über die Wechselwirkung von pharmazeutischer Industrie (und den damit einhergehenden Faktoren wie Arbeitsplätze, Politik etc.), Wissenschaft und Medienberichterstattung auch bei anderen Medikamenten nachdenken; wie beispielsweise der »Run« auf das Grippemittel Tamiflu®, das von den Regierungen in großer Menge gekauft und entsprechend produziert wird, was sich rechnen muss und (durch wissenschaftlich begründete Ängste) legitimiert sein muss.

4. Die Psychiater

Auch für die Psychiater liegt mit dem ADHS ein einfaches und kausal einleuchtendes Konzept vor. Die daraus abgeleitete Behandlungsstrategie erscheint relativ simpel.

Meiner Ansicht nach bietet eine »neue« Diagnose insbesondere der biologischen Psychiatrie die Möglichkeit, ihre verschiedenen biologisch-psychiatrischen Untersuchungsmethoden (Genetik, Bildgebung, Psychoendokrinologie etc.) auf ein neues Störungsbild anzuwenden und entsprechend zu publizieren. Nachdem 30 Jahre intensive biologische Schizophrenieforschung faktisch kaum wirkliche Ergebnisse gebracht haben, kann man gut verstehen, dass sich die »Karawane« danach sehnt, weiterziehen zu können.

Ebenfalls von Bedeutung scheint mir der fatale Hang in der Psychiatrie zu sein, aus neurobiologischen oder neuropsychologischen Erklärungsmodellen sich stark verbreitende »Neuromythologien« zu schaffen.

Ich deute dies mit einer Abwehr, die hohe Komplexität und die damit ver-

Störung / Symptom	Modell / Mythos
Trauma (Posttraumatische Belastungsstörung)	Hippocampus-Shrink, Amygdala-Hyperaktivität
Analgesie bei selbstverletzendem Verhalten	(durch endogene) Opioide induziert
Major Depression	Hypercortisolismus, Funktionsstörung der HPA-Achse
Postpartale Depression	»Hormonumstellung«
ADHS	Arousal-Defizit (»energetisches Defizit frontal-parientaler Aufmerksamkeitsprozesse«)

bundene Ohnmacht im Zusammenhang mit dem Verständnis psychischer Störungen und ihrer Behandlung gut ertragen zu können, und dem damit verbundenen Wunsch nach einfachen Lösungen.

Dabei erscheint es im Zusammenhang mit der ADHS bemerkenswert, dass selbst der grundlegende vermutete Mechanismus ungeklärt erscheint: »›Normalisierung‹ eines hypoaktiven dopaminergen Systems (Ausgleich eines Dopamindefizits) oder ›Normalisierung‹ eines hyperinervierten dopaminergen Systems (Hemmung der impulsgetriggerte Dopaminfreisetzung)« (Moll/Hüther 2006, S. 663).

Auch Fachleute im Bereich des ADHS räumen ein, dass es weder im Bereich der Bildgebung, der genetischen Diagnostik oder der neuropsychologischen Testung klare (pathognomonische) Kriterien für das eindeutige Stellen-Können dieser Diagnose gibt. (Allerdings gilt dieses Problem selbstverständlich für andere psychiatrische Störungsbilder auch.) Selbst das Eingeständnis eines der namhaftesten Vertreter der neurobiologisch orientierten Forschungsrichtung, R. A. Barkley, dass die eigentlichen Ursachen für das hyperaktive Syndrom zur Zeit noch nicht bekannt seien, veranlasst die Experten kaum zu Zweifeln an dem einmal eingeschlagenen Weg.

V.

Ungereimtheiten

1. Konsequenzen einer unbefriedigend gelösten Diagnose

Erfahrungsgemäß sind die Konsequenzen von unbefriedigend gelösten diagnostischen Konzeptualisierungen folgende:

- ➢ Hohe Komorbiditäten (Angst, Depressionen etc.) werden anerkannt und rücken in den Mittelpunkt des Fokus.
- ➢ So genannte Multimodale Therapieansätze entstehen.
- ➢ Atypische Formen werden beschrieben.

- Therapierefraktäre ADHS wird konzeptualisiert für die Fälle, die nicht auf Psychostimulantien ansprechen.
- Ausweitung auf ADHS bei Mädchen, im Alter etc.
- Es entstehen entsprechende Selbsthilfegruppen und Angehörigengruppen etc.

2. Placebo-Effekte und geforderte Kombinationsbehandlung

Zahlreiche Ungereimtheiten fallen dem Beobachter der Diagnose und ihrer Behandlung auf. So schwanken die Response-Raten für Methylphenidat zwischen 25–80%, ohne dass es dafür eine entsprechende Erklärung gibt.

In den Homöopathie-Studien von Frei/Thurneysen (2001), Frei und Mitarbeitern (2005) sowie Lamont (1997) zeigten homöopathische Medikamente ähnlich gute Wirkungen wie Stimulantien.

Auch die bekannte »Multimodal Treatment Study of Children with ADHD« (MTA Cooperative Group 1999) stellt fest: Die Effektivität von psychosozialen Interventionen hängt am stärksten davon ab, ob ein breites Spektrum von Maßnahmen mit einbezogen und nach den individuellen Bedürfnissen des Kindes zusammengestellt wurden.

3. Der »Beweis«: Die Biederman-Studie

Verfechter der ADHS-Diagnose zitieren immer wieder die bekannte »Biederman-Studie« (Biederman et al. 1999). Die Autoren fanden in einer empirischen Studie heraus, dass unbehandelte Jugendliche mit ADS ein höheres Risiko für späteren Drogenmissbrauch aufwiesen, als medikamentös behandelte ADS-Jugendliche, und dass sie auch im Vergleich zu nicht-behandelten Jugendlichen ohne ADD ein höheres Missbrauchsrisiko hatten (die Studie findet sich unter: http://pediatrics.aappublications.org/cgi/content/full/104/2/e20).

Seitdem wird immer wieder angeführt, dass Methylphenidatgabe bei ADS-Kindern einen späteren Drogenmissbrauch verhindern helfe. Nicht mit Methylphenidat behandeltes ADS dagegen erhöhe die Wahrscheinlichkeit für späteren Drogenmissbrauch. Allerdings weist diese Studie einen wichtigen Mangel auf, bzw. die Interpretation der Ergebnisse muss einen Aspekt berücksichtigen: nämlich die fehlende Kontrolle des sozialen Milieus, der psychologischen Umwelt der Kinder und Jugendlichen. Die einzigen psychosozialen Faktoren, die kontrolliert gehalten wurden, waren das Geschlecht (nur weiße Jugendliche männlichen Geschlechts) und das Lebensalter (nur älter als 15 Jahre). Dies macht sich vor allem an der ungeklärten Frage fest, warum ADS-Kinder überhaupt behandelt oder nicht behandelt wurden. Wenn eine ADS eine massive Symptomatik aufweist, ist der Umstand, dass Kinder nie entsprechend behandelt wurden, ein ziemlich deutlicher Hinweis auf ihr defizitäres soziales Milieu. Umgekehrt entstammen diejenigen ADS-Kinder, die behandelt wurden, möglicherweise einem »besseren«, aufmerksameren und kindgerechteren Milieu.

Die Autoren bemerken zwar, dass erhöhter Drogenmissbrauch der Jugendlichen im Zusammenhang stand mit dem Drogenmissbrauch ihrer Eltern, ziehen daraus aber keinen entsprechenden Schluss aufs Milieu. Möglicherweise handelt es sich also bei dem gefunden Ergebnis zwar um eine Korrelation, nicht aber um eine Kausalität: Unbehandelte Kinder betreiben dann deshalb später häufiger Drogenmissbrauch, weil sie aus einem ungünstigeren Milieu stammen, und nicht, weil sie nicht mit Ritalin behandelt wurden.

VI.
ADHS – Eine strukturelle Störung

Im Folgenden soll die These diskutiert werden, dass die ADHS-Symptomatik auch und vielleicht erfolgversprechender mit einer strukturellen Störung (im Kindesalter) erklärt werden könnte und dass diese Art von Störungen (Persönlichkeitsstörungen) möglicherweise zunehmen.

1. Aufmerksamkeit: Entwicklungspsychopathologie und Psychodynamik

Die Aufmerksamkeit, Impulskontrolle und motorische Steuerung (Antrieb) unterliegen einer starken Entwicklungsdynamik und sollten zu Beginn der Schulzeit eine gewisse Konsolidierung erfahren haben (Aufmerksamkeit und Frustrationstoleranz bei monotonen Anforderungen). Die Entwicklung der Repräsentanzen und einer sozialen Perspektivenübernahme wiederum hat eine differenzierende Wirkung auf die Impulskontrolle (Resch 1996). Das Konzept des Antriebs selbst wurde psychodynamisch wenig beachtet und ausgearbeitet (eine Ausnahme findet sich in der Theorie zu den »Organtrieben« von Alfred Adler, 1907).

Von der Psychoanalyse selbst wurde das Gebiet der Aufmerksamkeit nicht weiter fokussiert. Freud (1916, S. 22) schreibt in seiner berühmten Vorlesung über die Fehlleistungen:

> »Diese [Aufmerksamkeits]Leistung kann dann besonders leicht gestört, ungenau ausgeführt werden. Leichtes Kranksein, Abänderungen der Blutversorgung im nervösen Zentralorgan können dieselbe Wirkung haben, indem sie das maßgebende Moment, die Verteilung der Aufmerksamkeit in ähnlicher Weise beeinflussen. Es würde sich also in allen Fällen um die Effekte einer Aufmerksamkeitsstörung handeln, entweder aus organischen oder aus psychischen Ursachen. Dabei scheint nicht viel für unser psychoanalytisches Interesse herauszuschauen.«

Aufmerksamkeit kann, was bei der ADHS-Diskussion häufig ignoriert wird, in verschiedene Aspekte untergliedert werden (Keller/Grömminger 1993):

- Selektive Aufmerksamkeit
- Kognitive Verarbeitungsgeschwindigkeit
- Daueraufmerksamkeit
- Teilung der Aufmerksamkeit.

Selten sind alle Bereiche gleichermaßen betroffen.

Wir haben es also bei der Entwicklung und Persönlichkeitskonsolidierung mit einer dynamischen Interaktion von

- struktureller Reifung (Persönlichkeitsorganisation), d.h. Identitätskonsolidierung, Objektkonstanz etc.
- Erlebnisbereitschaft/Affekte und
- Antriebsveränderungen zu tun.

Diese Entwicklung wird möglicherweise durch Bindungstypen (internal working models) moduliert. Entsprechend fallen etwa bei Kindern mit »Desorganisierten Bindungsstörungen« die schwerwiegenden Affektiven und Antriebsprobleme auf, die neben der Persönlichkeitsproblematik vorliegen.

Es kann also zu einem Circulus vitiosus von: Erlebensstörung – Selbststörung – Antriebstörung, die wiederum zu Erlebensstörung etc. führt, kommen. Diese ermöglicht auch ein Verständnis einer Wechselwirkung von cerebraler Funktion und psychodynamischen Entwicklungs- und Bewältigungsprozessen (siehe unten):

2. ADHS und Borderline-Störung

In diesem Zusammenhang erscheint es interessant zu sein, dass die Symptomatik des ADHS häufig mit der Borderline-Störung verglichen wird, zu der es einige Parallelen gibt (Impulsivität, Schwierigkeiten Ziele zu erreichen etc.).

Die Borderline-Persönlichkeitsstörung (nach DSM-IV) hat sieben der neun Kriterien mit der ADHS-Diagnose gemeinsam, so dass es per Definition (bzw. rechnerisch) nur im Ausnahmefall möglich ist, eine BPS-Diagnose zu haben, ohne gleichzeitig auch die Kriterien einer ADHS-Diagnose ganz oder teilweise zu erfüllen.

Allerdings weist das ADHS im Gegensatz zur Borderline-Störung, bei der Suizidraten von 8–12% (Life-Time-Prävalenz) bekannt sind, sehr niedrige Suizidraten auf, obwohl diese höher sind als in der Normalbevölkerung (James et al. 2004). Diese niedrigen Suizidraten findet man interessanterweise auch bei der antisozialen Persönlichkeitsstörung. Was in der Strukturtheorie der pathologischen Persönlichkeiten nach Kernberg mit den relativ starken kohäsiven Kräften der pathologischen Selbstorganisation bei der Dissozialität erklärt werden kann, was sie von der emotional instabilen Persönlichkeitsstörung unterscheidet.

Vorstellbar wäre allerdings, dass sich unter dem »Sammeltopf« »Borderline-Störung« verschiedene Untergruppen im Bereich der strukturellen Störungen/Persönlichkeitsstörungen finden lassen, die jeweils stärker geprägt sein könnten durch Aspekte von

- Trauma
- Hysterie
- Narzisstisches Spektrum
- Depressiv-masochistisches Spektrum
- Mentalisierungsdefizit
- Mitbeteiligung eines POS/AD(H)S etc.

3. ADHS und strukturelle Störungen

Sind die emotionalen Probleme, Verhaltensauffälligkeiten, Beziehungsprobleme, Dissozialität, Substanzkonsum etc. (wie immer wieder argumentiert) Folgen des ADHS oder könnte es sich nicht um eine Korrelation handeln?

Bei den Müttern und den Betroffenen werden vermehrt unsichere Bindungsmuster beschrieben (Crowell/Feldman 1988, 1991; DeKlyen 1996), allerdings als ein inkonsistenter Befund.

In frühen Studien zum Interaktionsverhalten betroffener Kinder und deren Müttern zeigten sich Auffälligkeiten wie schlechtes Selbstwertgefühl der Betroffenen (Campell 1973, 1975; Barkley et al. 1983; Magai/McFadden 1995). Die Mütter waren bestrafender, insbesondere bezogen auf das Erwecken von Furcht- und Schuldgefühlen bei ihren Kindern. Passend dazu waren Kinder mit ADHS schlechter im Erkennen von Gesichtern, die Furcht zeigten, als Kinder in »normalen« Kontrollen, ein Befund, der sich gut mit der Mentalisierungstheorie (Bateman/Fonagy 2004) erklären ließe.

Biederman et al. (1995), Scahill et al. (1999), Mick et al. (2002), Kreppner et al. (2001) konnten zeigen, dass die Schwere des AD(H)S assoziiert war mit dem Ausmaß psychosozialer familiärer Belastung. In den Familien betroffener Kinder zeigen sich vermehrt Konflikte, Psychopathologien der Mütter, sowie Rauchen und Alkohol der Mütter und ein geringerer Zusammenhalt. Es zeigen sich auch Hinweise auf kindliche Deprivation. (Der Befund dass Mütter von ADHS Kindern häufiger in der Schwangerschaft rauchten und tranken, wird häufig biologistisch interpretiert. Vorstellbar wäre aber auch hier, dass das Fortsetzen der Einnahme einer potentiell toxischen Noxe trotz Schwangerschaft ein indirekter Hinweis auf eine strukturelle Störung, fehlende Einfühlungsgabe der Mütter etc. ist.)

Handelt es sich bei einem Teil der ADHS-Fälle möglicherweise zum Teil um eine Zunahme struktureller Störungen des Kindes- und Jugendalters? Könnten dabei

- der Zerfall familiärer Strukturen (Vermehrung chronischer Konfliktsituationen etc.)
- der Verlust der Väter
- die Überstimulierung der Kinder (Fernsehen etc.)
- und die Schwächung der Funktion der Schule von Bedeutung sein?

Die Frage, ob Gewalt etwa in den Schulen tatsächlich zunimmt, ist empirisch sehr umstritten. Es scheint so zu sein, dass Gewalt mehr registriert wird und dass verbale Gewalt eher zunimmt, während physische Gewalt eher gleichbleibend oder abnehmend ist. Auch scheint keine generelle Zunahme an Aggressivität vorzukommen, wohl wird aber eine kleine aggressive Minderheit (was die Zahl der Akte angeht) insgesamt aggressiver (siehe dazu etwa die Arbeiten in Holtappels et al. 1997).

Dass sich bei den Eltern und Familienangehörigen der Betroffenen häufiger Verhaltensprobleme und ähnliches finden (Faraone et al. 2003) kann in diesem Lichte ebenfalls strukturell und nicht biologisch verstanden werden.

Typischerweise finden sich auch bei erwachsenen ADHS-Patienten oft schwerwiegende Leeregefühle bzw. Gefühle von nicht aushaltbarer Langeweile. Phänomene, die man auch bei narzisstischen Problematiken (Bulimie, narzisstische Persönlichkeiten etc.) findet. Von psychoanalytischer Seite wird diese Leere/Langeweile als Indiz für eine strukturelle Störung verstanden. So wird auch zum Beispiel die nicht seltene Internet-Sucht der erwachsenen ADHS-Patienten mit einem Versuch nicht allein oder mit sich sein zu müssen bewertet (Fehlen der »capacity to be alone« von der Winnicott spricht).

Vielleicht könnte man das »Ritzen« oder Schneiden als das weibliche Pendant zur Impulsivität und hyperkinetischen Aggressivität bezeichnen, wie wir sie bei Jungen und jugendlichen Männern, die die Diagnose ADHS erhalten, finden, um mit diesen unerträglichen Gefühlen der inneren Leere zurechtzukommen. Oft geht es um einen Moment der Irritierbarkeit, der nicht ausgehalten werden kann.

Van den Bergh und Marcoen (2004) fanden einen bemerkenswerten prädiktiven Zusammenhang zwischen dem Ausmaß mütterlicher Angst (vor der Geburt) und der späteren Entwicklung eines ADHS beim Kind.

4. Unterschiedliche Blickwinkel auf das Gebiet der strukturellen Störungen

Während früher strukturelle Störungen (Persönlichkeitsstörungen) häufig als Basisstörungen der Schizophrenien verkannt wurden, werden heute andere symptomatologische Teilphänomene dieser »Panneurosen« zu folgenden »Diagnosen« verabsolutiert (dazu siehe auch Dammann 2001):

- (Komplexe) Posttraumatische Belastungsstörung
- atypische Depression
- Bipolare II, III, IV
- atypische Angststörung
- und nicht zuletzt ADHS.

Die Komorbidität und der Einfluss von ADHS auf die spätere Entwicklung einer antisozialen Persönlichkeitsstörung konnten bereits früh und mehrfach empirisch nachgewiesen werden (Manuzza et al. 1989; Wender et al. 2001; Rasmussen/Gillberg 2000). Dennoch wird kaum argumentiert, dass es sich bei der ADHS möglicherweise weniger um einen neurobiologischen Risikofaktor als mehr um eine Frühform dieser Persönlichkeitsstörungen handeln könnte.

In verschiedenen Studien zeigte sich, dass ADHS-Patienten im Erwachsenenalter eine Vielzahl von Persönlichkeitsstörungen aufweisen (häufig sogar mehrere). Insbesondere zwischen kindlichem »Conduct Disorder (CD)« als schwerer Form einer Verhaltensstörung und der Entwicklung späterer Persönlichkeitsstörungen besteht eine hohe Korrelation[10]. Ich werte diese Befunde so, dass es sich bei den als ADHS diagnostizierten Störungsbildern in vielen Fällen eigentlich um Persönlichkeitsstörungen bei Kindern oder Jugendlichen handelt oder doch zumindest um Vorformen.

Die Arbeiten von Patterson (z.B. Patterson et al. 1993) haben gezeigt, dass durch ein frühzeitiges, konsequentes und strukturierendes Gegenübertreten der Eltern dissoziale Entwicklungen gestoppt werden können.

Auf die Möglichkeit, Fälle von hyperkinetischen Syndromen mit psychoanalytischer oder tiefenpsychologischer Therapie zu behandeln haben Bovensiepen et al. (2002) hingewiesen. (Zudem erschien bereits 1993 ein Sonderheft der Zeitschrift »Kinderanalyse« (1. Jg., Heft 2, Klett-Cotta) zu diesem Thema »Ansichten eines Zappelphilipps – das hyperkinetische Syndrom und seine psychischen Hintergründe«.)

5. Plädoyer für eine integrative Sichtweise

Möglicherweise wird eine polarisierende Sichtweise – entweder nur neurobiologisch/genetisch oder nur psychodynamisch/sozialpsychologisch – der komplexen Interaktion, die heute bei vielen Störungsbildern vermutet wird, nicht gerecht.

Vorstellbar wäre etwa eine größere (neuropsychologisch bedingte) Vulnerabilität bei einzelnen Individuen – insbesondere Jungen – die aber durch vermehrte Strukturierung, entsprechende Stimulierung und Förderung sich nicht *per se* als pathologisch in der weiteren Entwicklung erweisen müsste, bei der aber die Kombination etwa mit Vernachlässigung, Überstimulierung oder Überforderung sich als äußerst negativ erweisen kann. (Auch epigentische Modulierungen wären vorstellbar: Beanspruchung eines Systems – etwa auch Verhalten – beeinflusst wiederum genetische Steuerungsmerkmale.)

Eine solche mögliche entwicklungsneurobiologische Modellvorstellung haben jüngst Moll und Hüther (2006, S. 662) vorgelegt, wenn die Autoren das Ineinandergreifen von folgenden Faktoren postulieren:

➢ Hyperstimulierung des sich entwickelnden dopaminergen Systems durch:
   1. frühe Reizüberflutung (intrauterin?),
   2. genetische Faktoren,

10 Dieser Zusammenhang (Entwicklung einer Persönlichkeitsstörung) gilt dagegen weniger für das kindliche »Oppositional Defiant Disorder (ODD)«, das folglich entwicklungspsychopathologisch als weniger schwerwiegend zu werten ist.

3. frühe Traumatisierungen,
4. einem Mismatch zwischen elterlicher Erwartungen und kindlichen Temperament- und Verhaltenseigenschaften

- sowie – auf Seiten der primären Bezugspersonen – einer

5. unzureichende Reizabschirmung durch
6. unsichere Bindung,
7. fehlende Strukturen oder
8. Überlastung der Eltern.

Auf interessante Gen(Polymorphismen)-Umwelt-Interaktionen, die eine Verbindung von Genetik und psychosozialen Interaktionen möglich erscheinen lassen, weisen die neueren Studien von Brookes et al. (2006) sowie Kahn et al. (2003) hin.

Auch die neueren (erst seit 2001 entstandenen und entstehenden) psychotherapeutischen Verfahren, die zur Behandlung dieser Störung entwickelt worden sind, etwa die modifizierte Dialektisch-Behaviorale Therapie nach Linehan (ursprünglich für Frauen mit chronischer Parasuizidalität entwickelt) (Heßlinger et al. 2005) könnten deshalb wirksam sein, weil wichtige grundlegende Aspekte von Psychotherapie schwererer Störungen berücksichtigt werden, selbst wenn das zugrunde liegende neuropsychologische Modell falsch oder übertrieben bedeutungsvoll gesehen wird:

- Starke Betonung von Struktur (»der Patient soll lernen, sein Chaos zu beherrschen, statt sich vom Chaos beherrschen zu lassen«)[11]
- Starke Betonung motivationaler Aspekte (Therapievereinbarungs- bzw. Commitement-Phase) (»Problemverhalten ist das Verhalten, das *ich* bereit bin zu ändern.«)
- Verbalisierungsfähigkeit (und damit die Symbolisierungsfähigkeit) für eigene Gefühle soll verbessert werden (analog dem auf der Theory of Mind und der Bindungstheorie basierenden »Mentalization Based Treatment (MBT)« für Borderline-Patienten (Bateman/Fonagy 2004). Auch in der verhaltenstherapeutisch orientierten DBT spielt eine größere Rolle, dass da jemand ist, der versucht zu verstehen (Heßlinger et al. 2005).

»Es besteht national und international in Fachkreisen Übereinstimmung,

11 So auch in der mit Kindergartenkindern durchgeführten »Präventions- und Interventionsstudie zur Verhinderung psychosozialer Desintegrationsstörungen« (insbesondere von ADHS) des Sigmund-Freud-Instituts in Frankfurt am Main, wo dem »sozialen Regelwerk« ebenfalls eine große Rolle zukommt.

dass der Einsatz von Methylphenidat im Rahmen einer multimodalen Therapie erfolgen soll« (Caspers-Merkl 2002), was jedoch in der Praxis selten erfolgt.

6. Polarisierung und Schuldthema

Es fällt auf, dass in der Diskussion um das ADHS starke Emotionen (Abwehrmechanismen?) eine Rolle spielen, was ich als Indiz für meine These von einer strukturellen Störung verstehen möchte.

Könnte die heftige und von starker Polarisierung (Spaltungen, Verleugnungen etc.) geführte Diskussion um die Diagnose »ADHS« – ähnlich wie (noch vor einigen Jahren) bei der Borderline-Störung – nicht als ein »Gegenübertragungs«-Hinweis auf eine strukturelle Problematik gedeutet werden?

Weiter fällt auf, dass im Zusammenhang mit ADHS immer wieder den Kindern »Hochbegabungen« attestiert werden[12]. Geht es hierbei nicht um Entwertung und Idealisierung?

Es fällt weiter auf, dass es bei den Betroffenen selbst (und ihrem Umfeld) – wie bei Suchtpatienten auch – um das »Schuldthema« geht, wobei die Diagnose und ihre Medikation – so meine These – die Schuld- und Versagensproblematik reduzieren sollen. Dies könnte als ein Hinweis auf eine »Über-Ich-Pathologie« verstanden werden.

Zum letzteren Punkt vertritt Singh (2004, S. 1204) eine interessante These zum Schuldthema der Mütter, was zu meiner nächsten Hypothese, die man als gender-orientiert bezeichnen könnte, überleitet. Singh (ebd.) vertritt – in dem er von »*mothering with Ritalin*« spricht (und das Ritalin in den Kontext von kosmetischer Operationen und Prozac® stellt) – in seiner Arbeit folgende Theorie:

> »The success of ADHD diagnosis and Ritalin is built on the back of an oppressive cultural ideology of the good mother. Ultimately, I think ADHD diagnosis and Ritalin affirm cultural stereotypes of good mothers and successful boys and give mothers a better chance of achieving the ideals inherent in those stereotypes. The trick of the binarism mother-blame-brain-blame is that the brain-blame narrative contains, supports and reconstitutes opportunities for mother-blame.«

12 »Wir waren auch beim Schulpsychologen, der ihm einen IQ von 127 bescheinigt hat und der meinte, das Kind sei an der Grenze zu Hochbegabung, einfach total unterfordert und würde sich zu Tode langweilen im Unterricht« (aus einem ADHS-Forum; http://32563.dynamicboard.de/t96f2-mir-ist-zum-Heulen.html).

Singh nimmt auch die Tatsache, dass in den meisten Studien die Mutter-Sohn-Interaktion fokussiert wird (und nicht etwa Töchter-Väter-Interaktionen bei ADHS) als Indiz dafür, dass der Mythos der »schizophrenogenen Mutter« hier in neuem Gewande erscheint.

VII. ADHS – Eine Pathologisierung männlichen Verhaltens?

Die letzte These, die auch an anderen Orten bereits zum Teil vertreten worden ist, betrifft die Frage, ob es sich bei der vermehrten Diagnosestellung möglicherweise um einen Artefakt handeln könnte, der mit einer zunehmenden Pathologisierung typischen männlich-aggressiven Verhaltens und fehlender männlich-strukurierender Bezugspersonen (in Kindergarten, Schule, Familie) zu tun haben könnte?

Es ist bekannt, dass das Störungsbild ein Geschlechtsverhältnis 3:1 bis 9:1 zu Ungunsten von männlichen Kindern aufweist (Lahey et al. 1994).

Ideal des Kindes ist heute das empathische, prosoziale und ruhige Mädchen, das sich selbst beschäftigen kann und dass nicht-aggressive Betätigungen (Malen etc.) vorzieht.

Dagegen wird aggressiveres Verhalten von Jungen (Kämpfen, Suchen des Platzes in der Rangordnung) heute leicht als Verhaltensstörung oder »ADHS« pathologisiert. Dabei wird – aus evolutionspsychologischer Perspektive unverständlich – leicht übersehen, dass das Kämpfen von Männern zu der im »Environment of Evolutionary Adaptedness (EEA)« erworbenen Ausstattung gehört, wenn man weiß, dass in traditionellen Ethnien (etwa im Hochland Papua-Neuguineas) etwa jeder dritte Mann noch heute im direkten Kampf oder Krieg stirbt. Auch Moll und Hüther (2006) kommen auf diese evolutionspsychologische Hypothese zu sprechen.

Hinzu kommt eine zunehmende Feminisierung der Kinderbetreuung in den ersten zehn Lebensjahren (im Kindergarten und der Grundschule).

Vielleicht wird aber nicht nur »Männlichkeit« pathologisiert (ADHS, die neue Diagnose vom – natürlich mit Hormonen behandlungsbedürftigen – Klimakterium virile), sondern auch die Kindheit überhaupt (Timimi 2002, spricht von einer »Medizinalisierung der Kindheit«) und die Weiblichkeit oder das Frausein mit den natürlicherweise dazu gehörenden Phänomenen wie Menstruation (Prämenstruelles Syndrom), Klimakterium (Östrogen-Verordnungen) und Geburt (PTSD nach Geburten, »Wunschkaiserschnitt«).

VIII.
Thesenhafte Zusammenfassung

1. An der Verbreitung der AD(H)S-Diagnose haben verschiedene Parteien Interesse (u.a. Pharmaindustrie, Eltern, Betroffene selbst, Psychiater etc.)
2. Schuldthematik, die abgewehrt werden muss und Ökonomie (Verkauf von Psychostimulantien an immer weitere Gruppen) sind mit motivierend.
3. Das Modell besticht durch seine Simplizität und eignet sich so als »Neuromythologisches Paradigma«. Das Aushaltenmüssen von Ohnmacht kann so reduziert werden.
4. Die Diagnosestellung und Therapie der ADHS, die im Wesentlichen eine »Erkrankung« von männlichen Kindern und Jugendlichen ist, könnte auch ein Hinweis auf die Pathologisierung der Männlichkeit selbst sein.
5. Evolutionspsychologische Theorien zur Funktionalität von Impulsivität und das Fehlen von (strukturierenden und »kämpfenden«) Vätern und männlichen Vorbildern (auch in Kindergärten etc.) könnten Hinweise in diese Richtung liefern.
6. Zahlreiche Hinweise (Bindungsmuster, Verbreitung von Psychopathologie bei den Angehörigen, Substanzmittelkonsum der Mütter etc.) bieten Hinweise auf die Interpretation, dass es sich um strukturelle Störungen handeln könnte, wobei schon das Umfeld (primäre Bezugspersonen) entsprechende Risikofaktoren aufweist.
7. Möglicherweise sind die vermehrten ADHS-Diagnosen somit auch ein Hinweis auf die Zunahme struktureller Störungen bei Kindern und Jugendlichen (Borderline-Persönlichkeitssorganisationen).
8. In allen neueren psychotherapeutischen und pädagogischen Verfahren zur Behandlung der Störung scheint die »Strukturierung« eine große Rolle zu spielen, was dem Modell einer strukturellen Störung entsprechen könnte.
9. Vermutlich handelt es sich – außer bei einer Untergruppe mit schweren kognitiven Teilleistungsstörungen – um ein so genanntes »Culture Bound Syndrome« (Timimi/Taylor 2004).
10. Spätmoderne Identitätsphänomene (Überstimulierung des Aufmerksamkeitssystems und zunehmende Beschleunigungsdynamik) könnten ebenso eine Rolle spielen, wie neuere medienvermittelte »massenhysterische« Phänomene.

11. Die Kontroverse um die Fragen nach den Kriterien für hyperkinetische Störungen, nach ihren Verursachungen, nach den Zielsetzungen von Therapien, und nach deren Effizienz also letztlich auch nach der »wissenschaftlicher Wahrheit« dokumentiert auch das unterschiedliche Welt- und Menschenbild der Kontrahenten: Einer entsubjektivierten, quantitativ-empirischen Methodik der pharmakologisch-verhaltensmodifizierenden Behandlung mit dem Ziel der Veränderung »von außen« (Leuzinger-Bohleber 1997, S. 131) steht die das Subjekt ins Zentrum rückende, qualitative Methodik des psychodynamischen Verstehens und deren Behandlung mit dem Ziel der Veränderung »von innen« gegenüber (Molitor 2002).
12. Integrierende entwicklungsneuropsychopathologische Modelle, die neurobiologische Vulnerabilitäten und die Interaktion mit psychodynamischen und soziologischen Modellen ermöglichen, scheinen gerade bei diesem Störungsbild notwendig zu sein.

Literatur

Adler, A. (1907): Studie über Minderwertigkeit von Organen. Wien, Berlin (Urban & Schwarzenberg)

Barkley, R. A.; Cunningham, C. E. et al. (1983): The speech of hyperactive children and their mothers: Comparisons with normal children and stimulant drug effects. Journal of Learning Disabilities 16, 105–110.

Bateman, A.; Fonagy, P. (2004): Psychotherapy for Borderline Personality Disorder. Mentalization-based treatment. Oxford (Oxford University Press).

Biederman, J.; Milberger, S. et al. (1995): Impact of adversity of on functioning and comorbidity in children with attention-deficit hyperactivity disorder. Journal of the American Academy of Child and Adolescent Psychiatry 34, 1495–1503.

Biederman, J.; Wilens, T. et al. (1999): Pharmacotherapy of attention-deficit/ hyperactivity disorder reduces risk for substance use disorder. Pediatrics 104 (2), 1–5.

Bovensiepen, G.; Hopf, H. & Molitor, G. (Hg.) (2002): Unruhige und unaufmerksame Kinder. Psychoanalyse des hyperkinetischen Syndroms. Frankfurt a. M. (Brandes & Apsel).

Brookes, K. J.; Mill, J. et al. (2006): A common haplotype of the dopamine transporter gene associated with attention-deficit/hyperactivity disorder and interacting with maternal use of alcohol during pregnancy. Archives of General Psychiatry 63, 74–81.

Campell, S. B. (1973): Mother-child interaction in reflective, impulsive and hyperactive children. Developmental Psychology 8, 341–349.

Campell, S. B. (1975): Mother-child interaction: A comparison of hyperactive learning disabled, and normal boys. American Journal of Orthopsychiatry 48, 51–57.

Caspers-Merk, M. (2002): Aufmerksamkeitsdefizit- und Hyperaktivitätssyndrom: Keine »Modeerkrankung«. Deutsches Ärzteblatt 99 (24), 1644–1645.

Crary, J. (1999): Suspensions of Perception: Attention, Spectacle and Modern Culture. Cambridge, MA (MIT Press).

Crowell, J. A.; Feldman, S. S. (1988): Mothers' working models of attachment relationships and children's behavioural and developmental status: A study of mother-child interaction. Child Development 59, 1273–1285.

Crowell, J. A.; Feldman, S. S. (1991): Mothers' working models of attachment relationships and mother and child behaviour during separation and reunion. Developmental Psychology 27, 597–605.

Dammann, G. (2001): Bausteine einer allgemeinen Psychotherapie der Borderline-Störung. In: Dammann, G.; Janssen, P. L. (Hg.): Psychotherapie der Borderline-Störungen. Stuttgart, New York (Thieme), S. 232–257.

DeKlyen, M. (1996): Disruptive behaviour disorder and intergenerational attachment patterns: A comparison of normal and clinic-referred preschoolers and their mothers. Journal of Consulting and Clinical Psychology 64, 357–365.

Diller, L. H. (1999): Running on Ritalin: A Physician Reflects on Children, Society, and Performance in a Pill. New York (Bantam Books).

Faraone, S. V.; Sargent, J. et al. (2003): The worldwide prevalence of ADHD: is it an American condition? World Psychiatry 2 (2), 104–113.

Frei, H.; Everts, R. et al. (2005): Homeopathic treatment of children with attention deficit hyperactivity disorder: a randomised, double blind, placebo controlled crossover trial. European Journal of Pediatrics, in press (Published online 27.07.2005).

Frei, H.; Thurneysen, A. (2001): Treatment for hyperactive children: homeopathy and methylphenidate compared in a family setting. British Homeopathic Journal 90, 183–188.

Freud, S. (1916): Vorlesungen zur Einführung in die Psychoanalyse. GW XI.

Gale, E. A. M. (2005): The myth of metabolic syndrome. Diabetologia 48, 1679–1683.

Hacking, I. (1995): Rewriting the Soul. Multiple Personality and the Sciences of Memory. Princeton, NJ (Princeton University Press).

Heßlinger, B.; Philipsen, A. & Richter, H. (2005): Psychotherapie der ADHS im Erwachsenenalter. Ein Arbeitsbuch. Göttingen (Hogrefe).

Holtappels, H. G.; Heitmeyer, W. et al. (Hg.) (1997): Forschung über die Gewalt an Schulen. Weinheim, München (Juventa).

James, A.; Lai, F. H. & Dahl, C. (2004): Attention deficit hyperactivity disorder and suicide: a review of possible associations. Acta Psychiatrica Scandinavica 110 (6), 408–415.

Kahn, R. S.; Khoury, J. et al. (2003): Role of dopamine transporter genotype and maternal prenatal smoking in childhood hyperactive-impulsive, inattentive, and oppositional behaviors. Journal of Pediatrics 143, 104–110.

Keller, I.; Grömminger, O. (1993): Aufmerksamkeit. In: Cramon, Y. v. et al. (Hg.): Neuropsychologische Diagnostik. Weinheim (VCH), S. 65–90.

Krause, K.-H.; Krause, J. et al. (2001): »Unordnung und frühes Leid« – Hyperkinetische Störungen in der Familie von Thomas Mann? Nervenheilkunde 20, 166–170.

Kreppner, J. M.; O'Connor, T. G. & Rutter, M. (2001): Can inattention/overactivity be an institutional deprivation syndrome? Journal of Abnormal Child Psychology 29, 513–528.

Lahey, B. B.; Applegate, B. et al. (1994): DSM-IV field trials for attention deficit hyperactivity disorder in children and adolescents. American Journal of Psychiatry 151, 1673–1685.

Lamont, J. (1997): Homeopathic treatment of attention deficit disorder. British Homeopathic Journal 86, 196–200.

Leuzinger-Bohleber, M. (1997): Psychoanalytische Katamneseforschung und die »Wissenschaft zwischen den Wissenschaften«. In: Leuzinger-Bohleber, M.; Stuhr, U. (Hg.): Psychoanalysen im Rückblick. Methoden, Ergebnisse und Perspektiven der neueren Katamneseforschung. Gießen (Psychosozial-Verlag), S. 125–164.

Magai, C.; McFadden, S. (1995): The role of emotion in social and personality development. New York (Plenum).

Manuzza, S.; Klein, R. G. et al. (1989): Hyperactive boys almost grown up, IV: criminality and its relationship to psychiatric status. Archives of General Psychiatry 46, 1073–1079.

Mick, E.; Biederman, J. et al. (2002): Case-control study of attention-deficit hyperactivity disorder and maternal smoking, alcohol use, and drug use during pregnancy. Journal of the American Academy of Child and Adolescent Psychiatry 41, 378–385.

Molitor, G. (2002): Prolog. In: Bovensiepen, G.; Hopf, H. & Molitor, G. (Hg.): Unruhige und unaufmerksame Kinder. Psychoanalyse des hyperkinetischen Syndroms. Frankfurt a. M. (Brandes & Apsel), S. 7–11.

Moll, G. H.; Heinrich, H. et al. (2001): Children with comorbid attention-deficit hyperactivity disorder and tic disorder: evidence for additive inhibitory deficits within the motor system. Annals of Neurology 49, 393–396.

Moll, G. H.; Hüther, G. (2006): Aufmerksamkeitsdefizit-/Hyperaktivitätsstörung – Neurobiologie. In: Förstl, H.; Hautzinger, M. & Roth, G. (Hg.): Neurobiologie psychischer Störungen. Berlin (Springer), S. 651–669.

The MTA Cooperative Group (1999): The Multimodal Treatment Study of Children with Attention Disorder. Archives of General Psychiatry 56, 1073–1099.

Patterson, G. R.; Dishion, T. J. et al. (1993): Outcomes and methodological issues relating to treatment of antisocial children. In: Giles, T. R. (Hg.): Effective Psychotherapy: A Handbook of Comparative Research. New York (Plenum), S. 43–88.

Rasmussen, P.; Gillberg, C. (2000): Natural outcome of ADHS with developmental coordination disorder at age 22 years: A controlled, longitudinal, community-based study. Journal of the American Academy of Child and Adolescent Psychiatry 39, 1424–1431.

Resch, F. (1996): Entwicklungspsychopathologie des Kindes- und Jugendalters. Weinheim (PVU).

Ries, H. (1998): Das hyperkinetische Syndrom Kaiser Wilhelm II. (Attention Deficit Disorder Syndrome, ADDS). Der Kinderarzt 29, 820–822.

Rosa, H. (2005): Soziale Beschleunigung. Die Veränderung der Zeitstruktur in der Moderne. Frankfurt a. M. (Suhrkamp).

Scahill, L.; Schwab-Stone, M. et al. (1999): Psychosocial and clinical correlates of ADHD in a community sample of school-age children. Journal of the American Academy of Child and Adolescent Psychiatry 38, 976–984.

Schubert, I.; Lehmkuhl, G. et al. (2001): Methylphenidat bei hyperkinetischen Störungen. Deutsches Ärzteblatt 98 (2), 541–544.

Showalter, E. (1998): Hystories. Hysterical Epidemics and Modern Media. New York (Columbia University Press).

Singh, I. (2004): Doing their jobs: mothering with Ritalin in a culture of mother-blame. Social Science and Medicine 59 (6), 1193–1205.

Timimi, S. (2002): Pathological Child Psychiatry and the Medicalization of Childhood. Hove (Brunner-Routledge).

Timimi, S.; Taylor, E. (2004): ADHD is best understood as a cultural construct. British Journal of Psychiatry 184, 8–9.

Van den Bergh, B. R.; Marcoen, A. (2004): High antenatal maternal anxiety is related to ADHD symptoms, externalizing problems, and anxiety in 8- and 9-year-olds. Child Development 75 (4), 1085–1097.

Walker, S. (1998): The Hyperactivity Hoax: How to Stop Drugging Your Child and Find Real Medical Help. New York (St. Martin's Press).

Wender, P. H.; Wolf, L. E. et al. (2001): Adults with ADHD. An Overview. Annuals of the New York Academy of Sciences 931, 1–16.

AD(H)S des Erwachsenen und Borderline-Persönlichkeitsstörung – Ein Syndrom oder verschiedene Krankheitsbilder?

Ulrich Schultz-Venrath

Vorbemerkung

Nicht zuletzt dank Eric Kandel (1999, 2006a, 2006b), der mit seiner Arbeitsgruppe im Jahr 2000 für seine Gedächtnis-Forschungen an der Meeresschnecke Aplysia den Nobelpreis erhielt, sind die wissenschaftshistorischen Abgrenzungen zwischen Psychiatrie, Psychosomatik, Psychoanalyse und Neurowissenschaften inzwischen in folgenden Postulaten aufgehoben:

1. alle psychischen Prozesse spielen sich im Hirn ab
2. Gene und ihre Protein-Produkte (Neurohormone) bestimmen die neuronalen Verbindungen und Funktionen
3. Lernen und psychosoziale Einflüsse führen zu einer veränderten Gen-Expression und Psychotherapie(n) zu Langzeit-Verhaltensänderungen durch Veränderungen der Gen-Expression und damit einhergehend zu strukturellen Veränderungen im Gehirn (im Sinne der Neuroplastizität).

Die Bedeutungsveränderung der genetischen Anlage wird mit der Formulierung unterstrichen, ein Konzertflügel kann für sich alleine keine Musik machen, es muss jemand auf ihm spielen. Diese fast ein Jahrhundert abgelehnte Theorie der Neuroplastizität benötigt jedoch – je nach zu verändernder Struktur – unterschiedliche Zeitrahmen: Während Synapsen über die Langzeitpotenzierung (LTP) sich in Sekunden bis Stunden neu bilden können, benötigen die Entwicklung neuer Neurone Tage bis Wochen (je nach Länge) und Veränderungen der kortikalen Kartierung Monate bis Jahre. Dies ist im Übrigen auch ein hartes Argument dafür, dass Psychotherapien aus neurowissenschaftlicher Sicht durchaus längere Zeit erfordern als kassenpolitisch dem beantragenden Therapeuten meist zugestanden wird.

Dieser dramatische und aus wissenschaftsgeschichtlicher Sicht sehr fruchtbare Paradigmenwechsel fand seinen Niederschlag in den Kongressthemen der American Psychiatric Association (APA), die für eine radikale Aufhebung der Körper-Seele-Spaltung 2004 in New York mit dem Thema »... dissolving the mind-body-barrier« und 2005 in Atlanta mit dem – für bundesrepublikanische Verhältnisse umstürzlerischen – Titel »Psychosomatic medicine: Integrating psychiatry and medicine« plädierten. Durch diese Entwicklungen wurde sowohl die Psychotherapie als auch die Psychopharmakotherapie zu einem »brain-to-brain-encounter«, dem sich auch neue Perspektiven auf psychiatrische beziehungsweise psychosomatische Krankheitsbilder anschlossen, was insbesondere die Aufmerksamkeitsdefizit-/Hyperaktivitätsstörung (ADHS) oder die Aufmerksamkeitsdefizit-Störung (ADS) und Persönlichkeitsstörungen betraf.

Einleitung

Lange Zeit wurde die ADHS oder ADS als ein Syndrom angesehen, welches nur im Kindes- und Jugendalter auftrete. Von verschiedener Seite wurde kritisiert, dass es sich bei diesen Diagnosen »nur« um eine Modeerscheinung handle, möglicherweise als »branding« der Pharmaindustrie, um Psychostimulanzien besser verkaufen oder einen neuen Markt angesichts ständiger Leistungssteigerungen im beruflichen Leben aufbauen zu können. Diese Kritik ist insofern nicht unbegründet, als erst kürzlich offenbar wurde, dass 13 von 21 Mitgliedern des DSM-IV-Panels, welches die diagnostischen Standards für ADHS und andere psychische Erkrankungen im Kinder- und Jugendalter formulierte, in finanzieller Abhängigkeit von jenen Pharmafirmen standen, die ADHS-Medikamente herstellen und/oder verkaufen (Cosgrove et al. 2006). So kritisch diese Verstrickung zwischen Ärzten, Wissenschaftlern und Pharmaindustrie bezüglich der diagnostischen Standards gewertet werden muss, so evident ist trotz aller noch zu besprechenden Einwände und Schwierigkeiten, dass ADHS oder ADS im Erwachsenenalter als klinisches Krankheitsbild durchaus eine Existenzberechtigung hat.

Während wir die Auffassung teilen, dass beide Diagnosen im Kindes- und Jugendalter wahrscheinlich zu häufig gestellt werden, letztlich um antisoziales Verhalten besser etikettieren zu können, kann man mit an Sicherheit grenzender Wahrscheinlichkeit davon ausgehen, dass Patienten im Erwachsenenalter noch viel zu selten erfasst oder fälschlich unter den großen Diagnose-Topf »Persönlichkeitsstörungen« oder anderer psychischer Störungen subsumiert werden. Dies wird unter anderem durch die Tatsache unterstützt, dass das durchschnittliche Behandlungsalter selbst in einer ADHS-Spezialklinik für Erwachsene in Boston 40 Jahre ist (Okie 2006, S. 2638).

Nach jüngeren, auf dem APA-Kongress in New York vorgestellten epidemiologischen Daten in den USA ist davon auszugehen, dass die 12-Monats-Prävalenz der ADHS im Erwachsenenalter (18–44 Jahre) bei etwa 4% liegt (Kessler 2004), womit sie mehr als doppelt so hoch als die der Borderline-Persönlichkeitsstörungen und sogar höher als die Prävalenz der Psychosen liegt (vgl. Tab. 1).

	Prävalenz in Mill.	**%**	**davon behandelt in %**	**davon unbehandelt in %**
Alle Diagnosen	32,1	15,6	36,4	63,6
Sucht	6,8	3,3	29	71
Affektive Störungen	11,5	5,6	50,1	49,9
Angst	14,5	7	43,6	56,4
Somatoforme Störungen	11	5,4	40,5	59,5
Andere* **z.B. Psychosen und Essstörungen**	2,9	1,4	61	39
BPS**	**1-2**	**0,5–1,1**	?	?
ADHS	**4**	**1–2,2**	?	?

*Tab. 1: Psychische Störungen (12-Monatsprävalenz) – Behandlungs- und Nicht-Behandlungsquoten (%) des Bundesgesundheitssurvey 1998, ergänzt durch APA 1994; APA 2004; **Kernberg 1996; Kernberg et al. 2000*

Inzwischen konnten mehrere, voneinander unabhängige prospektive Untersuchungen (Hechtman/Weiss 1983; Weiss et al. 1985; Rasmussen/Gillberg 2000) eine Fortdauer der Erkrankung bis ins Erwachsenenalter nachweisen. Darüber hinaus belegten Querschnittsuntersuchungen, dass Erwachsene mit ADHS unter erheblichen, störungsbedingten Funktionseinschränkungen ihrer alltagsrelevanten Fähigkeiten in verschiedenen Lebensbereichen leiden (Secnik et al. 2005). In einer kontrollierten Untersuchung einer ADHS-, einer ADS- und einer unauffälligen Gruppe Erwachsener (Murphy et al. 2002) zeigten beide ADHS- und ADS-Gruppen ein signifikant niedrigeres Bildungsniveau, erhielten mit größerer Wahrscheinlichkeit Psychopharmakotherapie oder Unterstützung durch andere medizinische Dienste als nicht betroffene Erwachsene. Dabei unterschied sich die ADHS-Gruppe von der ADS-Gruppe in häufigerem sozial abweichenden Verhalten, in Feindseligkeit und Paranoia, in Suizidversuchen und Inhaftierungen. Insofern schlossen die Autoren, dass ADHS-Erwachsene eher als ADS-Erwachsene für antisoziales Verhalten prädisponiert sind.

Erst durch das Erscheinen des Bestsellers »driven to distraction« (»Zwanghaft zerstreut oder die Unfähigkeit, aufmerksam zu sein«) zweier amerikanischer Psychiater (Hallowell/Ratey 1998), die sich selbst mit ADS diagnostizierten, wurde es Patienten möglich, entsprechende Symptome bei sich selbst zuordnen zu können, um damit Hilfe bei Fachärzten für Psychiatrie und Psychosomatik einfordern zu können. Hallowell selbst war durch eine Vorlesung seiner Neuropsychiatrieprofessorin kurz vor Abschluss seiner Ausbildung zum Kinderpsychiater am Massachussetts Mental Health Center in Boston darauf gestoßen, dass die Symptome seiner Aufmerksamkeitsstörung endlich »einen Namen« hatten (ebd., S. 9). In seiner Beschreibung kommt allerdings auch ein allenthalben zu beobachtendes Massenphänomen zum Ausdruck, welch psychische Entlastung für ihn die Diagnose eines »ererbten neurologischen Syndroms« hatte, weil er sich nun »mit Nachsicht auf die Seiten« an ihm »einen Reim« machen konnte, die ihn »so oft frustriert oder erschreckt« hatten (ebd., S. 10). Aus psychodynamischer Perspektive ist natürlich noch zu klären, was damit eigentlich abgewehrt werden muss, eine solche Erkrankung bezüglich der subjektiven Krankheitstheorie ausschließlich der Biologie zuzuordnen.

Probleme der Diagnostik

Die hohe Streubreite der Persistenz einer AD(H)S-Symptomatik von 30–80% von der Kindheit bis in das Erwachsenenalter weist bereits selbst auf immense diagnostische Probleme hin, welche durch den wissenschaftshistorischen Zeitgeist, aber auch durch eine noch unzureichende Methodik begründet sind.

Mehrere Jahrzehnte war zwischen den Vertretern der biologischen Psychiatrie, den Neurowissenschaften und der Psychoanalyse so gut wie kein wissenschaftlicher Austausch und allenfalls gegenseitiges Misstrauen auszumachen. Obwohl sich kurz vor dem Jahrtausendwechsel nach der »decade of the brain« (von 1990 bis 2000) ein neues integratives Paradigma für Neurobiologie, Kognitionswissenschaften und Psychoanalyse zumindest auf den amerikanischen Kongressen durchgesetzt zu haben scheint, wird die AD(H)S noch immer überwiegend als neurologisch und biochemisch begründete Erkrankung angesehen, für welche Psychostimulanzien in der Regel als erste Wahl der Behandlung angesehen werden (z.B. Sobanski 2006, S. 100). Während die Überbehandlung von Kindern mit Psychostimulanzien sicherlich auch Folge einer Schuldentlastung traumatisch verstrickter Eltern ist, muss die bisherige Unterbehandlung von Erwachsenen als fehlende diagnostische und therapeutische Kompetenz des psychiatrischen und psychotherapeutischen Berufsstandes angesehen werden.

Zu wenig wird allerdings bisher berücksichtigt, dass Aufmerksamkeitsdefizit und Hyperaktivität für sich allein ausschließlich Symptome sind, die ein Syndrom, nicht aber eine Erkrankung definieren können, auch wenn eine gemeinsame genetische Ursache postuliert wird. Nach Bürgin (zit. n. Sugarman 2006, S. 237) existierten weder für ein Aufmerksamkeitsdefizit noch für Hyperaktivität international akzeptierte cut-off-Punkte in den bisherigen psychometrischen Testuntersuchungen. Darüber hinaus gibt es unseres Wissens noch keine Untersuchungen dazu, inwieweit die für die AD(H)S-Diagnostik bisher angewandten Tests valide und reliabel AD(H)S von anderen Störungen und Erkrankungen sicher abgrenzen können. McCann u. Roy-Byrne (2004) untersuchten drei ADHS-Selbstrating-Fragebogen[1] an 82 Erwachsenen mit ADHS. Obwohl alle drei Instrumente sensitiv bezüglich der ADHS-Symptomatik waren (korrekt wurden 78%–92% der ADHS-Patienten erfasst), fand sich ein hoher falsch positiver Anteil unter Patienten ohne ADHS-Diagnose (zwischen 36%–67%). Die Autoren rieten deshalb zur Vorsicht in der Anwendung solcher Screening-Instrumente.

Letztlich beruht die klinische Diagnostik und die sich daraus ergebende Behandlung auf subjektiven Faktoren (vgl. Tab. 2): besonders auf der Anamnese des Patienten mit seinen charakteristischen Symptomen und funktionellen Behinderungen, welche mindestens seit dem siebten Lebensjahr zu beobachten gewesen sein müssen und der Einschätzung eines Klinikers, ob die diagnostischen Kriterien getroffen und zu akzeptieren sind.

1 Adult Rating Scale (ARS), Attention-Deficit Scales for Adults (ADSA) und Symptom Inventory for ADHD.

Symptom	DSM-IV Merkmale bei Kindern	Typische Symptome bei Erwachsenen
Hyperaktivität	Spricht exzessiv Exzessives Rennen und Klettern Unfähigkeit zu spielen oder in Ruhe zu arbeiten	Spricht exzessiv Innere Unruhe Gefühle von Überwältigtsein Wählt aktive Berufstätigkeiten Subjektives Gefühl von Getriebensein
Unaufmerksamkeit	Schwierigkeiten mit Hausaufgaben Unfähigkeit zuzuhören Vergesslich Verliert Dinge Leicht ablenkbar	Frustriert bezüglich der Unfähigkeit zu organisieren Schlechtes Zeitmanagement Bevorzugt Multi-Tasking Ineffizient Leicht ablenkbar
Impulsivität	Platzt mit Antworten heraus Unfähig zu warten Unterbricht andere	Irritierbarkeit und leicht zu ärgern Unverschämtes Herausplatzen Impulsive Jobwechsel/Sexualität Rücksichtsloses Auto fahren

Für eine gleichwertige Integration psychodynamischer Aspekte spricht, dass Aufmerksamkeit als eine hochkomplexe Ich-Funktion angesehen werden kann, welche sich in einer spezifischen Beziehungskonstellation entwickelt, die durch genetische Faktoren, frühen emotionalen Austausch, Temperament, Mikrotraumen etc. beeinflusst wird, zumal AD(H)S-Kinder oft genug eine angemessene Aufmerksamkeit und Aktivität demonstrieren, wenn sie Dinge tun, die sie auch mögen, während Schwierigkeiten in der Regel bei diesen Kindern dann entstehen, wenn von außen Anforderungen gestellt werden (Sugarman 2006, S. 238).

Wissenschaftstheoretische Probleme der Diagnostik speziell psychosomatischer Erkrankungen, zu denen die AD(H)S aufgrund der neurobiologischen Entwicklungsstörung und psychosozialen Phänomenologie ohne Zweifel zu rechnen ist, entstehen dadurch, dass Diagnostik abhängig ist vom Standort, von der Ausbildung, von der Erfahrung und vom Interesse des jeweiligen Untersuchers und/oder Interviewers, was leider zu wenig berücksichtigt wird. So begründen sich die Unterschiede in der Diagnostik zwischen Psychoanalytikern, Psychiatern, Psychosomatikern, Chirurgen und Allgemeinmedizinern, aber auch Unterschiede in der/den Anamnese(n) trotz gleichen Ausbildungsstands von Untersucher/Interviewer zu Untersucher/Interviewer beim gleichen Patienten, weil einerseits abhängig von Übertragungs- und Gegenübertragungsphänomenen und andererseits abhängig von Behandlungs-Claims durch Diagnosen (Schultz-Venrath 1997).

Den bekannten Defizit-Symptomen der AD(H)S (Aufmerksamkeits- und Konzentrationsstörungen, motorische Störungen, innere Unruhe, Vergesslichkeit, Desorganisiertheit, Impulsivität und mangelnde Impulskontrolle, Stimmungsschwankungen, Probleme mit Routine und Disziplin, häufige Beziehungsabbrüche und Stressintoleranz) werden eine Reihe besonderer Ressourcen gegenübergestellt, durch die AD(H)S-Erwachsene einen Teil ihrer Störung durchaus kompensieren können: Auffällig seien eine besondere Energie, Neugier, Risikobereitschaft, Kreativität, Fantasie, Flexibilität, aber auch die Fähigkeit, andere zu strukturieren, eine rasche Auffassungsgabe, Anpassungsfähigkeit und Hyperfokussionsfähigkeit (Krause/Krause 2003, S. 27f.).

Was die Abgrenzung oder Überschneidung zu den Borderline-Persönlichkeitsstörungen, die ebenfalls lange Zeit nur wenig diagnostische Beachtung fand, angeht, so gibt es ganz ähnliche diagnostische Probleme; es hat sich herausgestellt, dass bestimmte Persönlichkeitszüge (traits) noch keine Störung an sich darstellen. Deshalb wurden für 14 Persönlichkeitsstörungen im Diagnostic and Statistical Manual of Mental Disorders (DSM-III-R und IV) so genannte Check-Listen aufgestellt, von denen in der Regel mehrere Symptome oder Verhaltensauffälligkeiten erfüllt sein müssen, bevor überhaupt eine Persönlichkeitsstörung diagnostiziert werden darf.

Bereits im ersten Artikel zur Borderline-Persönlichkeitsstörung beschrieb Stern (1938) Phänomene einer unangemessenen Empfindlichkeit, die auf eine tiefe »organische« Unsicherheit oder Angst zurückgeführt werden können, aber auch Schwierigkeiten in der Realitätsprüfung, besonders in persönlichen Beziehungen, die der so genannten »Stressintoleranz« und mangelnden Impulskontrolle von AD(H)S-Erwachsenen sehr nahe kommen. Er beschrieb, dass seine Patienten in ihrer Familie über Jahre zahlreichen Streitereien und Temperamentsausbrüchen zwischen den Eltern oder sich selbst gegenüber ausgesetzt waren. In einigen Familien fanden sich, bevor die Patienten sieben Jahre alt waren, Scheidung oder Trennung der Eltern, und in einem Fall, das Verschwinden eines Elternteils, was zu einer Quelle großer Verunsicherung auf dem Boden affektiver Deprivation geführt hatte. Ebenso fand er Grausamkeit, Vernachlässigung and Brutalität seitens der Eltern über viele Jahre. Mit der Renaissance der Trauma-Theorie wurde Ende der 90er Jahre aufgrund zahlreicher Studien der Frage nachgegangen, ob die Borderline-Persönlichkeitsstörung (vgl. Tab. 3) wegen der Häufung von Traumatisierungen in der frühen Kindheit nicht doch eine chronische posttraumatische Belastungsstörung darstellen könnte.

Kontrollverlust im Verhalten (Impulsivität, Selbstverletzung, Suchtmittelabusus, Fressanfälle, Suizidalität)
Affektive Labilität (lebhafte Stimmungen, reaktive Dysphorie, Wutausbrüche)
Instabile Beziehungen, chronische Leere (Langeweile)
Instabiles Selbstgefühl (Identitätsstörungen)
Vorübergehende paranoide und dissoziative Symptome

Aus diesem Grunde verglich man Patientinnen mit einer Borderline-Persönlichkeitsstörung und posttraumatischer Belastungsstörung mit Borderline-Patientinnen ohne posttraumatische Belastungsstörung und Patientinnen mit ausschließlicher posttraumatischer Belastungsstörung (Zlotnick 2003). Es stellte sich heraus, dass eine zusätzliche Diagnose einer posttraumatischen Belastungsstörung den Grad einer Borderline-Pathologie ebenso wenig beeinflusste wie die psychiatrische Morbidität. Ein signifikanter Einfluss fand sich jedoch bezüglich des Ausmaßes der allgemeinen Dysfunktion und der Zahl stationärer Aufnahmen. Eine zusätzliche Borderline-Diagnose bei Patientinnen mit posttraumatischer Belastungsstörung erhöhte signifikant das Suizidrisiko und die Zahl der Impulsdurchbrüche. Beide Patientinnengruppen mit posttraumatischer Belastungsstörung berichteten signifikant häufiger Kindheitstraumen. Daraus schlossen die Autoren, dass eine posttraumatische Belastungsstörung die zentralen Symptome einer Borderline-Persönlichkeitsstörung nicht wesentlich verändere.

»Viele Züge der Borderline-Persönlichkeit wie Frustrationstoleranz, starke Gefühlsschwankungen sowie selbstdestruktive und impulsive Verhaltensweisen finden sich auch bei der ADHS« (Krause/Krause 2003, S. 73). Da es bisher keine Untersuchungen zur differenzialdiagnostischen Abgrenzung zwischen AD(H)S und Borderline-Persönlichkeitsstörung gibt – selbst im aktuell besten Buch zu Persönlichkeitsstörungen von Millon et al. (2004) fehlt ein AD(H)S-Kapitel – spielt die so genannte psychiatrische und psychosomatische Erfahrung des jeweiligen Untersuchers eine ganz wesentliche Rolle.

Beide Erkrankungen haben einen chronischen Verlauf, wobei sich die ADHS anamnestisch meist mit Problemen in der frühen Schulzeit zeigt, während sich die Borderline-Persönlichkeitsstörung in der Regel erst im frühen Erwachsenenalter manifestiert; wegen der nicht selten darunter liegenden adoleszenten Entwicklungsverzögerung und der Stigmatisierung muss man allerdings bezüglich der Diagnostik einer Persönlichkeitsstörung in diesem Alter besondere Vorsicht walten lassen.

Als hilfreich für die ADHS-Diagnostik hat sich herausgestellt, dass die aktuelle Symptomatik mindestens sechs Monate bestehen, aber bereits ihren Beginn in der Kindheit haben sollte; darüber hinaus sollten die Auswirkungen in mindestens zwei verschiedenen Lebensbereichen (z. B. Ausbildung, Familie, Beruf) zu beobachten sein und deutliche und klinisch relevante Beeinträchtigungen aufweisen. Ebert et al. (2003) haben im Rahmen der DGPPN inzwischen Leitlinien zur ADHS-Diagnostik aufgestellt, nachdem sowohl im ICD-10 als auch im DSM-IV keine expliziten Kriterien für das Erwachsenenalter vorliegen (vgl. Tab. 4).

Erweiterung der Anamnese bezüglich anderer psychischer Störungen

Erfassung von Differenzialdiagnosen und Komorbiditäten

Substanzmissbrauch, -abhängigkeit
Persönlichkeitsstörungen
Affektive Störungen
Angststörungen
Tic-Störungen (einschließlich Tourette)
Teilleistungsstörungen (z. B. Legasthenie, Dyskalkulie)
Schlafstörungen

ADHS-spezifische Interviewinhalte

Körperliche und intellektuelle Entwicklung
Derzeitige und früher aufgetretene Symptome der ADHS (evtl. unter Benutzung einer Symptomcheckliste)
Symptom-Manifestation und Entwicklung und hieraus resultierende frühere und aktuelle Beschwerden in den Bereichen Schule/Studium (Lernverhalten, Leistungsverhalten und Sozialverhalten – Abschlusszeugnisse und Beurteilungen)

Familienanamnese

bezüglich ADHS, Tic-Störungen, Substanzmissbrauch, Verhaltensstörungen Persönlichkeitsstörungen, affektiven Störungen, Angststörungen, Entwicklungs- und Teilleistungsstörungen

Das Problem der Komorbidität

Möglicherweise ist das Thema Komorbidität für alle psychischen Störungen ein grundsätzliches Problem, weil syndromale Besonderheiten und Symptome mit der Diagnose einer Erkrankung häufig verwechselt und aufgrund mangelhafter Methodik nicht genug differenziert werden. Für ADHS- und ADS-Patienten gilt jedoch, dass sie eine höhere Wahrscheinlichkeit haben zusätzlich an einer Dysthymie und Depression (20–30%), an Alkoholmissbrauch bzw. -Abhängigkeit, Cannabis-Abhängigkeit bzw. -Missbrauch (alle Süchte: 50%), an Lern- und Teilleistungsstörungen (25–30%), an einer antisozialen Persönlichkeitsstörung (20%) bzw. Borderline-Persönlichkeitsstörung (60%), aber auch bipolaren Störungen (35%) leiden (Krause/Krause 2003, S. 74f.). Nach den bisher vorliegenden Daten scheint Komorbidität bei

AD(H)S eher die Regel als die Ausnahme zu sein: 65–89% aller AD(H)S-Erwachsenen leiden im Laufe ihres Lebens unter mindestens einer weiteren psychischen Erkrankung (Biederman et al. 1993; Kessler 2004). Komorbidität scheint ein so mächtiger Faktor zu sein, dass Hallowell und Ratey (1998, S. 232f.) allein 13 Unterarten der ADS aufzählten, mit denen diese Erkrankung kombiniert sein könnte. Untersuchungen mit der Wender-Utah-Rating-Scale (WURS) an verschiedenen Gruppen von Persönlichkeitsstörungen ergab, dass Patienten mit einer Borderline-Persönlichkeitsstörung (BPD) gegenüber allen anderen einen signifikant erhöhten Gesamtscore aufwiesen; dies unterstütze die Hypothese, dass eine in der Kindheit beginnende AD(H)S in eine emotional-instabile Persönlichkeitsstörung im Erwachsenenalter münde (Fossati et al. 2002).

Klinische Überschneidungen zwischen AD(H)S und Borderline-Persönlichkeitsstörung (BPS) finden sich bezüglich der Aufmerksamkeitsstörung, die bei BPS als Dissozation in Erscheinung tritt, hinsichtlich der Störungen der Affektregulation, der emotionalen Instabilität, der impulsiven Verhaltensweisen, des Suchtverhaltens, der sich daraus oft ergebenden Beziehungsprobleme, der mangelnden Selbstachtung und der Anspannungszustände. Unterschiede zwischen ADHS und BPS finden sich in der deutlich geringeren chronischen Suizidalität, im Fehlen des selbstverletzenden Verhaltens zur Spannungsregulation und im Fehlen von Symptomen einer posttraumatischen Belastungsstörung, obwohl auch AD(H)S-Patienten einen hohen Traumatisierungsanteil aufweisen.

Zusammenfassung

Obwohl es zahlreiche Gemeinsamkeiten zwischen einer AD(H)S-Diagnose und Borderline-Persönlichkeitsstörung zu geben scheint, sprechen ebenso viele Argumente für eine Differenzierung zwischen diesen beiden Störungen. Die Ergebnisse von Fossati et al. (2002) legen nahe, dass 50% der Borderline-Persönlichkeitsstörungen retrospektiv als AD(H)S diagnostiziert hätten werden müssen. Dies hätte hinsichtlich der Behandlung massive Konsequenzen, wenn ausschließlich mit Psychostimulanzien behandelt werden würde, wobei es ein Paradox ist, dass in Deutschland bislang kein Medikament zur Behandlung der AD(H)S bei Erwachsenen zugelassen ist, so dass die pharmakologische Behandlung als »off label« im Rahmen eines »individuellen Heilversuchs« oder »bestimmungsmäßigen Gebrauchs« unter entsprechender Dokumentation und Aufklärung des Patienten erfolgen muss (Sobanski 2006, S. 101). Für eine syndromatologische Gemeinsamkeit spricht inzwischen, dass verschiedene Antidepressiva mit Serotonin-Wiederaufnahmehemmern (zum Beispiel Sertralin) und kombinierte Noradrenalin-Serotonin-Wiederaufnahmehemmer (zum Beispiel Atomoxetin) in der Behandlung der Borderline-Persönlichkeitsstörung, insbesondere was die Affektregulation angeht, mit interessanten Ergebnissen auch von Psychoanalytikern wie Glen Gabbard zunehmend eingesetzt werden. Die zugrundeliegende Idee dabei ist, durch eine Stabilisierung der Impulskontrolle und Affektregulation überhaupt erst Bedingungen herzustellen, unter denen eine tiefenpsychologische und/oder analytische Psychotherapie möglich scheint. Integrative Therapiekonzepte, das heißt qualifizierte analytische/tiefenpsychologische Psychotherapie und Psychopharmakotherapie sind sowohl bei AD(H)S als auch BPS die Methode der ersten Wahl, weil sie zur Verbesserung der Selbstregulation, der Scham- und Schuldgefühlsentlastung, der Verbesserung der Compliance und der Verbesserung der sozialen Integration durch Übernahme von Hilfs-Ich- und Hilfs-Überich-Funktionen führen. Nicht zuletzt muss es das therapeutische Bestreben sein, bei beiden Patientengruppen die Mentalisierung der Affekte zu ermöglichen, die aber mehr noch als bei BPS-Patienten im besonderen Maße bei AD(H)S-Patienten gestört zu sein scheinen.

Literatur

Ebert, D.; Krause, J. & Roth-Sackenheim, C. (2003): ADHS im Erwachsenenalter. Leitlinien auf der Basis eines Expertenkonsensus der DGPPN. Nervenarzt 74, 939–946.

Fossati, A.; Novella, L.; Donati, D.; Donini, M. & Maffei, C. (2002): History of childhood attention deficit/hyperactivity disorder symptoms and borderline personality disorder: a controlled study. Compr Psychiatry 43, 369–377.

Hallowell, E. M.; Ratey, J. (1998): Zwanghaft zerstreut oder die Unfähigkeit, aufmerksam zu sein. Reinbek (Rowohlt), 7. Aufl. 2003.

Hechtman, L.; Weiss, G. (1983): Long-term outcome of hyperactive children. Am J Orthopsychiatry 53, 532–541.

Kandel, E. (1999): Biology and the future of psychoanalysis: a new intellectual framework for psychiatry revisited. Am J Psychiatry 156, 505–524.

Kandel, E. (2006a): Auf der Suche nach dem Gedächtnis. Die Entstehung einer neuen Wissenschaft des Geistes. München (Siedler).

Kandel, E. (2006b): Psychiatrie, Psychoanalyse und die neue Biologie des Geistes. Frankfurt a. M. (Suhrkamp).

Kernberg, O. F. (1996): Schwere Persönlichkeitsstörungen. Theorie, Diagnose, Behandlungsstrategien. Stuttgart (Klett-Cotta), 5. Aufl.

Kernberg, O. F.; Dulz, B. & Sachsse, U. (2000): Handbuch der Borderline-Störungen. Stuttgart, New York (Schattauer).

Kessler, R. C. (2004): Prevalence of adult ADHD in the United States: Results from the National Comorbidity Survey Replication (NCS-R). Data presented during the APA annual meeting, New York.

Krause, J.; Krause, K.-H. (2003): ADHS im Erwachsenenalter. Die Aufmerksamkeitsdefizit-/Hyperaktivitätsstörung bei Erwachsenen. Stuttgart (Schattauer).

McCann, B. S.; Roy-Byrne, P. (2004): Screening and diagnostic utility of self-report attention deficit hyperactivity disorder scales in adults. Compr Psychiatry 45, 175–183.

Millon, Th.; Grossman, S.; Millon, C.; Meagher, S. & Ramnath, R. (2004): Personality disorders in modern life. Hoboken, New Jersey (John Wiley & Sons).

Murphy, K. R.; Barkley, R. A. & Bush, T. (2002): Young adults with attention deficit hyperactivity disorder: subtype differences in comorbidity, educational, and clinical history. J Nerv Ment Dis 190, 147–157.

Okie, S. (2006): ADHD in adults. N. Engl. J Med 354, 2637–2641.

Rasmussen, P.; Gillberg, C. (2000): Natural outcome of ADHD with developmental coordination disorder at age 22 years: a controlled, longitudinal, community-based study. J Am Acad Child Adolesc Psychiatry 39, 1424–1431.

Schultz-Venrath, U. (1997): Der Einfluss von Ideologie und Technik auf Diagnostik und Therapie psychosomatischer Krankheiten im 20. Jahrhundert. In: Herold, R.; Keim, J.; König, H. & Walker, C. (Hg.): Ich bin doch krank und nicht verrückt. Moderne Leiden – Das verleugnete und unbewusste Subjekt in der Medizin. Tübingen (Attempto), S. 19–46.

Secnik, K.; Swensen, A. & Lage, M. J. (2005): Comorbidities and costs of adult patients diagnosed with attention-deficit hyperactivity disorder. Pharmacoeconomics 23, 93–102.

Sobanski, E. (2006): Medikamentöse Therapie der Aufmerksamkeitsdefizit-/Hyperaktivitätsstörung (ADHS) bei Erwachsenen. Psychopharmakotherapie 13, 100–106.

Stern, A. (1938): Psychoanalytic investigation of and therapy in the borderline group of Neuroses. Psa Q 7, 467–489.

Sugarman, A. (2006): Attention deficit hyperactivity disorder and trauma. Int J Psychoanal 87, 237–241.

Weiss, G.; Hechtman, L.; Milroy, T. & Perlman, T. (1985): Psychiatric status of hyperactives as adults: a controlled prospective 15-year follow-up of 63 hyperactive children. J Am Acad Child Psychiatry 24, 211–220.

Zlotnick, C.; Johnson, D. M.; Yen, S.; Battle, C. L.; Sanislow, C. A.; Skodol, A. E.; Grilo, C. M.; McGlashan, T. H.; Gunderson, J. G.; Bender, D. S.; Zanarini, M. C. & Shea, M. T. (2003): Clinical features and impairment in women with Borderline Personality Disorder (BPD) with Posttraumatic Stress Disorder (PTSD), BPD without PTSD, and other personality disorders with PTSD. J Nerv Ment Dis 191, 706–713.

Affekt, Repräsentanz und Reflexives Verständnis bei Hyperaktivität im Kindergarten

Cord Benecke, Florian Juen, Kathrin Unterhofer, Astrid Bock, Agnes von Wyl, Andreas Schick & Manfred Cierpka[1]

Übersicht

Nach einer Darstellung der diagnostischen Kriterien für ADHS, der Befunde zur Komorbidität sowie diskutierter ätiologischer Modelle, folgt eine kurze Erläuterung des Konzepts der psychischen Struktur, das mit ADHS in Verbindung gebracht wird. Im Anschluss werden Ergebnisse zweier Studien vorgestellt, die ebenfalls nahe legen, ADHS als eine strukturelle psychische Störung, insbesondere eine Störung der Emotionsregulation aber auch der Beziehungsgestaltung, zu betrachten.

ADHS im Kindes- und Jugendalter

Hyperaktive Kinder fallen frühzeitig durch die Hauptsymptome des ADHS auf, nämlich der *motorischen Unruhe*, der *Impulssteuerungsschwäche* mit Spontanhandlungen sowie der *verminderten Konzentration* und Daueraufmerksamkeit. Sie grenzen sich durch die Intensität und Beständigkeit dieser Symptome von den lebhaften, temperamentvollen Kindern ab (Simchen 2003).

Störungen der Aufmerksamkeit zeigen sich darin, dass die Betroffenen häufig von einer nicht zu Ende geführten Aktivität zur nächsten wechseln und unfähig sind, Einzelheiten zu betrachten. Diesen Kindern fällt es oftmals schwer, ihre Aufmerksamkeit auf einen Reiz hin zu fokussieren und irrelevante Reize zu ignorieren. Das impulsive, plötzliche Handeln ohne zu

---

1 Cord Benecke, Florian Juen, Kathrin Unterhofer, Astrid Bock: Institut für Psychologie der Universität Innsbruck; Agnes von Wyl: Kinder- u. Jugendpsychiatrie des Universitätsklinikums Basel; Andreas Schick u. Manfred Cierpka: Abt. f. Psychosomatische Kooperationsforschung u. Familientherapie des Uniklinikums Heidelberg.

überlegen, die mangelnde Fähigkeit abzuwarten oder Bedürfnisse und Wünsche aufzuschieben und die Tendenz, dem ersten Handlungsimpuls zu folgen, sind ebenso häufig mit der Aufmerksamkeitsstörung verbunden. Die Hyperaktivität impliziert eine ständige motorische Unruhe, einen exzessiven Bewegungsdrang und desorganisierte, überschießende Ruhelosigkeit (Barkley 2002; Döpfner 2002; Döpfner/Lehmkuhl 2000).

Diese Auffälligkeiten treten bereits vor dem Alter von sechs Jahren auf und sind in mehreren Situationen und Lebensbereichen nachweisbar, wie beispielsweise in der Familie, im Kindergarten oder auch in der Untersuchungssituation (Barkley 2002). Des Weiteren müssen für die Diagnose von ADHS eindeutige Anzeichen einer Beeinträchtigung der entwicklungsgemäßen sozialen, schulischen oder beruflichen Leistungsfähigkeit gegeben sein (Saß et al. 1998; Saß et al. 2003).

Die derzeit am häufigsten verwendeten Diagnoseschemata DSM-IV (Saß et al. 1998, 2003) und ICD-10 (Dilling et al. 2000) unterscheiden sich nur unwesentlich in der Definition der einzelnen Kriterien, wohl aber in der differenten Gewichtung von Hyperaktivität. Das DSM-IV weist Hyperaktivität-Impulsivität als unabhängiges Hauptmerkmal auf, während im ICD-10 die Aktivitätsstörung als unabdingbar gilt (Brandau et al. 2003). In Tabelle 1 sind die diagnostischen Kriterien nach DSM-IV aufgelistet.

A)	Unaufmerksamkeit
a)	beachtet häufig Einzelheiten nicht oder macht Flüchtigkeitsfehler bei den Schularbeiten, bei der Arbeit oder bei anderen Tätigkeiten,
b)	hat oft Schwierigkeiten, längere Zeit die Aufmerksamkeit bei Aufgaben oder Spielen aufrecht zu erhalten,
c)	scheint häufig nicht zuzuhören, wenn andere ihn/sie ansprechen,
d)	führt häufig Anweisungen anderer nicht vollständig durch und kann Schularbeiten, andere Arbeiten oder Pflichten am Arbeitsplatz nicht zu Ende bringen (nicht aufgrund von oppositionellem Verhalten oder Verständnisschwierigkeiten),
e)	hat häufig Schwierigkeiten, Aufgaben und Aktivitäten zu organisieren,
f)	vermeidet häufig, hat eine Abneigung gegen oder beschäftigt sich häufig nur widerwillig mit Aufgaben, die länger andauernde geistige Anstrengungen erfordern (wie Mitarbeit im Unterricht oder Hausaufgaben),
g)	verliert häufig Gegenstände, die er/sie für Aufgaben oder Aktivitäten benötigt (z.B. Spielsachen, Hausaufgabenhefte, Stifte, Bücher oder Werkzeug),
h)	lässt sich oft durch äußere Reize leicht ablenken,
i)	ist bei Alltagstätigkeiten häufig vergesslich;
B)	Hyperaktivität
a)	zappelt häufig mit Händen oder Füßen oder rutscht auf dem Stuhl herum,
b)	steht in der Klasse oder in anderen Situationen, in denen Sitzenbleiben erwartet wird, häufig auf,
c)	läuft häufig herum oder klettert exzessiv in Situationen, in denen dies unpassend ist (bei Jugendlichen oder Erwachsenen kann dies auf ein subjektives Unruhegefühl beschränkt bleiben),
d)	hat häufig Schwierigkeiten, ruhig zu spielen oder sich mit Freizeitaktivitäten ruhig zu beschäftigen,
e)	ist häufig »auf Achse« oder handelt oftmals, als wäre er/sie »getrieben«,
f)	redet häufig übermäßig viel;
C)	Impulsivität
g)	platzt häufig mit Antworten heraus, bevor die Frage zu Ende gestellt ist,
h)	kann nur schwer warten, bis er/sie an der Reihe ist,
i)	unterbricht und stört andere häufig (platzt z.B. in Gespräche oder in Spiele anderer hinein).

Tab. 1: Symptomkriterien der Aufmerksamkeitsdefizit-/Hyperaktivitätsstörung nach DSM-IV-TR (Saß et al. 2003, S. 126)

Liegt nach dem ICD-10 sowohl eine Störung der Aufmerksamkeit als auch der Impulskontrolle und der Aktivität vor, so kann die Diagnose »Störung von Aktivität und Aufmerksamkeit« gestellt werden. Zusätzlich ist eine Diagnosestellung »Hyperkinetische Störung des Sozialverhaltens« möglich, die dem oftmals gemeinsamen Auftreten von Hyperaktivität und einer Störung des Sozialverhaltens gerecht wird (Dilling et al. 2000). Im DSM-IV hingegen können *drei unterschiedliche Subtypen* unterschieden werden: ein »dominant aufmerksamkeitsschwacher Typ«, ein »vorherrschend hyperaktiv-impulsiver Typ« und der »Mischtypus« der Aufmerksamkeitsdefizit-Hyperaktivitätsstörung, bei dem wie beim ICD-10 alle Kernsymptome vorkommen (Saß et al. 1998, 2003).

Sowohl im DSM-IV als auch im ICD-10 wird außerdem die Kategorie einer »Nicht Näher Bezeichneten Aufmerksamkeitsdefizit-/Hyperaktivitätsstörung« bzw. »hyperkinetischen Störung« vorgegeben, die dann gewählt werden kann, wenn einzelne Kriterien nicht voll erfüllt sind.

Hinsichtlich der Klassifikation von Subtypen konnte international noch keine Einigkeit gefunden werden, was auch mit unterschiedlichen theoretischen Vorstellungen zwischen den Forschern in USA und Europa zusammenhängt (Brandau et al. 2003).

Die Prävalenz von ADHS bei Kindern wird nach der American Psychiatric Association (2002) auf 3% bis 7% geschätzt. Laut Medicine-Worldwide (2003) leiden zwischen 2% bis 10% der Kinder und Jugendlichen an einer Aufmerksamkeitsstörung. Cantwell (1996) betont, dass rund 50% der Kinder an einer psychiatrischen Klinik die Diagnose ADHS aufweisen.

Eine mögliche Erklärung für die abweichenden Ergebnisse epidemiologischer Studien der Vergangenheit kann auf die Verwendung unterschiedlicher Klassifikationssysteme zurückgeführt werden. Die entscheidend niedrigen DSM-IV-Kriterien für die Diagnosestellung einer ADHS führen dazu, dass die Verbreitung von ADHS deutlich höher ist, als die der Störung von Aktivität und Aufmerksamkeit nach ICD-10. In Abhängigkeit von Diagnosekriterien, Alter und Erhebungsmethode wird die Diagnose in den USA nach DSM-III und DSM-III-R anhand von strukturierten Interviews der Eltern bei 7% bis 17% aller Jungen und bei 3,3% bis 6% aller Mädchen gestellt (Cohen et al. 1993).

In einer deutschen Studie bei Kindern im Alter zwischen sechs und zehn Jahren ermittelten Brühl, Döpfner und Lehmkuhl (2000) für die ADHS nach DSM-IV eine Diagnoseprävalenz von 6% und für die hyperkinetische Störung nach ICD-10 von 2,4%.

Die Verteilung von ADHS variiert signifikant als Funktion zum Geschlecht der betroffenen Kinder. Laut American Psychiatric Association (APA 2002) liegt die Jungen-Mädchen-Relation bei ADHS in klinischen Fällen zwischen 9:1 und 2:1. Das Verhältnis von Buben und Mädchen mit dieser Störung in Therapieeinrichtungen wird 6:1 bis 9:1 angegeben (Barkley 2002). Über den subklinischen Bereich kann nur spekuliert werden.

In den USA stieg die Zahl der als behandlungsbedürftig eingeschätzten ADHS-Kinder von unter einer Million im Jahr 1990 auf zehn Millionen im Jahr 2000. In Deutschland rechnet man gegenwärtig mit etwa 170.000 bis 350.000 behandlungsbedürftigen Kindern (Hüther/Bonney 2003). Die medikamentöse Behandlung zur Steuerung kindlichen Verhaltens nimmt dabei immer breitere Anwendung. Während 1998 in den USA etwa einer Million Kinder mit so genannten Aufmerksamkeitsdefizit- bzw. Hyperaktivitätsstörungen unter Aufsicht von Krankenschwestern täglich zu Schulbeginn Ritalin® verabreicht wurde (Der Spiegel 52/1998), sind es laut Frankfurter Rundschau (25.09.2001) bereits sechs bis acht Millionen Kinder. 200.000 Kinder erhalten dort das Medikament sogar bereits im Alter von zwei bis vier Jahren. In Deutschland stieg der Absatz von Ritalin®-Tabletten innerhalb der letzten fünf Jahre um mehr als das 40-fache. Die Tendenz ist überall weiter steigend (Hüther/Bonney 2003).

Aus streng medizinischer Sicht gibt es nach Hüther und Bonney (2003) keine Erklärung für diese enormen Zuwachsraten der Ritalin®-Verschreibungen. Sie sehen die Ursachen dafür entweder in der Veränderung der Lebens- und Entwicklungsbedingungen von Kindern und Jugendlichen, oder in der Bereitschaft der Ärzte, zum Rezeptblock zu greifen. Auf jeden Fall ist nicht davon auszugehen, dass der Anstieg von Ritalin®-Verschreibungen auf ein massives Ansteigen des Störungsbildes zurückzuführen ist.

Eine »offizielle« ADHS-Diagnose ist erst mit sechs Jahren (DSM-IV) bzw. sieben Jahren (ICD-10) möglich. Laut Barkley (2002) berichten Mütter und Väter von ADHS-Kindern allerdings, dass die Vorschulzeit die schwierigste und anstrengendste Zeit ihres Eltern-Dasein gewesen sei, was als Hinweis auf die Notwendigkeit einer Frühdiagnose gesehen werden kann.

Eine exakte Diagnosestellung bei Kindern im Vorschulalter ist aus zweierlei Gründen schwierig: Zum einen treten sämtliche Symptome von ADHS als normale Entwicklungsphasen in frühen Altersstufen auf und erschweren somit eine Abgrenzung zwischen Normvariation und Auffälligkeit, zum anderen belegen die unterschiedlichen Prävalenzraten im Kindergarten und der Familie, dass das Verhalten situationsspezifisch ausgeprägt sein kann (Döpfner 2002). Auf der anderen Seite werden als Prävalenz bei ADHS internationale Zahlen von 8% bis 12% angegeben (Cantwell 1996; Rowland et al. 2002). Barkley (2002) betont nach Recherchen internationaler Studien der letzten Jahre, dass beispielsweise in Japan die Störung bei bis zu 7%, in Deutschland bei 4% und in China bei 6% bis 8% der Kinder festgestellt wurde. Thompson, Riggs, Mikulich und Crowley (1996) weisen darauf hin, dass 10% und mehr der Eltern ihre Kinder im Vorschulalter als überaktiv und unruhig, unaufmerksam, mit niedriger Frustrationstoleranz und schwierig zu erziehen einschätzen.

Die höheren Raten bei Befragung von Eltern lassen einen Teufelskreis vermuten: Die Überforderung und Genervtheit der Eltern verstärkt mit hoher Wahrscheinlichkeit die Symptomatik der Kinder, was wiederum die Überforderung der Eltern steigert usw. In den höheren Angaben der Eltern spiegeln sich also u. U. auch deren Schwierigkeiten mit der Emotionsregulierung im Umgang mit ihren Kindern wider.

In diesem Sinne kann Hyperaktivität durchaus als Regulationsstörung der mittleren Kindheit betrachtet werden.

In Verlaufsuntersuchungen zeigte sich, dass rund die Hälfte der im Alter von drei Jahren auffälligen Kinder mit sechs Jahren weiterhin hyperkinetische Auffälligkeiten zeigten (Campbell et al. 1986). McGee und Mitarbeiter (zit. n. Brandau et al. 2003) zufolge wiesen 33% der Kinder, die im Alter von drei Jahren als hyperaktiv diagnostiziert wurden, noch im Alter von elf Jahren die Diagnose ADHS auf. Im Vergleich dazu fanden sie nur 5,8% Kinder, die mit drei Jahren nicht hyperaktiv eingestuft wurden, aber im Alter von elf Jahren dennoch ADHS aufwiesen. Die Autoren stellten zudem fest, dass 75% der hyperaktiven Vorschulkinder verschiedene Problemverhaltensweisen mit 15 Jahren zeigten.

Bis vor einigen Jahren waren viele Wissenschaftler in diesem Gebiet der Auffassung, dass eine ADHS in der Pubertät von selbst auswächst, da Jugendliche und Erwachsene andere Symptome als Kinder aufzeigen. Tatsächlich sind entsprechende grobe Verhaltensauffälligkeiten und Funktionsausfälle im Erwachsenenalter selten beobachtbar. Eine mögliche Erklärung könnte darin liegen, dass das Kind besonders während der Pubertät nachreift und Umgehungsstrategien entwickelt (Ruf-Bächtinger 1991). Die Abnahme der hyperaktiven und impulsiven Verhaltensmuster kann anderseits aber auch mit einer Zunahme an antisozialen Verhaltensweisen, mit Suchtabhängigkeit oder ständigem »auf Achse sein« einhergehen (Klein/Mannuzza 1991).

Komorbidität

Diverse Veröffentlichungen und Fallbeschreibungen zeigen eindeutig, dass ein ADHS bei zwei Drittel aller Fälle mit zusätzlichen Verhaltensweisen und Symptomen beschrieben werden, die mit der Störung einhergehen: Aggressivität, oppositionelle Störung des Sozialverhaltens, affektive, vor allem depressive Störungen, Ängste, Entwicklungs- und Lernstörungen, Zwänge oder Suchtproblemen. Im Folgenden werden jene Begleiterscheinungen näher erläutert, die im Vorschulalter eine wesentliche Rolle spielen.

Bis zu 50% aller ADHS-Kinder in klinischen Stichproben zeigen eine oppositionelle Störung mit aktiven Widerständen gegenüber Anforderungen und Regeln von Erwachsenen und 30% bis 50% eine Störung des Sozialverhaltens mit aggressiven oder dissozialen Verhaltensauffälligkeiten (Döpfner/Lehmkuhl 2000). Oppositionelles und aggressives Verhalten von Kindern wird zumeist dadurch verstärkt, dass sie in einen »sozialen Teufelskreis« geraten. Je mehr Ermahnung und Bestrafung von Seiten der Bezugspersonen zum Einsatz kommt, desto oppositioneller reagiert das Kind, worauf zusätzliche Ablehnung und aversive Reaktionen des Erziehers und der Eltern erfolgen, was wiederum erneutes oppositionelles Handeln des Kindes auslöst. Vermutlich aufgrund ihrer erhöhten Impulsivität, die auch den affektiven Bereich betreffen kann, neigen hyperaktiv auffällige Kinder zu einer deutlich verminderten Frustrationstoleranz, die sich dann in Wutausbrüchen entlädt (Scheithauer/Petermann 2002). Meist ist das aggressive Verhalten dieser Kinder die Folge von ständigen Enttäuschungen, anhaltendem Erleben von Niederlagen und andauernden Frustrationen, deren Ursachen sie kaum selbst beeinflussen können. Kommt es zu einer weiteren Verfestigung und Chronifizierung dieses oben erwähnten Teufelkreises, so sind im Jugendalter dissoziale Verhaltensweisen nicht unwahrscheinlich (ebd.).

30% aller ADHS-Kinder weisen Angststörungen auf (Simchen 2003). Ängste sind eines der wichtigsten nach außen sichtbaren Symptome der Aufmerksamkeitsstörung ohne Hyperaktivität. Von einer zusätzlichen depressiven Störung sind rund 15% bis 30% aller Kinder mit ADHS betroffen (Döpfner 2002), wobei auch bei dieser komorbiden Störung die hypoaktiven Kinder wesentlich häufiger betroffen sind. Vermutlich verhindern die Vielzahl von negativen Rückmeldungen, die ständigen Misserfolge und die zunehmenden sozialen Probleme dieser Kinder den Aufbau eines gesunden Selbstwertgefühls und unterstützen die Entwicklung von emotionalen Auffälligkeiten.

Lernstörungen und Leistungsdefizite werden in stark ausgeprägter Form in klinischen Stichproben bei etwa 10% bis 25% der hyperaktiven Kindern diagnostiziert (Biederman et al. 1991). Teilleistungsstörungen bei ADHS-Kindern sind u. a. die Folge von Beeinträchtigungen der Konzentration und Daueraufmerksamkeit, des Arbeitsgedächtnisses, der Merkfähigkeit, der auditiven Wahrnehmung, der Grob- und Feinmotorik und der sprachmotorischen Fähigkeiten. Aus der Summe dieser Beeinträchtigungen kann es bei Kindern mit einer Aufmerksamkeitsstörung dann in der Schule zum Leistungsversagen in Form einer Lese-Rechtschreibeschwäche oder/und einer Rechenschwäche kommen. Solche Auffälligkeiten sollten möglichst schon vor der Einschulung erkannt werden, damit eine Frühförderung noch greifen und das Kind auf die schulischen Anforderungen zeitig genug vorbereitet werden kann. Ein zu spätes Erkennen und Behandeln von Legasthenie kann nach wissenschaftlichen Untersuchungen die Gefahr einer dissozialen Entwicklung oder bleibender emotionaler Störung erhöhen (Simchen 2003).

Eine besonders häufige Begleiterscheinung von ADHS betrifft die Schwierigkeit, soziale Kontakte mit Gleichaltrigen aufzubauen und aufrecht zu halten. Insbesondere aggressives und oppositionelles Verhalten erschwert die soziale Integration in die Gruppe. Durch andauernde soziale Misserfolgserlebnisse kann schon im Vorschulalter bei ADHS-Kindern die Fixierung auf die Rollen eines »Außenseiters«, »Sündenbocks«, »Versagers« oder »Klassenclowns« erfolgen. Diese Rollen können in weiterer Folge bis zum achten Lebensjahr zu einem Verlust des Selbstwertgefühls, andauernder Misserfolgsorientierung und gesteigerter Aggressivität führen (Brandau et al. 2003).

ADHS bei Erwachsenen

Zur Prävalenz sind bisher für das Erwachsenenalter nur sehr wenige aussagekräftige Langzeitstudien gemacht worden, und somit nur sehr vage Schätzungen möglich. Eine Erstmanifestation einer ADHS im Erwachsenenalter ist auszuschließen, deshalb erfolgen Schätzungen zur Prävalenz über Persitenzangaben.

Im Gegensatz zu einer 5%igen Prävalenz im Kindes- und Jugendalter und somit der am häufigsten vorkommenden Störung im Bereich der Kinder- und Jugendpsychiatrie, wird für das Erwachsenenalter großteils eine 2% Prävalenz angenommen (Krause/Krause 2003; Wender 2002; Steinhausen 2000). Eine Übereinstimmung der Angaben ist keinesfalls gegeben. Wender (1995) schätzt bei kindlicher ADHS eine Prävalenz zwischen 6% und 10%, wobei das Vorkommen beim männlichen Geschlecht mit einem Verhältnis von 3:1 bis 4:1 deutlich höher liegt. Die Prävalenz im Erwachsenenalter wird von ihm auf 2% bis 7% geschätzt. Weiter war erst kürzlich in einem Artikel von Belkin (2004) in der New York Times zu lesen: »*attention-deficit disorder affects 4.4 percent of the adult population, making it the second-most-common psychological problem in adults after depression*«. Dies wären circa acht Millionen Erwachsene, die allein in den USA an ADHS leiden. Die angegebenen Zahlen liegen in einer großen Spanne, die auf uneinheitlichen Schätzungen zur Persistenz beruhen. Es ist in diesem Bereich von einer 30 bis 70%igen Persistenz der kindlichen ADHS ins Erwachsenenalter die Rede. Manuzza, Klein, Bessler, Malloy und LaPadula (1998) hingegen konnten in ihrer Studie diese Zahlen nicht bestätigen und schätzten eine sehr niedere Rate der Persistenz. Lediglich bei 4% ihrer Patienten erwies sich im Erwachsenenalter eine persistierende, voll ausgeprägte ADHS. Diese differierenden Zahlen liegen unter anderem an den unterschiedlichen Diagnosekriterien und den verwendeten Messinstrumenten, die in fast allen Studien zur Persistenz variieren. Zwei der gängigen Kriterienlisten sollen kurz vorgestellt werden:

Die sieben Wender-Utah-Kriterien der ADHS im Erwachsenenalter:

Wender (1995) entwickelte die nach ihm benannten Wender-Utah-Kriterien; es handelt sich hierbei um das erste Instrument, das zur Diagnose von erwachsener ADHS entwickelt wurde (vgl. Resnick 2004). Zur Sicherung der Diagnose werden von Wender zusätzlich zu den beiden Kriterien, Aufmerksamkeitsschwäche und Hyperaktivität, fünf weitere Symptome aufgelistet sind verlangt. Die sieben Kriterien nach Wender (zit. n. Ebert et al. 2003, S. 945) lauten: 1) Aufmerksamkeitsstörung; 2) Motorische Hyperaktivität, 3) Affektlabilität, 4) Desorganisiertes Verhalten, 5) (mangelnde) Affektkontrolle, 6) Impulsivität und 7) Emotionale Überreagibilität.

Vier der fünf zusätzlichen Kriterien (Affektlabilität, Affektkontrolle, Impulsivität und emotionale Überreagibilität) beziehen sich auf eine dysfunktionale Affektregulierung; sie erscheinen eher unspezifisch und finden sich auch entsprechend auch bei den diagnostischen Kriterien von Persönlichkeitsstörungen im DSM, insbesondere der Cluster-B-Persönlichkeitsstörungen.

Hallowell und Rateys diagnostische Kriterien zur ADHS bei Erwachsenen:

Hallowell und Ratey (1999) erstellten eine Liste von diagnostischen Kriterien, die sehr interessant erscheint und im Gegensatz zu den APA Kriterien des DSM-IV, umfasst sie nicht nur Kriterien rein medizinischer Natur, sondern geht auch auf subjektive Empfindungen der Patienten ein und schließt mit Punkt A 9 (oft kreativ, intuitiv, sehr intelligent) positive Eigenschaften als Kriterium in die Diagnosefindung ein.

A. Eine chronische Störung, bei der mindestens 15 der folgenden Symptome vorliegen:

1) Gefühl mangelnder Leistungsfähigkeit, seine Ziele nicht zu erreichen (unabhängig von tatsächlich erbrachter Leistung); 2) Schwierigkeiten sich zu organisieren; 3) Chronisches Verzögern oder Schwierigkeiten, etwas zu beginnen; 4) Viele Projekte gleichzeitig, Schwierigkeiten sie durchzuführen; 5) Neigung, mit Äußerungen herauszuplatzen, ohne über geeigneten Zeitpunkt oder Angemessenheit der Äußerung nachzudenken, 6) Häufige Suche nach starker Stimulation; 7) Intoleranz gegenüber Langeweile; 8) Leichte Ablenkbarkeit, Schwierigkeiten, die Aufmerksamkeit zu richten, Neigung, auf der Mitte einer Buchseite oder mitten in einer Unterhaltung abzuschalten oder sich etwas anderem zuzuwenden, oft verbunden mit der Fähigkeit, sich manchmal übermäßig zu fokussieren; 9) Oft kreativ, intuitiv, sehr intelligent; 10) Schwierigkeiten, eingelaufenen Pfaden zu folgen, Prozesse »richtig« zu durchlaufen; 11) Ungeduldig, geringe Frustrationstoleranz; 12) Impulsiv, verbal oder handlungsbezogen, wie impulsives Geldausgeben, Änderung von Plänen, Projekten, Karriereplanung, usw.; 13) Neigung, sich unnötig, endlos zu sorgen, Neigung übermäßig nach Grund für Sorgen Ausschau zu halten, abwechselnd mit Unaufmerksamkeit gegenüber oder Nichtbeachtung von

tatsächlicher Gefahr; 14) Gefühl der Unsicherheit; 15) Stimmungsschwankungen, Stimmungslabilität, vor allem bei der Trennung von Personen oder Projekten (diese Stimmungsschwankungen sind nicht so ausgeprägt wie bei der manisch-depressiven Krankheit oder bei Depression); 16) Unruhe (nicht die voll ausgeprägte Hyperaktivität, die man üblicherweise bei Kindern sieht, mehr wie »nervöse Energie«: schnell gehen, Fingertrommeln, Sitzposition verändern, häufig vom Tisch aufstehen oder den Raum verlassen, nervöses Gefühl wenn man ruht); 17) Neigung zu Suchtverhalten (es kann eine stofflich gebundene Sucht vorliegen wie nach Alkohol oder Kokain oder eine an eine Handlung gebundene wie Glücksspiel, Kaufrausch, Esssucht oder Arbeitssucht); 18) Chronische Selbstwertprobleme; 19) Falsche Selbstbeobachtung; 20) Familiengeschichte mit ADS oder manisch-depressiver Erkrankung oder Depression oder Substanzmissbrauch oder anderen Störungen der Impulskontrolle oder Stimmung.

B. Kindheitsgeschichte mit ADHS (muss nicht formell diagnostiziert sein, im Rückblick sind die Anzeichen und Symptome aber erkennbar).

Die Situation ist nicht durch eine andere medizinische oder psychiatrische Erkrankung zu erklären (Hallowell/Ratey 1999, zit. n. Resnick 2004, S. 85f.).

Komorbidität

Auch im Erwachsenenalter tritt ADHS selten in ihrer reinen Form auf, oft leidet der erwachsene ADHS-Patient auch an mehr als einer Komorbidität.

Komorbidität	Prozent-angaben	Quelle	Besonderheiten
Depression	20–30%	Hechtman 2000*; Ryffel-Rawak 2004	
Angststörung	20–30%	Hechtman 2000*; Ryffel-Rawak 2004	
	50%	Biederman 1998	
	53%	Shekim et al. 1990*,	
Bipolare Störung	10%	Resnick 2004	
	15%	Ryffel-Rawak 2004	
Zwangsstörung	10–30%	Ryffel-Rawak 2004	
Suchterkrankungen, Alkohol- und Drogenabusus	27–46%	Biederman 1998	Studien ergaben, dass 14–33% der Substanzmiss-brauchenden auch eine ADHS-Diagnose haben könnten (Tzelepiz, Schubinger u. Warbasse 1995, zit. n. Resnick 2004). Auch Wodarz et al. (2004) konnten bei 21,3% der Alkoholabhängigen (n=314) eine ADHS-Diagnose bestätigen.
	bis zu 50%	Ryffel-Rawak 2004	
Teilleistungsstörungen	20–30%	Hechtman 2000*; Ryffel-Rawak 2004	
Tourette-Syndrom	Es existieren noch keine Studien zur Häufigkeit von Tourette als Komorbidität.		Aber umgekehrt wird für Tourette-Patienten eine Komorbidität mit ADHS von 31–86% angeben (Weiss et al. 1999*)
Tic-Störung	12% (n=312)	Spencer et al. 2001*	
Borderline-Störung	Viele Symptome sind in beiden Störungen sehr ähnlich; eine genaue Differenzialdiagnose ist nötig; die Feststellung einer Komorbidität vom Typ Borderline erfordert viel Erfahrung (Krause/Krause 2003).		
Oppositionelles Verhalten und antisoziale Persönlichkeitsstörung	30–50%	Ryffel-Rawak 2004	
	35–60%	Hechtman 2000*	

*Tab. 2: Auflistung der bekanntesten Komorbiditäten bei ADHS, mit Quellenangaben; * zit. n. Krause/Krause, 2003 (aus Bock 2005)*

Die Liste der Komorbiditäten aus Tabelle 2 kann noch um einige Störungen erweitert werden, diese sind z.T. als Begleiterkrankungen der ADHS wenig bekannt, auch gibt es z.T. keine Studien zu Häufigkeiten der genannten Störungen. Zu nennen wären zum Beispiel noch: Essstörungen (vgl. Richardson 1997), posttraumatische Belastungsstörung (vgl. Krause/Krause 2003) und Fibromyalgie (vgl. Krause et al. 1997). In jüngster Zeit wurden weitere Studien vorgelegt, die eine enge Verbindung von ADHS mit Persönlichkeitsstörungen zeigen (Asherson 2005; Burket et al. 2005; Davids/Gastpar 2005).

Noch deutlicher als bei ADHS im Kindesalter zeigen diese Befunde, dass

Patienten mit ADHS ein extrem komplexes und heterogenes klinisches Bild aufweisen.

Ursachen/Bedingungen

Laut gegenwärtigem Forschungsstand scheinen psychosozialen Bedingungen keine primäre ätiologische Bedeutung in der Entstehung von ADHS zu haben, wohl aber die Ausprägung, Entwicklung von zusätzlichen Störungen und eine Eskalation der Symptome zu beeinflussen. Während es keine einheitlichen Untersuchungsergebnisse darüber gibt, dass eine Häufung von Hyperaktivität in Familien mit geringerem sozioökonomischem Status vorzufinden ist, konnten engere Zusammenhänge mit einem unstrukturiertem sozialen Umfeld, dem Fehlen von Entwicklungsanregungen und psychischen Störungen der Mutter nachgewiesen werden. In Bezug auf die Bindung der Kleinkinder heben Lauth und Linderkamp (2000) vor allem die Sensibilität der Eltern in der Reaktion auf die Signale des Kindes hervor, die elterliche Echtheit und deren Interesse, sowie die Regulation der eigenen Gefühle als Erwachsener und die gefühlsmäßige Verbundenheit mit dem Kind.

Laut Biederman, Faraone, Keenan und Knee (1990) besteht bei über 25% der Verwandten ersten Grades von ADHS-Kindern ebenfalls eine ADHS (vgl. Barkley 2002; Hallowell/Ratey 1999). Bei Vergleichsgruppen war ein ADHS-Risiko von 5% auszumachen, diese Zahl deckt sich in etwa mit den Zahlen zur Schätzung der Prävalenz einer ADHS. Die gefundene familiäre Häufung legt den Schluss nahe, dass es sich bei ADHS um eine erbliche Störung handelt.

Zwillingsstudien brachten weitere Ergebnisse: Laut Barkley (2002) ergaben Studien bei monozygoten Zwillingen durchschnittlich eine Konkordanz von 80%. Die Ergebnisse von Untersuchungen an zweieiigen Zwillingen unterschieden sich nicht von den Ergebnissen aus Geschwisterstudien. Krause und Krause (2003) schätzen die Heritabilität auf 50% bis 98%. Bernau (2003) kommt daher zu folgendem Schluss: »*bei ADHS handelt es sich um eine vererbbare neurobiologische Störung mit chronischem Verlauf*« (S. 37). Steinhausen (2000) äußert sich kritisch: »*trotz dieser beeindruckenden Befunde ist vor einer Überschätzung der Heritabilität der HKS [Hyperkinetischen Störung] zu warnen, [...] dass insbesondere den mütterlichen Beurteilungen ein Verzerrungsfaktor in der Wahrnehmung im Sinne einer Überschätzung der Ähnlichkeit des Verhaltens von Zwillingen zugrunde liegen könnte*« (S. 26).

Eine primär genetische Ursache erscheint auch deshalb fragwürdig, weil in diesem Falle die genetische Veranlagung angesichts der exponentiellen Zunahme der Störung in wenigen Jahren eine geradezu epidemische Verbreitung gefunden haben müsste. In jüngster Zeit wird zudem geltend gemacht, dass die verhaltensgenetischen Studien den Anteil der genetischen Einflüsse systematisch überschätzen (Fonagy et al. 2004). Eine sinnvolle Verbindung liefern die Forschungen zur von Umwelt- bzw. Erfahrungsbedingungen beeinflussten Genexpression, die zeigen, dass bei günstigen Lebensbedingungen genetische Risiken (beispielsweise reduzierte cerebrale Serotoninkonzentrationen bei einem verkürzten HTT-Allel bei Rhesusaffen) nicht zum Tragen kommen (z.B. Bennett et al. 1998; Suomi 2000).

Es ließen sich Veränderung einiger neurobiologischer Parameter bei ADHS-Betroffenen beobachten: »Anomalien« auf der Ebene einzelner Transmittersysteme (insbesondere Dopamin), auf morphologischer Ebene, eine fehlende Asymmetrie der Hemisphären (Hynd et al. 1993), bei der funktionalen Aktivität einzelner Hirnregionen (Frontallappen, speziell des orbitofrontalen Kortex). Insbesondere letzteres wurde mit einer mangelnden »Hemmung« in Verbindung gebracht.

Barkley (1997) postuliert auf der Grundlage der neurobiologischen Befunde ein Modell, das von einer *Störung in drei wichtigen neuropsychologischen Prozessen*, die für eine effektive Verhaltenshemmung notwendig sind, ausgeht. Es wird dabei angenommen, dass die Defizite einer ADHS primär aus genetischen und entwicklungsabhängigen Störungen des Präfrontallappens resultieren. Die Störung liegt laut diesem kognitiven Modell in den ungenügenden Hemmungsprozessen, die einen Mangel an Selbstkontrolle mit sich führen. Drei Hemmungsprozesse sind dabei betroffen: 1) die Hemmung dominanter Handlungsimpulse, 2) die Unterbrechung laufender Handlungen und 3) die Hemmung interferierender Handlungstendenzen (vgl. Döpfner et al. 2000). Funktionieren diese Hemmungen der Impulse nicht, so kommt es zu gravierenden Störungen, welche vier Funktionen betreffen und bei Patienten mit ADHS festgestellt werden können. Dazu zählen Störungen 1) im nonverbalen Arbeitsgedächtnis, 2) in der Selbstregulation von Affekten, Motivation und der Aufmerksamkeit, 3) in der Internalisierung und Automation von Sprache und 4) in der Analyse und Entwicklung von Handlungssequenzen (vgl. Barkley 1997, 2002; Döpfner et al. 2000; Klasen 2004).

Besonders bei der Entwicklung einer kompetenten *Emotionsregulation* spielt die Hemmung eine wesentliche Rolle. Auch Fox (1994, zit. n. von Salisch 2000, S. 37) postuliert, dass der Mangel an Aktivierung im rechten und linken Vorderlappen mit bestimmten Strategien der Emotionsregulierung zusammenhängt; Hypoaktivität im rechten Vorderlappen könnte mit dem

Wegfallen von Inhibition bei der Annäherung, also mit Hyperaktivität und Impulsivität in Verbindung stehen.

Hüther und Bonney (2003) merken allerdings an, dass die Studien zu neurobiologischen Parametern an Probanden durchgeführt werden, die das Syndrom schon über Jahre haben. Mithin sind diese Befunde als »Korrelate« zu betrachten und erlauben keine Aussagen kausaler Natur. Vielmehr ist auch hier eine sich selbst verstärkende Wechselwirkung anzunehmen: die Störung führt zu Veränderungen im Hirn, welche die Störung wiederum aufrechterhalten und/oder verstärken.

Darin unterscheidet sich ADHS von keiner anderen psychischen Störung. Auch scheinen uns die Befunde nicht sehr spezifisch. Gleiche oder ähnliche Abweichungen finden sich auch bei Missbrauchsopfern, bei Depressionen, Angststörungen, PTSD, Persönlichkeitsstörungen, insbesondere Borderline und Antisoziale Persönlichkeitsstörungen (Übersichten z.B. bei: Schiepek 2003; Grawe 2004; Walter 2005).

Sobald neurobiologische Befunde vorliegen, ist eine häufige Schlussfolgerung die einer Kausal-Annahme. Die gewissermaßen milde Variante ist die einer biologischen Vulnerabilität: Ein Neugeborenes mit *Minimaler Cerebraler Dysfunktion* (also einer Art biologischer Mini-Vulnerabilität) stellt höhere Anforderungen an Umwelt, um »normale« Entwicklung zu ermöglichen. Wenn die Umwelt nur »normal« reagiert, entwickelt sich eine Störung. Das macht einerseits Sinn, und andererseits entlastet diese Sichtweise die Betroffenen.

Allerdings zeigen neurobiologische Studien an Tieren, dass es keiner biologischen Vulnerabilität bedarf, um Veränderungen im Hirn und damit zusammenhängendes Verhalten hervorzurufen.

Braun und Mitarbeiter (Braun/Bock 2003; Braun et al. 2003; Poeggel et al. 2003) untersuchten die Auswirkung früher sozialer Deprivation auf die Hirnentwicklung junger Strauchratten[2]. Die Tiere wurden für kurze Zeitabschnitte (dreimal täglich für eine Stunde) von Eltern und Geschwistern getrennt; sie konnten ihre Anverwandten hören und riechen aber nicht sehen. Braun konzentrierte sich bei ihren Untersuchungen auf das *limbische System*. Bei den deprivierten Jungtieren fanden sich Veränderungen in dieser Hirnregion, die für Emotionen, Lernen und Gedächtnis zuständig ist. Die Gehirnzellen der isolierten Tiere waren in dieser Region viel intensiver verschaltet als bei Artgenossen, die ungestört im Familienverbund aufwuchsen.

2 Strauchratten sind den Menschen in mancherlei Hinsicht ähnlich: Sie sind sehr sozial lebende Tiere; die Väter beteiligen sich an der Aufzucht des Nachwuchses; sie sind »weitgehend« monogam …

Zur Hirnentwicklung gehört nicht nur, dass Verbindungen geschaffen und durch Reizverarbeitung verstärkt werden, sondern auch, dass sie reduziert werden, wodurch sich stabile neuronale Bahnen entwickeln.

Darüber hinaus war bei den gestressten Rattenkindern der Neurotransmitterhaushalt aus dem Gleichgewicht, insbesondere Dopamin und Serotonin, Neurotransmitter, der wiederum mit der Regulierung von Emotionen in Verbindung gebracht werden. Insbesondere fanden sich Veränderungen im Cingulum, einer Hirnregion, der eine entscheidende Rolle bei der Wahrnehmung und Interpretation von Emotionen zugesprochen wird. Ähnliche Ergebnisse ergaben sich auch bei sehr »milder Deprivation« (Isolierung 2-mal täglich für drei Minuten, drei Tage hintereinander).
Wurden die in der Kindheit deprivierten Tiere als »Erwachsene« in einer unbekannten Umgebung ausgesetzt, die sie nach Belieben auskundschaften konnten, so liefen die deprivierten Rättchen deutlich hektischer herum als die normalen; sie verhielten sich »hyperaktiv«.

Insgesamt zeigen diese Studien sehr deutlich: Emotionale Vernachlässigung verändert das Gehirn nachweisbar und nachhaltig. Und: Die Annahme einer biologischen z.B. genetisch bedingten Dysfunktion ist also nicht notwendig, was nicht heißt, dass es eine solche nicht auch geben kann.

Insgesamt haben wir also ein komplexes, hoch komorbides klinisches Bild, mit eher unspezifischen neurobiologischen Korrelaten.

Psychische Struktur

Die bisher vorliegenden Befunde scheinen darauf hinzuweisen, dass es sich bei ADHS möglicherweise um eine eher unspezifische (frühe) strukturelle Störung, um eine Störung der Affektregulation handelt.

Es kann an dieser Stelle nicht auf die Fülle der Bedeutungen des Begriffs der psychischen Struktur eingegangen werden. Wir möchten aber zwei moderne Konzeptualisierungen nennen, die auch empirisch ihre Bedeutung für die psychische Störungen gezeigt haben. Innerhalb der OPD (Operationalisierte Psychodynamische Diagnostik, Arbeitskreis OPD 1996) wird psychische Struktur verstanden als »Die Gestaltung und Funktionsweisen des Selbst in der Beziehung zu Objekten« (Arbeitskreis OPD 1996). Die psychische Gesamtstruktur soll die Aufrechterhaltung eines inneren Gleichgewichts (gewisses Wohlbefinden, Selbstwertgefühl) sichern, sowie die Gestaltung der Objektbeziehungen hinreichend befriedigend ermöglichen, wozu es bestimmter Fähigkeiten/Funktionen bedarf. Die unterschiedlichen Funktionen lassen sich laut Rudolf (2004) drei Zielrichtungen zuordnen:

Differenzieren, d. h. sie untersuchen Ganzheiten auf Unterschiedlichkeiten hin;

Integrieren, d. h. sie verknüpfen Unterschiedlichkeiten zu neuen Ganzheiten; und

Regulieren, d. h. sie versuchen Systemgleichgewichte zu schaffen, zu erhalten oder wiederherzustellen.

Die OPD unterscheidet sechs Dimensionen der Struktur: Fähigkeit zur Selbstwahrnehmung; Fähigkeit zur Selbststeuerung; Fähigkeit zur Abwehr; Fähigkeit zur Objektwahrnehmung; Fähigkeit zur Kommunikation; Fähigkeit zur Bindung. Jede Dimension umfasst wiederum mehrere Aspekte.

Ein zentraler Aspekt der strukturellen Funktionen ist die Fähigkeit zur differenzierten und reflexiven Wahrnehmung vom Selbst und anderen, allgemein als *Reflexive Kompetenz* bezeichnet. »Dieser Begriff bezieht sich auf die komplexen Denk- und Wahrnehmungsfähigkeiten, derer wir uns bei der Einschätzung geistiger Prozesse, psychischer Befindlichkeiten und Gefühle bei uns selbst sowie bei anderen bedienen. Indem wir uns selbst und anderen Gefühle, Absichten, Wünsche etc. zuschreiben, erkennen wir unsere eigenen und die Handlungen anderer als bedeutungs- und absichtsvoll an« (Fonagy et al. 2004).

Reflexive Kompetenz entwickelt sich im Rahmen der Interaktion zwischen Säugling/Kleinkind mit seinen primären Bezugspersonen. Der wichtigste Faktor dabei ist die Fähigkeit der Mutter/Eltern, sich ein inneres Bild von ihrem Kind als einem eigenständigen Wesen mit Wünschen, Absichten und Gefühlen zu machen. Auf der Grundlage dieser inneren Repräsentanz des Kindes gelingt es Eltern, ihr Kind zu verstehen und angemessen zu handeln.

Im Laufe der ersten fünf Lebensjahre lernt das Kind, dass es sich selbst und andere am besten versteht und Handlungen antizipieren kann, wenn es ebenfalls von einer entsprechenden Vorstellung ausgeht, dass es selbst und andere ein von Wünschen und Absichten geleitetes, denkendes Wesen ist.

Im angloamerikanischen Raum werden diese Kompetenzen unter dem Begriff *mentalization* zusammengefasst (Fonagy et al. 1998). Eine Operationalisierung erfuhr Mentalisierung durch die Reflective Function Scale (Fonagy et al. 1998), welche auf die Probanden-Aussagen im AAI (Adult Attachment Interview, George et al. 2001) angewendet wird. Kriterien für Reflective Function (RF) sind dabei: spezielle Erwähnung mentalen Befindens; Einfühlungsvermögen in die Charakteristika mentalen Befindens; Einfühlungsvermögen in die Komplexität, Unterschiedlichkeit und Vielfalt mentalen Befindens; Spezielle Bemühungen, beobachtbares Verhalten mit mentalen Zuständen zu verknüpfen; Anerkennung der Veränderungsmöglichkeiten mentaler Zustände und damit implizit auch des entsprechenden Verhaltens.

Durch Reflexive Kompetenz wird Verhalten vorhersagbar, sie ist zentral bei der Entwicklung und Aufrechterhaltung von Bindungssicherheit bzw. Objektbeziehung, sie fördert die Fähigkeit zur Unterscheidung zwischen innerer und äußerer Realität sowie die Fähigkeit zur zwischenmenschlichen Verständigung.

Fonagy und Mitarbeiter sprechen von »mentalisierter Affektivität«, als »höchster Form der Affektregulierung«. »Das Konzept der ›mentalisierten Affektivität‹ bezeichnet die Affektregulierungsfähigkeit des Erwachsenen, die es ermöglicht, sich der eigenen Affekte bewusst zu sein und den Affektzustand gleichzeitig aufrechtzuerhalten. Diese Affektivität kennzeichnet die Fähigkeit, die Bedeutung(en) der eigenen Affektzustände zu ergründen […]« (Fonagy et al. 2004, S. 104).

Diese strukturelle Dimensionen zeigen deutliche Zusammenhänge mit psychischer Störung (Rudolf et al. 2002; Rudolf 2004; Fonagy et al. 2004). So ist beispielsweise die Reflexive Funktion bei psychischen Störungen eingeschränkt, bei Borderline-Störungen und Gewalttätern massiv.

Zwei Studien zu Hyperaktivität

Wir möchten nun zwei Studien vorstellen, in denen wir Hyperaktivität untersucht haben.

In der ersten untersuchten wir eine Gruppe von Kindergartenkindern mit einer breiten Batterie zur Erfassung von Affektivität, Beziehungsrepräsentanzen sowie Merkmalen der psychischen Struktur. Zudem haben wir eine Skala zur Einschätzung der emotionalen und intentionalen Reflectivness entwickelt. Diese Maße werden mit Einschätzungen der Eltern und Erzieher in Zusammenhang gebracht. Die Studie ist eingebettet in eine Evaluationsstudie[3] der Abteilung für Psychosomatische Kooperationsforschung u. Familientherapie des Universitätsklinikums Heidelberg.

In der zweiten wurde eine Gruppe von Erwachsenen mit ADHS in Hinblick auf emotionales Erleben und selbsteingeschätzten Umgang mit Emotionen mit einer Kontrollgruppe verglichen.

3 »Evaluation der Effektivität von FAUSTLOS im Kindergarten« unter Leitung von Prof. M. Cierpka; gefördert durch die Landesstiftung Baden-Württemberg.

Kindergarten-Studie

Die Stichprobe der vorliegenden Untersuchung besteht aus 73 Kindergartenkinder im Alter von 5 Jahren (AM: 67,7 Monate; SD: 4,8 Monate; 34 Mädchen und 39 Jungen) aus neun verschiedenen Kindergärten im Großraum Heidelberg. Die Kindergärten verteilen sich gleichermaßen auf städtisches und ländliches Gebiet, 3 davon werden als sozialer Brennpunkt beschrieben.

Erfassung des Sozialverhaltens und emotionaler Probleme:

Der SDQ (»Strenghts and Difficulties Questionnaire«; Goodman 1997; zur deutschen Version siehe Klasen, Woerner, Rothenberger/Goodman 2002) ist ein Verhaltensscreening-Fragebogen mit 25 Items, die sich auf die in Tabelle 1 genannten 5 Skalen verteilen; der Gesamtproblemwert bildet sich aus den vier negativen Skalen. Als zweiter Fragebogen wurde die »Kompetenz-Angst-Aggressions-Liste« (KAAL; Schick 2003) verwendet. Sie ergänzt und spezifiziert den SDQ vor allem in den Bereichen aggressives Verhalten und Ängstlichkeit. Insgesamt stehen durch die beiden Fragebögen 8 Verhaltensskalen sowie ein Gesamtproblemwert aus dem SDQ zur Verfügung. Das Besondere dieser beiden Fragebögen ist die Abbildung zweier positiver Skalen: *prosoziales Verhalten* (SDQ) und *sozial-emotionale Kompetenz* (KAAL), was sie für die Untersuchung einer nicht-klinischen Stichprobe besonders geeignet erscheinen lässt.

Die Skalen (in Klammern jeweils Itembeispiele) des SDQ sind: Emotionale Probleme (z. B.: »nervös, anklammernd«; »oft ängstlich«); Verhaltensprobleme (z. B.: »Wutanfälle«; »streitet sich oft«; »lügt oder mogelt häufig«); Hyperaktivität (z. B.: »unruhig, überaktiv«, »ständig zappelig«; »leicht ablenkbar«; »denkt, bevor er handelt«; »führt Aufgaben zu Ende«); Verhaltensprobleme mit Gleichaltrigen (z. B.: »Einzelgänger«; »wird gehänselt«); Pro-soziales Verhalten (z. B.: »teilt gerne«; »lieb zu jüngeren Kindern«); Gesamtproblemwert (Summe aus 1–4). Die Skalen des KAAL lauten: Aggressivität (z. B.: »bedroht andere«; »ist aggressiv gegen Dinge«); Sozial-emotionale Kompetenz (z. B: »zeigt Mitgefühl«); Ängstlichkeit (z. B.: »fürchtet sich in dunklen Zimmern«).

Erfassung der Repräsentanzen und der psychischen Struktur:

Zur Erfassung der Repräsentanzen und der psychischen Struktur wurden mit den Kindern Spielinterviews durchgeführt, bei denen den Kindern Geschichtsanfänge, die ein gewisses Konfliktpotenzial enthalten, mit Hilfe von

Playmobil-Figuren präsentiert werden, mit der Aufforderung, diese Geschichten weiter zu erzählen und zu spielen. Bei Mädchen ist die Spielprotagonistin die Figur *Susanne*, bei Jungen ist es *Georg*. Die unter dem Namen »MacArthur Story Stem Battery« (MSSB) veröffentlichte Methode (Bretherton et al. 1990; Bretherton/Oppenheim 2003) bietet einen guten Zugang zur Innenwelt von Kindern ab drei Jahren. Für die vorliegende Untersuchung wurde die Anzahl der Geschichten auf zehn festgelegt (eine Aufwärmgeschichte und neun Konfliktgeschichten). Eine genauere Beschreibung der verwendeten Geschichten findet sich in Juen et al. (2005).

Die Spielinterviews wurden von vier eigens geschulten InterviewerInnen geführt und videografiert. Die Auswertung der Videobänder erfolgte von speziell geschulten MitarbeiterInnen[4] auf Basis des MNCS (MacArthur Narrative Coding System) von Robinson et al. (1992, 2003), den NEC (Narrative Emotion Codes) von Warren (2003) sowie einzelnen Prozessskalen des Manuals von Hill et al. (2000); die Einschätzung der narrativen Kohärenz erfolgte entsprechend dem Manual von Günter et al. (2000). Um die Übersichtlichkeit innerhalb der Items und die inhaltliche Logik innerhalb einzelner Gruppen von Items zu erhöhen, haben wir die verbliebenen Einzel-Codes in drei Bereiche unterteilt sowie einzelne Items zusammengefasst (eine detaillierte Beschreibung der Bereiche, der zugeordneten Items sowie der Auswertung findet sich in Juen et al. (2005) und in Juen (2005). Die drei Bereiche sind:

Repräsentanzen (Inhalte): Diese Codes beziehen sich auf den Inhalt der gespielten Szenen, bezeichnen inhaltlich qualifizierbare Handlungen. (Diese sind aufgrund von Einzelelementen aus der Spielgeschichte codierbar.)

Strukturindikatoren: Diese Codes beziehen sich zwar ebenfalls auf den Inhalt des Spiels, bezeichnen aber übergeordnete Merkmale, die als indikativ für strukturelle Probleme/Fähigkeiten gelten können. (Um diese Items zu codieren benötigt man den Kontext der gesamten Geschichte.)

Prozesscodes: Diese Codes beziehen sich auf die Art des Spielens, auf das Sich-Einlassen auf das Spiel und die Beziehung zum Interviewer. (Hier wird zur Beurteilung ebenfalls die gesamte Geschichte benötigt.)

Erfassung von emotionaler und intentionaler Reflectiveness:

Um die Fähigkeit der Kinder zu erfassen mentale Zustände zu erkennen und zu benennen, wurden in den letzten drei Geschichten am Ende jeweils zwei Zusatzfragen gestellt, wobei eine Frage auf den emotionalen Zustand jeweils

4 Sowohl die Schulung der MSSB-Interviewführung als auch die Auswertung erfolgte durch Dr. A. von Wyl, KJUP Basel.

einer Spielfigur (»Wie hat sich X gefühlt?«) gerichtet war, und die andere auf Intention der jeweils ausgeführten Handlung (»Warum hat X das gemacht?«). Eine detaillierte Beschreibung der Methode zur Erfassung der emotionalen und intentionalen Reflectiveness findet sich in Juen (2005) und Benecke und Juen (2005).

Mit den gestellten Zusatzfragen soll also einerseits erfasst werden, inwieweit die Kinder in der Lage sind, emotionale Zustände von anderen in komplexen Situationen – geschaffen durch Geschichten die die Kinder selbst erzählten – anhand von Kontextinformationen zu begreifen und andererseits die Intentionen von Handlungen der jeweiligen Akteure zu beschreiben. Es geht also jeweils um das Ausmaß des Zugangs zu seinen mentalen Kompetenzen und die Fähigkeit, diese zum Ausdruck zu bringen. Dabei wird einerseits beobachtet, ob Kinder überhaupt in der Lage sind, die Fragen zu beantworten, andererseits welche Qualität die Antworten besitzen.

Ein Beispiel für eine niedrige emotionale Reflectiveness wäre: »Weiß nicht« oder keine Antwort. Ein Beispiel für eine hohe emotionale Reflectiveness wäre: »Der ist traurig, weil er den Freund abgeschossen hat und der hat 'ne Gehirnerschütterung«.

Im Unterschied zu den verbreiteten ToM-Tests (Übersicht bei Wellman/Liu 2004) werden die reflexive Fähigkeiten hier anhand einer vom Kind selbst konstruierten Geschichte erfasst, was ein deutlich höheres emotionales Involvement erwarten lässt, und somit eine höhere ökologische Validität mit sich bringt.

Erfassung des mimisch-affektiven Verhaltens:

Um das mimisch-affektive Verhalten der Kinder analysieren zu können, wurden die Spielinterviews mit einer zweiten Kamera videografiert, die auf das Gesicht des spielenden Kindes fokussierte. Das mimische Verhalten wurde mit Hilfe des Emotional-Facial-Action-Coding-System (EMFACS, Friesen/Ekman 1984) kodiert. EMFACS ist eine Kurzform von FACS (Facial Action Coding System, Ekman & Friesen 1978; Neufassung: Ekman et al. 2002) und konzentriert sich auf die Erfassung emotionsrelevanter Gesichtsbewegungen. Die Erfassung des mimischen Verhaltens orientiert sich dabei an der sichtbaren Aktivierung der Gesichtsmuskulatur, wodurch eine höhere Objektivität gegenüber Verfahren, die sich am subjektiven, globalen Eindruck des Raters orientieren, gegeben ist. Über ein so genanntes »Lexikon« werden Zuordnungen der Mimikkodierungen zu den Affektkategorien vorgenommen. Die so erfassten Ausdrucksmuster werden von externen Beobachtern mit hoher Übereinstimmung den folgenden Affektkategorien zugeschrieben: *anger, disgust, contempt, fear, sadness, surprise und smile.* Außerdem können Kombinationen derselben erfasst werden. Schließlich gibt es ein Regelwerk, das die Unterscheidung von »echtem« Freudeausdruck (*Duchenne smile*) und sozialem Lächeln (*social smile*) erlaubt. Die Anwendung des EMFACS liefert somit Angaben über die Häufigkeiten und die zeitliche Anordnung qualitativ unterschiedlicher mimisch-affektiver Signale des Kindes während des Spiels.

In Tabelle 3 sind die Zusammenhänge der durch Eltern bzw. Erzieher eingeschätzten Hyperaktivität mit den jeweils anderen Skalen der Verhaltenseinschätzung aufgeführt.

	Hyperaktivität – Elternrating	Hyperaktivität – Erzieherrating
Emotionale Probleme	.21⁺	.22⁺
Ängstlichkeit	.25*	.10
V-Probl. mit Gleichaltrigen	.30**	.12
Verhaltensprobleme	.51**	.57**
Aggressivität	.54**	.58**
Gesamtproblemwert	.75**	.78**
Prosoziales Verhalten	-.43**	-.48**
Sozial-emot. Kompetenz	-.47**	-.66**

*Tab. 3: Korrelationen zwischen den Hyperaktivitäts-Ratings der Eltern bzw. Erzieher und den jeweiligen Ratings bezüglich der anderen Verhaltensweisen (SDQ/KAAL); nicht-parametrische Korrelationen Spearman-Rho, 2-seitig; + = p<.10, * = p<.05, ** = p<.001*

Wie ersichtlich korreliert Hyperaktivität stark mit den anderen Verhaltensskalen, bei den Eltern mit allen, bei den Erziehern mit sechs von acht Skalen. Auch die anderen Skalen weisen hohe Interkorrelationen auf (Juen 2005). Diese Ergebnisse zeigen, dass die Einzelskalen nicht trennscharf zwischen einzelnen Störungsbildern differenzieren, wohl aber Problemverhalten insgesamt gut abbilden. Dies spiegelt auch ein generelles diagnostisches Problem im Bereich frühkindlicher Störungsbilder wider, wonach diese eine hohe Komorbidität aufweisen (Laucht 2001).

In Tabelle 4 sind diejenigen MSSB-Codes angegeben, die einen Zusammenhang mit Hyperaktivität zeigen.

N = 73 Vorschulkinder MSSB-Codes:	Emotionale Probleme	Verhaltensprobleme	**Hyperaktivität**	Verhaltensprobleme mit Gleichaltrigen	Prosoziales Verhalten	Gesamtproblemwert	Aggressivität	Sozial-emotionale Kompetenz	Ängstlichkeit
Empathische Handlungen		-.28*	**-.25***	-.24*	.23⁺	-.25*		.37**	
Dysregulierte Aggression			**.31****	.28*		.28*	.24*		
Befolgung		-.25*	**-.27***	-.26*		-.36**	-.31**		
Dissoziationsindex		.22+	**.31****	.26*	-.32**	.28*	.29*	-.30**	
Moralverständnis		-.25*	**-.24***						
Negativer Schluss		.24*	**.21⁺**		-.24*		.29*	-.24*	
Kind in Kinderrolle	-.21⁺		**-.28***			-.28*			-.27*
Kind in Erwachsenenrolle	.25*		**.29***			.31**			
Geringes Engagement		.28*	**.31****		-.25*	.20⁺	.25*	-.37**	
Angemessenes Engagement		-.20⁺	**-.24***					.26*	

*Tab. 4: Korrelationen zwischen MSSB-Codes und Verhaltenseinschätzungen durch Bezugspersonen (SDQ/KAAL, Mittelwert aus Eltern- und Erzieher-Ratings); nicht-parametrische Korrelationen Spearman-Rho, 2–seitig; + = p<.10, * = p<.05, ** = p<.001*

Wie aus Tabelle 4 ersichtlich wird, zeigen diejenigen MSSB-Codes, die einen Zusammenhang mit Hyperaktivität aufweisen, ausnahmslos auch Zusammenhänge mit mindestens einer der anderen Verhaltenseinschätzungen.

In den Spielgeschichten der als hyperaktiv eingeschätzte Kinder finden sich weniger *empathische Handlungen*, weniger *Befolgung*, weniger *Moralverständnis*, und die Kinderfigur wird seltener in einer adäquaten *Kinderrollen* dargestellt; zudem zeigt das Kind weniger *angemessenes Engagement* in der Spielsituation. Dafür sind die Spielgeschichten der als hyperaktiv eingeschätzten Kinder vermehrt geprägt von *dysregulierter Aggression*, von *dissoziativen Elementen*, von einem *negativen Geschichtenende* sowie davon, dass die Kinderfigur vermehrt in einer *Erwachsenenrolle* dargestellt wird; außerdem zeigen die Kinder ein geringeres *Engagement* in der Spielsituation. In einer geschlechtsspezifischen Analyse sind diese Ergebnisse in erster Linie auf Buben zurückzuführen.

Im Bereich des mimisch-affektive Verhaltens korreliert lediglich die Sammelkategorie für alle Anzeichen von Angst mit *Hyperaktivität*, und zwar negativ, d.h. als hyperaktiv eingeschätzte Kinder zeigen weniger Anzeichen von Angst in ihrer Mimik während des Spielinterview als andere Kinder. (Eine ausführliche Darstellung der Zusammenhänge zwischen mimisch-affektivem Verhalten im Spielinterview und den Einschätzungen durch Erzieher, auch unter geschlechtsspezifischen Gesichtspunkten, findet sich in Peham et al. [2005].)

Die neu entwickelte Skala zur Einschätzung der *emotional reflectiveness* (siehe oben) korreliert insbesondere mit den Erzieherratings des Sozialverhaltens. Hyperaktiv eingeschätzte Kinder zeigen in den Spielinterviews eine signifikant geringere Fähigkeit zur *emotional reflecitveness.* Diese Korrelation findet sich allerdings auch für die Variablen *Verhaltensprobleme*, *Verhaltensprobleme mit Gleichaltrigen*, *Aggressivität* sowie dem SDQ-*Gesamtproblemwert*, nicht hingegen mit den eher auf internalisierte Störungen hinweisenden Variablen *emotionale Probleme* und *Ängstlichkeit.* Die Skalen *prosoziales Verhalten* sowie *sozial-emotionale Kompetenz* korrelieren hingegen signifikant positiv mit *emotional reflectiveness.* (Eine detaillierte Darstellung der Methode sowie der Ergebnisse findet sich in Juen 2005 sowie Benecke & Juen 2005).

Erwachsenen-Studie

Die Stichprobe dieser Studie (Bock 2005) besteht aus einer Gruppe von 64 Erwachsenen mit ADHS (Mischtypus, unaufmerksamer Typus oder hyperaktiv-impulsiver Typus) sowie einer nach Alter, Geschlecht, Ausbildung und Zivilstand parallelisierten Kontrollgruppe ohne ADHS. (Eine detaillierte Beschreibung der Stichprobe, der eingesetzten Verfahren sowie der Ergebnisse findet sich bei Bock 2005.) 48 der ADHS-Patienten nahmen Medikamente, überwiegend Ritalin®.

Neben anderen Instrumenten wurden beide Gruppen mit dem »Fragebogen zu Emotionserleben und Emotionsregulation« (EER, Vogt 2005) untersucht. Der faktorenanalytisch konstruierte Fragebogen enthält zwei Teile.

Der erste Teil enthält 20 Skalen zum Emotionserleben (Interesse; Freude; Überraschung; Liebe/Zärtlichkeit; Wut; Ekel; Verachtung; Neid/Eifersucht; Trauer; Scham; Schuld; Leblosigkeit; Einsamkeit; Reizbarkeit; Unbeherrschtheit; Hemmungslosigkeit; Angst; diffuse Angst; Vernichtungsangst), die bis auf die Skala »Neid/Eifersucht« von je drei Items repräsentiert werden, insgesamt besteht Teil I des Fragebogens aus 59 Items. Anhand der Frage *»Innerhalb der letzten 7 Tage fühlte ich mich …«* werden die 59 Emotionswörter auf einer 7-stufigen Skala von *0 = überhaupt nicht* bis *6 = außerordentlich* von den Probanden gemäß ihres Vorkommens eingeschätzt.

Der zweite Teil des Fragebogens besteht aus 15 Skalen zur Emotionsregulierung (Verwirrung; Belastung/Überforderung; Rückzug/Lähmung; Dissoziation; Körperwahrnehmung – Ausdruck; Körperwahrnehmung – Nutzen; Reflexion; soziale Unterstützung; Empathie/Perspektivenübernahme; Externalisierung; Musterreflexion; Ablenkung; Blackout; Impulsivität; Sich-

Verlieren). Wiederum wird jede Skala von drei Items repräsentiert. Die Items sind auch hier auf einer 7-stufigen Skala von *0 = trifft überhaupt nicht* zu bis *6 = trifft vollständig zu* gemäß ihres Zutreffens einzuschätzen. Wobei diesem Teil eine Instruktion vorangestellt ist, die den Ausfüllenden instruiert aus der Liste von 59 Emotionswörtern aus Teil I, eines auszusuchen, das ein besonders schwieriges Gefühl darstellt. Dieses Gefühl soll in eine dafür vorgesehene Zeile eingetragen werden, und alle 45 folgenden Regulierungsstrategien sind auf die ausgewählte Emotion zu beziehen und auf der Ratingskala einzuschätzen.

Auf 18 der 20 Skalen zum Emotionserleben finden sich signifikante Unterschiede zwischen der ADHS-Gruppe und der Kontrollgruppe. Lediglich auf den Skalen »Überraschung« und »Liebe/Zärtlichkeit« unterschieden sich die ADHS-Betroffenen nicht von der Kontrollgruppe. Geringere Ausprägungen gegenüber der Kontrollgruppe finden sich bei den Skalen Interesse und Freude; bei allen anderen Skalen weisen die ADHS-Betroffenen signifikant höhere Werte auf.

Allerdings finden sich fast identische Abweichungen in einer Untersuchung, die von Vogt (2005) mit dem EER durchgeführt wurde, und in der drei Gruppen verglichen wurden: Gesunde – Subklinisch – gemischte Klinische Gruppe. Lediglich auf den Skalen Hemmungslosigkeit und Impulsivität finden sich keine signifikanten Unterschiede zwischen der gemischten klinische Gruppe und der Gruppe der Gesunden. Alle anderen Skalen weisen Abweichungen in die gleiche Richtung auf, wie sie in der oben beschriebenen Studie von Bock gefunden wurden.

In Bezug auf die Angaben zur Emotionsregulierung unterschieden sich die ADHS-Betroffenen ebenfalls in einer Vielzahl von Skalen signifikant von der Kontrollgruppe. Höhere Ausprägungen fanden sich bei den Skalen Verwirrung, Belastung/Überforderung, Rückzug/Lähmung, Dissoziation, Blackout, Ablenkung und Sich-Verlieren. Auch die eigentlich sehr positiv, im Sinne einer hohen Regulierungskompetenz gedachte Skala Musterreflexion zeigte in der ADHS-Gruppe höhere Werte als in der Kontrollgruppe.

Wiederum fanden sich in der Untersuchung von Vogt (2005) sehr ähnliche Unterschiede beim Vergleich der gemischten klinischen Gruppe mit der gesunden Kontrollgruppe. Auch hier zeigten sich in der klinischen Gruppe signifikant höhere Werte bei den Skalen Verwirrung, Dissoziation, Blackout, Belastung/Überforderung, Rückzug/Lähmung, Sich verlieren, und wiederum die bei der Skala Musterreflexion. Anders war in dieser Studie lediglich, dass die »Gesunden« höhere Werte auf der Skala Körperwahrnehmung – Nutzen angaben.

Diskussion

In den sehr lebhaften und teilweise auch heftig geführten Diskussionen um das ADHS-Syndrom der letzten Jahre lassen sich zwei Extreme zeichnen. Zum einen gibt es eine Tendenz, Kinder mit ADHS als lebhafte, etwas chaotische aber kreative Kids zu betrachten, etwas überspitzt formuliert, ADHS als eine Art letztlich sympathischem Revoluzzertum, das man den Kindern auf jeden Fall lassen sollte, damit die nachwachsende Generation nicht ausschließlich aus angepassten Normopathen bestehe. Auf der anderen Seite gibt es die Tendenz, ADHS als eine genetisch bedingte, hirnorganische Störung zu betrachten, die nicht heilbar und schon gar nicht wünschenswert ist, und dessen Symptome letztlich nur medikamentös zu lindern sind. Wir halten beide Sichtweisen für einen Fehler. Die erste führt zu einer Verharmlosung des Leidens sowie der langfristigen negativen Folgen für Betroffenen. Die zweite Sichtweise reduziert das Phänomen ADHS auf einen biologischen Defekt, was zwar vielfach erst einmal die Eltern von häufig mit psychischen Störungen der Kinder verbundenen Schuldgefühlen entlastet, und auch die Vergabe von Medikamenten führt zu einer Beruhigung der häufig angespannten Situation, als Lösung kann diese Sichtweise aber ebenfalls nicht betrachtet werden, da hierdurch die unserer Ansicht nach zentrale psychische Dimension ignoriert wird.

Die hier zusammengetragen Befunde aus der Literatur sowie aus den dargestellten eigenen Studien weisen unseres Erachtens darauf hin, dass es sich bei ADHS im Kindesalter um eine frühe strukturelle psychische Störung handelt. Die Studien zur Komorbidität zeigen, dass ADHS sowohl im Kindes- als auch im Erwachsenenalter so gut wie immer mit weiteren relevanten psychischen Störungen einhergeht. In der Kindergarten-Studie zeigte sich ebenfalls, dass Hyperaktivität hoch mit anderen Skalen des Problemverhaltens korreliert. Die mit Hyperaktivität verbundenen Qualitäten in den Spielinterviews, wie wenig empathische Handlungen, häufige dysregulierte Aggression, hoher Dissoziationsindex, häufiges negatives Ende der Geschichten usw., sowie die geringe *emotional reflectiveness* passen zwar zu den klinischen Beschreibungen von Hyperaktivität, finden sich aber ebenfalls hoch korreliert mit anderen Arten von Problemverhalten. Einige der Zusammenhänge, wie das häufige Spiel der Kindfigur in einer Erwachsenenrollen oder die geringeren Ausprägungen von mimisch gezeigter Angst, deuten auf frühe Abwehrmaßnahmen hin, die bei der Ursachen- und Symptomanalyse von Hyperaktivität in Betracht gezogen werden sollten.

Sowohl im Emotionserleben also auch im Umgang mit problematischen Emotionen scheinen sich erwachsene ADHS-Betroffene sehr ähnlich von

Gesunden zu unterscheiden, wie Personen mit anderen psychischen Störungen. In beiden Fällen ist von einer Beeinträchtigung der beiden genannten Bereiche auszugehen, was sich nicht zuletzt in der Beziehungsgestaltung der Betroffenen manifestiert.

Insgesamt legen diese Ergebnisse nahe, ADHS als eine Variante einer durchaus gravierenden strukturellen psychischen Störung zu betrachten, insbesondere einer Störung der Emotionsregulation. Entsprechend hilft den Betroffenen weder die Verharmlosung in Form einer Verklärung der »Lebendigkeit« und »Kreativität« oder stellvertretendem Aufbegehren gegen den gesellschaftlichen Mainstream, noch eine ausschließliche biologische Betrachtung mit entsprechend ausschließlicher medikamentöser Behandlung. ADHS erfordert eine primär psychotherapeutische Behandlung, wie jede andere psychische Störung auch. Und wie bei jeder anderen psychischen Störung ist die Möglichkeit einer kombinierten medikamentösen Behandlung sorgfältig abzuwägen. Zudem legen die Ergebnisse nahe, dass gezielt auf die Verbesserung der Fähigkeiten der Emotionsregulation zugeschnittene Programme, sofern sie möglichst früh und intensiv den Kindern angeboten werden, präventive Wirkung auch bezüglich ADHS haben können. Eine Frühförderung sozialer und emotionaler Kompetenzen, die auch den Bereich der Emotionsregulation einschließt bzw. diesen sogar fokussiert, sollte dabei störungsübergreifende Effekte aufweisen, da es dadurch gelingt, wesentliche Grundkompetenzen aufzubauen, deren Fehlen nachweislich in Zusammenhang mit verschiedensten Störungsbildern in Kindheit und im Erwachsenenalter steht.

Literatur

American Psychiatric Association (2002): Diagnostic and statistical manual of mental disorders. Washington D. C. (Author), 4. überarb. Aufl.

Arbeitskreis OPD (1996): Operationalisierte Psychodynamische Diagnostik. Bern (Huber).

Asherson, P. (2005): Clinical assessment and treatment of attention deficit hyperactivity disorder in adults. Expert Review of Neurotherapeutics 5, 525–539.

Barkley, R. A. (1997): ADHD and the nature of self-control. New York (Guilford Press).

Barkley, R. A. (2002): Das große ADHS-Handbuch für Eltern. Verantwortung übernehmen für Kinder mit Aufmerksamkeitsdefizit und Hyperaktivität. Bern (Huber). (Original erschienen 2000: Taking charge of ADHD. The complete, authoritative guide for parents).

Belkin, L. (2004): Office Messes. In: The New York Times (18.07.2004), S. 24.

Benecke, C.; Juen, F. (2005): Emotional and intentional reflectiveness and behavioural problems in pre-schoolers. Submitted to: Infant Mental Health Journal.

Bennett, A. J.; Lesch, K. P. & Heils, A. (1998): Serotonin transporter gene variation, strain, and early rearing environment effects CSF 5-HIAA concentrations in rhesus monkeys (Macaca mulatta). American Journal of Primatology 45, 168–169.

Bernau, S. (2003): Alles über ADS bei Erwachsenen. Freiburg i. Br. (Herder).

Biederman, J.; Faraone, S. V.; Keenan, K. & Knee, D. (1990): Family-genetic and psychosocial risk factors in DSM-III attention deficit disorder. Journal of the American Academy of Child and Adoloscent Psychiatry 29, 526–533.

Biederman, J.; Newcorn, J. & Sprich, S. (1991): Comorbidity of attention deficit hyperactivity disorder with conduct, depressive, anxiety, and other disorders. American Journal of Psychiatry 148, 564–577.

Biederman, J. (1998): Attention-deficit/hyperactivity disorder: A lifespan perspective. Journal of Clinical Psychiatry 59, 4–16.

Bock, A. (2005): Emotions- und Ärgerregulierung bei Erwachsenen mit Aufmerksamkeitsdefizit-/Hyperaktivitätssyndrom (ADHS). Unveröff. Diplomarbeit. Innsbruck (Leopold-Franzens-Universität).

Brandau, H.; Pretis, M. & Kraschnitz, W. (2003): ADHS bei Klein- und Vorschulkindern. München (Ernst Reinhardt Verlag).

Braun, K.; Bock, J. (2003): Die Narben der Kindheit. Gehirn & Geist 01, 50–53.

Braun, K.; Kremz, P.; Wetzel, W.; Wagner, T. & Poeggel, G. (2003): Influence of parental deprivation on the behavioral development in Octodon degus: Modulation by maternal vocalizations. Developmental Psychobiology 42, 237–245.

Bretherton, I.; Oppenheim, D. (2003): The McArthur Story Stem Battery: Development, Administration, Reliability, Validity and reflections about meaning. In: Emde, R. N.; Wolf, D. P. & Oppenheim, D. (Hg.): Revealing the inner world of young children. Oxford, New York (Oxford University Press Inc.).

Bretherton, I.; Ridgeway, D. & Cassidy, J. (1990): Assessing Internal Working Models of the Attachment Relationship. In: Greenberg, M. T. (Hg.): Attachment in the preschool years: Theory, Research and intervention. Chicago (Chicago University Press).

Brühl, B.; Döpfner, M. & Lehmkuhl, G. (2000): Der Fremdbeurteilungsbogen für hyperkinetische Störungen – Prävalenz hyperkinetischer Störungen im Elternurteil und psychometrische Kriterien. Kindheit und Entwicklung 9, 115–125.

Burket, R. C.; Sajid, M. W.; Wasiak, M. & Myers, W. C. (2005): Personality comorbidity in adolescent females with ADHD. J Psychiatr Pract. 11, 131–136.

Campbell, S. B.; Breaux, A. M.; Ewing, L. J. & Szumowski, E. K. (1986): Correlates and predictors of hyperactivity and aggression: A longitudinal study of parent-referred problem preschoolers. Journal of Abnormal Child Psychology 14, 217–234.

Cantwell, D. P. (1996): Attention Deficit disorder: A review of the 10 past years. Journal of the American Academy of Child and Adolescent Psychiatry 35, 978–987.

Cohen, P.; Cohen, J.; Kasen, S.; Valez, C. N.; Hartmark, D.; Johnson, J.; Rojas, M.; Brook, J. & Streuning, E. L. (1993): An epidemiological study of disorders in late childhood and adolescence. Journal of Child Psychology and Psychiatry 34, 851–867.

Davids, E.; Gastpar, M. (2005): Attention deficit hyperactivity disorder and borderline personality disorder. Prog Neuropsychopharmacol Biol Psychiatry 29, 865–877.

Dilling, H. (Hg.) (2000): Internationale Klassifikation psychischer Störungen: ICD-10, Kapitel V. Bern (Huber).

Döpfner, M.; Frölich, J. & Lehmkuhl, G. (2000): Hyperkinetische Störungen. Leitfaden Kinder- und Jugendpsychotherapie, Bd. 1. Göttingen (Hogrefe).

Döpfner, M.; Lehmkuhl, G. (2000): Diagnostik-System für psychische Störungen im Kindes- und Jugendalter nach ICD-10 und DSM-IV U. Bern (Huber), 2. korr. u. erg. Aufl.

Döpfner, M. (2002): Hyperkinetische Störungen. In: Petermann, F. (Hg.): Lehrbuch der klinischen Kinderpsychologie und -psychotherapie. Göttingen (Hogrefe), 2. Aufl., S. 152–173.

Ebert, D.; Krause, J. & Roth-Sackenheim, C. (2003): ADHS im Erwachsenenalter – Leitlinien auf der Basis eines Expertenkonsensus mit Unterstützung der DGPPN. Der Nervenarzt 10, 939–946.

Ekman, P.; Friesen, W. V. (1978): Facial Action Coding System (FACS) – Manual. Palo Alto (Consulting Psychologists Press).

Ekman, P.; Friesen, W. V. & Hagar J. C. (2002): Facial Action Coding System (FACS): Manual. Salt Lake City (Research Nexus eBook), 2. Aufl.

Fonagy, P.; Target, M.; Steele, H. & Steele, M. (1998): Reflective functioning manual: For application to Adult Attachment Interviews. Unpublished manuscript. London (University College).

Fonagy, P.; Gergely, G.; Jurist, E. L. & Target, M. (2004): Affektregulierung, Mentalisierung und die Entwicklung des Selbst. Stuttgart (Klett-Cotta). (Original erschienen 2002: Affect regulation, Mentalization and the Development of the Self).

Fox, N. (1994): Dynamic cerebral processes underlying emotion regulation. In: Fox, N. (Hg.): The development of emotion regulation: Biological and behavioral considerations. Monographs of the society for Research in Child Development, Serial 14, 59, 152–166. Chicago (University Chicago Press).

Friesen, W. V.; Ekman, P. (1984): EMFACS-7. Unveröffentlichtes Manual.

George, C.; Kaplan, N. & Main, M. (2001): The Adult Attachment Interview. In: Gloger-Tippelt, G. (Hg.): Bindung im Erwachsenenalter. Bern (Huber), S. 364–387.

Goodman, R. (1997): The Strengths and difficulties Questionnaire: a research note. Journal of Child Psychology and Psychiatry 38, 581–586.

Grawe, K. (2004): Neuropsychotherapie. Göttingen (Hogrefe).

Günter, M.; di Gallo, A. & Stohrer, I. (2000): Tübingen Basel Narrativ Kodierungsmanual. Unveröff. Manual. Tübingen (Eberhard-Karls-Universität).

Hallowell, E. M.; Ratey, J. (1999): Zwanghaft zerstreut oder die Unfähigkeit, aufmerksam zu sein. Reinbek (Rowohlt), 8. Aufl. (Original erschienen 1994: Driven to Distraction).

Hechtman, L. (2000): Subgroups of adult outcome of attention-deficit/hyperactivity disorder. In: Brown, T. E. (Hg.): Attention-deficit disorder and comorbidities in children, adoloscent, and adults. Washington, London (American Psychiatric Press), S. 437–452.

Hill, J.; Fonagy, P. & Target, M. (2000): Revised Manual for McArthur Narrative Completion Task. Unpublished Scoring Manual. London (Anna Freud Center).

Hüther, G.; Bonney, H. (2003): Neues vom Zappelphilipp. ADS: verstehen, vorbeugen und behandeln (Düsseldorf (Walter Verlag), 4. Aufl.

Hynd, G. W.; Her, K. L.; Novey, E. S.; Eliopulos, D.; Marshall, R.; Gonzales, J. J. & Voeller, K. K. (1993): Attention-deficit hyperactivity-disorder and asymmetry of the caudate nucleus. Journal of Child Neurology 8, 339–347.

Juen, F. (2005): Das Denken über das Denken und Fühlen – Psychische Realität, reflexive Kompetenz und Problemverhalten im Vorschulalter. Marburg (Tectum Verlag).

Juen, F.; Benecke, C.; von Wyl, A.; Schick, A. & Cierpka, M. (2005): Repräsentanz, psychische Struktur und Verhaltensprobleme im Vorschulalter. Praxis der Kinderpsychologie und -psychiatrie 54 (3), 191–209.

Klasen, B. (2004): Ursachen der ADHS. http://www.hks-ads.de/hks/ursachen.htm (21.08.2004).

Klasen, H.; Woerner, W.; Rothenberger, A. & Goodman, R. (2003): Die deutsche Fassung des Strengths and Difficulties Questionnaire (SDQ-Deu) – Übersicht und Bewertung erster Validierungs- und Normierungsbefunde. Praxis der Kinderpsychologie und Kinderpsychiatrie 52, 491–502.

Klein, R. G.; Mannuzza, S. (1991): Long Term outcome of hyperactive children: A review. Journal of the American Academy of Child and Adolescent Psychiatry 30, 383–387.

Krause, J.; Krause, K.-H. (2003): ADHS im Erwachsenenalter. Die Aufmerksamkeits-defizit-/Hyperaktivitätsstörung bei Erwachsenen. Stuttgart (Schattauer).

Krause, K.-H.; Krause, J. & Magyarosy, I. (1997): Comorbidity of fibromyalgia syndrome and attention deficit hyperactivity disorder – possible implications for the therapy of fibromyalgia syndrome. Eur J Phys Med Rehab 7, 147.

Laucht, M. (2001): Störungen des Kleinkind- und Vorschulalters. In: Esser, G. (Hg.): Lehrbuch der Klinischen Psychologie und Psychotherapie des Kindes- und Jugendalters. Stuttgart (Thieme), S. 102–118.

Lauth, G. W.; Linderkamp, F. (2000): Diagnostik und Therapie bei Aufmerksamkeitsstörungen. In: Steinhausen, H. C. (Hg.): Hyperkinetische Störungen im Kindes- und Jugendalter. Stuttgart (Kohlhammer), S. 127–157.

Mannuzza, S.; Klein, R.; Bessler, A.; Malloy, P. & LaPadula, M. (1998): Adult psychiatric status of hyperactive boys grown up. American Journal of Psychiatry 155, 493–498.

Medicine-Worldwide: Hyperaktive Kinder, Aufmerksamkeitsstörung. http://www.m-ww.de/krankheiten/kinderkrankheiten/ads.html, (18.11.2003).

Peham D.; Juen F.; Schick A.; Juen B.; Cierpka, M. & Benecke C. (2005): Facial Expression Behaviour in Preschoolers: Sex differences and relations to behavioural problems. Submitted to: Journal of nonverbal Behavior.

Poeggel, G.; Helmeke, C.; Abraham, A.; Schwabe, T.; Friedrich, P. & Braun, K. (2003): Juvenile emotional experience alters synaptic composition in the rodent prefrontal cortex, hippocampus and lateral amygdala. Proc. Natl. Acad. Sci. USA 100, 16137–16142.

Resnick, R. J. (2004): Die verborgene Störung – ADHS bei Erwachsenen. Stuttgart (Klett-Cotta). (Original erschienen 2000: The Hidden Disorder: A clinician's Guide to Attention Deficit Hyperactivity Disorder in Adults).

Richardson, W. (1997): The link between A. D. D. & addiction. Getting the help you deserve. Colorado Springs (Pinon Press).

Robinson, J.; Mantz-Simmons, L.; Macfie, J. & the MacArthur Narrative Working Group (1992): Narrative Coding Manual. Unpublished manual.

Robinson, J.; Mantz-Simmons, L. (2003): The MacArthur Narrative Coding System: One Approach to Highlight Affective Meaning Making in the MacArthur Story Stem Battery. In: Emde, R. N; Wolf, D. P. & Oppenheim, D. (Hg.): Revealing the inner world of young children. Oxford, New York (Oxford University Press Inc.), S. 81–91.

Rowland, A. S.; Lesesne, C. A. & Abramowitz, A. J. (2002): The epidemiology of attention-deficit/hyperactivity disorder (ADHD): a public health view. Mental Retardation Developmental Disability Research Review 8, 162–170.

Rudolf, G. (2004): Strukturbezogene Psychotherapie. Leitfaden zur psychodynamischen Therapie struktureller Störungen. Stuttgart (Schattauer).

Rudolf, G.; Grande, T. & Henningsen, P. (2002): Die Struktur der Persönlichkeit. Vom theoretischen Verständnis zur therapeutischen Anwendung des psychodynamischen Strukturkonzepts. Stuttgart (Schattauer).

Ruf-Bächtinger, L. (1991): Das frühkindliche psychoorganische Syndrom: minimale zerebrale Dysfunktion. Diagnostik und Therapie. Stuttgart (Thieme), 2. überarb. und erw. Aufl.

Ryffel-Rawak, D. (2004): ADHS bei Frauen – den Gefühlen ausgeliefert. Bern (Hans Huber).

Salisch, M. von (2000): Wenn Kinder sich ärgern. Göttingen (Hogrefe).

Saß, H.; Wittchen, H.-U. & Zaudig, M. (1998): Diagnostisches und statistisches Manual psychischer Störungen, DSM-IV. Übersetzt nach der vierten Auflage des Diagnostic Psychiatric statistical manual of mental disorders der American Psychiatric Association. Göttingen (Hogrefe), 2. verb. Aufl.

Saß, H.; Wittchen, H.-U.; Zaudig, M. & Houben, I. (2003): Diagnostisches und statistisches Manual psychischer Störungen –Textrevision – DSM-IV-TR. Göttingen (Hogrefe).

Scheithauer, H.; Petermann F. (2002): Aggression. In: Petermann, F. (Hg.): Lehrbuch der klinischen Kinderpsychologie und -psychotherapie. Göttingen (Hogrefe), 5. Aufl., S. 188–205.

Schick, A. (2003): Kompetenz-Angst-Aggressions-Liste (KAAL). Heidelberg (Heidelberger Präventionszentrum).

Schiepek, G. (2003): Neurobiologie der Psychotherapie. Stuttgart (Schattauer).

Shekim, W. O.; Asarnow, R. W.; Hess, E. B.; Zaucha, K. & Wheeler, N. (1990): A clinical and demographical profile of a sample of adults with attention deficit hyperativity disorder, residual state. Comprehensive Psychiatry 31, 416–425.

Simchen, H. (2003): Die vielen Gesichter des ADS. Stuttgart (Kohlhammer).

Spencer, T.; Biederman, J.; Faraone, S. V., Mick, E.; Coffey, B.; Geller, D.; Kagan, J.; Bearman, S. K. & Wilens, T. (2001): Impact of tic disorders on ADHD outcome across the life cycle: Findings from a large group of adults with and without ADHD. American Journal of Psychiatry 158, 611–617.

Steinhausen, H.-C. (2000): Klinik und Konzepte der hyperkinetischen Störungen. In: Steinhausen, H.-C. (Hg.): Hyperkinetische Störungen bei Kindern, Jugendlichen und Erwachsenen. Stuttgart (Kohlhammer), 2. Aufl., S. 9–37.

Suomi, S. S. (2000): A biobehavioral perspective on developmental Psychology. Excessive aggression and serotonergic dysfunction in monkeys. In: Smeroff, A. J.; Lewis, M. & Miller, S. M. (Hg.): Handbook of Develomental Psychopathology. New York (Plenum Publishers), 2. Aufl., S. 237–256.

Thompson, L. L.; Riggs, P. D.; Mikulich, S. K. & Crowley, T. J. (1996): Contribution of ADHS symptoms to substance problems and delinquency in conduct disordered adolescents. Journal of Abnormal Child Psychology 24, 325–347.

Tzelepiz, A.; Schubinger, H. & Warbasse, L. H. (1995): Differential diagnosis and psychiatric comorbidity patterns in adult attention deficit disorder. In: Nadeau, K. (Hg.): A comprehensive guide to attention deficit disorder in adults. New York (Brunner/Mazel), S. 35–48.

Vogt, Th. (2005): Emotionserleben, Emotionsregulierung und psychische Störungen. Entwicklung und Validierung eines Fragebogens zur Erfassung von Emotionserleben und Emotionsregulierung. Unveröff. Diplomarbeit. Innsbruck (Leopold-Franzens-Universität).

Walter, H. (2005): Funktionelle Bildgebung in Psychiatrie und Psychotherapie. Stuttgart (Schattauer).

Warren, S. (2003): Narrative Emotion Coding System. In: Emde, R. N.; Wolf, D. P. & Oppenheim, D. (Hg.): Revealing the inner world of young children. Oxford, New York (Oxford University Press Inc.).

Weiss, M.; Hechtman, L. & Weiss, G. (1999): ADHD in adulthood. A guide to current theory, diagnosis, and treatment. Baltimore (John Hopkins University Press).

Wellman, H.; Liu, D. (2004): Scaling of Theory-of-Mind Tasks. Child Development 75, 523–541.

Wender, P. H. (1995): Attention-deficit hyperactivity disorder in adults. New York (Oxford University Press).

Wender, P. H. (2002): Aufmerksamkeits- und Aktivitätsstörungen bei Kindern, Jugendlichen und Erwachsenen: ein Ratgeber für Betroffene und Helfer. Stuttgart (Kohlhammer).

(Original erschienen 2000: ADHD: attention deficit hyperactivity disorder in children and adults).
Wodarz, N.; Laufkötter, R.; Lange, K. & Johann, M. (2004): Aufmerksamkeitsdefizit-/Hyperaktivitätssyndrom (ADHS) bei erwachsenen Alkoholabhängigen. Nervenheilkunde 23, 527–532.

Autorenverzeichnis

Benecke, Cord, Prof. Dr. phil. Dipl.-Psych., Psychologischer Psychotherapeut, Psychoanalytiker. Professur für Klinische Psychologie am Institut für Psychologie der Leopold-Franzens-Universität Innsbruck. Forschungsschwerpunkte: Klinische Emotionsforschung; Psychotherapie-Prozessforschung; Klinische Entwicklungspsychologie.

Bock, Astrid, Mag. rer. nat., Psychologin, wissenschaftliche Mitarbeiterin im Forschungsprojekt »Affektivität, Beziehung und psychische Störung« unter Leitung von Prof. C. Benecke am Institut für Psychologie der Universität Innsbruck.

Cierpka, Manfred, Prof. Dr. med., Arzt für Psychiatrie, Psychotherapeutische Medizin, Psychoanalytiker, Familientherapeut. Ärztlicher Direktor des Instituts für Psychosomatische Kooperationsforschung und Familientherapie, Universitätsklinikum Heidelberg. Veröffentlichungen zum Thema: *Kinder mit aggressivem Verhalten* (2002); *Faustlos für die Grundschule* (2000); *Faustlos für den Kindergarten* (2004); *Faustlos – wie Kinder Konflikte lösen lernen* (2005).

Dammann, Gerhard, Dr. med., Dipl.-Psych., MBA, Facharzt für Psychiatrie und Psychotherapie, Facharzt für Psychosomatische Medizin, Suchtmedizin, Psychoanalytiker (DPV/IPV); Oberarzt und Ärztl. Abteilungsleiter der Psychotherapeutischen Abteilung der Psychiatrischen Universitätsklinik Basel (ab 01.12.2006: Chefarzt und Spitaldirektor der Psychiatrischen Klinik Münsterlingen am Bodensee und der Psychiatrischen Dienste Thurgau); Veröffentlichungen auf dem Gebiet der schweren Persönlichkeitsstörungen (besonders Borderline- und narzisstische Persönlichkeitsstörungen), Psychotraumatologie und Evolutionären Psychiatrie.

Ellesat, Peter, ist analytischer Kinder- und Jugendlichenpsychotherapeut und Paar- und Familientherapeut. Er arbeitet in der Beratungsstelle des Kinderschutz-Zentrums Berlin und in freier Praxis.

Haubl, Rolf, Prof. Dr. Dr., Professor für Soziologie und psychoanalytische Sozialpsychologie an der J. W. Goethe Universität Frankfurt a. M. und ebendort auch Direktor des Sigmund-Freud-Institutes. Zuvor Professor an der Wirtschafts- und Sozialwissenschaftlichen Fakultät der Universität Augsburg; Gruppenanalytiker, Gruppenlehranalytiker, gruppenanalytischer Teamsupervisor und Organisationsberater. Zahlreiche Veröffentlichungen, u. a.: *Neidisch sind immer nur die anderen – Über die Unfähigkeit zufrieden zu sein* (2001).

Juen, Florian, Mag. Dr. rer. nat., Klinischer Psychologe und Gesundheitspsychologe, Assistent am Institut für Psychologie der Leopold-Franzens-Universität Innsbruck. Forschungsschwerpunkte: Entwicklungspsychologie, klinische Entwicklungspsychologie, frühe Eltern-Kind-Beziehung.

Neraal, Terje, Dr. med., Psychoanalytiker (DPV). Facharzt für Kinder- u. Jugendpsychiatrie und Psychotherapeutische Medizin. Langjähriger Mitarbeiter von Prof. Dr. Dr. H.-E. Richter. Seit 25 Jahren Leiter der Sektion Paar-, Familien- und Sozialtherapie im Institut für Psychoanalyse und Psychotherapie Gießen e. V. Gründungsvorsitzender des »Bundesverband Psychoanalytische Paar- und Familientherapie« (BvPPF). Dozenten- und Supervisionstätigkeit in psychiatrischen Institutionen in Deutschland und Skandinavien. Mithg. *Psychoanalytisch orientierte Familientherapie* (mit P. Möhring, 2. Aufl. 1996).

Reinke, Ellen, Prof. habil., Dr. phil., Professur an der Universität Bremen, Studiengang Psychologie, Leiterin des Bremer Institutes für Theoretische und Angewandte Psychoanalyse – BITAP – und des Transfer-Institutes »DIALOG – Zentrum für Angewandte Psychoanalyse«, Psychoanalytikerin (DPV/DGPT). Forschungsschwerpunkte: Methodologie der Psychoanalyse sowie Entwicklung und Prüfung methodischer Explikationen der Angewandten Psychoanalyse, Prävention und Psychotherapieforschung. Zahlreiche Veröffentlichungen, u. a.: *Psychotherapie und Soziotherapie mit Straftätern. Klinik und Forschung* (1997).

Schick, Andreas, Dr. phil. Dipl.-Psych., Familientherapeut, NLP-Practitioner, Wissenschaftlicher Mitarbeiter an verschiedenen psychologischen, pädagogischen und medizinischen Hochschuleinrichtungen, Geschäftsführer des Heidelberger Präventionszentrums.

Schultz-Venrath, Ulrich, Prof. Dr. med., Chefarzt der Klinik für Psychiatrie, Psychotherapie und Psychosomatik des Evangelischen Krankenhaus Bergisch-Gladbach, Arzt für Nervenheilkunde und Psychotherapeutische Medizin, Psychoanalytiker (DPV/DGPT), Gruppenanalytiker (GRAS/DAGG), Fakultätsmitglied der Universität Witten/Herdecke. Veröffentlichungen zur Psychosomatik und Psychotherapie neurologischer Erkrankungen und zum ADHS im Erwachsenenalter.

Seiffge-Krenke, Inge, Prof. Dr. phil., Dipl. Psych., Psychoanalytikerin (DPV), Leiterin der Abteilung für Entwicklungspsych. und Pädag. Psychologie der Johannes Gutenberg-Univ. Mainz. Veröffentlichungen zur Stress- und Copingforschung, zur Psychotherapie und Gesundheit von Kindern und Jugendlichen; Mithg. der *Praxis der Kinderpsychologie und Kinderpsychiatrie*, u.a.; Bücher u.a.: *Gesundheitspsychologie des Jugendalters* (1994), *Fathers and adolescence. Developmental and clinical perspectives* (et al. 1997), *Psychotherapie und Entwicklungspsychologie* (2004).

Staufenberg, Adelheid, Studium der Germanistik, Soziologie, Wiss. v. der Politik in Göttingen; Staatsexamen, Referendariat, Ausbildung am Institut für Analyt. Kinder- und Jugendlichenpsychotherapie in Frankfurt a.M., dort niedergelassen in eigener Praxis seit 1996, Dozentin in der Aus- und Weiterbildung. Mitarbeit an der »Präventions- und Interventionsstudie zur Verhinderung psychosozialer Desintegrationsstörungen (insb. von ADHS)« am Sigmund-Freud-Institut (SFI) und an der Katamnesestudie »Hyperaktive Kinder« am SFI und »Kinderinstitut«, Frankfurt a. M.

Unterhofer, Kathrin, Mag. rer. nat., Psychologin in Ausbildung in personenzentrierter Psychotherapie für Kinder und Jugendliche. Mitarbeiterin im »Psychologischen Zentrum für Kinder und Jugendliche Il Germoglio – Der Sonnenschein«, Bozen, Italien.

von Wyl, Agnes, Dr. phil., Fachpsychologin für Psychotherapie FSP, wissenschaftliche Mitarbeiterin an der Kinder- und Jugendpsychiatrischen Universitäts- und Poliklinik Basel. Psychoanalytische Ausbildung am psychoanalytischen Seminar in Zürich. Interessenschwerpunkte: Erzählanalyse, Entwicklung der Erzählkompetenz bei Kindern in Verbindung zu mentalen

Repräsentationen und der kognitiv-emotionalen Entwicklung, Psychotherapieprozessforschung, Systemtheorie.

Warrlich, Christian, Psychoanalytiker für Kinder, Jugendliche und Erwachsene, Lehranalytiker am Psychoanalytischen Institut Bremen e.V. (DGPT), Gruppenanalytiker und -lehranalytiker (DAGG), Facharzt für Psychotherapeutische Medizin und für Kinderheilkunde, in eigener psychotherapeutischer, -analytischer Praxis tätig und freier Mitarbeiter am DIALOG – Zentrum für Angewandte Psychoanalyse der Universität Bremen.

Würker, Achim, Dr. phil., langjähriger Mitarbeiter von Alfred Lorenzer, Mitglied des Arbeitskreises »Tiefenhermeneutik und Sozialisationstheorie« Frankfurt a. M., 1980–2002 Gymnasiallehrer, seit 2002 Leiter der Schulpraktischen Studien an der Techn. Universität Darmstadt, Institut für Allgemeine Pädagogik und Berufspädagogik. Arbeitsschwerpunkte: Psychoanalytisch-tiefenhermeneutische Literaturinterpretation, psychoanalytisch orientierte Selbstreflexion in der Lehrerausbildung. Zahlreiche Veröffentlichungen, u.a.: *Das Verhängnis der Wünsche* (1997), *Mutterimago und Ambivalenz* (2004).

2006 · 274 Seiten · Broschur
EUR (D) 24,90 · SFr 43,–
ISBN 3-89806-256-2 · 978-3-89806-256-5

Die erste Liebe in unserem Leben ist unsere Mutter. Es ist für uns überlebenswichtig, ihr Gesicht, ihre Stimme, die Bedeutung ihrer Stimmungen und ihre Mimik zu erkennen. Christine Ann Lawson beschreibt einfühlsam und verständlich, wie Kinder von Borderline-Müttern unter den Stimmungsschwankungen und psychotischen Anfällen leiden und verzweifelt nach Strategien der Bewältigung dieser Erlebnisse suchen. Borderline-Mütter treten dabei ihren Kindern in vier verschiedenen Figuren gegenüber: als verwahrloste Mutter, die Einsiedlerin, die Königin und die Hexe. Lawson zeigt, wie man sich um die Verwahrloste kümmern kann, ohne sie retten zu müssen, und um die Einsiedlerin, ohne ihre Angst zu verstärken; wie man die Königin liebt, ohne ihr Untertan, und wie man mit der Hexe lebt, ohne ihr Opfer zu werden.

2006 · 488 Seiten · gebunden
EUR (D) 36,– · SFr 63,–
ISBN 3-89806-263-5 · 978-3-89806-263-3

Welche Möglichkeiten der Diagnostik und Behandlung gibt es für Menschen mit Persönlichkeitsstörungen? Wie können diese im Dialog mit anderen Behandlungskonzepten optimiert werden? Die analytische Psychotherapie mit Patienten, die unter einer schweren Charakterpathologie dieser Art leiden, verlangt häufig Modifikationen der Behandlungstechnik.

Die versammelten Beiträge geben einen höchst informativen Einblick in die aktuelle Diskussion in der Psychoanalyse zu Fragen der Theorie, Diagnostik, Indikationsstellung und Behandlungsplanung unter Einbeziehung zeit- und kulturgeschichtlicher Aspekte und im Dialog mit Behandlungskonzepten der Verhaltenstherapie.

PV
Psychosozial-Verlag

Goethestr. 29 · 35390 Gießen · Tel. 0641/9716903 · Fax 77742
bestellung@psychosozial-verlag.de
www.psychosozial-verlag.de

www.ingramcontent.com/pod-product-compliance
Ingram Content Group UK Ltd.
Pitfield, Milton Keynes, MK11 3LW, UK
UKHW040023200726
13854UKWH00001B/332

9 783898 065689